谨以此书献给吉林业水利
战线上工作过的同志们！

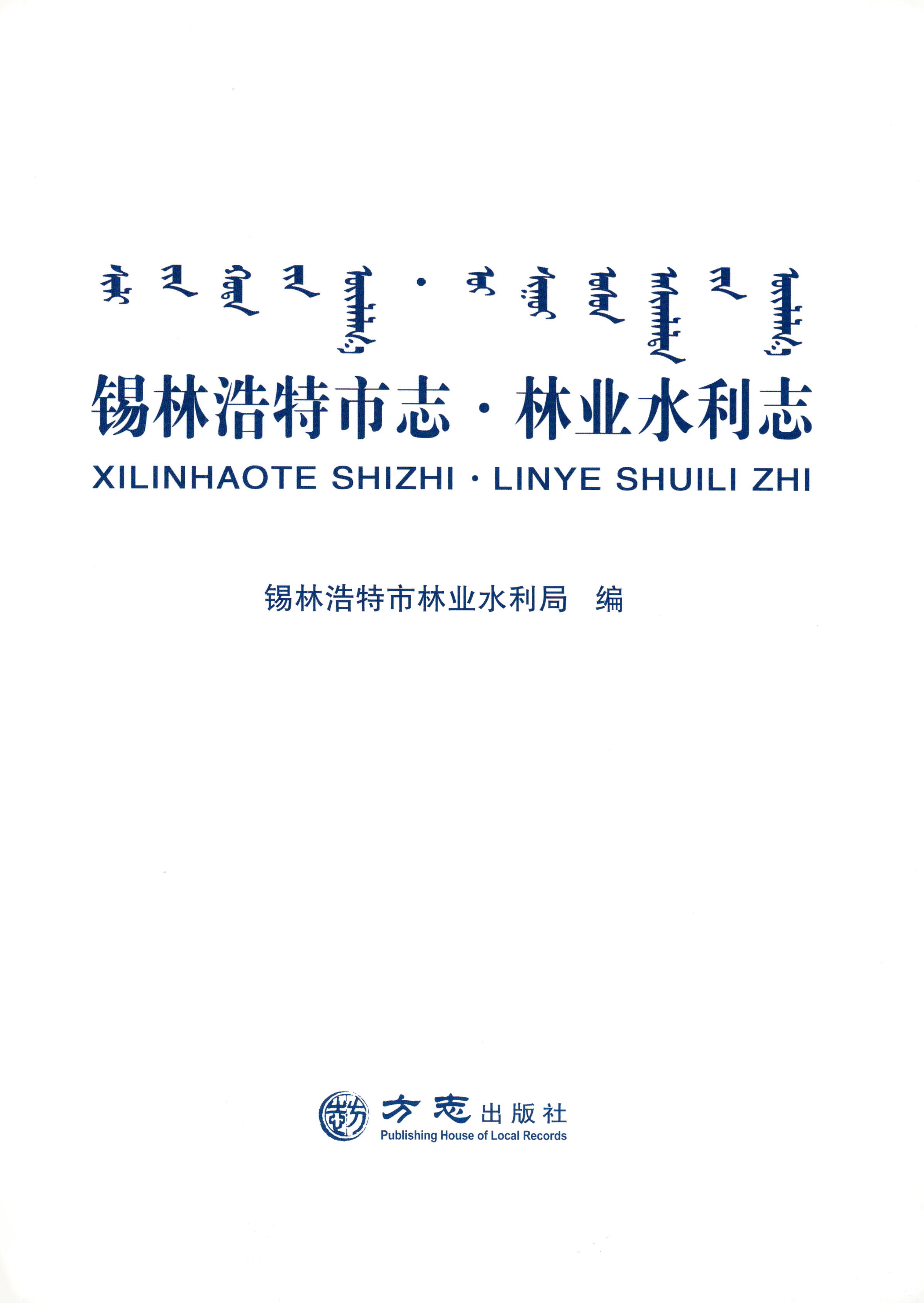

锡林浩特市志·林业水利志

XILINHAOTE SHIZHI · LINYE SHUILI ZHI

锡林浩特市林业水利局 编

方志出版社
Publishing House of Local Records

序 XU

盛世修志是中华民族的优良传统。为全面系统总结锡林浩特市林业水利50年来建设发展历程中的宝贵经验，锡林浩特市林业水利局克服重重困难，认真考证，辛勤笔耕，终于完成这部系统记载锡林浩特市林业水利事业发展史的志书——《锡林浩特市志·林业水利志》。这是锡林浩特市林业水利局成立以来第一部志书，是时代的新篇，其中饱含和凝聚着几代林水人艰苦卓绝的创业足迹，展示林业水利事业的辉煌硕果，是精神文明建设成果中的一朵奇葩。

林业和水利是国民经济和社会发展事业的重要组成部分，是生态环境建设的主体，是社会经济可持续发展的基础。《锡林浩特市志·林业水利志》记载的史料，上限依事物的发端和掌握的资料而定，下限截止2016年底。纵的方面以时间为线索，既记载林业水利几个特定的发展阶段，又记载今天的发展变化；横的方面围绕林业水利建设的各个方面展开叙述，既记载政治、经济、文化，又记述地形、地貌、水文、气象、土壤、植被、动植物，为今人和后人辑存大量资料。《锡林浩特市志·林业水利志》共20章61节，加上概述、大事记、人物和附录5个部分，约47.5万字。全书有真实客观的记载，也有理性的分析，特色在于实事求是。首先是政治观点正确，编纂者能以历史唯物主义观点为准绳，客观地记述50多年来发生的历史事件、人物和发展历程。第二，有鲜明的时代特色，我们所

处的这个时代，区别于其他任何时代，其中最大的特色是中国共产党领导全国各族人民改革开放、锐意进取，建设有中国特色的社会主义，这是我们取得所有成绩的前提。第三，充分反映专业特色，《锡林浩特市志·林业水利志》以林业水利专业为主题，着重记述锡林浩特市林业水利重大的历史事件和人物，所有章节都以丰富、翔实的资料和自然朴实的笔法记述50多年来，林业水利事业所走过的发展道路和翻天覆地的变化。既是锡林浩特市林业水利建设的真实记录，又是具有资料性、地方性、时代性、专业性的宝贵历史文献。

《锡林浩特市志·林业水利志》的出版，是林业水利战线广大干部、职工政治生活中的一件大事，有助于各级领导更好地加强部门治理，使后来从政者，得以正镜旁鉴，循轨继辙。有助于锡林浩特市林业水利事业健康发展，志书是难得的乡土教材，所载资料，可供各方人士借鉴，启迪思路，提供经验。

我们要认真研究林业水利建设史，总结林业水利发展规律，依法兴林治水，不断向林业水利建设的广度和深度挺进，把志书中宝贵的历史经验应用到实践中去，进一步增强工作的针对性、科学性和预见性，切实为全市加快发展和推进经济转型服务，为实现全市国民经济跨越式发展、经济社会全面协调可持续发展作出新的贡献。

2016年12月

《林业水利志（2013—2015）》
第一届编纂委员会

顾　　问　德力格尔朝克图

主　　编　杜赞炯

执行主编　吴建峰

副 主 编　张炳青　王秋菊　张　晶

编委会成员　杜赞炯　张炳青　王秋菊　张　晶　康爱民
吴建峰　王宗海

审　　稿　杜赞炯　康爱民

《林业水利志（2015—2016）》
第二届编纂委员会

主　　编　杜赞炯

执行主编　吴建峰

副 主 编　阿拉塔　洪立国　刚宝力道　王小红　候树军

　　　　　白晓明

编委会成员　杜赞炯　阿拉塔　洪立国　刚宝力道　王小红

　　　　　候树军　白晓明　康爱民　吴建峰　王宗海

审　　稿　杜赞炯　康爱民

《林业水利志》（稿）评审委员会

主　任　孟　根（锡林浩特市政府副市长）

副主任　钢苏和（锡林浩特市档案局局长、史志办主任）

杜赞炯（锡林浩特市林业水利局党组书记、局长）

委　员　娜日苏（锡林浩特市委机要局局长）

陈庆龙（锡林浩特市档案局副局长、史志办副主任）

王东军（锡林浩特市档案局副局长）

洪立国（锡林浩特市林业水利局副局长）

王小红（锡林浩特市林业水利局副局长）

候树军（锡林浩特市林业水利局局长助理、林工站站长）

张炳青（锡林浩特市林业水利局正科级干部）

张　勇（锡林浩特市档案局、史志办编研科科长）

吴海亭（锡林浩特市档案局、史志办编研科科员）

吴建峰（锡林浩特市林业水利局水政监察大队政委）

康爱民（锡林浩特市林业水利局主任科员）

王宗海（锡林浩特市林业水利局宣传科科长）

赵　敬（锡林浩特市林业水利局办公室主任）

2012年冬，锡林浩特市政府市长张锦明（左四）、人大常委会主任齐振华（左二）、市委秘书长郭轶杰（右四）、副市长德力格尔朝克图（右一）在牧区调研畜牧业工作（市新闻中心供稿）

2014年6月，锡林浩特市政协主席董德福（前排左二）带领政协委员调研造林绿化工作（市新闻中心供稿）

2012年4月，锡林浩特地区党政军企事业单位参加春季义务植树活动（局档案室供稿）

拍摄于2014年的城市防护林体系工程（局档案室供稿）

2015年春，城防林植树现场（局档案室供稿）

2015年夏，省道出口绿色通道工程（局档案室供稿）

2012年7月，阿尔善宝力格镇封山育林项目区施工现场（局档案室供稿）

2011年9月，白音锡勒牧场退耕还林项目区（局档案室供稿）

2014年6月，林业技术人员检查指导植树造林（局治沙造林科供稿）

2015年6月，森林病虫害防治（林工站供稿）

白银库伦牧场境内固定沙丘顶部的天然松柏（2015年8月公益林管理站拍摄）

白音锡勒牧场阿布都尔图沙地云杉林（吴建峰摄）

2014年夏，额尔敦敖包 （局治沙造林科供稿）

2014年夏，贝子庙 （局治沙造林科供稿）

温地夜景

温地夜景

南山森林公园绿化

南山森林公园亭台（以上图片由局治沙造林科供稿）

锡林浩特市北郊滩地的国家一级保护动物——遗鸥（湿地公园管理处供稿）

锡林浩特市境内的国家一级保护动物——大鸨（湿地公园管理处供稿）

白银库伦牧场境内的珍稀植物——柳兰（局治沙造林科供稿）

2012年夏，植物园（局治沙造林科供稿）

锡林河（局档案室供稿）

2009年8月，航拍的锡林湖（局档案室供稿）

2004年除险加固后的锡林河水库（局档案室供稿）

2011年秋，毛登小孤山水库（张金国摄）

2015年建成的
城市外环防洪工程
（局档案室供稿）

2015年建成的
城市外环防洪工程
东山景观瀑布（局
档案室供稿）

2015年夏，湿地公园（局治沙造林科供稿）

2011年秋，白银库伦湿地
（局档案室供稿）

2014年6月，城市外环防洪工程施工现场（水利队供稿）

2014年8月，生态水系（湿地公园）施工现场（水利队供稿）

2010年建成的南郊供水工程（局水建科供稿）

2012年建成的山洪预警系统雨量站和墒情站（局档案局供稿）

2008年冬，水利专业技术人员顶风冒雪进行项目前期勘测工作（局档案室供稿）

2010年6月，抗旱服务队为遭受旱灾的牧户钻探水源井（局档案室供稿）

2005年7月，毛登牧场万亩节水灌溉饲草料基地（局档案室供稿）

2005年秋，饲草料基地机械化收割青储饲料（局档案室供稿）

2007年6月，锡林浩特市新水厂开工建设（局档案室供稿）

2004年7月，局领导和以色列专家会商中水厂建设事宜（局档案室供稿）

2009年6月，锡林浩特市集体林权制度改革工作在苏木镇场有序进行（局档案室供稿）

2010年10月，锡林浩特市第一次全国水利普查前期准备工作（局水建科供稿）

2008年7月，锡林浩特市第一家供水协会成立大会（局档案室供稿）

2004年10月，锡林河水库除险加固工程验收会议（吴建峰摄）

2008年6月，锡林浩特市林业水利局干部职工参加科技三下乡活动（局档案室供稿）

2016年3月，水政监察执法人员深入企业宣传水利法律法规（水政监察大队供稿）

2009年11月，举办牧区家庭型降氟设备安装及使用培训班（局档案室供稿）

2012年4月，森林公安局民警扑救草原火灾（森林公安局供稿）

2007年3月，森林公安局集中销毁查获的涉案物品（森林公安局供稿）

2010年6月，锡林河水库投放鱼苗（局档案室供稿）

2013年3月，林水局领导和水利技术人员春汛时对毛登小孤山水库大坝进行隐患排查（局档案室供稿）

2014年6月底，锡林浩特市林业水利局纪念建党93周年文艺会演（局办公室供稿）

2015年春，锡林浩特市林业水利局业余合唱团迎新春大合唱（局办公室供稿）

林水局历任领导、现任领导及二级单位主要领导

林水局历任局长
左起：齐振华　哈　斯
包永财（离休）
陶克涛　李万国
杜赞炯

前排左起：杜赞炯　孟　根　董德福　斯琴巴特尔　钢苏和　娜日苏　陈庆龙
后排左起：候树军　赵　敬　王小红　王东军　吴海亭　张　勇　张炳青　吴建峰

凡 例

一、《锡林浩特市志·林业水利志》,以马克思列宁主义,毛泽东思想,邓小平理论,“三个代表”重要思想,科学发展观,习近平新时代中国特色社会主义思想为指导,以应用辩证唯物主义和历史唯物主义的立场、观点和方法,实事求是地记载锡林浩特市林业水利事业的历史与现状,按照存真求实的原则,力求突出地区特点、民族特点、时代特点,达到思想性、科学性和资料性的统一。

二、本志上限依事物的发端和掌握的资料而定,下限截止到2016年年底,个别事件不受时间限制。

三、锡林浩特市的行政区划始于清朝,民国时期称“阿巴哈纳尔左翼旗”,1952年前称“贝子庙”,1962年前称“锡林浩特”,1978年前称“阿巴哈纳尔旗”,1983年前称“阿巴嘎纳尔旗”,1983年后称“锡林浩特市”,本志地名除必要时用历史名称外,均以内蒙古自治区测绘局地图名称为准。

四、各个历史时期的行政区划及地域名称,均沿用旧称,需要时加注今天的名称,记述中尽量使用全称。

五、本志主要记述锡林浩特市林业、水利事业的发生、发展和现状,随文配图、表格、照片、录等体裁,采用横排竖写的方法进行记述,横陈门类,纵述始末,述而不论,不加褒贬。

六、本志所有资料力求详实,主要来自锡林浩特市档案局、锡林郭勒盟林业局、锡林郭勒盟水利局,锡林浩特市林业水利局档案室,林业水利局各科室、所属二级单位、部分在林业水利局工作过的老领导、老同志和部分调查资料。

七、本志所用资料,原则上不随文注明出处。所引文件名称不记发文字号,难以记入正文的重要引文,采用附录的方式处理。

八、志文中所用各类统计数字,一般采用锡林浩特市统计局公布的数字,林业、水利专业数据以锡林浩特市森林资源调查报告和锡林浩特市第一次水利普查数据为准，特殊情况下采用有关单位提供或本单位掌握的数据。

九、本志计量单位和符号的运用，按1993年国务院发布的《中华人民共和国法定计量单位》执行。

十、标点符号按国家语言文字工作委员会、中华人民共和国新闻出版总署1992年12月修订发布的《标点符号用法》执行，一些符号的运用采用国家最新标准。

十一、本志篇目的设置采用章、节、目、子目4个层次，文中专业图表不作其他用法依据。

目　录

概　述

锡林浩特市位于内蒙古高原北部的锡林郭勒草原中部，地处北纬43°02′～44°52′，东经115°13′～117°06′。东邻西乌珠穆沁旗，西依阿巴嘎旗，南与正蓝旗相连，东南与赤峰市克什克腾旗接壤，北同东乌珠穆沁旗为邻，是锡林郭勒盟盟府所在地，是全盟政治、经济、文化、教育、科技和交通中心。下辖3个苏木、一个镇、6个国营农牧场、7个街道办事处，总人口25.2万人。是一个以蒙古族为主体、汉族占多数、多民族聚居的少数民族地区的新兴草原城市。境内南北长210公里，东西宽143公里，总面积14592平方公里。其中城市建成区面积37.5平方公里，草原面积14238.7平方公里，牧业用地占96.27%。南有著名的石门景观和平顶山奇景，西有相传成吉思汗征战时留下的锅盔山，北有神奇的巴拉巴沁矿泉水，东南有国家级草原自然保护区白音锡勒，自治区级白银库伦遗鸥自然保护区，自然资源十分丰富。"九曲回肠"般的锡林河从锡林浩特市流淌而过，两岸草木繁茂，牛羊肥壮。境域牧场辽阔，水草丰美，是内蒙古自治区主要牧业生产基地之一。

锡林浩特市物宝天华，自然资源十分丰富。土特产品有发菜、白蘑、香蘑、苦杏仁、黄花等，还有牛黄、黄芪、黄芩、防风、知母、柴胡等药材。距市区北100公里已建成投产的阿尔善油田，年产原油100万吨。煤炭资源也十分丰富，现有煤矿5处，其中距市区5公里处的乌兰图嘎煤矿储量达214亿吨，具有储量大、埋藏浅、宜于露天开采的特点，是内蒙古自治区六大煤田之一。太阳能和风能逐年得到开发利用，风力发电在牧区已广为使用，方便牧民的生产和生活。此外，金属和非金属矿产也极其丰富，已探明的有铁矿、铬铁矿、锡矿、铜矿、钨矿、蛇纹石、花岗石、菱石矿等。莹石矿、锡铜矿品位高、储量大，已成为出口创汇产品。天然碱和芒硝等化工原料，含晶率一般在35%以上，具有较高的开采价值。还有耐火土、大理石、石英砂等建筑材料。

伴随改革开放的前进步伐，按照"科技兴牧、建设养畜"的指导方针和"双增双提"的要求，牧区改革取得明显成效，农牧业产业化进程加快，形成产加销、牧工贸一体化生产经营的新格局。工业稳步发展，已初步形成电力能源、畜产品加工、矿产品开发、轻纺化工、建工建材、食品加工和饲料加工等门类较齐全、布局较为合理、具有地方民族特色的工业体系。对外开放进一步扩大，实施全方位开放带动战略，加快横向经济联合，积极引进资金、人才和先进的管理经验，招商引资成效显著。同时狠抓城市基础设施建设，逐步完善现代化城市功能，交通、邮政、电信事业迅猛发展，正处于经济社会快速发展期，具有得天独厚的区位资源优势和后发潜力。

二

锡林浩特市地处中纬度西风气流带内，属中温带半干旱大陆性气候，气候温凉，具有寒冷、风大、雨少、日照长、温差大、蒸发力强，冬季严寒漫长，夏季温凉短促，春秋风多而干燥的气候特征，锡林浩特人习惯把3—5月称为春季，6—8月称为夏季，9—10月称为秋季，11—翌年2月称为冬季。年平均气温1.7℃，年极端最高温度38.3℃，年极端最低温度-42.4℃，气温年较差为40.6℃，气温日较差为14.3℃，最热月份为7月，最冷月份为1月，全市气温呈南低北高趋势。年无霜期日数平均123天，年平均蒸发量1758.2毫米。本市等雨量线呈东北—西南向，降水量由东南向西北递减，历年平均降水量为295毫米，降水量多集中在6—8月份。太阳辐射强度大，光照充足，年均日照2877小时。境内河流少，湖泊多，日平均风速2.5米/秒，年平均风速3.5米/秒，全年主导风向为西风和偏西北风，常形成沙尘暴天气，使春旱危害加重，也加剧土壤风蚀沙化速度，自然灾害旱、涝、风、雹、沙、霜、冻等频繁发生，特别是旱灾危害最大，冬季雪灾侵扰比较严重。

锡林浩特市地层以发育的古、中、新生界为主要特征，属内蒙古中部地槽褶皱系的晚华力西地槽褶皱带，一般海拔均在900米~1300米左右，南部辉腾梁山地一带海拔达1400米以上，最高点为南部熔岩台地上的汉乌拉，海拔1699.6米。中部起伏明显，为低缓丘陵地形。锡林河以北为平坦开阔的草原，海拔在1000米以下。地形南高北低，以丘陵地形为主，按地貌成因和地貌形态特征，本市可分四个地貌单元，即高平原丘陵地区、熔岩台地地区、低缓丘陵地区、沙丘沙地地区。本市地貌除东南部以外地貌差异不大，高平原丘陵区同低山丘陵区常相间出现，系典型的草原地貌。

锡林浩特市境内土壤分黑钙土、栗钙土、风沙土、草甸土、沼泽土、盐土、碱土7个类型，土壤总的养分缺磷，氮中等，钾够用。土壤腐殖层厚度一般为20厘米~30厘米，有机质含量1%~4%。草原植被主要以草甸草原、典型草原为主，草甸草原主要分布在锡林浩特东南部。典型草原是锡林浩特最主要植被类型，集中分布在锡林浩特中部。沙地植被主要分布在南部地区。草地植被类型主要建群种有羊草、大针茅，优势种冷蒿、糙隐子草、冰草、克氏针茅和知母等，在局部丘陵坡地退化草场有锦鸡儿等丛生灌木。在南部沙区分布大量的散生榆及旱生山荆子、稠李、山刺梅、山杏、沙蒿灌丛，并有大面积的天然灌木柳及成片的天然白桦林，在地下水埋深较浅的洼地及河流两侧有芨芨草芦苇分布，平均覆盖度40%~70%。

分布在境内的野生动植物资源较丰富,鸟类资源有16目34科136种,兽类动物有6目15科33种,有国家一级保护动物遗鸥、丹顶鹤、大鸨、鸿雁、黑鹳、白鹳、金雕等。国家二级保护野生动物有黄羊、草原雕、天鹅、灰鹤、蓑羽鹤、隼类(所有种)、鹰类、猞猁等。有经济价值和科研价值的野生动物有百灵鸟、狍子、蒙古兔、狐狸、啄木鸟、黄鼬、旱獭、蛙类等。本市共有野生种子植物624种,分属于79科、277属。种类最多的是菊科,共94种,占野生植物总数的15.1%。禾本科次之,共78种,占12.5%。再次为豆科有50种,占8%。这些植物群落类型多样,种类丰富,物种多样性高,其中饲用植物为最主要的植物资源,它组成广阔优质的天然草场,成为当地畜牧业生产经营中的主要物质基础。

二

森林在维护陆地生态平衡和促进生态良性循环等方面起着主导作用。首先,森林能够涵养水源,保持水土。降雨过程中,在有林地区,树冠可截留一部分降雨,减弱雨水对地面的水蚀,延缓地表径流产生的时间。由于林地内有枯枝落叶等覆盖物,有很强的吸水能力和透水作用。其次森林能够防风固沙。在林区或有防护林的地区,当风经过森林或林带时,由于树干和枝叶的阻挡,风力逐渐削减,风速降低,危害减轻。同时树木根系盘根错节,有强大的固沙能力。由于森林的生态效益,能够减免风沙、干旱、水土流失、冰雹、霜冻等各种自然灾害,这就为发展农牧业生产创造良好的条件,所以森林是农牧业的保障。另外,森林还有吸收二氧化碳,制造氧气,吸附灰尘,降低噪音,净化空气等功能。在森林的多种效益中,经济效益最为显著。树木的根、茎、叶、花、果实和汁液都各有用途。社会主义现代化建设和人们的衣、食、住、行无不与森林有密切的关系。因此,要高度重视森林的生态效益、社会效益和经济效益,把保护、培育和发展森林事业放在首位,加快林业建设步伐,使其更好地为现代化建设和人民群众的生产生活服务。

锡林浩特市位于湿润森林地带向欧亚大陆中心干旱荒漠过渡地带,长期以来形成稳定的草原植被,适宜发展畜牧业,广大牧区逐步开展农业、林业、水利、工副业等事业,但是畜牧业经济一直处于主导地位。20世纪90年代前,锡林浩特地区的畜牧业处于传统畜牧业的自然养畜状态,由于草原畜牧业的快速发展,家畜数量成倍增长,广泛出现超载过牧,由于天然草原水热条件、气候波动性和自然环境脆弱性等诸多因素的影响,草原退化面积已超过70%,草群产量与质量严重下降,达50%~70%。本市东南的浑善达克沙地、西北部的荒漠化正在严重加剧,已出现大面积连片的流动沙地,成为北方风沙危害的策源地。如何使草原得到永续利用,创造一个既有利于牧草生长又便于发展畜牧业是草原建设的主要任务,也是林业建设的主要任务。当然保护和恢复境内的天然林，做好城镇的绿化以及在条件较好的地块发展生态林和用材林也是林业建设的重要任务。

鉴于锡林郭勒草原和浑善达克沙地绿色植被构成一条面向东南的生态防护带，而锡林浩特又处于其中的重要位置，是具有重大生态功能的草原地区。1994 年国家制定的《中国 21 世纪议程》中将锡林郭勒草原的生态治理列为优先实施生态工程的重大项目。1999 年国务院又颁布《全国生态环境建设规划》，这是我国生态环境建设的纲领性文件，明确了生态环境建设的指导思想和近中远目标，确定总体布局的八大生态建设类型区，提出完整的政策措施。规划把草原区和风沙区作为优先进行治理建设的重点地区，在草原区的生态环境建设工程中把锡林郭勒草原明确列为优先实施生态治理工程的地区。

锡林浩特市林业生产长期存在造林成活难、成林难、成熟难的现状。成活难的原因是降水少，十年九旱，分布不均，春季降水只占降水量的 15% 左右，加之春季风大蒸发强烈，新栽树木因干旱而难以成活。成林难的原因是幼树成活到郁闭成林一般需要 5 年 ~6年的时间，其间影响成林的主要因素是树木根系不能穿透土壤钙积层吸收水分，又隔断地表地下水，使已成活的幼林因干旱而死亡。成熟难的原因是树木从成林到成熟需要很长的时间，由于树种的适应性、抗病性、自然灾害等多种因素，使大部分树木还未成熟就已死亡。

锡林浩特市发展林业总体上立地条件较差，影响植树造林的水、土两个主要因素，有明显的地带性，总的趋势是由西北到东南逐渐变好，降水量在 300 毫米 ~350 毫米之间的白音锡勒、毛登牧场、白银库伦牧场，有相当一部分黑钙土、栗钙土，分布有宝贵的天然次生林，是锡林浩特市发展林业的重要基地。锡林浩特市分布有云杉、榆树、白桦、山杨、柳树、河柳等优势乔木树种，灌木有锦鸡儿、黄柳、红柳、金露梅、山杏、虎榛子、沙地柏、丛桦、柽柳等。天然沙地云杉和沙地柏是全市天然植被中为数不多的珍贵树种，这些天然树种为我们发展林业提供了重要的依据。

锡林浩特市植树造林始于 20 世纪 60 年代初，树种单一，主要以杨树、榆树为主。20 世纪 70 年代后期，上级业务主管部门开始下达造林任务，任务很少，主要在国营农牧场实施。20 世纪 80 年代，本市林业建设以“三北”防护林建设为重点，人工造林保存面积有较大提高。20 世纪 90 年代开始，锡林浩特市林业机构逐步健全，标志着本市林业建设走向法制化、正规化。其间，中共锡林郭勒盟委、行政公署先后制定下发《关于“八五期间发展林业的决定》《关于加强林木管护的通知》《关于加强野生动物保护的通知》等法规性文件。锡林浩特市结合上级下达的造林任务，在城周边实施城防林工程建设，开展全民义务植树活动，并建有 12 处义务植树基地，苗木基本自给。

世纪之交，由于本地区经济快速发展，缺乏科学规划和指导，导致本地区草原超载过牧，矿产业开发无度，草场沙化、退化，水土流失，生态环境急剧恶化。面对严峻的形势，国家紧急启动京津风沙源治理工程，加大本地区生态治理的投入力度，作为职能部门锡林浩特市林业水利局敏锐抓住这一难得的发展良机，组织专业技术人员编制《锡林浩特市2004—2010年造林绿化规划》《锡林浩特市城防林建设规划》《锡林浩特市“十五”后两年及十一五”水利建设规划》积极向国家和自治区争取项目，经过不懈的努力，争取项目资金10余亿元。

2000年国家紧急启动京津风沙源治理工程，锡林浩特市按照中共锡林郭勒盟委、行政行署的部署，以“围封禁牧、收缩转移、集约化经营”的围封转移战略为契机，以构建京北绿色生态屏障为己任，进行大规模的生态建设。锡林浩特市从项目规划、治理模式、资金管理、产业化经营等方面认真研究，坚持突出重点、集中连片、综合治理的原则，积极探索生态建设新机制，通过项目资金导向，充分调动牧民保护和建设草原的积极性，进一步转移牧区人口，转变农牧业生产经营方式，使生态建设工程的建设质量和效益不断提高，草原生态环境不断恢复，农牧民收入不断提高。先后启动实施天然草原植被恢复建设工程、京津风沙源治理工程、生态移民工程、退耕还林工程和禁牧舍饲工程等一大批重点工程，林业建设步入快速发展阶段，工作力度、投资规模、造林面积、建设速度、生态效益均创历史最好水平。截至2016年年底，本市累计完成林业生态建设153.07万亩，其中，沙源治理工程林业项目131.81万亩（人工造林10.3万亩、飞播造林6万亩、退耕还林8.9万亩、封山育林104.51万亩、苗木基地0.1万亩、工程固沙2万亩）。造林补贴试点项目7.4万亩，实施城市防护林体系工程、重点区域绿化13.86万亩。本市森林覆盖率由2000年的0.26%增加到2016年的5.47%，提高4个百分点。

建设绿色生态屏障城市防护林，把城市生活保护区建设与绿色生态屏障结合起来。聘请国家、自治区、盟级林业专家，结合本地实际，编制造林规划和设计。沿市区外围建设长40公里，带宽1公里的环形绿化带，总面积6.14万亩，其中林地占3万亩，模式为100米林带，100米草带间隔分布，林带配置按照适地适树、植苗造林与播种造林相结合的原则，树种主要以灌木为主，乔灌结合。为提高造林成活率和保存率，区域内进行机电井、输变电线路、地下管道、护林房等综合配套。人工造林任务已全部完成。在城防林建设经营管理和后期管护上，进行大胆的尝试，引入市场竞争机制，采取承包经营的方式。

在造林绿化取得丰硕成果的同时，锡林浩特市坚持造管并举、保护优先的原则，把建设成果的管护作为林业建设的根本任务。结合学习宣传林业法律法规，深入贯彻落实《中共中央、国务院关于加快林业发展的决定》精神。建立一支执法严明、高效快捷的林木管护队伍，进一步健全完善各方面的管护制度，落实责任制，制定切实可行的规章制度和管护办法,使管护工作有章可循。强化林业执法体系建设,健全完善管护组织网络,林政、森林公安、种苗检疫、病虫检疫等执法队伍联合执法,加大执法力度,实行监督管理与承包管护相结合、责任管护与定期巡护相结合。进一步加强林地林权管理,依法严格审批制度,在完成全市森林资源区划界定的基础上,严格执行森林采伐限额管理和林地林权管理。强化森林病虫鼠害监测和森林防火,实现对森林资源的法制化、规范化管理。

认真落实林业各项方针政策,充分调动社会各界参与林业建设的积极性。坚持国营、集体、个体、企业、股份合作一起上,实行谁造谁有,谁管护谁受益。通过政策引导和利益驱动,认真落实林业各项产业政策,采取鼓励、扶持、提供优惠条件等办法,吸引社会各界力量以租赁、股份、公司、合作经营等形式广泛参与林业建设。通过多种渠道,进一步加大招商引资力度,积极探索生态建设新机制,不断提高生态建设工程的质量和效益,筑牢北疆生态屏障。

三

锡林浩特市的水利工作是在中华人民共和国成立后逐步发展起来的,在地方政府的领导下,依据上级主管部门在各个阶段下达的计划、任务、投资,结合本地区实际予以实施。

水是生命的源泉,是非常重要的自然资源。水是不可缺的,又是无法替代的,不仅工农业离不开水,人们的生产生活更是离不开水。水不仅有其有利的一面,也有其有害的一面,不治理或治理不好就会发生水旱灾害,给人民生命财产造成巨大损失。为兴利除害,使水利资源更好地服务于工农业生产,造福于人民。1958 年,在锡林郭勒盟水利处的倡导下开始修建锡林河水库。锡林河水库建设期正赶上国家经济困难时期,物资和粮食极度匮乏,锡林郭勒盟水利处组成施工指挥部,克服种种意想不到的困难,顶住数次下马风,经历艰苦卓绝的六个年头终于完成水库的修建任务。在水库还没有竣工的 1963 年,按照规划设计进行水库下游灌区工程配套的渠首工程建设。1964 年锡林河水库竣工蓄水,彻底改变锡林浩特地区地表水利用和洪涝灾害频繁发生的现状。锡林河水库是当时锡林郭勒盟唯一的一座以防洪为主,兼顾灌溉、水产养殖、旅游等多功能的中型水库,以后又在 1974 年、1992 年、2002 年进行续建、改建和除险加固。

1960 年,锡林浩特镇成立农牧林水利局,开始领导本地区水利工作。此后又组建水利工作队、水利工程管理站,为牧区找水打大口井,维修小型水利工程。1967 年在锡林浩特西郊的锡林河左岸,修建了与渠首枢纽工程相连的万米渠。以后的几年里水利投资大幅度减少,水利工作没有大的举措,只搞了一些维修与配套。

进入20世纪70年代,为充分开发利用水资源,发展饲草料基地建设,锡林浩特在牧区陆续修建了一些自流渠、扬水站和截伏流工程。到20世纪70年代末期,粉碎"江青反革命集团",10年动乱结束,各行各业都把工作重点转移到社会主义现代化建设上来,水利建设也掀起了新高潮。阿巴哈纳尔旗组建草原打井队,本地区加快供水基本井建设。据统计这一时期,本市共有大口井834眼,深机井217眼,供水基本井63眼,机电井54眼。开辟缺水草场5920平方公里,解决26.4万头(只)牲畜的饮水困难。饲草料灌溉面积达到3177亩。

20世纪80年代,随着牧区生产责任制的变更,牧民进行牲畜草场双承包,开发利用草场力度加大,由于筒井配套成本低,促进了牧民建设筒井的积极性,灌溉筒井大幅度增加。为保证质量,上级业务主管部门逐年下达安排一些牧区筒井更新,要求新建筒井必须以混凝土预制井壁管成井,并加井盖防冻。牧民有的安装畜力水车、风力提水,有的配套柴油机泵或电动机,用于人畜饮水或饲草料地灌溉。20世纪80年代后期,牧区推行草畜双承包责任制以后,原有牧区水利工程难以适应牧民一家一户分散养畜的状况,必须开辟新的途径,才能适应小型、分散、多样的人畜饮水和饲草料地灌溉特点。1988年锡林郭勒盟行政公署印发《锡林郭勒盟关于大力发展家庭畜群草库伦的暂行规定》的通知,广大牧民群众利用承包草场内的水利设施或新打各种井,尤其是当时推广普及的小型机电井、新型塑管井,为以水、草(料)、林、机、网五配套的小草库伦建设,种植饲草或青贮为牲畜过冬、度春打下了坚实的基础。这种家庭畜群小草库伦建设,确保饲草料地的稳产高产,缓解天然草场退化与载畜量多的状况,促进本地区畜牧业生产的发展,彻底改变广大牧民千百年来的生产生活方式,使畜牧业生产走上合理开发利用水资源,种植饲草料科学养畜的道路。到1990年,锡林浩特市共建有"水、草(料)、林、机、网"五配套草库伦200多处,为畜牧业生产由粗放型向集约化型转变奠定坚实的基础。

进入20世纪90年代后,针对草原生态急剧恶化和城周边严重的水土流状况,盟市两级水利部门开始规划设计锡林浩特地区水土保持治理方案,并于1995年在城区东部葛根山流域,动员锡林浩特地区企事业单位及社会各界力量进行水土保持治理,总计开挖水平沟9.6千米,植树0.3万亩,围封治理区1.5万亩。2000年和2001年又相继开展几次水土保持治理大会战,参加人数达3万余人。此后结合京津风沙源治理工程,先后实施封山育林、退耕还林、飞播造林、围封转移等生态治理措施,并在锡林浩特市水土流失重点区域进行小流域治理,共完成水土流失治理面积14.96万亩。

2000年国家紧急启动京津风沙源治理工程以来,锡林浩特市结合牧区人畜饮水解困工程,相继建成奶牛场、毛登牧场、白音锡勒牧场等大型高产饲草料基地,为本市奶牛养殖、牲畜过冬和禁牧休牧饲草料供应提供了保障。

2002年,为使建成多年的锡林河水库能够安全正常的运行,争取国家投资1498.98

万元，由内蒙古自治区黄河工程局历时两年完成锡林河水库除险加固工程。为加强水资源的统一管理，2003 年建成日供水规模 2.4 万立方米的锡林河供水工程。2012 年投资 1.81 亿元，新建日供水规模 3 万立方米的锡林河供水工程。2004 年建成日处理污水能力 4 万立方米的污水处理厂，2007 年续建日处理能力 2 万立方米的二级深度处理中水厂。2007 年日供水能力 3 万立方米的给水扩建一期工程开工建设，2009 年建成投入运行。一系列生活、工业供水工程建成运行，实现水资源合理开发、节水利用、优化配置，有效地解决生产生活用水的供需矛盾。

进入"十二五"期间，锡林浩特市林业水利事业发展进入快车道，锡林湖、锡林河下游河道整治工程、锡林河供水工程等一些水利重点工程项目得以实施，影响和带动其他行业和部门。特别是 2013 年以后相继实施的城市外环防洪工程、生态水系治理工程、锡林河生态景观带工程等，以规模大、起点高、质量好，成为锡林浩特市城市建设中的亮点和精品工程，既提升锡林浩特市的城市品位，又使锡林浩特市城区东、南、西三个方向的防洪标准由过去的 10 年一遇提高到 50 年一遇的标准。在保障城区防洪安全的同时，通过城北蓄水池和中水利用工程处理收集污水雨洪水用于工业和生态，提高锡林浩特市的水资源综合利用水平。截至 2016 年，共建设牧区饮水安全工程基本供水井 1159 眼，供水工程 21 处，解决本市苏木、镇、国营农牧场及移民区 3.4 万人、121 万头（只）牲畜的饮水安全问题。京津风沙源水利水保治理工程共完成水源工程 1371 处，节水灌溉工程 1256 处，灌溉面积 15.6 万亩。

自 1988 年《中华人民共和国水法》颁布实施后，以后又陆续颁布《中华人民共和国水土保持法》《中华人民共和国防洪法》，水行政主管部门有了依法治水、依法管水的法律保障。依法保护开发利用水资源，鼓励支持单位和个人开发利用水资源，兴建防治水害的各种水利设施。全面规划、统筹兼顾、综合利用、讲究效益，发挥水资源的多种功能。加强水资源的统一管理，实行最严格的水资源管理制度，严格取水许可制度和再建水利工程审查审批制度。水行政执法部门依据法律法规对破坏水利工程设施，侵占河道、水域，私开乱挖、违法采砂，违法打井取水，偷鱼炸鱼等水事案件进行严厉的查处。累计监察各类用水户 1000 多户，封闭各行业违法自备水源井 400 多眼。对锡林浩特地区 98 个开发建设项目进行了监督检查，下达整改通知书 130 余份，行政处罚 100 多起，有效防止和减少开发建设过程中人为的水土流失。截至 2016 年底，累计征收水资源费、水土保持补偿费 12545.45 万元。

经过几代林水人的不懈努力，锡林浩特市林业水利事业得到长足的发展，为实现增草增畜和保护生态环境的目标，广大林业水利工作者以水为中心，以科技为先导，依法兴林治水，开展大规模的群众性生态、林业、水利、供水、防洪等工程建设，取得巨大的成就，为锡林浩特市经济和社会可持续发展起到良好的基础保障作用。

大 事 记

1960 年

是年 锡林浩特牧业与农业、林业、水利相关股室合并成立农牧林水利局，郭玉和为首任局长。

1961 年

是年 锡林郭勒盟林学会成立。

1962 年

10 月 锡林郭勒盟公署在锡林浩特召开全盟水利水保专业会议，会上对全盟水土保持治理工作成绩作了甄别。

1963 年

是年 锡林浩特政府称谓改为阿巴哈纳尔旗政府，农牧林水利局相应改为阿巴哈纳尔旗农牧林水利局。

1964 年

10 月 锡林河水库除溢洪道外全部竣工并蓄水，交付使用，成立锡林河水库管理所。锡林河水库 1958 年开工，历时 6 年完工。修建锡林河水库总用工 83.4 万个，土方 53.5 万立方米，石料 16.7 万立方米，总投资 261.3 万元。水库总库容 1967 万立方米，兴利库容 820 万立方米，坝长 245 米，坝高 13.5 米，坝顶宽 4 米，坝型为黏土斜墙均质坝。水库设计标准按 50 年一遇洪水，洪峰流量 115 立方米/秒设计，是当时全盟唯一的一座以防洪、灌溉、养殖、旅游等综合功能的中型水库。

1965 年

1 月 中共锡林郭勒盟委、行政公署在锡林浩特召开全盟林业工作会议。

1966 年

6 月 “文化大革命”开始，阿巴哈纳尔旗农牧林水利局正常工作受到冲击干扰，群众组织代替农牧林水利局正常行政领导职能。

1967 年

6 月 锡林郭勒盟革命委员会在太仆寺旗召开全盟“农业学大寨”经验交流会。

1968 年

是年 阿巴哈纳尔旗农牧系统成立旗革命委员会代替农牧林水利局，旗兽医站、苗圃、水利队、林工站合属办公。

1972 年

4 月 锡林郭勒盟革命委员会、驻锡支左部队、锡林郭勒军分区在锡林浩特联合召开《“抓革命、促生产”誓师大会》，号召全盟各族人民群众振奋革命精神，打好春耕生产、接羔保育、植树造林三个战役。

1973 年

4 月 锡林郭勒盟革命委员会召开《全盟春季植树造林有线广播誓师大会》，号召全盟广大社员、干部、工人、学生和驻军指战员，立即行动起来，“以批修整风为纲，掀起春季植树造林新高潮”。

是年 阿巴哈纳尔旗农牧林水利局建制得以恢复，旗畜牧、农业、林业、水利分设各局办公，领导本地区农牧林水利工作。

1974 年

3 月 内蒙古自治区革命委员会发出《关于内蒙古自治区林业发展规划(草案)》的通知,按照上级业务主管部门要求,阿巴哈纳尔旗林业部门开始编制本地区林业发展规划。

1975 年

3 月 内蒙古自治区革命委员会发出《关于开展造林育苗群众运动的通知》,阿巴哈纳尔旗在牧区建设草、水、林、料结合的“草库伦”,营造草原防护林和饲料林。沙化严重地区结合治沙,营造固沙防沙林带,封沙育林育草,严禁滥垦、滥砍、滥牧。

1976 年

10 月 锡林郭勒盟林研所承担的锡林郭勒盟行政公署在阿巴哈纳尔旗胜利公社建立的“水草林料”四结合防护林建设工程正式开展工作。

1977 年

10 月 锡林浩特境内连续降雪四昼夜,雪深普遍 1 尺 ~2 尺,低洼处更深,整个草场完全被冰雪覆盖,以后又陆续降雪十余场,使积雪不断加厚,局部深达三尺以上。牲畜不能出牧开始死亡,交通中断,牧民生产生活发生极大困难。灾害发生后,自治区和党中央高度重视,为灾区运送各种物资,地方政府全力以赴抗灾救灾。但由于此次雪灾区域广、持续时间长,危害达 4 个月之久,灾后统计牲畜死亡率高达 90%。

同月 内蒙古自治区农林局印发《内蒙古自治区牧区林业建设规划(草案)》和《关于牧区造林技术的几点意见》。

12 月 内蒙古自治区革命委员会印发《内蒙古自治区林业发展规划(修定草案)》的通知。

1978 年

2 月 阿巴哈纳尔旗革命委员会批准组建阿巴哈纳尔旗草原打井队。

4 月 锡林郭勒盟革命委员会在锡林浩特召开春季造林电话会议,号召全盟广大干部群众打一场春季造林育苗的人民战争。

1979 年

3 月 中共锡林郭勒盟委、行政公署联合召开锡林浩特地区植树造林动员会，传达贯彻全国青年造林大会和内蒙古自治区林业工作会议精神。

是年 在锡林浩特建成“草原公园”，这是锡林郭勒盟建立的第一个公园。

1980 年

7 月 内蒙古自治区林业局、财政局、粮食局、供销社、中国农业银行内蒙古分行联合发出《关于林业局、国营林场、治沙站、苗圃开展多种经营，综合利用几个问题的规定》，阿巴嘎纳尔旗苗圃开始尝试开展多种经营。

1981 年

5 月 阿巴嘎纳尔旗水利局按上级要求开展水利工程经济效益大普查，由水利专业技术人员和技术工人组成普查组，对牧区正在使用和损坏的机井和筒井进行检查并建立档案，对损坏的机井进行维修，并对每眼机井的使用情况和经济效益进行评价，此次普查历时 3 个月。

1982 年

3 月 中共内蒙古自治区委员会、人民政府发出《关于大力种树种草加快绿化和草牧场建设的指示》，规定每年 4 月 1 日—5 月 1 日，10 月 15 日—11 月 15 日，为全区植树造林月，阿巴嘎纳尔旗规定每年 4 月 12 日为全旗造林日。

同月 内蒙古自治区人民政府发出《关于加强鸟类保护的通知》，严禁捕杀分布在内蒙古地区的 97 种鸟类。每年 5 月 1 日—7 日定为自治区“爱鸟周”，阿巴嘎纳尔旗将每年 5 月的第 1 周定为“爱鸟周”。加强鸟类资源的管理保护，严明奖惩制度。

1983 年

3 月 中共锡林郭勒盟委、行政公署在锡林浩特召开全盟绿化工作会议，决定每年

4月5日—5月5日为“锡林郭勒盟春季植树造林月”,4月15—21日为“全民植树造林突击周”。

1984年

4月 锡林浩特市农业、林业、水利部门再次合并为一个局,即锡林浩特市农林水利局,领导本地区农业、林业、水利工作。

6月 锡林郭勒盟农林水利处将锡林河水库灌渠移交给锡林浩特市管理。

8月 锡林郭勒盟自治区级自然保护区成立,总面积10786平方公里。这是根据国家环境保护局、农牧渔业部的建议,经内蒙古自治区人民政府批准成立的第一个草地类自然保护区。

1985年

1月1日 《中华人民共和国森林法》颁布实施,为依法兴林、依法治林奠定坚实的法律基础。锡林浩特市林业和相关部门迅速开展学习、宣传、贯彻森林法各项活动。

7月 我国第一个草原自然保护区——锡林郭勒草原自然保护区正式成立。内蒙古自治区人民政府主席布赫为自然保护区题写区名。保护区位于锡林浩特市境内,核心区位于锡林浩特市东部白音锡勒牧场,总面积10786平方公里。

是年冬至竖年3月 锡林浩特市共降雪19次,形成雪灾,灾害持续156天。盟市两级政府动员社会各界力量抗击雪灾,出动车辆3000多台次,人员127916人次。由于草料有所准备,牲畜死亡率极少,无人员伤亡。

1986年

5月 林业部发布《中华人民共和国森林法实施细则》。

7月1日 《中华人民共和国渔业法》公布实施,将渔业生产纳入法制轨道,为依法保护渔业资源、惩处各类渔事违法案件提供法制保障。

是年 锡林浩特市农林水利局参与编制锡林浩特市农牧业区划。

1987 年

4 月 7 日至 9 日　锡林浩特地区气温骤升，水库上游区域积雪迅速融化，锡林河出现建库以来较大的春汛，洪峰流量达 53 立方米/秒。

6 月　锡林郭勒盟防汛指挥部在锡林浩特市召开全盟防汛工作会议，对锡林河水库等重点工程进一步落实度汛计划应急方案。

8 月　"内蒙古锡林郭勒盟草原自然保护区"被联合国教科文组织人与生物圈规划理事会接纳，加入国际生物圈保护区网。

1988 年

3 月　中共锡林郭勒盟委、行政公署在锡林浩特市召开全盟三级干部会议，盟委书记乃登在会上作题为《大力种草种树、开创我盟绿化事业的新局面》的讲话。

7 月 1 日　《中华人民共和国水法》颁布实施，水行政主管部门有了依法治水、依法管水的法制保障，锡林浩特市水利部门迅速掀起学习、宣传、贯彻水法的各项活动。

8 月　锡林郭勒盟水利勘测设计队工程师孙利，通过招投标承包了锡林浩特市锡林河水库。

11 月　锡林郭勒盟行政公署发布《锡林郭勒盟大力发展家庭畜群草库伦的规定》。当年全盟牲畜总头数达到 900 万头(只)。

1989 年

3 月 1 日　《中华人民共和国野生动物保护法》颁布实施，使野生动物保护事业上升到法律高度，此后相继制定颁布多个配套法规和规章，为提高广大群众的法律意识，锡林浩特市林业部门开展多种形式的宣传活动。

1990 年

3 月　锡林浩特市水政水资源管理办公室成立，同时兼有渔政监督管理职能，设锡林浩特市渔政监督管理站，一套人马，两块牌子，股级建制，编制 8 人，隶属于锡林浩特市农林水利局。

4 月　内蒙古自治区林业局发出《关于推广开沟抗旱造林适用技术的通知》。通知指出，为推进科技兴林，内蒙古自治区把开沟抗旱造林技术列为全区重点推广适用项目，要求各地推广；今后凡适宜推广开沟造林的地方，若不采用这项新技术，则不予安排工程项目，不给造林投资。按照通知要求，锡林浩特市积极推广应用开沟抗旱造林系列技术。

1991 年

6 月 29 日 《中华人民共国水土保持法》颁布实施，彻底改变各类开发项目无序建设造成的水土流失现象，严格规定开发企业必须履行的职责，为水行政主管部门监督管理提供坚实的法律依据。锡林浩特市行政执法部门迅速行动起来，深入工矿企业开展多种形式的宣传活动。

同月 锡林郭勒盟林业处下达《锡林郭勒盟 1991—1995 年造林计划》。

7 月 锡林郭勒盟林业处印发《一九九一年锡盟林业生产责任状主要指标考核标准及考核办法》。

同月 锡林郭勒盟林业处印发《对国营林场、治沙站经营管理的几点意见》和《加强和改善国营苗圃经营管理的意见》。

10 月 中共锡林郭勒盟委、行政公署出台《关于“八五”期间发展林业的决定》。决定包括指导思想、发展方向和主要奋斗目标。

同月 锡林郭勒盟林业处转发国家林业部制定的《“三北”防护林体系建设计划管理暂行办法》和《“三北”防护林体系建设资金管理暂行办法》。

11 月 锡林浩特市林业公安派出所成立，股级建制，隶属于锡林浩特市农林水利局，业务上受锡林浩特市公安局指导。

12 月 锡林郭勒盟林业处下发《关于认真传达贯彻盟委公署“关于‘八五’期间发展林业的决定”的通知》。

是年 锡林浩特市林业工作站开展的《柠条种子小蜂生活史观察》项目，在锡林浩特市科委立项。

1992 年

2 月 中共锡林郭勒盟委、行政公署制定出台《锡盟“八五”期间发展林业的决定》。

3 月 锡林郭勒盟林业处转发《关于开展“爱鸟周”十周年活动的通知》。

4 月 锡林郭勒盟林业处、工商物价处联合下发《关于加强林木种苗管理工作的通知》。

同月 锡林浩特市城防林工程启动，建设面积5000亩。杨树苗从河北围场调运；由副书记张春林带队，锡林浩特市交警队派1人；车辆由锡林浩特市林工站、森防站、水利队、机井管理站、畜牧局、牧机局、畜牧服务中心、防火办各出一辆，草原打井队出两辆。

△ 锡林郭勒盟林业处下发《关于加强当前森林防火工作的紧急通知》。

5月 锡林郭勒盟林业处下发《关于做好林木种子采收及夏季育苗工作的通知》。

6月 锡林郭勒盟林业处转发内蒙古自治区林业局《关于印发森防工作目标管理"211""八五"规划的通知》。"211"是指两个工程、一个体系、一个办法。两个工程是松毛虫综合治理工程、光肩星天牛治理工程，一个体系是森林病虫害监测体系，一个办法是森林病虫害防治目标管理检查考核暂行办法。

同月 锡林郭勒盟林业处下发《关于做好封山(沙)育林试点和典型调查的通知》。

8月 锡林郭勒盟林业处下发《关于切实抓好秋季林业生产的通知》。

同月 锡林郭勒盟林业处印发《关于"八五"期间发展林业决定的实施细则》。

9月 锡林郭勒盟林业处下发《关于国营林场(站)秋季工作重点的通知》。

10月 锡林郭勒盟防火指挥部、林业处转发《关于同意保留林区防火、木材检查站的通知》。

12月 锡林郭勒盟林业调查队完成锡林浩特市森林二类调查的外业工作，查清锡林浩特市森林、林地和林木资源的种类、数量与分布。

1993年

4月 锡林郭勒盟林业处下发《关于在全盟林业系统全面推行目标管理的通知》。

6月 按照内蒙古自治区林业厅要求，锡林郭勒盟林业处结合本地实际制定出台《锡盟森林病虫鼠害防治检疫目标管理考核暂行办法》《锡盟森林病虫害防治目标管理实施办法》《锡盟建立无森林植物检疫对象苗圃规划》。

9月 锡林郭勒盟林业处下发《关于编制"三北"防护林体系建设三期工程规划的通知》。

是年 锡林浩特市森防站开始组织开展柠条种子小蜂和柠条种子豆象病虫害的防治，防治持续三年。

△ 锡林郭勒盟行政公署下发《关于加强林木管护的通知》和《关于加强野生动物保护的通知》。

1994 年

10 月 锡林郭勒盟财政处、物价处、林业处联合转发《财政部、国家计委关于收取林业保护建设费和关于林业保护收费标准的通知》。

1995 年

4 月 锡林浩特市森防站对锡林浩特市园林处调进的、带有白杨透翅蛾虫害的杨树苗木,进行烧毁处理。

同月 锡林郭勒盟行政公署印发《关于进一步完善草牧场联产承包责任制试行办法》。

7 月 内蒙古自治区林业勘察设计院王兴武、马远征二人到锡林浩特市开展沙漠调查。

9 月 盟市两级水利部门专业技术人员选定市区东部的葛根山流域为水土流失治理区,动员锡林浩特地区企事业单位和社会各界力量开展水土保持治理大会战,治理方式采取挖水平沟、造水保林、网围栏围封等措施。

是年 锡林郭勒盟行政公署下发《关于切实加强野生动物保护管理工作的通知》。

1996 年

3 月 锡林郭勒盟林业局转发国家林业部《关于开展木材检查站标准化建设的通知》。

7 月 锡林郭勒盟林业局下达 1996 年全盟林业生产计划。

12 月 锡林郭勒盟林业局、工商行政管理局联合转发《关于清理整顿木片经营加工单位加强木片生产经营监督管理的通知》。

是年 为期 5 年的人畜饮水"380"工程启动。"380"工程是"九五"期间为基本解决内蒙古自治区农村牧区 380 万人口、1020 万头(只)牲畜的饮水困难和防氟改水而兴建的各种供水工程,简称人畜饮水"380"工程。

1997 年

7 月 28 日　白音锡勒牧场暴雨持续 1.5 小时，五分场倒塌房屋 90 间、院墙 1345 米，受灾 33 户、121 人。九分场网围栏被冲毁 2000 多亩，白音锡勒牧场两名职工在五分场遭遇山洪遇难。

11 月　内蒙古自治区林业厅下达《1998 年森林采伐量计划》，锡林郭勒盟总采伐量为 26280 立方米，其中：集体个人 6370 立方米，国营林场 19250 立方米，非林业单位 660 立方米。

1998 年

4 月　锡林郭勒盟林业局转发《关于做好今年植树月期间林业宣传工作的通知》。

同月　锡林浩特市编制城周边防护林带绿化规划方案，工程总体布局是沿着市区外围建设一个环形的乔、灌、草绿化带。一期工程从 1999—2001 年，造林 16000 亩，种草和半人工草地 8000 亩，形成从外向内 200 米林带、200 米草带、200 米林带，完成 600 米宽的绿化任务。二期工程从 2002—2003 年，造林 8000 亩，种草或半人工草地 8000 亩，完成 400 米宽的绿化任务。同时要对一期工程的建设成果加强抚育管理，使其尽快发挥效益。

5 月　锡林郭勒盟行政公署办公室印发《1998 年锡林郭勒盟防沙治沙专项推进工作实施方案》。

同月　锡林浩特市林业公安派出所升格为锡林浩特市林业公安分局，列入锡林浩特市公安局业务局序列，隶属于锡林浩特市农林水利局。

6 月　锡林浩特市农林水利局在锡林浩特市各苏木开展灌丛化草场建设。

7 月 19 日　锡林浩特市东郊的楚古兰及葛根敖包两个流域一带连降大雨，形成的山洪持续 12 小时，使二电厂、东郊奶牛新村、盟林研所、水泥厂、财贸学校、技工学校周边居民区被淹。

7 月 24 日　锡林河水库突降暴雨形成的山洪将水库上坝公路多处冲毁，造成严重泥沙淤积。

8 月 10 日　锡林河水库再遭暴雨袭击，将上坝公路已被冲开的洪沟又延长到 100 多米，深 4 米 ~5 米，宽 8 米，彻底切断上坝公路，泥石流大量冲进溢洪道和消力池内，严重影响了正常泄洪。

9 月　锡林河供水工程开工建设。建设内容输水管道 22.4 公里，其中：锡林河水库至二水厂输水管道 9.8 公里，输水能力 730 万立方米/年。二水厂至锡林电厂输水管道 12.6 公里，输水能力 400 万立方米/年，供水规模为 2.4 万立方米/日。

11 月 锡林郭勒盟行政公署转发内蒙古自治区人民政府《关于保护森林资源制止毁林开垦和乱占林地的通知》。

1999 年

3 月 锡林郭勒盟水利局转发国家水利部《关于加强财政预算内专项资金水利建设项目建设管理的紧急通知》。

同月 锡林郭勒盟林业局转发国家林业局《关于切实抓好今冬明春植树造林工作的紧急通知》。

△ 锡林郭勒盟水利局转发内蒙古自治区水利厅《关于认真做好当前水土保持工作的紧急通知》的通知。

6 月 内蒙古自治区林业勘察设计院派人到锡林浩特市开展沙漠监测，监测内容包括对流动沙丘、半固定沙丘、固定沙丘、非生物工程固沙地的风蚀、水蚀、盐渍化、冻融等程度的评价。

7 月 锡林浩特市首次进行飞机播种造林，地点在白银库伦牧场斯格斯台分场，实施面积 10000 亩，飞播的植物种主要有柠条、沙蒿、沙打旺、杨柴。

同月 锡林郭勒盟林业局下发《关于做好全盟 2001—2005 年森林采伐限额编制工作的通知》。

△ 锡林郭勒盟水利局下发《关于加快水利化家庭牧场示范项目实施做好迎会工作的通知》。

9 月 锡林郭勒盟林业局下发《关于抓好秋季各项林业生产的紧急通知》。

同月 锡林郭勒盟水利局转发国家水利部《关于贯彻国家产业政策严格实行取水许可管理的通知》的通知。

△ 锡林郭勒盟水利局下发《关于下达农田草牧场水利基本建设 1999 年秋冬会战方案》的通知。

11 月 锡林郭勒盟林业局转发国家林业局《关于开展全国森林分类区划界定工作的通知》。

2000 年

3 月 林业局发布《林业工作站管理办法》。

同月 锡林郭勒盟水利局转发内蒙古自治区水利厅《关于开展节水灌溉示范区建

设的通知》。

△ 锡林郭勒盟林业局转发国家林业局《关于稳定基层农业技术推广体系意见的通知》。

△ 锡林郭勒盟水利局下发《关于落实完成好水利化家庭牧场示范项目建设的通知》。

4 月 5 日 锡林浩特市遭受特大沙尘暴袭击。西北风风力平均 6 级 ~7 级，短时风力 9 级 ~10 级，气温下降 6℃ ~8℃。沙尘暴持续至 6 日下午，锡林浩特市有 150 亩温室大棚受灾，90% 以上的温室大棚塑料膜被吹坏，部分钢体棚架扭曲报废，棚内所种蔬菜因风寒全部受损，经测算造成经济损失 120 多万元。

同月 锡林浩特地区京津风沙源工程生态建设拉开序幕，京津风沙源工程建设期 10 年，即 2001—2010 年。分两个阶段进行，2001—2005 年为第一阶段，2006—2010 年为第二阶段。

△ 锡林郭勒盟水利局转发内蒙古自治区水利厅《关于特大抗旱经费以物代投计划的通知》。

5 月 锡林郭勒盟水利局转发内蒙古自治区水利厅《二〇〇〇年全区水政水资源工作要点》的通知。

同月 锡林郭勒盟林业局下发《关于认真贯彻落实〈中华人民共和国森林法实施条例〉的通知》《条例》于 2000 年 1 月 29 日第 278 号国务院令发布。

△ 锡林郭勒盟水利局转发内蒙古自治区人民政府《关于全面推进依法行政的决定》的通知。

6 月 京津周边地区内蒙古自治区沙源治理工程之一的锡林浩特市项目区 2000 年沙源治理工程全面启动。该项目国家补贴 600 万元，地方自筹 494. 8 万元，总投资 1094. 8 万元，治理总规模 6 万亩。

同月 锡林郭勒盟林业局转发《全国飞播造林(治沙)工程管理办法》。

△ 锡林郭勒盟林业局下发《关于加强野生动物保护管理工作的紧急通知》。

8 月 锡林郭勒盟林业局下达《二〇〇〇年全盟林业生产计划》。

同月 锡林郭勒盟水利局转发国家水利部《水政监察工作章程》的通知。

9 月 锡林郭勒盟林业局转发内蒙古自治区林业厅《关于进一步加强森林资源林政管理工作的通知》。

同月 锡林郭勒盟林业局下发《关于做好农田林网配套规划及地块落实工作的通知》。

△ 锡林郭勒盟行政公署转发《内蒙古自治区人民政府关于切实加强森林病虫害工作的通知》。

10月 锡林郭勒盟行政公署办公室下发《关于实施207国道91公里~100公里段义务治沙的紧急通知》。锡林浩特地区适龄公民参加秋季全盟林业生产大会战，在浑善达克沙地207国道91公里~100公里段（乌日图），使用黄柳条设置沙障。

同月 锡林郭勒盟水利局转发《内蒙古自治区2000年秋冬农田草牧场水利建设实施方案》的通知。

12月31日 锡林浩特市遭受冬季有气象记录以来罕见的特大沙尘暴和雪暴天气，风力为6级~9级，风速14米/秒~26米/秒，降温8℃~10℃，最低能见度零米时间超过一个小时，风暴持续至1月2日才停止。据不完全统计，此次特大沙尘暴和雪暴天气导致几万头（只）牲畜走失。

2001年

2月 锡林郭勒盟林业局转发内蒙古自治区林业厅《关于认真学习、宣传、贯彻森林法及其实施条例和实施办法的通知》《关于进一步加强封山（沙）育林、飞播造林、林业技术推广和基层林工站建设工作的通知》《关于开展林业重点工程建设情况大检查的通知》。

同月 锡林郭勒盟林业局下发《关于做好全盟绿色通道建设规划的通知》。

△ 锡林郭勒盟水利局下发《关于进一步做好2001年农田草牧场灌溉工程计划落实工作的通知》。

3月 锡林郭勒盟林业局转发内蒙古自治区林业厅《关于加强木材经营加工管理的通知》。

同月 锡林郭勒盟行政公署制定下发《关于进一步加强林业建设的意见》，意见包括指导思想、建设原则和建设目标；建设内容及重点；切实加强林业生态建设管护工作；加大科技含量，确保建设质量；提高认识，加强领导。

△ 锡林郭勒盟行政公署印发《关于加强农田草牧场水利、水保生态建设的意见》。

3月26—29日 全区飞播造林技术培训班在锡林浩特市举办。

同月 锡林郭勒盟林业局下发《关于在全盟森林公安机关开展“三项教育”活动的通知》。

4月6日 内蒙古自治区九届人大常委会第二十二次会议通过《内蒙古自治区锡林郭勒草原国家级自然保护区管理条例》，条例共十八条，自2001年10月1日起实行。

同月 锡林郭勒盟水利局印发《关于做好水浇地灌溉高产饲草料基地规划的通知》。

△ 林业局、公安部印发《关于森林和野生动物刑事案件管辖及立案标准的通知》。

△ 锡林郭勒盟林业局下发《全盟二〇〇一年森林病虫鼠害防治检疫工作安排》。

△ 京津风沙源治理工程人工造林在207国道浑善达克沙地77公里～90公里路东造林0.2万亩，主要树种为柠条、杨树、榆树。

△ 锡林浩特市千亩苗圃建设启动，地点在原八里道班造林基地内，建设面积0.1万亩，其中采种基地面积0.08万亩，育苗地面积0.02万亩。主要以培育柠条、杨树、榆树等乡土树种为主，总投资64万元。

5月 锡林郭勒盟林业局下发《关于加强森林病虫监测工作的通知》。

同月 锡林郭勒盟水利局下发《关于规范钻井市场秩序的通知》。

6月 锡林郭勒盟林业局转发国家林业局关于实行“林木种子生产许可证”“林木种子经营许可证”制度及《内蒙古自治区林木种子生产经营许可证管理办法(试行)》。

同月 锡林郭勒盟林业局、畜牧局联合下发《关于抓紧做好飞播造林、飞播牧草工作的通知》。

7月 锡林郭勒盟防汛指挥部下发《关于进一步加强预防洪涝灾害工作、确保人民生命财产安全的通知》。

同月 锡林郭勒盟林业局下发《关于进一步加强森林病虫害防治工作的通知》。

△ 锡林郭勒盟林业局下发《关于委托锡盟林木种苗站行使林木种苗行政执法权力的通知》。

△ 锡林郭勒盟林业局下发《关于在全盟开展林业严打整治专项斗争的通知》。

8月 锡林郭勒盟水利局转发《关于在全区积极推行水务管理体制的意见》的通知。

同月 锡林郭勒盟水利局下发《关于进一步加强水资源保护工作的通知》。

△ 锡林郭勒盟林业局下发《关于207线公路改扩建工程采伐护路林的意见》。

△ 锡林郭勒盟林业局下发《关于开展育苗生产作业质量核查的通知》。

9月 锡林浩特市林业水利局旧办公室(平房)拆除，在原址盖新办公楼，办公地点暂设在锡林郭勒盟粮食局招待所。

同月 内蒙古自治区林业勘察设计院派人到锡林浩特市进行森林资源二类清查。

△ 锡林浩特市白柠条采种基地改(扩)建项目正式批复，项目总投资88万元。2002年5月，白柠条采种基地改(扩)建工程项目开始施工。2003年12月，工程竣工。

10月 锡林郭勒盟林业局转发《国家林业局关于森林公安机关查处林业行政案件有关问题的通知》。

11月 锡林郭勒盟林业局、公安局、工商行政管理局联合转发《关于开展严厉打击破坏野生动物资源违法犯罪集中统一行动的通知》。

同月 锡林郭勒盟行政公署办公室下发《关于做好森林分类区划界定工作的通知》。

△ 锡林郭勒盟林业局下发《关于切实加强资源二类补充调查及森林分类区划界定工作的紧急通知》。

12 月 锡林郭勒盟林业局下发《“防沙治沙法”宣传活动方案》。

是年 人畜饮水解困工程启动。人畜饮水解困工程是继“380”工程之后，国家为解决农村牧区因旱造成人畜饮水困难的惠民工程。人畜饮水解困工程为期 5 年，由中央财政每年下达专项资金，对人畜饮水困难大、任务重的地区给予倾斜。锡林浩特市每年平均有 10 眼供水井建设任务，后期为解决更多人的饮水困难，锡林浩特市申请上级同意将供水井任务变更为供水工程。

2002 年

2 月 锡林郭勒盟林业局下发《二〇〇二年锡盟森林病虫害防治检疫工作安排》。

3 月 锡林郭勒盟水利局下发《关于用好风沙源治理水利项目启动资金的通知》。

同月 锡林郭勒盟林业局转发国家林业局《关于建立环北京地区防沙治沙工程进展信息报告制度的通知》。

△ 锡林郭勒盟林业局下发《锡盟林业局 2002 年林业宣传工作实施方案》。

△ 锡林郭勒盟水利局下发《关于对 2002 年重点水利建设任务实行领导技术干部责任承包分工的通知》。

4 月 锡林郭勒盟水利局下发《关于进一步加强水政监察队伍规范化建设的通知》。

同月 锡林郭勒盟水利局下发《2002 年全区水政水资源工作要点的通知》。

△ 锡林郭勒盟水利局印发《关于进一步做好取水许可证分级管理工作的通知》。

4 月 19 日 中共锡林浩特市委、政府召开“2002 年春季林业生态建设大会战”动员大会，部署本地区植树造林工作任务。大会战从 4 月 21 日开始至 5 月 5 日。

同月 政府职能部门改革，锡林浩特市农林水利局农业职能调出，实行水务一体化管理，更名为锡林浩特市林业水务局。

△ 锡林河水库除险加固工程开始实施，工程总投资 1498.98 万元，由内蒙古自治区黄河工程局实施。

△ 锡林浩特市城西城市防护林工程建设开始，结合京津风沙源人工造林工程完成造林 0.8 万亩。

△ 锡林浩特市京津风沙源退耕还林工程启动，当年完成退耕还林工程建设面积

1 万亩，其中白音锡勒牧场 0.8 万亩、毛登牧场 0.2 万亩。

6 月 锡林郭勒盟行政公署办公室下发《关于对退耕还林还草工程自查自纠工作进行复查抽查的通知》。

同月 锡林郭勒盟水利局下发《关于进一步抓好人畜饮水解困工作的通知》。

△ 锡林郭勒盟林业局下发《关于编制 2001 年风沙源工程林木种苗项目初步设计的通知》。

8 月 2—3 日 国家水利部部长汪恕诚在内蒙古自治区党委副书记、政府主席乌云其木格，政府副主席傅守正，政府秘书长乌兰巴特尔，水利厅厅长赵文元等陪同下，先后考察锡林郭勒国家级草原自然保护区、锡林浩特市伊利勒特苏木扎木苏荣节水灌溉示范家庭牧场，听取锡林郭勒盟水利建设项目的工作汇报。

9 月 9—10 日 由中国社会科学院、国家林业局、内蒙古自治区政府联合举办的中国荒漠化与沙尘暴防治工作经验交流会暨学术研讨会在锡林浩特市召开。锡林郭勒盟和各旗县市（区）领导等共 100 多人参加会议。中共锡林郭勒盟委书记布和朝鲁做《实施围封转移战略、推进传统畜牧业向现代畜牧业转变》的书面发言。

同月 锡林郭勒盟林业局印发《2002 年全盟秋季林业生产大会战实施方案》。

△ 锡林郭勒盟行政公署印发《关于违反生态环境建设资金管理办法处分暂行规定》。

△ 锡林郭勒盟林业局转发内蒙古自治区林业厅《关于贯彻落实森林风景资源保护和管理工作的实施意见》。

10 月 为在全盟启动实施“1315 工程”（围绕 13 项重点技术，培训农牧民 15 万人次），锡林郭勒盟林业局、生态办在锡林浩特市举办全盟围封转移战略实用技术培训班。

11 月 锡林郭勒盟林业局转发内蒙古自治区林业厅《关于编制全区造林绿化规划的通知》。

12 月 锡林郭勒盟水利局转发国务院体改办《关于水利工程管理体制改革实施意见的通知》。

2003 年

2 月 锡林郭勒盟生态办、林业局联合下发《关于加强林业苗木管理的通知》。

同月 锡林郭勒盟林业局下发《二○○三年锡盟森林病虫害防治检疫工作安排》。

4 月 207 国道通道绿化工程开始实施。

5 月 锡林郭勒盟林业局制定下发《关于切实抓好当前林业生产的意见》。

同月 锡林郭勒盟林业局下发《关于进一步加强森林病虫害防治工作的通知》。

7 月 由于锡林浩特市农林水利局农业职能调出，隶属于锡林浩特市农林水利局的锡林浩特市蔬菜办公室划归锡林浩特市农牧业局管理。

同月 退耕还林总监理齐振邦到锡林浩特市检查指导退耕还林工作。

△ 锡林郭勒盟林业局转发国家林业局《关于进一步加强未成林造林地鼠害、兔害防治工作的通知》。

△ 锡林郭勒盟林业局、档案局联合转发《内蒙古自治区退耕还林工程档案管理办法》。

△ 锡林郭勒盟林业局转发国家林业局《引进林木种子苗木及其繁殖材料检疫审批和监管规定》。

8 月 锡林郭勒盟林业局下发《关于开展林业有害生物普查工作的通知》，决定从2003 年 6 月至 2004 年 10 月，在全盟开展林业有害生物普查工作。

同月 内蒙古自治区林业勘察第二设计院派人到锡林浩特市，开展森林资源一类调查。查清全市森林、林地和林木资源的种类、数量与分布。调查成果是建立或更新森林资源档案，进行林业生态建设规划设计，制定林地、林木管理限额，森林分类区划界定，林权制度改革等工作的基础资料和重要依据。

10 月 由内蒙古自治区黄河工程局施工建设的锡林河供水工程竣工并投入运行，供水规模为 2.4 万立方米/日。

12 月 锡林浩特市林业水务局办公大楼竣工，锡林浩特市林业水务局从锡林郭勒盟粮食局招待所搬迁回新办公楼。

同月 锡林郭勒盟林业局下发《关于贯彻落实“京津风沙源治理工程林业建设档案规范化管理标准”和“退耕还林工程档案管理办法”的通知》。

2004 年

3 月 隶属于锡林浩特市建设局的锡林浩特市给排水有限责任公司和污水处理厂整建制划转至锡林浩特市林业水务局，锡林浩特市排水工程施工维修队的行政职能由锡林浩特市林业水务局承担。

同月 锡林浩特市林业水务局党总支升格为党委，下辖五个党支部，朝克图任党委书记。

△ 锡林郭勒盟林业局下发《关于加强春季森林和林业建设项目区防火工作的紧急通知》。

△ 锡林郭勒盟林业局、公安局联合转发内蒙古自治区林业厅、公安厅转发的《国家林业局、公安局关于加快森林公安队伍建设的意见》。

△　锡林郭勒盟林业局编制下发《锡盟2004年封山(沙)育林实施方案》。

△　锡林郭勒盟林业局转发内蒙古自治区林业厅《关于进一步加快林权登记发证工作的通知》。

△　锡林郭勒盟林业局编制下发《浑善达克沙地南缘生态防护林体系建设2004年实施方案》。

△　锡林郭勒盟林业局下发《全盟森林公安基层派出所达标建设方案》。

4月　锡林郭勒盟林业局转发《内蒙古自治区林业厅开展林业生态重点工程全面质量管理年活动的通知》。

同月　锡林浩特市森防站按照内蒙古自治区林业厅要求,在全市范围内开展有害生物普查工作。此次普查历时2个月,调查统计有害生物面积17.1335万亩,基本查清锡林浩特市境内森林有害生物发生、分布及危害情况,掌握有害生物分布的基础资料。

△　锡林湖景观工程开工建设,工程由杭州方大和北京鑫源港两大投资公司垫资建设,建设面积68万平方米,水域面积40万平方米,蓄水量46万立方米。工程于2005年8月竣工,此工程建成锡林湖1号湖和2号湖。2007年9月,内蒙古自治区大业投资集团公司垫资建设锡林湖3号湖,建设面积170万平方米,水域面积23万平方米,工程于2009年8月竣工。2011年5月锡林浩特市林业水利局开始承建锡林湖4号湖,工程2012年11月竣工。建设面积9.18万平方米,水域面积7.9万平方米。

5月　锡林郭勒盟林业局印发《锡盟林业局资源林政管理2004年工作要点》。

6月　锡林郭勒盟行政公署下发《关于进一步规范林权证发放工作的通知》,通知要求要严格林权证发放程序,明确林权证发放重点,认真做好新旧林权证的更换工作,依法做好林权证发放中土地用途变更工作。

同月　内蒙古自治区林业勘察设计院王建成等人到锡林浩特市调研2003年沙源治理工程建设情况。

7月　锡林郭勒盟行政公署印发《全盟重点公益林林权证发放工作实施方案》。

同月　锡林郭勒盟林业局下发《关于贯彻落实全盟林业工作会议精神的意见》。

△　锡林郭勒盟林业局、财政局联合转发内蒙古自治区林业厅、财政厅《关于开展重点公益林区划界定工作的紧急通知》。

8月　锡林郭勒盟林业局转发内蒙古自治区林业厅转发的《国家林业局关于加强国有林场林地管理的通知》。

同月　锡林浩特市开始进行森林分类界定工作,核实地块、界定书签字。

9月　锡林郭勒盟林业局转发内蒙古自治区林业厅《关于退耕还林林权登记发证有关问题的意见》。

同月　锡林郭勒盟林业局下发《关于加强秋季森林和林业建设项目区防火工作的

通知》。

△ 锡林郭勒盟行政公署印发《关于秋季林业生产建设规范的紧急通知》。

△ 锡林郭勒盟行政公署印发《锡林郭勒盟灌木规模造林实施方案》。

△ 锡林郭勒盟林业局转发国家林业局《关于开展京津风沙源治理工程和“三北”防护林体系建设四期工程资金稽查工作的通知》。

2005 年

1 月 锡林郭勒盟林业局、财政局联合转发内蒙古自治区林业厅、财政厅《关于下达国家重点公益林补偿面积的通知》。

同月 锡林郭勒盟林业局印发《锡盟实施森林生态效益补偿工作方案》。

△ 锡林郭勒盟林业局转发国家林业局《关于合作(托管)造林有关问题的通知》。

△ 沙源治理工程中规划建设的锡林浩特市千亩苗圃,承包给赤峰市松山区振林林木种苗站经营管理,承包期 15 年。

2 月 锡林郭勒盟林业局下发《关于加快容器育苗培育和使用工作的通知》,锡林浩特市在育苗中开始大量使用容器育苗技术。

同月 锡林郭勒盟林业局下发《2005 年全盟林业系统“三下乡”活动计划方案》。

3 月 锡林郭勒盟林业局转发内蒙古自治区绿化办《关于开展“3・12”中国植树节宣传活动的通知》。

同月 内蒙古自治区森林公安局下发《关于锡林郭勒盟森林公安派出所达标检查验收情况的通知》。

△ 锡林郭勒盟林业局印发《锡盟 2005 年飞播造林、封沙育林实施方案》。

△ 锡林郭勒盟林业局印发《“4・12”锡盟植树节林业宣传方案》。

△ 锡林郭勒盟林业局下发《关于建立沙地和荒漠草原观测点的通知》。

△ 锡林郭勒盟林业局转发内蒙古自治区林业厅《关于加强野生动植物保护工作的通知》。

△ 锡林郭勒盟林业局印发《2005 年林木种苗重点工作安排》。

4 月 锡林郭勒盟林业局下发《关于切实做好抗旱造林工作的紧急通知》。

同月 锡林郭勒盟林业局下发《关于贯彻全区林业有害生物防治工作会议精神的通知》。

△ 锡林郭勒盟林业局转发国家林业局《关于切实做好京津风沙源治理工程区林分抚育和管护工作的通知》。

5 月 锡林郭勒盟林业局下发《关于切实抓好夏季林业生产的通知》。

6 月 锡林郭勒盟林业局印发《锡林郭勒盟突发性重大林业有害生物应急处置预案》。

8 月 锡林郭勒盟林业局印发《锡盟林业局关于开展林业形势教育活动方案》。

9 月 锡林郭勒盟林业局、草原监督管理局联合下发《关于进一步加强森林草原防火及生态建设项目区管护工作的通知》。

同月 锡林郭勒盟林业局下发《关于加强组织领导切实抓好秋季林业工作的紧急通知》。

△ 锡林郭勒盟林业局转发内蒙古自治区财政厅、林业厅印发的《内蒙古自治区国有贫困林场扶贫资金管理办法实施细则》。

△ 锡林浩特市公益林保护规划启动，锡林浩特市林工站开始编制地方公益林实施方案。2006 年 4 月，锡林浩特市地方公益林方案开始实施，按照实施方案规划落实地块，签订合同。

10 月 锡林郭勒盟林业局编制下发《锡林郭勒盟“十一五”林业发展规划》。

11 月 锡林郭勒盟林业局下发《关于加强林木采种基地建设管理的通知》。

同月 锡林郭勒盟林业局转发内蒙古自治区林业厅《关于全区林业系统防控高致病性禽流感工作的紧急通知》。

12 月 锡林郭勒盟行政公署办公厅下发《关于切实做好京津风沙源治理工作“十一五”规划编制工作的通知》。

同月 锡林郭勒盟行政公署办公厅印发《关于围封转移重点工作的安排意见》。

△ 锡林郭勒盟行政公署办公厅印发《全盟今冬明春防火工作实施方案》。

△ 锡林郭勒盟行政公署批转锡林郭勒盟水利局《关于加强水利工作的意见》的通知。

2006 年

4 月 为有效隔离铁路和煤矿开发区对城市的污染，防风降尘、阻隔噪音、改善城周边生态环境，锡林浩特市城北隔离带造林工程启动。

8 月 锡林郭勒盟防汛抗旱指挥部转发内蒙古自治区防汛抗旱指挥部转发国家防总《关于加强防汛抗洪工作的通知》。

同月 锡林郭勒盟林业局下发《关于切实抓好当前林业有害生物防治工作的通知》。

9 月 锡林浩特市重点公益林项目启动，锡林浩特市林业工作站着手编制锡林浩特市重点公益林规划实施方案。

10 月 锡林郭勒盟财政局、林业局转发内蒙古自治区财政厅、林业厅《关于下达第二批国家重点公益林补偿面积的通知》。

12 月 锡林郭勒盟水利局转发内蒙古自治区人民政府《关于进一步加强今年秋冬季和明年春季农田草牧场水利建设的通知》。

2007 年

1 月 锡林郭勒盟林业局转发内蒙古自治区林业厅《关于预下达 2007 年森林采伐量和木材生产计划的通知》。

同月 锡林郭勒盟林业局转发内蒙古自治区林业厅《关于对森林植被恢复费征收使用管理情况进行自查自纠的通知》。

2 月 锡林郭勒盟水利局转发《关于做好 2006 年水务管理年报统计报表工作的通知》。

同月 锡林郭勒盟林业局转发内蒙古自治区林业厅转发的国家林业局《关于进一步加强冬春季候鸟高致病性禽流感等野生动物疫源疫病监测防治工作的紧急通知》。

△ 锡林郭勒盟林业局印发《锡盟林业系统法制宣传教育第五个五年规划》的通知。

△ 锡林郭勒盟水利局转发内蒙古自治区发改委、水利厅《关于抓紧上报 2007 年牧区饮水安全工程项目可研报告和建议计划的通知》。

3 月 锡林郭勒盟林业局转发内蒙古自治区林业厅《关于继续做好森林公安派出所建设工作的通知》。

同月 锡林郭勒盟林业局印发《关于组织开展“绿风”专项行动的通知》。

△ 锡林郭勒盟水利局下发《关于开展春节和“两会”期间水利安全生产检查的通知》。

△ 锡林郭勒盟林业局下发《关于表彰 2006 年度全盟林业生产建设先进单位的决定》。

△ 锡林郭勒盟水利局转发内蒙古自治区水利厅转发国家水利部《关于组织开展 2007 年“世界水日”“中国水周”宣传活动的通知》。

△ 锡林郭勒盟林业局下发《关于切实组织开展好春季全民义务植树活动的通知》。

△ 锡林郭勒盟林业局下发《关于加强春季森林防火工作的通知》。

△ 锡林郭勒盟水利局下发《关于做好春季防汛工作的通知》。

4 月 锡林郭勒盟林业局印发《全盟 2007 年春季全民义务植树会战的通知》。

同月 锡林郭勒盟发改委、水利局下发《关于进一步做好2007年度安全饮水工作的通知》。

4月23—29日 国家水利部水利规划总院29名专家到锡林浩特市，对《锡林郭勒供水工程可行性研究报告》进行论证。

同月 锡林浩特市开始实施重点公益林项目，按照规划方案落实地块，签订合同。

5月 锡林郭勒盟水利局转发内蒙古自治区农牧业厅关于《内蒙古自治区二〇〇七年禁渔期、禁渔区渔政管理的通知》。

同月 锡林郭勒盟林业局转发国家林业局《关于严肃查处林业行业瞒报事故行为坚决遏制重特大事故发生的通知》。

6月 锡林郭勒盟水利局转发内蒙古自治区水利厅转发国家水利部《关于加强水电建设项目三通一平工程水土保持工作的通知》。

同月 锡林浩特市中水处理厂开工建设，项目占地面积2.1万平方米，日处理能力2万立方米的二级深度处理水厂一座，总投资6163万元。

△ 锡林郭勒盟林业局印发《关于开展"绿盾二号行动"的通知》。

△ 锡林浩特市给水扩建一期工程开工建设，工程位于新区西南，一期工程日供水能力3万立方米，总投资7300万元。

△ 锡林浩特胜利煤田疏干水利用工程开工建设，工程位于宝力根苏木伊利勒特嘎查境内，建设内容52万立方米的高位水池、30万立方米的低位水池、扬水泵站各一座、铺设输水管道13.7公里，总投资1.9亿元。

△ 锡林郭勒盟林业局印发《关于抓好抗旱保"两率"切实做好夏季林业生产的紧急通知》。

△ 锡林郭勒盟水利局转发内蒙古自治区水利厅《关于换发新版取水许可证有关工作的通知》。

7月 锡林郭勒盟林业局转发内蒙古自治区林业厅《关于开展林权登记发证检查整顿工作的通知》。

7月17—19日 国家发改委、财政部等8部委在锡林浩特市召开《京津风沙源工程第九次省部级联席会》，水利部副部长周英、水保司司长刘震参加会议。

同月 锡林郭勒盟防汛指挥部下达《关于切实做好水库安全度汛工作的紧急通知》

8月 锡林郭勒盟林业局下达《关于对锡市城北生态防护林带建设工程进行阶段性验收的通知》。

9月 锡林郭勒盟林业局下达《关于切实加强秋季森林防火工作的通知》。

同月 内蒙古自治区人民政府下发《关于进一步推进全区水利工程管理体制改革工作的通知》。

10 月　锡林浩特市林业水利局派人参加内蒙古自治区林业厅在赤峰市林东镇举办的中意合作项目“瓦勒拉尼系统”示范造林技术培训班。

同月　锡林郭勒盟水利局下达《关于认真做好全盟水利重点工程验收准备工作的通知》。

△　锡林郭勒盟林业局转发国家林业局《关于进一步加强安全生产工作坚决遏制重特大事故的通知》。

11 月　锡林郭勒盟水利局下达《关于对全盟 2007 年实施的安全饮水及节水灌溉工程实行统一监理的通知》。

2008 年

1 月　锡林郭勒盟林业局转发国家林业局《森林资源监督工作管理办法》。

同月　锡林郭勒盟水利局印发《关于 2008 年农村牧区饮水安全工作安排的通知》。

2 月　锡林郭勒盟林业局转发内蒙古自治区林业厅《关于转发国家林业局关于征占用林地有关问题的复函》的通知。

同月　锡林郭勒盟水利局转发内蒙古自治区水利厅《关于进一步加强水资源论证管理工作的通知》。

3 月　锡林郭勒盟林业局下发《关于进一步加强森林资源管理促进和保障集体林权制度改革的通知》。

4 月　锡林郭勒盟林业局下达《关于开展取缔无证生产经营林木种苗违法行为专项执法行动的通知》。

同月　锡林郭勒盟水利局转发内蒙古自治区水利厅转发国家水利部《关于 2008 年水利安全隐患排查治理工作实施意见的通知》。

△　锡林郭勒盟林业局、公安局、工商局转发内蒙古自治区 4 部门转发国家林业局、公安部、海关总署、国家工商总局印发关于《全国集中打击破坏野生动物资源违法犯罪活动专项行动方案》的通知

△　锡林浩特市森防站开展对全市花卉市场进行复检专项行动，防止带有病虫害的花卉在锡林浩特市传播、蔓延。

△　锡林浩特市苗圃开始在自己的育苗地，进行四翅滨藜的种植试验。

△　锡林浩特市南山森林公园工程建设启动，规划造林面积 0.81 万亩。

△　锡林浩特市小孤山水库工程开工建设，工程位于毛登牧场境内，主要建筑物有大坝、溢洪道和输水道。总库容 217.50 万立方米，是一座以防洪、灌溉为主兼有旅游等综合效益的小型水库。

5月 内蒙古自治区党委书记储波到锡林浩特市，赴锡林浩特市林业水务局承建的工业园区高位水池开展调研工作。

同月 锡林郭勒盟水利局转发内蒙古自治区水利厅转发国家水利部《关于应对突发水污染事件保障供水安全的通知》。

△ 锡林郭勒盟林业局转发内蒙古自治区林业厅《关于落实自治区反恐怖工作协调小组及国家林业局会议精神的通知》。

6月 锡林郭勒盟水利局《关于开展全区水利安全生产百日督查专项行动的通知》。

同月 锡林郭勒盟林业局下发《关于做好抗旱保“两率”切实抓好夏季林业生产的通知》。

8月 锡林郭勒盟林业局转发国家林业局《关于配合检察机关开展查办危害能源资源和生态环境渎职犯罪专项工作有关问题的通知》。

9月 锡林郭勒盟林业局印发《关于切实加强2008年秋冬季森林防火工作的通知》。

10月 锡林郭勒盟水利局转发内蒙古自治区水利厅《关于开展水库安全生产专项检查的紧急通知》。

同月 锡林郭勒盟林业局印发《关于做好2008年秋季重大动物疫病防控工作的紧急通知》。

11月 锡林浩特市水政监察大队成立，股级建制，编制10人，隶属于锡林浩特市林业水务局。

同月 锡林浩特市林业防火办公室成立，和锡林浩特市森林公安分局一套人马，两块牌子。

12月 锡林浩特市公益林管理站成立，和锡林浩特市林业种苗站一套人马，两块牌子，撤销原锡林浩特市国营苗圃。

2009年

1月 锡林郭勒盟林业局转发内蒙古自治区林业厅《关于切实做好征占林地项目植树造林恢复森林植被工作的通知》。

2月 锡林郭勒盟林业局转发国家林业局《关于做好今冬明春野生动物疫源疫病监测防控工作的紧急通知》。

同月 锡林郭勒盟水利局转发内蒙古自治区水利厅《关于做好春节两会期间水利反恐怖工作的通知》。

△　锡林郭勒盟水利局转发内蒙古自治区水利厅《关于加强水利基础设施建设前期工作及建设管理工作的通知》。

△　锡林郭勒盟水利局下发《关于进一步加强和规范农村牧区饮水安全工程招标管理工作的通知》。

3 月　编制锡林浩特市“十二五”林业发展规划，规划建设期限 2011—2015 年，工程规划总任务 57 万亩，总投资 4100 万元。

同月　锡林郭勒盟林业局印发《锡盟林业工程项目管理办法》。

△　锡林郭勒盟水利局印发《2009 年农村牧区饮水安全工作要点》。

4 月　锡林郭勒盟林业局下发《关于切实做好“清明节”火险高峰期森林防火工作的紧急通知》。

同月　锡林郭勒盟林业局转发国家林业局《关于切实抓好春季林业有害生物防治工作的紧急通知》。

5 月　锡林郭勒盟水利局转发内蒙古自治区水利厅《关于进一步加强病险水库除险加固项目质量和安全管理工作的紧急通知》。

同月　锡林郭勒盟水利局下达《关于开展 2009 年开发建设项目水土保持监督检查工作的通知》。

7 月　锡林郭勒盟林业局、公安局转发《关于开展严厉打击破坏森林资源违法犯罪专项行动的通知》。

9 月　锡林郭勒盟水利局转发《关于加强城镇饮用水水源地监督管理的通知》。

同月　锡林郭勒盟水利局转发内蒙古自治区水利厅转发国家水利部《关于加强城市污水处理回用促进水资源节约与保护的通知》。

△　聘请内蒙古自治区林业第二勘察设计院开展锡林浩特市森林资源二类调查工作。二类调查从 2009 年 8 月开始，至 2010 年 6 月结束，历时 11 个月。整个调查工作内蒙古自治区林业第二勘察设计院和锡林浩特市林业水务局共投入专业技术人员 80 人，调查提交成果：锡林浩特市森林资源调查报告。

△　锡林郭勒盟林业局下发《关于抓紧抗旱保“两率”切实做好秋季林业生产的紧急通知》。

10 月　锡林郭勒盟水利局印发《关于加快抗旱水利基础设施建设的意见》。

11 月　锡林郭勒盟林业局转发内蒙古自治区林业厅转发国家林业局《关于切实强化鸟类保护管理和野生动物疫源疫病监测防控的紧急通知》。

2010 年

1 月　按照国务院《关于开展第一次全国水利普查的通知》的要求，成立锡林浩特市第一次全国水利普查领导小组。锡林浩特市第一次水利普查历时 2 年，普查范围包括市辖的 2 个苏木、1 个建制镇、6 个国营农牧场、7 个城镇街道办事处。共完成10944 张清查表及 1947 张普查表的填报工作。

同月　锡林郭勒盟林业局转发内蒙古自治区林业厅《关于加强绿化费征收使用管理的通知》。

△　锡林郭勒盟水利局转发内蒙古自治区水利厅《关于切实加强今冬明春农田草牧场水利基本建设的通知》。

2 月　锡林郭勒盟林业局转发国家林业局《关于进一步加强木材运输管理工作的通知》。

同月　锡林郭勒盟林业局、财政局转发内蒙古自治区林业厅、财政厅转发国家林业局《国家公益林区划界定办法》的通知。

3 月　锡林郭勒盟林业局下发《关于做好 2010 年春季森林防火工作的通知》。

同月　锡林浩特市人民政府印发《锡林浩特市预防和处置沙尘暴灾害应急预案》和《锡林浩特市处置重大森林火灾应急预案》的通知。

△　锡林浩特市森林公安分局更名为锡林浩特市森林公安局，升格为准科级建制，下设三个派出所。

4 月　锡林郭勒盟林业局下发锡林郭勒盟 2010 年《飞播造林实施方案》《封沙育林实施方案》的通知。

同月　锡林郭勒盟水利局印发《落实科学发展观转变发展方式加快水利建设步伐》的通知。

△　锡林郭勒盟林业局印发《关于进一步做好集体林权制度改革指导服务工作的通知》。

△　锡林浩特市造林补贴试点项目正试启动。

5 月　锡林郭勒盟水利局下发《关于规范取水许可及水资源论证的通知》。

6 月　隶属于锡林浩特市林业水务局的锡林浩特市给排水有限责任公司和污水处理厂整建制划回锡林浩特市住房和城乡建设局，锡林浩特市林业水务局更名为锡林浩特市林业水利局。

同月　锡林郭勒盟水利局转发内蒙古自治区水利厅《关于加强河道采砂管理确保防洪安全的通知》。

△ 内蒙古林业勘察设计院派人到锡林浩特市开展第二次全区湿地资源调查工作。同月,全区旗县级林地保护利用规划编制工作会议在呼和浩特市和林格尔召开。

7 月 锡林郭勒盟林业局下发《关于举办全盟林业系统首届“兴林富民杯”乒乓球比赛的通知》。首届“兴林富民杯”乒乓球赛在多伦县举行,锡林浩特市林业水利局代表队获得男子团体第一名、女子团体第二名、男子单打第一名、女子单打第一名的好成绩。2011 年 7 月,锡林浩特市林业水利局承办全盟林业系统第二届“兴林富民杯”乒乓球赛。

8 月 锡林郭勒盟林业局下达《关于编制特色经济林产业发展规划的紧急通知》。

9 月 锡林郭勒盟林业局转发内蒙古自治区林业厅《关于公布〈内蒙古自治区珍稀林木保护名录〉的通知》。

同月 锡林郭勒盟水利局《关于认真做好工程建设领域突出问题排除整改工作的通知》。

△ 锡林浩特市人民政府下达《关于成立全市第一次水利普查领导小组的通知》。

10 月 锡林郭勒盟林业局下达《关于切实做好 2010 年退耕还林工程检查验收工作的通知》。

同月 锡林郭勒盟林业局转发内蒙古自治区人民政府《关于开展林业专项检查督查工作的通知》。

△ 锡林浩特市小孤山水库工程竣工。11 月,成立锡林浩特市小孤山水库管理所,股级建制事业单位,编制 2 人,隶属于锡林浩特市林业水利局。

11 月 锡林浩特市国有林场成立,同时兼有锡林浩特市城防林管护大队职能,股级建制事业单位,编制 5 人,隶属于锡林浩特市林业水利局。

2011 年

1 月 锡林郭勒盟水利局转发内蒙古自治区水利普查办关于《第一次水利普查普查员和普查指导员工作细则》。

同月 锡林郭勒盟林业局转发内蒙古自治区林业厅《关于召开全区森林资源二类调查成果审查会议的通知》。

△ 锡林郭勒盟林业局下达《关于开展打击制售假劣林木种苗和保护植物新品种专项行动的通知》。

2 月 锡林郭勒盟水利局转发内蒙古自治区水利厅《关于做好中小河流治理项目建设管理工作的通知》。

3 月 锡林郭勒盟林业局下达《关于加快飞播造林用种入库工作的通知》。

同月 锡林浩特市城北防护林工程启动，建设面积1.1万亩。

4月 锡林郭勒盟第一次全国水利普查领导小组办公室转发内蒙古自治区水利普查办公室关于《第一次全国水利普查数据保密管理办法》的通知。

5月 锡林河下游河道整治工程开始实施，整治长度4公里，防洪标准为20年一遇，设计洪峰流量210立方米/秒，工程级别为4级，总投资2172万元。

6月 锡林郭勒盟水利局下达《关于严格履行中小河流治理工程建设基本程序的通知》。

同月 锡林郭勒盟水利局下达《关于进一步加强农村牧区饮水安全工程建设和运行管理工作的通知》。

7月 锡林郭勒盟水利局转发内蒙古自治区水利厅《关于开展水资源专项执法检查活动的通知》。

8月 小型农田水利重点县牧区节水灌溉项目开始在锡林浩特市实施。

同月 锡林郭勒盟水利局转发内蒙古自治区水利厅《关于进一步加强水利工程安全管控工作的紧急通知》。

9月 锡林郭勒盟林业局转发内蒙古自治区林业厅《关于加快集体林权制度改革步伐的通知》。

11月 锡林郭勒盟水利局转发内蒙古自治区水利厅关于贯彻落实《内蒙古自治区人民政府进一步规范矿产开发秩序依法保护环境保障民生的指导意见》的通知。

12月 锡林郭勒盟水利局下达《关于加强机电井成井质量管理的通知》。

2012年

2月 锡林郭勒盟林业局下达《关于切实做好集体林权制度主体改革巩固提高和配套改革工作的紧急通知》。

3月 锡林浩特市"U"字形城防林工程建设项目开始实施，计划建设面积4.28万亩。

同月 锡林浩特市编制《内蒙古自治区锡林浩特市锡林河国家湿地公园总体规划》，湿地公园规划建设期为9年，即2012—2020年，分为近、远2期。湿地公园建成后，通过科学的保护、恢复和管理，实现更好的保护和恢复其丰富的湿地生物多样性，并可兼顾水利防汛、供水、水产养殖、水源涵养、生态旅游等功能。

△ 中央电视台"天网"栏目摄制组到锡林浩特市，拍摄锡林浩特市森林公安局破获的"12·8"特大收购、运输、出售、国家重点珍贵、濒危野生动物及制品案件纪实片。

4月 锡林郭勒盟林业局下达《关于开展锡盟重点湿地资源监测工作的通知》。

同月 内蒙古自治区林业勘察设计院派人到锡林浩特市，编制锡林浩特市林地保护规划。

5 月 锡林浩特市外环农牧区防洪综合整治工程开工建设，工程建设内容为水源工程、东二环水系工程、南二环水系工程、绿化与蓄水池工程等四部分。工程防洪标准为 50 年一遇，总投资 3.97 亿元。

同月 锡林郭勒盟水利局下达《关于开展水库安全隐患排查工作的紧急通知》。

6 月 乌珠穆沁沙地治理工程在西乌珠穆沁旗启动，乌珠穆沁沙地既为嘎亥额勒苏沙地，大部分位于西乌珠穆沁旗境内，锡林浩特市境内有一小部分。

6 月 12 日 中央电视台社会与法频道播出"天网"栏目摄制组拍摄的锡林浩特市森林公安局破获的"12 · 8"特大收购、运输、出售、国家重点珍贵、濒危野生动物及制品案件纪实片。

同月 锡林郭勒盟林业局转发内蒙古自治区林业厅《关于加强天然林资源保护工程和森林生态效益补偿管理工作的通知》。

△ 锡林郭勒盟水利局转发内蒙古自治区水利厅关于《水利水电建设项目安全评价管理办法(试行)》的通知。

9 月 锡林郭勒盟水利局下达《关于做好汛期饮用水源地安全保障工作的紧急通知》。

同月 锡林浩特市开始实施山洪灾害防治非工程措施建设，建设内容为预警发布指挥平台、自动雨量站 40 处、简易水位站 2 处、墒情站 2 处、预警广播系统 50 套，总投资 560 万元。

12 月 锡林郭勒盟水利局转发内蒙古自治区水利厅《关于切实加快重点水利项目建设进度的通知》。

2013 年

3 月 根据盟市两级政府要求，对锡林浩特市范围内 8 个区域全面开展地下水监测工作。监测内容包括建设监测井、购置监测设备、按常规进行水位监测、进行监测数据对比、出具监测报告等。

4 月 锡林浩特市环城水系绿化工程开工建设。

同月 经国家林业局批准的内蒙古自治区锡林浩特市锡林河国家湿地公园管理处成立，正科级建制，编制 3 人，隶属于锡林浩特市林业水利局。

6 月 内蒙古自治区林业第二勘察设计院派人到锡林浩特市，开展锡林浩特市森林资源一类清查工作。

8 月 中共内蒙古自治区党委书记王君、政府主席巴特尔带领科学发展现场观摩检查组考察指导锡林浩特市城市防护林和城市外环防洪工程。

2014 年

4 月　锡林浩特市东山森林公园开工建设。

同月　重点区域绿化工程开工建设,工程总投资 9.1 亿元,绿化面积 2.23 万亩,其中城镇绿化面积 0.73 万亩,通道工程绿化面积 0.18 万亩,园区绿化面积 1.27 万亩,村屯绿化面积 0.05 万亩。在时间紧、任务重、降雨量少、资金短缺的情况下,如期完成建设任务,完成投资 5.35 亿元。

5 月　锡林河下游湿地恢复治理工程开工建设。一期工程,治理面积 3672 亩,投资 1.7 亿元。建设内容主要包括 5 万平方米的人工湖、1 万平方米的北广场、1.4 万平方米的西广场、0.7 万平方米的儿童乐园、0.3 万平方米的跑马场广场、5 公里木栈道及 LED 灯带、4 座拦水堰、1 座跨河桥、7 公里的输水管道、4.7 公里的混凝土道路及花草树木种植等。

是年　南山地质恢复治理工程开工建设,投资 1.5 亿元,占地面积 580 万平方米,计划分三期实施。一期投资 0.8 亿元,建设内容有山体爆破,采石坑填埋后乔木、花灌木、草皮种植,铺设防火道、滴管。二期工程投资 0.4 亿元,种植常绿及落叶乔木。三期工程投资 0.3 亿元,建设内容有护林房和水电基础设施建设。

8 月　锡林浩特市开展全国第五次荒漠化普查工作,普查工作由内蒙古自治区林业厅工作组牵头,锡林浩特市林业水利局林业技术人员配合,普查工作历时两个月结束。普查工作的目的是了解掌握土地荒漠化和沙化的动态变化,为下一步荒漠化防治系统研究和防沙治沙工作提供科学依据。

2015 年

3 月　国家下达重点区域绿化任务 2.5 万亩,投资 2.5 亿元。实施地点城周边 0.55 万亩、绿色通道 0.03 万亩(8 公里)、工矿园区 0.3 万亩、村屯 0.02 万亩、河流两岸 1.6 万亩。

4 月　锡林浩特市新种苗基地开工建设,投资 1600 万元,育苗 500 亩,实施地点白音锡勒牧场桃林塔拉分场。2015 年完成投资 600 万元,育苗 250 亩,树种有沙地榆、云杉、樟子松、沙枣等。

5 月　锡林河国家湿地公园湿地补助项目开工,投资 200 万元,完成高密度网围栏 10 公里,恢复植被 340 亩。

同月 牧区节水灌溉重点县工程开工建设，投资5700万元，建设节水灌溉面积3.3万亩，分三年完成。2015年完成节水灌溉饲草地1.2万亩，投资1600万元。

9月 锡林浩特市小孤山水库除险加固工程开工，投资920万元，建设内容包括坝体坝基防渗、增加闸门出口段加固等工程。

是年 国家和地方政府投资4357万元进行牧区饮水安全工程建设，建设水源井246眼，配套改水设备226套，太阳能提水设备22套，20吨储水窖100座，购买送水专用服务车18辆，解决2194人及8.1373万头(只)牲畜的饮水安全问题。

2016年

3月 国家下达重点区域绿化工程任务1.35万亩，投资3.9亿元。其中，锡林河流域绿化0.7万亩、公路绿化0.02万亩、嘎查(分场)绿化0.02万亩、城镇绿化0.25万亩(由市园林局实施)、工矿园区绿化0.33万亩(由神华、大唐、西二、西三、乌兰图嘎煤矿实施)。

4月 锡林郭勒盟水利局转发《内蒙古自治区水利厅关于印发农业灌溉机井智能化计量建设技术指导意见(试行)的通知》的通知。

同月 中共锡林郭勒盟委印发《关于开展锡林浩特市地区全民义务植树活动的通知》。

8月 锡林河生态景观带建设全面启动，锡林河生态景观带规划南北长30余公里，东西宽0.5公里~5公里，占地总面积30平方公里，由北向南依次由额尔敦敖包公园、城市滨河公园、湿地公园、马都广场、南山森林公园和锡林湖公园六大工程组成。工程计划投资9亿元，2016年完成投资3.5亿元，已完成一、二节点火山岩铺设，砼垫层铺设的40%，完成登山步道、观景平台、廊架、木栈道基础、停车场服务用房主体，火山岩铺装的50%，完成服务区土方工程，景区美化工程土方填筑、服务区生活用房基础混凝土浇筑、服务区级配砂石铺设、栈桥基础开挖、栈桥垫层、栈桥独立基础浇筑，栈桥基础回填、混凝土垫层的90%。完成库区围封、溢洪道修复、坝坡衬砌等工程，库区周边绿化5000亩。2017年春季绿化工程将全面启动。

是年 国家投资1295万元进行牧区饮水安全工程建设，建设水源井61眼，储水窖352座(20吨储水窖106座，5吨储水窖246座)，实施地点安排在各苏木镇场。

△ 总投资3.8亿元的生态水系一期工程完工，治理面积3700亩，投资2亿元。建设内容主要有人工湖、广场、输水管道、桥梁、道路、木栈道、绿化、亮化。2017年将结合锡林河景观带建设实施二期工程，治理面积将达到4500亩。

△ 计划投资2.88亿元的巴彦宝力格水源地已申报ppp项目，项目建设内容主要

有水源井、泵站、输水管道、净水厂、自动控制系统，取水规模 3 万立方米/日，供水规模 2.7 万立方米/日。

△ 投资 4000 万元继续完善城市外环防洪工程，南二环渠道改造 3 公里，市门桥和东山供水泵站改造，新建橡胶坝 3 座、安装橡胶坝管理房及机电设备，中水泵站，穿越大唐铁路渠道。

△ 锡林浩特地区实行最严格的水资源制度，将用水量超 1 万吨的 14 家用水企业列为重点调查对象，编制完成《锡林河流域地下水水位与水量双控制管理实施方案》《锡林河流域水资源保护专项规划》正在编制，标志着锡林浩特市锡林河流域地下水水位与水量双控制管理工作进入实施阶段。

第一章 组织机构

第一节 沿 革

一、行政机构

锡林浩特市在1960年称锡林浩特。锡林浩特政府属旗县建制。锡林浩特市林业水利局前身为锡林浩特农林科,建于1959年5月,同时建有苗圃,归其领导。1960年与牧业水利合并为锡林浩特农牧林水利局,科级建制,办公地点锡林浩特政府。

1963年10月锡林浩特政府称谓改为阿巴哈纳尔旗政府,随之农牧林水利局相应改为阿巴哈纳尔旗农牧林水利局。

1966年6月"文化大革命"开始,阿巴哈纳尔旗农牧林水利局正常的工作受到冲击干扰。之后两年系统内相继成立群众组织代替农牧林水利局正常行政领导。

1968年阿巴哈纳尔旗成立旗革委会,内设政治部、人保部、生产建设指挥部,代替原旗政府各科、室、委、办、局。随之旗农牧系统成立革委会代替旗农牧林水利局职能。旗兽医站、苗圃、水利队、林工站合属办公。

1973年阿巴哈纳尔旗革委会的政治部、人保部、生产建设指挥部撤销,恢复各科、室、委、办、局等。随之阿巴哈纳尔旗畜牧、农业、林业与水利分设各局办公,领导本地区农林水利工作。

1979年12月,内蒙古自治区革命委员会下文将阿巴嘎纳尔旗改称为锡林浩特市。

1984年4月,锡林浩特市农、林、水利系统再次合并为一个局,即锡林浩特市农林水利局。

2002年4月,政府职能部门改革,锡林浩特市农林水利局农业职能调出,实行水务一体化管理,更名为锡林浩特市林业水务局。2003年7月,锡林浩特市蔬菜办公室划归锡林浩特市农牧业局。

2004年3月,隶属于锡林浩特市城建局的锡林浩特市给排水有限责任公司和污水处理厂整建制划转至锡林浩特市林业水务局,同年3月,锡林浩特市林业水务局党总支升格为党委。

2010年6月,锡林浩特市给排水有限责任公司和污水处理厂重新调整回锡林浩特市住房和城乡建设局,锡林浩特市林业水务局更名为锡林浩特市林业水利局。

二、内设机构

锡林浩特市林业水利局内设办公室、财务统计股、造林治沙股、林政资源股、水利计划建设股、地下水（水土保持）监测监督股、防汛抗旱办公室、绿化委员会办公室8个机构。

1. 办公室

协助局领导处理政务和机关日常工作；制定和监督执行机关的各项规章制度；承办机关文字处理、会务、机要、档案管理、保密、车辆管理和后勤保障工作；负责承办局机关及所属事业单位人事、机构编制和离退休老干部工作劳资；负责专业技术职称材料的申报、职工考核教育培训工作。

2. 财务统计股

执行国家财务制度和财经纪律，搞好收支管理工作，正确使用经费；贯彻加强财务管理，执行财政收支预算，保证单位资金正常使用；组织编制单位财务结算，搞好经济核算，并定期向单位领导申报财务分析报告；严格执行国家事业单位会计制度，认真搞好会计核算工作，按时整理好会计档案，并妥善保管；严格执行国家有关林业、水利管理方面的收费项目及收费标准；按时上缴各项收费和代收税款；认真做好固定资产管理工作，保证国家财产安全。

3. 造林治沙股

组织、协调、指导和监督全市造林绿化工作，贯彻执行国家、内蒙古自治区关于植树造林、封山（沙）育林、防沙治沙方面的法规、规程并监督执行；负责编制全市林业发展的中长期规划和年度计划、全市林业产业化发展规划和产业政策并监督实施；组织、指导全市林业技术的推广工作；组织、协调、指导、承担全市防沙治沙工作，指导公益林、商品林和特种用途林的培育，指导全市植树造林、封山（沙）育林和退耕还林等重点工作的实施；组织、指导、监督、管理全市林木种苗和林业有害生物防治、检疫和预测预报工作。

4. 林政资源股

组织指导和监督全市森林资源管理；组织实施全市森林资源调查，负责森林资源监测工作；指导、协调全市林业行政执法和执法监督工作；负责全市征用、占用林地的初审工作；指导监督全市林地、林木权属管理，管理森林资源有偿使用；组织编制森林采伐限额，下达全市森林采伐量计划；组织指导全市森林资源信息化建设管理，及时上报各项义务报表；完善森林资源的档案管理，建立健全森林资源档案；负责野生动物驯养繁殖和经营加工许可证的初审工作和林权证的发放工作。

5. 水利计划建设股

贯彻落实国家有关农村牧区饮水安全、牧区节水灌溉工程和小流域治理工程的方针、政策，研究制定的的发展规划及有关的政策、办法；组织编制牧区饮水安全总体规划及年度计划的编制工作;负责牧区饮水工程项目、小流域治理工程的编报、实施和验收工作;负责牧区节水灌溉工程项目的申报、编制、实施和验收工作;负责牧区饮水安全工程的业务技术指导和技术培训工作;负责沙源治理项目水利水保工程的实施、监督检查和验收工作。

6. 地下水(水土保持)监测监督股

按照国家和内蒙古自治区有关地下水动态监测的法律、法规和技术标准及工作流程,建立地下水随检测、随记载、随整理、随分析的工作制度;负责对锡林浩特市行政区域内的地下水水位、水温、水量和水质进行检测,并会同锡林郭勒盟水文局、水利局对检测数据进行分析、整编;负责地下水监测数据库的建设、维护和升级工作;负责监测井的管理、维护和保护;及时、准确为有关部门及领导提供地下水动态报告;负责锡林浩特市水土保持生态环境监测规划和实施计划,建立水土保持生态环境信息网,承担并完成水土保持生态环境监测任务;及时掌握和预报锡林浩特市的水土流失动态,组织对重点区域、重大开发建设项目的水土保持检测;负责对水土流失重点预防保护区、重点治理区、重点监督区的水土保持动态变化进行监测,汇报和管理监测数据,编制监测报告;组织开展水土保持科学研究、经济技术合作和人才培训,推广水土保持技术和先进经验。

7. 防汛抗旱办公室

认真贯彻国家、内蒙古自治区和锡林郭勒盟防汛抗旱指挥部有关防汛抗旱工作的方针、政策和决定;编制本地区防汛抗旱相关预案,拟定防汛抗旱工作的具体实施意见;负责部署汛前、汛后水利工程安全质量检查监督工作,负责对各类水利工程的汛期运行计划的审查、批准、上报及督查工作;掌握河道行洪、清障情况,配合有关部门抓好河道管理和清障工作;负责处理防汛抗旱日常工作;负责组织指导防汛抗旱救灾工作;负责测算申请防汛抗旱经费,做好防汛抗旱物资、资金的储备、管理和分配工作。

8. 绿化委员会办公室

负责组织实施本地区造林绿化工作;组织开展本地区的全民义务植树活动,并进行造林技术指导;负责检查验收当年造林绿化成果,收缴绿化费。

三、职责

锡林浩特市林业水利局是锡林浩特市人民政府的组成部门。建制为科级,是锡林浩特市林业、水利、渔业事业综合性的政府职能机构。也是林业、水利、渔业、行政执法的主管部门。2011 年 3 月,锡林浩特市人民政府核定批准锡林浩特市林业水利局行政编制 15 名,科级领导职数 5 名(一正四副),工勤编制 2 名。

下辖锡林浩特市林业工作站(林业科技推广站、森林病虫害防治检疫站、检查木材站)、锡林浩特市公益林管理站(林业种苗站)、锡林浩特市森林公安局(林业防火办)、锡林浩特市林场(城防林管护大队)、内蒙古锡林河国家湿地公园管理处、锡林浩特市水利工作队、锡林浩特市草原打井队、锡林浩特市锡林河水库管理所、锡林浩特市小孤山水库管理所、锡林浩特市水政水资源管理办公室、锡林浩特市水政监察大队11个二级单位，共有在编干部、专业技术人员和职工227人。

主要职责：

1. 贯彻执行党和国家有关林业、水利、水保、渔业等工作的方针、政策、法律、法规，结合我市实际，制定具体实施意见，并组织落实和监督检查。

2. 编制全市林业、水利、水保、渔业发展的中长期规划和年度计划，并组织落实。

3. 负责全市城乡林业、水利、水保、渔业等资源的调查评价，做好综合开发利用保护工作，负责相关行业行政规费的收缴管理和使用。

4. 负责全市行政区域内的水政、林政、渔政、森林植物检疫，木材检查、野生动物保护、防火、防汛抗旱等管理工作，依法查处水事、林事、渔事违法案件。

5. 负责全市用水户的登记造册和取水许可证的发放和审批；负责林权证的发放、森林采伐的审批，林地管理，木材经销加工和运输管理工作。

6. 负责林业、水利、水保、渔业适用技术的推广应用工作。

7. 监督检查林业、水利、水保、渔业事业经费和专项资金的匹配、使用、管理情况，协同有关部门对所属单位财务工作进行审计。

8. 负责本市行政区域内水土保持、水域、河道管理、抗旱、防洪、节水等工作，负责水利水保工程的规划、设计、申报、立项、建设等工作。

9. 负责林业生产基础建设的规划、立项、建设等工作。

10. 负责承办锡林浩特市政府和锡林郭勒盟林业局、水利局交办的其他工作任务。

四、历届领导

锡林浩特市林业水利局历任负责人一览表

表1－1

届	机关名称	姓名	职务	任职时间
1	阿巴哈纳尔旗农牧林水利局（1960年1月—1966年4月）	郭玉和	局长	1960—1962年
		玛喜巴图	局长	1963—1964年
		照日格图	局长	1964—1965年
		浩博	副局长	1960—1963年
		杜古扎布	副局长	1962—1963年
		白音那木拉	副局长	1964—1966年
2	阿巴哈纳尔旗农林局（1973—1984年）	张景荣	局长	1973—1979年
		韩墨生	副局长	1979—1984年

续表 1

届	机关名称	姓名	职务	任职时间
3	阿巴哈纳尔旗水利局（1973—1984 年）	巴特尔	局长	1973 年 8 月—1976 年 1 月
		敖其尔	局长	1976 年 2 月—1976 年 10 月
		陶克涛	副局长	1973 年 8 月—1980 年 2 月
4	阿巴哈纳尔旗水利局（1980 年 2 月—1984 年 4 月）	陶克涛	局长	1980 年 2 月—1984 年 4 月
		王维章	副局长	1980 年 2 月—1981 年 7 月
		宋子功	副局长	1980 年 2 月—1984 年 2 月
5	锡林浩特市农林水利局（1984 年 4 月—1988 年 3 月）	陶克涛	局长	1984 年 4 月—1988 年 3 月
		范士雄	副局长	1984 年 5 月—1988 年 3 月
		孔建忠	副局长	1984 年 10 月—1987 年 10 月
		包永财	纪检组长	1987 年 6 月—1988 年 6 月
6	锡林浩特市农林水利局（1988 年 3 月—1999 年 3 月）	陶克涛	总支书记	1988 年 3 月—1989 年 8 月
		哈斯	局长	1988 年 3 月—1999 年 3 月
		哈斯	局长兼书记	1989 年 8 月—1990 年 11 月
		杨增昌	纪检组长	1988 年 6 月—1994 年 3 月
		那木斯来	总支书记	1990 年 11 月—1992 年 5 月
		孙台	总支书记	1993 年 6 月—1996 年 5 月
		赵生贵	总支书记	1996 年 6 月—1999 年 4 月
		张祥	总支副书记	1989 年 8 月—1990 年 10 月
		姚爱民	副局长	1988 年 8 月—1999 年 3 月
		张春林	总支副书记	1991 年 12 月—1993 年 4 月
		张炳青	副局长	1992 年 1 月—1999 年 3 月
		明珠尔	纪检组长	1994 年 5 月—1994 年 8 月
		牧肇基	纪检组长	1994 年 8 月—1996 年 5 月
		杜赞炯	局长助理	1995 年 4 月—1998 年 4 月
		杜赞炯	副局长	1998 年 4 月—1999 年 3 月
7	锡林浩特市农林水利局（1999 年 3 月—2002 年 4 月） 锡林浩特市林业水务局（2002 年 4 月—2003 年 5 月）	齐振华	局长兼政委	1999 年 4 月—2003 年 5 月
		赵生贵	总支书记	1999 年 4 月—2002 年 7 月
		齐振华	局长兼书记	2002 年 7 月—2003 年 5 月
		张炳青	副局长	1999 年 3 月—2003 年 5 月
		鄂云鹰	副局长	1999 年 3 月—2003 年 5 月
		贺勇	副局长	2002 年 4 月—2003 年 5 月
		杜赞炯	副局长	1999 年 3 月—2003 年 5 月

续表 2

届	机　关　名　称	姓　名	职　务	任　职　时　间
8	锡林浩特市林业水务局（2003 年 5 月—2010 年 6 月） 锡林浩特市林业水利局（2010 年 6 月—2013 年 2 月）	李万国	局长兼书记	2003 年 5 月—2004 年 3 月
		李万国	局长兼政委	2004 年 3 月—2013 年 2 月
		朝克图	党委书记	2004 年 3 月—2009 年 7 月
		朝克巴达日呼	党委书记	2010 年 6 月—2013 年 2 月
		张炳青	副局长	2003 年 5 月—2013 年 2 月
		贺　勇	副局长	2003 年 5 月—2013 年 2 月
		杜赞炯	副局长	2003 年 5 月—2009 年 2 月
		鄂云鹰	副局长	2003 年 5 月—2008 年 3 月
		宗天源	副局长	2004 年 10 月—2004 年 12 月
		刘炳忠	副局长	2007 年 2 月—2010 年 6 月
		王小红	副局长	2008 年 3 月—2011 年 6 月
		王秋菊	副局长	2010 年 6 月—2013 年 2 月
		张　晶	副局长	2011 年 6 月—2013 年 2 月
9	锡林浩特市林业水利局（2013 年 2 月—）	杜赞炯	局长兼政委	2013 年 2 月—2014 年 9 月
		朝克巴达日呼	党委书记	2013 年 2 月—2014 年 9 月
		杜赞炯	局长兼书记	2014 年 9 月—
		张炳青	副局长	2013 年 2 月—
		贺　勇	副局长	2013 年 2 月—2014 年 8 月
		王秋菊	副局长	2013 年 2 月—2016 年 5 月
		张　晶	副局长	2013 年 2 月—2014 年 9 月
		王小红	副局长	2014 年 9 月—
		阿拉塔乌拉	纪委书记	2015 年 4 月—
		洪立国	副局长	2016 年 5 月—
		刚宝力道	副局长	2016 年 5 月—

第二节　锡林浩特市直林业事业机构

一、锡林浩特市公益林管理站

锡林浩特市国营苗圃始建于 1956 年，面积 126 亩，苗圃设主任、会计、保管、技术员和生产工人。1968 年迁移到锡林浩特市水库管理所北 2.5 公里的一棵树附近，占地面积 1575 亩。1969 年盖办公室和职工宿舍。由于当时造林绿化任务小，用苗量也小，育的苗木也少，育苗主要树种有杨树、榆树和糖槭。1973 年成立阿巴哈纳尔旗农林水利局，同时将二苗圃归属于阿巴哈纳尔旗农林水利局，更名为阿巴哈纳尔旗国营苗圃。1983年建市后改为锡林浩特市国营苗圃，机构设主任、会计、出纳、保管、技术员及生产工人，隶属于锡林浩特市农林水利局。1990年搬迁至锡林浩特市南市门西侧，规划面积450亩，盖有办公室并打机井1眼，年育苗面积150亩。2005年国家启动公益林管护规划，当时此项工作由锡林浩特市林工站负责管理。2008年12月，锡林浩特市编委批准成立锡林浩特市公益林管理站和锡林浩特市种苗管理站，两块牌子，一套人马，同时撤销锡林浩特市国营苗圃，隶属锡林浩特市林业水利局，编制10人，人员原苗圃8人，从林工站调入2人（带编制调入），其中：站长1名，副站长2名。1956年至1995年为全额拨款事业单位，1995年至1996年为自收自支事业单位，1996年至2008年为差额事业单位，2008年到至今为全额事业单位。

主要职责：

1. 依法管理全市的生态林，负责生态公益林的补偿。
2. 指导监督各苏木（镇）、国营农牧场公益林的管护和管理工作。
3. 宣传、贯彻执行《中华人民共和国种子法》等有关的法律、法规。
4. 负责全市林木育苗技术指导，建立健全林木种子种苗生产、经营许可制度。
5. 负责把好林木种子种苗质量关，种子的分级，质量检验，引进林木优良新品种的实验及推广应用。

历届领导：

锡林浩特市公益林管理站历任负责人一览表

表1－2

机构名称	姓名	职务	任职时间
阿巴哈纳尔旗苗圃（1956—1983年）	赵成林	主任	1956—1976年
	许尚亭	主任	1976—1985年
锡林浩特市苗圃（1983—2008年）	许极	主任	1985—2003年
	杜赞炯	主任	2003—2004年
	牛俊颖	主任	2004—2008年
锡林浩特市公益林管理站（锡林浩特市种苗管理站）（2008—）	席政	副主任	2004—
	牛俊颖	站长	2008—
	王丽娟	副站长	2009—
	刘振玉	副站长	2009—

二、锡林浩特市林业工作站

锡林浩特市林业工作站于1973年10月正式成立，隶属于阿巴哈纳尔旗农林水利局。

1983 年成立锡林浩特市，隶属于锡林浩特市农林水利局。1987 年 4 月成立锡林浩特市森林病虫害防治检疫站，人员由林工站抽调，编制 8 人，站长由齐晓英担任。1993 年事业单位机构改革，经锡林浩特市机构编制委员会批准，锡林浩特市林业工作站由原林工站和森防站合并组建，同时含有木材检查站职能，准科级建制，人员编制 26 人，为全额拨款事业单位。2008 年成立锡林浩特市公益林管理站时，从林工站调入公益林管理站 2 人（带编制）。2008 年成立锡林浩特市林业科技推广站，与林业工作站、森林病虫害防治检疫站一套人马、叁块牌子。人员编制 24 人，现全站在职职工 29 人，党员 9 人。

主要职责：

1. 宣传贯彻执行森林和野生动植物资源保护等法律、法规和各项林业方针、政策。

2. 推广林业科学技术，开展林业技术培训、技术咨询和技术服务等林业社会化服务，为林农提供产前、产中、产后服务。

3. 协助林业行政主管部门制定林业发展规划和年度计划，组织和指导农村集体、个人开展林业生产经营活动。

4. 配合林业行政主管部门开展资源调查、造林检查验收、林业统计和森林资源档案管理工作，掌握辖区内森林资源消长情况。

5. 协助林业主管部门管理林木采伐工作，配合做好林木采伐的伐区调查设计，并参与监督伐区作业和伐区验收工作。

6. 依法保护、管理全市森林和湿地资源。

7. 协助有关部门处理森林、林地和林木所有权或者使用权争议、查处破坏森林和野生动植物资源案件。

8. 协助林业主管部门管理辖区内的乡村林场、个体林场。

9. 根据国家有关规定代收和协助管理各项林业行政事业性收费等。

10. 承担林业行政主管部门安排的其他事项。

历届领导：

锡林浩特市林业工作站历任负责人一览表

表 1－3

机构名称	姓名	职务	任职时间
阿巴哈纳尔旗林业工作站（1973—1983 年）	马喜堂	站长	1973—1977 年
	陈亮	站长	1978—1980 年
	崔坤	站长	1980—1984 年
锡林浩特市林业工作站（1983—）	王慧	副站长	1982—1986 年
	温广录	站长	1984—1992 年
	张炳青	副站长	1986—1989 年

续表

机　构　名　称	姓　名	职　务	任　职　时　间
（锡林浩特市森林病虫害防治检疫站）(1987—) （锡林浩特市木材检查站）(2009—) （锡林浩特市林业科技推广站）(2008—)	永仁丹巴	党支部书记	1988 年 7 月—1998 年 12 月
	史　煜	副站长	1990 年 2 月—1998 年 2 月
	刘宏波	站　长	1992 年 5 月—1996 年 5 月
	齐晓英	站　长	1998 年 12 月—2002 年 12 月
	齐晓英	党支部书记	1998 年 12 月—2002 年 12 月
	候树军	副站长	1996 年 5 月—2008 年 2 月
	刘宏波	党支部书记	2002 年 12 月—
	张丽琴	副站长	2006 年 2 月—
	候树军	站　长	2008 年 2 月—
	罗长山	副站长	2009 年 3 月—
	徐　芳	副站长	2009 年 11 月—2011 年 1 月
	段建平	副站长	2014 年 9 月—

锡林浩特市森林病虫害防治站

1987 年 4 月成立锡林浩特市森林病虫害防治检疫站，人员从林工站抽调，编制 8 人，站长由齐晓英担任。1993 年事业单位机构改革，经锡林浩特市机构编制委员会批准，由原林业工作站和森林病虫害防治检疫站合并组建锡林浩特市林业工作站，齐晓英担任站长。2004 年 9 月又重新成立锡林浩特市森林病虫害防治检疫站，与林工站合署办公。2008 年 2 月至今候树军担任站长。

主要职责：

1. 宣传贯彻森林病虫害防治检疫方面的法律、法规、规章，负责执行国务院《植物检疫条例》和《森林病虫害条例》赋予的行政执法和管理任务。

2. 负责森林病虫鼠害的预测预报工作，组织开展森林病虫鼠害的调查，发布主要森林病虫鼠害预报，指导全市森林病虫鼠害预测预报网络建设。

3. 负责全市森林病虫鼠害防治的组织工作，编制主要森林病虫鼠害防治规划和预案，组织、指导、协调重大和突发性森林病虫鼠害的除治工作。

4. 负责全市森林植物检疫管理工作。

5. 负责全市外来林业有害生物的防范，组织检疫性、危险性病虫调查，编制当地检疫对象分布资料，制定有关防范措施。

6. 组织开展森林病虫鼠害防治研究、技术指导、科学推广和应用工作。

7. 承担市林业局交办的其他事项。

锡林浩特市木材检查站

1997 年 3 月，锡林浩特市编制委员会批准成立锡林浩特市木材检查站，股级建制，人员编制 5 人，为自收自支事业单位，隶属于锡林浩特市农林水利局。1991 年—2005 年，木材检查站在锡林浩特市农林水利局里办公，2005 年 6 月—2009 年 6 月与锡林浩特市森林公安局合署办公，2009 年 6 月至今和锡林浩特市林业工作站合署办公。2013 年 11 月，锡林浩特市编制委员会撤销锡林浩特市木材检查站，将其职能与锡林浩特市林业工作站和森林病虫害防治检疫站合并，一套人马，三块牌子，将原木材检查站 5 名自收自支编制转为全额事业编制，2 名划归合并机构，3 名划入内蒙古锡林河国家湿地公园管理处。

主要职责：

1. 宣传执行《中华人民共和国森林法》和国家、省及其他有关木材运输检查监督的法规、政策。

2. 依法查验木材运输证件，检查珍贵、稀有陆生野生动植物及其制品，制止、暂扣违法运输的木材。

3. 根据县级以上林业主管部门依法委托，履行相应职责。

历届领导：

锡林浩特市木材检查站历任负责人一览表

表 1－4

机　构　名　称	姓　名	职　务	任　职　时　间
锡林浩特市木材检查站（1991—2002 年）	张炳青	站　长	1991—2002 年
	杜赞炯	站　长	2002—2005 年
	石金福	站　长	2005—2009 年
	候树军	主　任	2009—

锡林浩特市林业科技推广站

林业科技推广工作职能，一直由锡林浩特市林业工作站兼职，随着社会经济的发展，生态建设投入力度的加大，林业科技推广工作越来越重要。2008 年锡林浩特市编制委员会批准成立锡林浩特市林业科技推广站，与锡林浩特市林业工作站、森林病虫害防治检疫站合署办公，一套人马，叁块牌子。

主要职责：

1. 指导林业科研，组织科技攻关、成果鉴定与推广。

2. 指导协调林业技术监督、新技术开发、林业专利申报、林业标准制定工作。

3. 指导林业科技体制改革和林业科技交流。

4. 贯彻执行林业科技推广法规。

5. 制定全市林业科学技术发展规划,制定林业技术教育计划,组织林业技术培训。

6. 负责组织林业科技开发应用,林业科技交流和林业科教示范。

7. 申报林业科研与推广项目,指导、监督和组织、实施林业科研与推广重点项目建设。

8. 指导下级林业科技和科研推广活动,组织科技下乡活动。

基层林业站

按照国家林业局颁布的建设合格县“十项”标准要求,急需完善配套软硬件设施,锡林浩特市林业水利局根据林业业务实际情况,申请锡林浩特市政府批准,于 2005 年 10 月成立 3 处基层林业工作站。基层林业工作站隶属锡林浩特市林业工作站。

1. 伊利勒特林业站　　站长为许勇君

2. 巴彦宝力格林业站　　站长为莫军

3. 白音锡勒林业站　　站长为乔军

锡林浩特市基层林业站建设起步较晚,为顺应林业快速发展形势,提升基层林业的整体服务水平,实现乡镇林业站建设标准化、管理规范化,锡林浩特市林业水利局狠抓乡镇林业站基础设施建设,改善乡镇林业站办公条件,充分发挥基层站的职能作用,促使各乡镇林业站更好的为广大林农服务,夯实林业基层建设服务功能。

三、锡林浩特市森林公安局

1991 年 11 月,锡林浩特市人民政府批准成立锡林浩特市林业公安派出所,人员内部调剂解决,行政上受锡林浩特市农林水利局领导,业务上受锡林浩特市公安局的指导。1998 年 5 月,锡林浩特市机构编制委员会批准成立锡林浩特市公安局林业公安分局,列入锡林浩特市公安局业务局序列,隶属于锡林浩特市农林水利局。2004 年 2 月,锡林浩特市机构编制委员会下发通知锡林浩特市公安局林业公安分局更名为锡林浩特市公安局森林公安分局。2010 年 2 月,锡林浩特市机构编制委员会研究同意,将锡林浩特市公安局森林公安分局更改为锡林浩特市森林公安局,机构规格为副科级。下设白音锡勒派出所、城关派出所、阿尔善派出所三个森林公安派出所,设有办公室(信息中心)、政工室、法制室、计划财务室、警务督察室、刑侦治安大队六个科室。人员编制核定为政法专项编制。

主要职责:

锡林浩特市森林公安局是锡林浩特地区保护森林资源和生态安全的一支重要的武装性质的治安、行政和刑事司法力量。其职能是保护辖区内的森林资源和野生动物资源，查处各类涉林案件，维护林业生产秩序的顺利进行，同时还承担着重大活动安全保卫任务、防洪抢险、木材市场管理、征占用林地、救助野生动物等工作。

锡林浩特市森林公安局历任负责人一览表

表 1－5

机构名称	姓名	职务	任职时间
锡林浩特市林业公安派出所（1992—1997 年）	哈　斯	教导员	1992 年 1 月—1997 年 1 月
	张炳青	所　长	1992 年 1 月—1997 年 1 月
	哈　斯	政　委	1997 年 2 月—2000 年 1 月
锡林浩特市公安局林业公安分局（1998—2004 年）	张炳青	分局长	1997 年 2 月—2005 年 5 月
	齐振华	政　委	2000 年 2 月—2003 年 7 月
	李万国	政　委	2005 年 6 月—2013 年 3 月
锡林浩特市公安局森林公安分局（2004—2010 年）	杜赞炯	政　委	2013 年 4 月—
	石金富	局　长	2005 年 6 月—
	高·吉日木图	副政委	1997 年 9 月—
	马淑芳	副局长	2004 年 1 月—
锡林浩特市森林公安局（2010—）	铁　虎	副局长	2011 年 5 月—
	司冬伟	副局长	2011 年 5 月—2014 年 9 月
	宗贵成	副局长	2011 年 5 月—

历届领导：

锡林浩特市林业防火办公室

2008 年 11 月，锡林浩特市编制委员会批准成立锡林浩特市林业防火办公室，与锡林浩特市森林公安局合署办公，一套人马，两块牌子。

主要职责：负责开展全市森林防火工作；负责森林火灾情况的统计、上报工作；负责开展森林防火条例的宣传及森林火灾的预防工作；负责开展森林防火条例的宣传及森林火灾的预防工作。

四、锡林浩特市国有林场

2000 年京津风沙源治理工程启动以来，经过近十年的建设与保护，森林资源有明显增长。锡林浩特市现有有林地面积 8.5 万亩，城周边已达 6 万余亩。为加强森林资源管理，确保造林成果，保护好现有的林地资源，2010 年 11 月，锡林浩特市编制委员会批准成立锡林浩特市国有林场，同时挂锡林浩特市城防林管护大队牌子。单位性质为全额拨款事业单位，股级建制，人员编制5人，管理岗1名，现有职工7名。人员从锡林浩特市林工站、水库、水政办调入。隶属于锡林浩特市林业水利局。2012年8月，锡林浩特市国有林场正式列入到国家林场序列中，林场编码为15250201。

锡林浩特市国有林场成立时办公室在原八里道班造林基地内，2012年因外环路建设，土地被征占。2013年5月搬迁到锡林浩特市林业水利局5楼办公，办公室两间，有小汽车两台。

锡林浩特市国有林场经营林地范围主要是城周边，到目前为止总经营面积约7万亩，全部为林地。2011年起在城周边营造从北至西至南"U"字形防护林生态体系工程。该体系划分为三部分，即城市主要出入口道路绿化、南山森林公园绿化和城北防护林带绿化。2011—2013年共投入9.03亿元，完成造林5.38万亩，全部由招投标的中标公司完成，种植3年后，交由锡林浩特市国有林场经营管理，同时还监督管理着2002年1万亩牧防林8位承包户的后期抚育管护工作，重新完善牧防林的各项管护制度，每日巡护林地，检查督促承包户的抚育浇水工作，及时解决存在问题，确保造林成果。

主要职责：

1. 编制国有林场建设的中长期发展规划、计划和森林经营方案，指导生产经营管理。
2. 配合上级部门参与建设项目资金的安排，管好用好国有林场建设资金。
3. 指导森林经营、木材生产和加工利用，严格执行采伐限额管理制度。
4. 组织森林风景资源的评价和开发建设。
5. 负责林场的信息化建设，相关信息的收集和交流。
6. 指导协调多种经营和产业开发，对其实行宏观调控。
7. 开展生产技能竞赛、总结、交流、推广先进的人事和劳动用工管理经验。
8. 进行抚育管理、病虫害防治、护林防火等工作。

历届领导：

锡林浩特市国有林场负责人一览表

表1-6

机构名称	姓名	职务	任职时间
锡林浩特市国有林场(2010—)	徐芳	场长	2010—
	萨其日	副场长	2010—
	张端	副场长	2015—

五、内蒙古锡林河国家湿地公园管理处

2013 年 4 月，锡林浩特市编委会批准成立内蒙古锡林河国家湿地公园管理处，隶属锡林浩特市林业水利局，机构性质为事业单位，全额拨款，规格暂定为正科级，编制 3 名，正科级职数 1 名，副科级职数 1 名，人员从局所属事业单位调剂解决。

主要职责：

1. 按照国家规定，坚持“保护优先、科学恢复、合理利用、持续发展”为根本出发点，坚持统筹兼顾、逐步完善的发展观，科学合理的建立管理机构。

2. 湿地公园是指以保护锡林河湿地生态系统、合理利用湿地资源为目的，可供开展湿地保护、恢复、宣传、教育、科研、监测、生态旅游等活动的特定区域。

3. 湿地公园管理处的主要职责是保护、管理和科研监测。

4. 湿地公园管理处负责协调、监督湿地公园的保护和管理工作，对湿地公园范围内的景观、环保、科研、商业、环卫、治安等实行统一的规划和管理。理顺湿地公园的内外关系，涉及到湿地公园的保护、开发、建设和管理的活动，必须服从湿地公园管理机构的统一规划和管理。

5. 根据国家湿地公园性质、职能范围和管理项目等实际情况，内蒙古锡林河国家湿地公园管理处下设综合科、保护管理科、科研宣教科、计划财务科、经营管理科。

历届领导：

内蒙古锡林河国家湿地公园管理处历任负责人一览表

表 1 – 7

机构名称	姓名	职务	任职时间
内蒙古锡林河国家湿地公园管理处(2013—)	王秋菊	主任	2013—2016 年
	洪立国	主任	2016—

第三节　锡林浩特市直水利事业机构

一、锡林浩特市水利工作队

锡林浩特市水利工作队于 1962 年成立，隶属于锡林浩特市林业水利局，为财政拨款的全额准科级事业单位。单位现有职工 33 人，党员 12 人，内设机构 5 个，名称分别是：办公室、水土保持室、工程规划设计室、测绘室、水利工程维修室。

主要职责：

1. 贯彻执行党和国家有关水利的各项方针、政策、法律、法规，实行依法治水、依法管水。

2. 编制锡林浩特水利项目规划，进行水工程勘测、设计。

3. 对牧区水利新技术进行示范推广，对已建工程进行维修管理和对机械设备进行调试，对新打机井进行竣工验收。

4. 积极宣传水利法律、法规和科普知识。

5. 组织协调全市牧区水利基本建设，开展农牧民实用技术培训，切实提高农牧民科技素质。

6. 指导全市水土保持工作，编制水土保持规划、设计，并组织实施。

历届领导：

锡林浩特市水利工作队历任负责人一览表

表1－8

机构名称	姓名	职务	任职时间
阿巴哈纳尔旗水利工作队（1962—1983年）	石长进	队长	1963—1970年
	宋文正	队长	1970—1971年
	石长进	队长	1972—1979年
	乔伍	党支部书记	1972—1986年
	乔伍	书记兼队长	1979—1980年
	宋子功	队长	1980—1984年
锡林浩特市水利工作队（锡林浩特市水利工程管理站）（1983—1997年）	陈忠翰	队长	1984—1992年
	哈斯	副队长	1984—1992年
	张占魁	队长	1992—1997年
锡林浩特市水利工作队（1997—）	李建军	队长	1997—2008年
	王靖华	书记兼副队长	1997—2008年
	邓秀桃	副队长	1997—2012年
	宗天源	副队长	2004年6月—2004年10月
	高丽	副队长	2004—
	郭继军	副队长	2007—2014年
	贾国华	书记兼队长	2008—2013年
	孙英杰	副书记	2009—
	范秀荣	副队长	2009—2012年
	巩建平	副队长	2012—
	白晓明	书记兼队长	2015年3月—

二、锡林浩特市锡林河水库管理所

锡林浩特市锡林河水库管理所成立于1964年10月，隶属锡林郭勒盟水电局。1961年，锡林郭勒盟成立水土保持试验站，站址选在锡林河水库，隶属于锡林郭勒盟农林水利局。主要业务是做好水库水土保持，并进行牧区水土保持试验和研究，负责旗县水土保持技术指导，与正在施工中的水库建设指挥部合属办公。

1965年，因锡林郭勒盟水土保持试验站业务与锡林河水库管理所有联系，为便于工作经锡林郭勒盟农林水利局批准，水保试验站与水库管理所合属办公。

1966年，锡林郭勒盟水土保持试验站与锡林河水库管理所分开办公。

1967年至1969年12月，受“文化大革命”干扰，各派群众组织相继替代行政机构管理水库。

1969年，锡林郭勒盟军管会为便于统一领导，将锡林郭勒盟水土保持试验站和水库管理所再次合并。

1970年，锡林河水库管理所实行“军管”，工作恢复正常。

1971年，锡林河水库管理所与水保站、果树园三单位合属办公，机构下放阿巴哈纳尔旗，总人数43人。

1974年，锡林河水库管理所与水保站归回锡林郭勒盟水利局管理。

1975年，锡林河水库开始续、改建工程，主要项目是桥、闸、涵。

1977年，经锡林郭勒盟革命委员会批准，设置锡林郭勒盟水土保持工作站，隶属于锡林郭勒盟水电局，再次与锡林河水库管理所分开办公。

1978年，锡林河水库续、改建工程完工。

1985年9月，锡林河水库管理所移交到锡林浩特市，隶属于锡林浩特市农林水利局，准科级建制，职工40人。内部机构设置为工程管理股、行政办公室、水产股、水政股、财务股等股室。

主要职责：

是以防汛灌溉为主，水利工程设计、施工，水土保持设计、施工，大小水面养鱼及锡盟鱼种场培育鱼种，水利工程小型维护等业务。

锡林河水库管理所制定了各项规章管理制度，修改完善了《锡林河水库防汛预案》《锡林河水库防洪应急预案》《锡林河水库重大事故应急预案》《锡林河水库洪水调度方案》《锡林河水库运行计划》。严格执行上级水行政主管部门批复的运行方案，做到“预防为主、安全第一”，确保水库正常运行和安全度汛。

历届领导:

锡林浩特市锡林河水库管理所历任负责人一览表

表 1－9

机构名称	姓名	职务	任职时间
锡林河水库管理所（水土保持试验站）（1964—1970 年）	玉力格图	所长	1958—1964 年
	郭永福	所长	1964—1969 年
	孙晏安	所长	1969—1970 年
阿巴哈纳尔旗水库管理所（水土保持试验站）（果树园）（1971—1974 年）	宋子功	所长	1970—1971 年
	宋维顺	所长	1971—1975 年
锡林河水库管理所（果树园）（1974—1985 年）	白宝祥	所长	1975—1978 年
	包春德	所长	1978—1982 年
	孙利	所长	1982—1985 年
锡林浩特市锡林河水库管理所（1985—）	张富	党支部书记	1985—1995 年
	张占魁	所长	1985—1988 年
	康爱民	副所长	1988—1988 年
	黄品	副所长	1987—1990 年
	孙利	所长	1988—1993 年
	赵宝根	副所长	1988—1997 年
	董金山	副所长	1988—1997 年
	胡连琪	所长	1993—1997 年
	贾国华	副所长	1993—1997 年
	赵玉成	副所长	1993—1997 年
	巴格那	党支部书记	1995—
	贾国华	所长	1997—2008 年
	张金国	副所长	1997—2011 年
	巴格那	副所长	1997—
	李建军	所长	2008—2014 年
	赵宝根	副所长	2008—
	师春林	副所长	2008—
	田茂旺	副所长	2013—
	司冬伟	所长	2014—
	牧建鹏	副所长	2015—

三、锡林浩特市草原打井队

为切实解决牧区人畜饮水、开发无水草原、促进畜牧业大发展。1975 年国务院批准，“在每个纯牧业县(旗)组建草原打井队，在供水不足和无水草原，平均每一百公里打一眼供水基本井，这是规模很大的一项牧区水利建设，国家对牧区的重大支持、水利和抗旱打井部门，要十分重视这项建设，在党的领导下，认真把它抓紧抓好”。在这样的历史背景下，阿巴哈纳尔旗革命委员会于 1978 年 2 月批准组建阿巴哈纳尔旗草原打井队。

锡林浩特市草原打井队为事业单位，编制 60 人，实有 39 人。其中：男职工 30 人，女职工 9 人。从事生产一线职工 30 人，从事管理工作的人员 9 人。其中：在职职工中有女职工 9 人。水利工程师 2 人，开挖钻工高级技师 10 人，开挖钻工技师 20 人，开挖钻工高级工 2 人。单位内部下设 4 个股室，分别为技术室、财会室、办公室、材料室；4 个生产机台，分别为 301 机台、302 机台、303 机台、304 机台，附属一个修配车间。

锡林浩特市草原打井队成立 30 多年来，在单位党政班子的领导下，共同努力、积极进取、克服困难，全队职工常年工作在生产第一线，重质量、守信誉，为开辟缺水草场和改善农牧民生产生活做出应有的贡献。发展至今，已成为一支经营管理方式先进、专业技术力量雄厚、钻井实践经验丰富的专业钻井队伍。阿巴哈纳尔旗草原打井队成立之初，共有干部职工 73 人，下设三个机台，一个维修车间，一个运输车队，每年都能保质保量完成国家下达的牧区钻井任务。

2004 年，防汛抗旱职能调整变更到锡林浩特市草原打井队，锡林浩特市草原打井队承担锡林浩特市防汛抗旱服务队职能，一套人马，两块牌子。锡林浩特市草原打井队自承担防汛抗旱职责以来，建立健全各项工作制度和职责，坚持“有汛防汛，有旱抗旱”的运行机制，及时了解、掌握和传递旱情、汛情，维修和准备好防汛抗旱物资设备，在锡林浩特市发生的几次洪涝灾害时，做到随叫随到，较好地履行防汛抗旱职能。

工作职责：

面向农牧区，开发无水草原和供水不足草原，解决农牧区人畜饮水问题及工业和生态环境保护用水问题。

历届领导：

锡林浩特市草原打井队队历任负责人一览表

表 1－10

机构名称	姓名	职务	任职时间
阿巴哈纳尔旗草原打井队（1978—1983 年）	王维章	队长兼书记	1978—1980 年
	吴忠礼	队长	1980—1983 年
	孔建忠	党支部书记	1981—1984 年
	何天亮	队长	1984—1990 年
	鄂云鹰	副队长	1984—1993 年
	张占魁	党支部书记	1985—1987 年
	鄂云鹰	党支部书记	1987—1998 年
	史　煜	副队长	1987—1990 年
	康爱民	副队长	1989—1989 年
锡林浩特市草原打井队（锡林浩特市防汛抗旱服务队）（1983—）	宝音朝鲁	队长	1991—1992 年
	鄂云鹰	队长	1993—2008 年
	郭飞龙	副队长	1994—
	王永青	党支部书记	1999—
	贺　勇	队长	2008—2014 年
	杨晓东	副队长	2011—
	王永青	队长	2014—

四、锡林浩特市水政水资源管理办公室

锡林浩特市水政水资源管理办公室是 1990 年经锡林浩特市编制委员会批准成立的。同年，锡林浩特市编制委员会再次发文规定，锡林浩特市水政水资源管理办公室同时兼有渔政监督职能，设“锡林浩特市渔政监督管理站”。1991 年《中华人民共和国水土保持法》颁布，水政执法又增加水土保持监督执法职能，锡林浩特市编制委员会对锡林浩特市水政水资源管理办公室职能作调整，增加水土保持监督管理职能，锡林浩特市水政水资源管理办公室为股级建制，一套人马，三块牌子，人员编制 8 人，自收自支事业单位。2003 年 5 月，经市委办公会议以“研究 2003 年全市财经预算事宜”将锡林浩特市水政水资源管理办公室调整为全额拨款事业单位。现有 10 人，超编 2 人。

主要职责：

1. 宣传贯彻《中华人民共和国水法》《中华人民共和国水土保持法》《中华人民共和

国渔业法》《中华人民共和国防洪法》《中华人民共和国河道管理条例》《中华人民共和国水污染防治法》等水法律法规。

2. 负责全市水资源、水土资源、渔业资源的统一规划、开发利用、监督管理和保护工作，拟定年度计划，编制中长期供求计划，拟定和落实全市水量分配方案。

3. 保护和监督管理水资源、水域、水工程、水土保持设施、生态环境、渔业资源、防汛抗旱和水文监测等有关设施。

4. 对水事、渔事活动进行监督检查，维护正常的水事、渔事秩序。对公民法人或其他组织违反水法规的行为实施行政处罚或者采取其他行政措施。

5. 配合和协助公安和司法部门查处水事治安和刑事案件。

6. 受水行政主管部门委托，办理涉及水利、渔业的各类申请和行政许可的审批；负责水资源、水土保持、渔业增殖保护、河道采砂等行政规费的征收，并负责收费票据的管理工作；指导、监督、协调水政监察大队的水行政执法工作。

历届领导：

锡林浩特市水政水资源管理办公室历任负责人一览表

表 1－11

机构名称	姓名	职务	任职时间
锡林浩特市水政水资源管理办公室 锡林浩特市渔政监督管理站 锡林浩特市水土保持监督管理站 （1990—）	康爱民	主任	1990—1910 年
	吴建峰	副主任	2004—2010 年
	常玉强	副主任	2004—
	白晓明	主任	2010—2015 年
	胡洪岗	主任	2015—

五、锡林浩特市水政监察大队

为提高全市水行政执法工作水平，根据锡林浩特市水行政执法工作实际，2008 年 11 月，锡林浩特市编委批准成立锡林浩特市水政监察大队，隶属于锡林浩特市林业水利局，机构规格为股级事业单位，经费实行全额拨款，核定人员编制 10 名，8 人由锡市水利队带编统一调入，同时将已办退休的 2 人编制统一办理到水政监察大队。在 2010 年 3 月正式开展工作。

主要职责：

1. 宣传贯彻《中华人民共和国水法》《中华人民共和国水土保持法》《中华人民共和国防洪法》等水法规。

2. 保护水资源、水域、水工程、水土保持生态环境、防汛抗旱和水文监测等有关设施。

3. 对水事、渔事活动进行监督检查,维护正常的水事秩序。对公民、法人或其他组织违反水法规的行为实施行政处罚或者采取其他行政措施。

4. 配合和协助公安和司法部门查处水事治安和刑事案件。

5. 受水行政执法机关委托,负责征收水资源费、水土保持补偿费、渔业增值保护费以及法律、法规规定的其他水利行政事业性规费等有关事宜。

历届领导:

锡林浩特市水政监察大队历任负责人一览表

表1-12

机构名称	姓名	职务	任职时间
锡林浩特市水政监察大队 锡林浩特市渔政监督管理站 (2008—)	黄品	大队长	2010—
	吴建峰	政委	2013—
	康艳军	副大队长	2013—
	陈晓志	副大队长	2013—

六、锡林浩特市小孤山水库管理所

锡林浩特市小孤山水库2008年4月开工兴建,2010年10月竣工,同年11月,锡林浩特市机构编制委员会批准成立锡林浩特市小孤山水库管理所,全额事业单位,股级建制,编制2名,具体负责小孤山水库的日常维修养护、观测、防汛和调度运行。2011年1月,锡林浩特市林业水利局从锡林河水库管理所抽调张金国和靳来柱,组建成立锡林浩特市小孤山水库管理所,张金国任所长。2011年2月完成了组建单位的各种手续。2011年5月初,小孤山水库管理人员正式进入水库,水库开始正常运行。

锡林浩特市小孤山水库管理所所长:张金国

第二章　森林资源

第一节　森林资源现状

据2009年锡林浩特市森林资源调查报告统计，锡林浩特市现有林业用地面积177631.3公顷，非林业用地面积1398168.7公顷，分别占本市土地总面积的11.27%和88.73%，森林覆盖率5.15%。

一、各类土地面积

林地是林业发展和生态建设的重要基础，在森林资源可持续发展中具有特殊地位。本市林地面积中，有林地面积4842.5公顷，占本市林地面积的2.73%。疏林地面积1469.2公顷，占0.83%。灌木林地面积76729.8公顷，占43.16%。未成林造林地面积5926.6公顷，占3.34%。苗圃地面积140.5公顷，占0.08%。无立木林地面积19202.0公顷，占10.80%。宜林地面积69756.9公顷，占39.27%。林业辅助生产用地59.2公顷，占0.03%。

各类土地面积统计表

表2－1　　　　单位：公顷

统计单位	总面积	林地									非林地
		合计	有林地	疏林地	灌木林地	未成林地	苗圃地	无立木林地	宜林地	辅助生产用地	
总计	1575800	177631.3	4842.5	1469.2	76234.4	5926.6	140.5	19202	69756.9	59.2	1398168.7
%	100	11.27	0.3	0.09	4.84	0.38	0.01	1.22	4.43	-	88.73
市区	33027	6202.4	1162.6	61.7	2644.9	257.4	59.2	1203.7	753.7	59.2	26824.6
朝克苏木	195067	44755	4.1	9.2	8531.4	4888.1	—	1283.8	30038.4	—	150312
阿尔善镇	20128.4	14121.9	38	—	11652.4	—	—	901.1	1530.4	—	6006.5
白音苏木	366718.6	19886.9	5.7	—	18398.2	4.3	—	—	1478.7	—	346831.7
贝力克牧场	51846	1260.7	201.7	3	737.9	3.6	—	35.4	279.1	—	50585.3
毛登牧场	57240	3613.3	5.9	—	1246.2	167.4	81.3	98.4	2014.1	—	53626.7
白银库伦	136300	37028	1248.8	806.8	12654.7	—	—	3111.4	19206.3	—	99272
白音锡勒牧场	362613	25046.2	2003.8	588.5	12286.1	424.4	—	7121.4	2622	—	337566.8
宝力根苏木	352860	25716.9	171.9	—	8082.6	181.4	—	5446.8	11834.2	—	327143.1

注：2009年锡林浩特市森林资源调查报告

单位:公顷

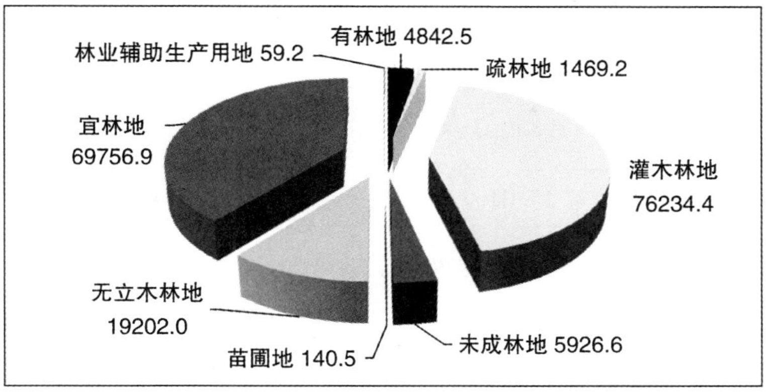

图表 2－1

林地各地类面积分布图

二、分类区划界定

本市生态公益林(地)面积 177431.6 公顷。其中,有林地面积 4842.5 公顷,占生态公益林(地)面积的 2.73%。疏林地面积 1469.2 公顷,占 0.83%。灌木林地面积 76234.4 公顷,占 42.97%。未成林造林地面积 5926.6 公顷,占 3.34%。无立木林地面积 19202.0 公顷,占 10.82%。宜林地面积 69756.9 公顷,占 39.31%。

(一)事权等级界定

本市生态公益林(地)按事权等级划分为国家级公益林和地方公益林。国家级公益林(地)面积 79859.0 公顷,地方公益林(地)面积 97572.6 公顷,分别占生态公益林(地)面积的 45.01% 和 54.99%。

(二)国家级公益林按生态区位划分

本市国家级公益林生态区位全部为荒漠化和水土流失严重地区——浑善达克沙地。

(三)工程建设类别

本市生态公益林(地)按工程建设类别调查,分为京津风沙源治理工程、退耕还林工程和其他工程类别。工程造林总面积 46430.1 公顷,退耕还林工程面积 5950.8 公顷,其它工程面积 1176.0 公顷。

生态公益林(地)面积统计表

表 2－2 　　单位:公顷

统计单位	事权等级	工程类别	合计	事权等级	疏林地	灌木林地	未成林地	无立木林　地	宜林地
总计	-	-	177431.6	4842.5	1469.2	76234.4	5926.6	19202.0	69756.9
%	-	-	100.00	2.73	0.83	42.97	3.34	10.82	39.31

续表

统计单位	事权等级	工程类别	合计	事权等级	疏林地	灌木林地	未成林地	无立木林　地	宜林地
–	国家公益林	–	79859.0	4039.6	1438.2	74381.2	–	–	–
–	%	–	45.01	5.06	1.80	93.14	–	–	–
–	地方公益林	–	97572.6	802.9	31.0	1853.2	5926.6	19202.0	69756.9
–	%	–	54.99	0.82	0.03	1.90	6.07	19.68	71.49
–	–	风沙源治理工程	39303.3	1664.2	402.7	15443.4	5226.8	16566.2	–
–	–	%	22.15	4.23	1.02	39.29	13.30	42.15	–
–	–	退耕还林工程	5950.8	253.4	–	3821.2	330.0	1546.2	–
–	–	%	3.35	4.26	–	64.21	5.55	25.98	–
–	–	其它工程	1176.0	–	–	–	198.3	977.7	–
–	–	%	0.66	–	–	–	16.86	83.14	–
市　区	–	–	6084.0	1162.6	61.7	2644.9	257.4	1203.7	753.7
朝克乌拉苏木	–	–	44755.0	4.1	9.2	8531.4	4888.1	1283.8	30038.4
阿尔善宝力格镇	–	–	34008.8	43.7	–	30050.6	4.3	901.1	3009.1
贝力克牧场	–	–	1260.7	201.7	3.0	737.9	3.6	35.4	279.1
毛登牧场	–	–	3532.0	5.9	–	1246.2	167.4	98.4	2014.1
白银库伦牧场	–	–	37028.0	1248.8	806.8	12654.7	–	3111.4	19206.3
白音锡勒牧场	–	–	25046.2	2003.8	588.5	12286.1	424.4	7121.4	2622.0
宝力根苏木	–	–	25716.9	171.9	–	8082.6	181.4	5446.8	11834.2

注:2009 年锡林浩特市森林资源调查报告

三、林木蓄积量

全部林木材积统称为林木蓄积，通常林木蓄积是指活立木总蓄积，按照林木类型不同，又分为有林蓄积、疏林蓄积、散生木蓄积和四旁树蓄积。本市活立木总蓄积量为113216 立方米，枯倒木蓄积量为 149 立方米。

1. 活立木总蓄积量

有林地蓄积量 88177 立方米，占活立木总蓄积量的 77.88%。疏林地蓄积量 11016 立方米，占 9.73%。四旁树蓄积量 2890 立方米，占 2.55%。散生木蓄积量 11133 立方米，占 9.84%。

单位:立方米

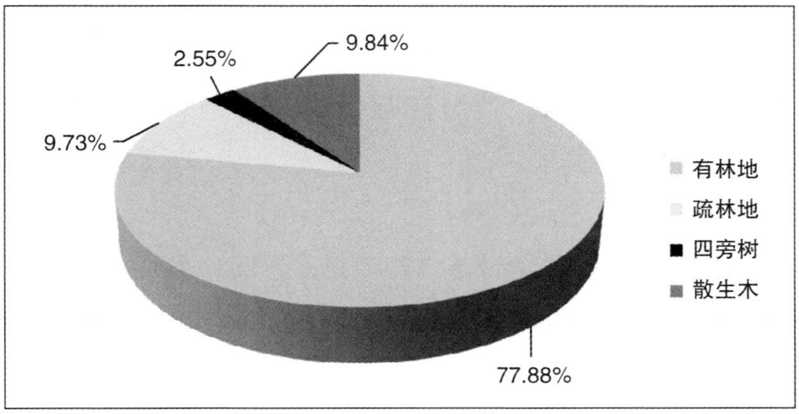

图表 2－2

各类活立木蓄积量分布图

2. 有林地面积、蓄积量

本市有林地面积 4842.5 公顷、蓄积量 88177 立方米。其中,纯林面积 4754.3 公顷,蓄积量 87359 立方米。分别占有林地面积、蓄积量的 98.18% 和 99.07%。混交林面积 88.2 公顷、蓄积量 818 立方米,分别占 1.82% 和 0.93%。

各类森林林木资源统计表

表 2－3　　单位:公顷、立方米、百株

统计单位	活立木总蓄积	有林地						疏林地		四旁树		散生树		枯倒树
		合计		纯林		混交林								
		面积	蓄积	面积	蓄积	面积	蓄积	面积	蓄积	株树	蓄积	株树	蓄积	蓄积
总计	113216	4842.5	88177	4754.3	87359	88.2	818	1469.2	11016	1937	2890	614	11133	149
%	100	100	77.88	98.18	99.07	1.82	0.93	–	9.73	–	2.55	–	9.84	–
市区	12461	1162.6	8827	1103.7	8009	58.9	818	61.7	1034	1804	2458	118	142	61
朝克苏木	118	4.1	37	4.1	37	–	–	9.2	64	10	17	–	–	–
阿尔善镇	957	38	802	26.6	802	11.4	–	–	–	65	113	1	42	–
白音苏木	140	5.7	140	5.7	140	–	–	–	–	–	–	–	–	–
贝力克牧场	3347	201.7	3317	201.7	3317	–	–	3	30	–	–	–	–	–
毛登牧场	590	5.9	540	5.9	540	–	–	–	–	17	50	–	–	–
白银库伦牧场	26758	1248.8	18294	1248.8	18294	–	–	806.8	6784	–	–	448	1680	–
白音锡勒牧场	68524	2003.8	55910	2003.8	55910	–	–	588.5	3104	38	241	47	9269	88
宝力根苏木	321	171.9	310	154	310	17.9	–	–	–	3	11	–	–	–

注:2009 年锡林浩特市森林资源调查报告

四、森林资源权属

森林权属调查是森林经营管理的重要措施，反应森林资源的状况。锡林浩特市森林资源权属调查分为土地权属和林木权属。土地权属分为国有(国有林场、其他国有)、集体。林木权属分为国有、集体、个人。

(一)土地权属

本市林地面积按土地所有权统计为177631.3公顷。其中，国有面积73174.6公顷，占按林木所有权统计面积的41.19%。集体面积104456.7公顷，占58.81%。

(二)林木权属

本市林地面积按林木所有权统计为88472.7公顷，其中，国有面积34224.6公顷，占按林木所有权统计面积的38.68%。集体面积479.6公顷，占0.54%。个人面积53768.5公顷，占60.78%。个体林业占有重要地位，非公有制形成和投资结构趋向多元化。

林地面积按权属统计表

表2-4　　单位:公顷

统计单位	土地所有权			林木所有权			
	合计	国有	集体	合计	国有	集体	个人
总计	177631.3	73174.6	104456.7	88472.7	34224.6	479.6	53768.5
%	100.00	41.19	58.81	100.00	38.68	0.54	60.78
市区	6202.4	6185.1	17.3	4126.6	3919.1	17.3	190.2
朝克乌拉苏木	44755.0	-	44755.0	13432.8	-	13.3	13419.5
阿尔善宝力格镇	34008.8	26.7	33982.1	30098.6	26.7	25.1	30046.8
贝力克牧场	1260.7	1260.7	-	946.2	946.2	-	-
毛登牧场	3613.3	3613.3	-	1419.5	1209.2	-	210.3
白银库伦牧场	37028.0	37028.0	-	14710.3	13738.9	-	971.4
白音锡勒牧场	25046.2	25046.2	-	15302.8	14369.9	-	932.9
宝力根苏木	25716.9	14.6	25702.3	8435.9	14.6	423.9	7997.4

注:2009年锡林浩特市森林资源调查报告

五、森林资源质量与健康

根据林木的生长发育、外观特征及受灾情况，综合评定森林健康状况，分为健康、中健康、不健康三个等级。

(一)平均因子

乔木林:年龄 43 年,郁闭度 0.30,树高 4.3 米,胸径 9.37 厘米,地位级 VI.5,每公顷蓄积量 18 立方米,总生长量 1961 立方米,每公顷生长量 0.4057 立方米,生长率 0.022539。

灌木林主要树种为锦鸡儿,平均树高 0.5 米,覆盖度 36.5%。

(二)林木健康状况

根据 2009 年锡林浩特市森林资源调查报告统计,本市调查林木健康状况的林地面积 82546.1 公顷。处于中健康面积 56788.0 公顷,占林地面积的 68.80%。不健康面积为 24531.1 公顷,占 29.71%。健康林地分布相对较少,面积仅为 1227.0 公顷,占 1.49%。

林木健康状况统计表

表 2 - 5　　　　单位:公顷

健康等级	合　计	有林地	疏林地	灌木林地
总计	82546.1	4842.5	1469.2	76234.4
%	100.00	5.87	1.78	92.35
健康	1227.0	477.4	–	749.6
%	1.49	38.91	0.00	61.09
中健康	56788.0	4156.1	1407.5	51224.4
%	68.80	7.32	2.48	90.20
不健康	24531.1	209.0	61.7	24260.4
%	29.71	0.85	0.25	98.90

注:2009 年锡林浩特市森林资源调查报告

(三)自然度

按照现实森林类型与地带性原始顶级森林类型的差异程度或次生森林类型位于演替中阶段,将森林自然度划分为三个级次。本市天然林面积 74016.6 公顷。天然林按自然度等级划分,Ⅱ级自然度天然林 12681.6 公顷,占天然林面积的 17.13%。Ⅲ级自然度天然林 61335.0 公顷,占本市天然林面积的 82.87%。本市森林受人为干扰很大,多为残次次生林分。

天然林面积按自然度等级统计表

表 2－6　　单位:公顷

统计单位	自然度等级	合计	有林地						疏林地	灌木林地
			小计	幼龄林	中龄林	近龄林	成龄林	过熟林		
总　计	－	74016.6	2995.1	28.5	1106.6	219.2	1012.4	628.4	1407.5	69614
%	－	100.00	4.05	0.95	36.95	7.32	33.80	20.98	1.90	94.05
－	Ⅱ	12681.6	1542.6	4.1	10.5	16.4	1012.4	499.2	588.5	10550.5
－	%	17.13	12.16	0.27	0.68	1.06	65.63	32.36	4.64	83.20
－	Ⅲ	61335	1452.5	24.4	1096.1	202.8	－	129.2	819.0	59063.5
－	%	82.87	2.37	1.68	75.46	13.96	－	8.90	1.34	96.30
市　区	－	798.2	－	－	－	－	－	－	－	798.2
朝克苏木	－	8466.6	0.1	0.1	－	－	－	－	9.2	8457.3
阿尔善镇	－	30038.4	1.6	1.6	－	－	－	－	－	30036.8
贝里克	－	414.1	200.4	－	－	200.4	－	－	3.0	210.7
毛登牧场	－	1246.0	－	－	－	－	－	－	－	1246.0
白银库伦	－	12925.5	1246.8	21.5	1096.1	－	－	129.2	806.8	10871.9
白音锡勒	－	12252.2	1542.3	4.1	10.5	16.1	1012.4	499.2	588.5	10121.4
宝力根	－	7875.6	3.9	1.2	－	2.7	－	－	－	7871.7

注:2009 年锡林浩特市森林资源调查报告

四、群落结构

乔木林群落结构划分为三类。完整结构具有乔木、下木和地被物三个层次。较完整结构具有乔木层和其它一个植被层的林分。简单结构只有一个乔木层。本市完整结构面积 815.4 公顷,占乔木林面积的 16.84%。较完整结构面积 4027.1 公顷,占 83.16%。

第二节　天然乔木林资源

天然林是大自然馈赠给人类的绿色瑰宝,天然林是自然界中功能最完善的资源库、基因库、蓄水库、贮碳库和能源库,在维护生态平衡、提高环境质量及保护生物多样性方面发挥着不可替代的作用。全市天然乔木林面积 2995.1 公顷,蓄积量 51879 立方米,全部为生态公益林。

一、天然乔木林结构

(一)林种

均为防风固沙林,面积 2995.1 公顷,蓄积量 51879 立方米。

(二)龄组

成熟林面积、蓄积量所占比重较大,面积 1012.4 公顷、蓄积量 22476 立方米,分别占天然乔木林面积、蓄积量的 33.80% 和 43.32%;其次中龄林面积 1106.6 公顷、蓄积量 17082 立方米,分别占 36.95% 和 32.93%;过熟林面积 628.4 公顷、蓄积量 8736 立方米,分别占 20.98% 和 16.84%;近熟林面积 219.2 公顷、蓄积量 3489 立方米,分别占 7.32% 和 6.73%;幼龄林面积 28.5 公顷、蓄积量 96 立方米,分别占 0.95% 和 0.19%。

天然乔木林按龄组统计表

表 2-7　　　　单位:公顷、立方米

统计单位	林木所有权	林种	有林地											
			合计		幼龄林		中龄林		近熟林		成熟林		过熟林	
			面积	蓄积	面积	蓄积	面积	蓄积	面积	蓄积	面积	蓄积	面积	蓄积
总计	-	-	2995.1	51879	28.5	96	1106.6	17082	219.2	3489	1012.4	22476	628.4	8736
%	-	-	100.00	100.00	0.95	0.19	36.95	32.93	7.32	6.73	33.80	43.32	20.98	16.84
-	国有	-	2989.5	51730	25.6	1	1106.6	17082	216.5	3435	1012.4	22476	628.4	8736
-	%	-	99.82	99.71	0.86	-	37.02	33.02	7.24	6.64	33.87	43.45	21.02	16.89
-	其它国有	-	2989.5	51730	25.6	1	1106.6	17082	216.5	3435	1012.4	22476	628.4	8736
-	%	-	100.00	100.00	0.86	-	37.02	33.02	7.24	6.64	33.87	43.45	21.02	16.89
-	集体	-	2.8	57	0.1	3	-	-	2.7	54	-	-	-	-
-	%	-	0.09	0.11	3.57	5.26	-	-	96.43	94.74	-	-	-	-
-	个人	-	2.8	92	2.8	92	-	-	-	-	-	-	-	-
-	%	-	0.09	0.18	100	100	-	-	-	-	-	-	-	-
-	-	防护林	2995.1	51879	28.5	96	1106.6	17082	219.2	3489	1012.4	22476	628.4	8736
-	-	%	100	100	0.95	0.19	36.95	32.93	7.32	6.73	33.80	43.32	20.98	16.84
-	-	防护林	2995.1	51879	28.5	96	1106.6	17082	219.2	3489	1012.4	22476	628.4	8736
-	-	%	100	100	0.95	0.19	36.95	32.93	7.32	6.73	33.80	43.32	20.98	16.84
市区	-	-	-	-	-	-	-	-	-	-	-	-	-	-
朝克	-	-	0.1	3	0.1	3	-	-	-	-	-	-	-	-
阿尔善	-	-	1.6	43	1.6	43	-	-	-	-	-	-	-	-
贝力克	-	-	200.4	2941	-	-	-	-	200.4	2941	-	-	-	-
毛登	-	-	-	-	-	-	-	-	-	-	-	-	-	-
白银库伦	-	-	1246.8	17748	21.5	-	1096.1	16848	-	-	-	-	129.2	900
白音锡勒	-	-	1542.3	31041	4.1	1	10.5	234	16.1	494	1012.4	22476	499.2	7836
宝力根	-	-	3.9	103	1.2	49	-	-	2.7	54	-	-	-	-

注:2009 年锡林浩特市森林资源调查报告

(三)树种

本市天然乔木林有云杉、榆树、白桦、山杨、柳树和河柳六个优势树种。其中：榆树的面积、蓄积量较大,面积2704.7公顷、蓄积量42625立方米,分别占乔木林面积、蓄积量的90.31%和82.16%;柳树面积120.4公顷、蓄积量527立方米,分别占乔木林面积、蓄积量的4.02%和1.02%;山杨面积154.6公顷、蓄积量8208立方米,分别占乔木林面积、蓄积量的5.16%和15.82%;其它树种面积、蓄积量很少。

天然乔木林按优势树种统计表

表2-8　　单位:公顷、立方米

统计单位	合计		云杉		榆树		白桦		山杨		柳树		河柳	
	面积	蓄积	面积	蓄积	面积	蓄积	面积	蓄积	面积	蓄积	面积	蓄积	面积	蓄积
总　计	2995.1	51879	0.7	42	2704.7	42625	11	177	154.6	208	120.4	527	3.7	300
%	100	100	0.02	0.08	90.31	82.16	0.37	0.34	5.16	15.82	4.02	1.02	0.12	0.58
朝　克	0.1	3	–	–	0.1	3	–	–	–	–	–	–	–	–
阿尔善	1.6	43	–	–	1.6	43	–	–	–	–	–	–	–	–
贝力克	200.4	2941	–	–	200.4	2941	–	–	–	–	–	–	–	–
白银库伦	1246.8	17748	–	–	11.3	17044	11	177	2.4	–	120.4	527	–	–
白音锡勒	1542.3	31041	0.7	42	1385.7	22491	–	–	152.2	8208	–	–	3.7	300
宝力根	3.9	103	–	–	3.9	103	–	–	–	–	–	–	–	–

注:2009年锡林浩特市森林资源调查报告

(四)郁闭度

根据技术标准,郁闭度分为三级:0.7以上为高郁闭度级,0.4~0.6为中郁闭度级,0.2~0.3为低郁闭度级。本市高郁闭度级面积159.5公顷,蓄积8679立方米,各占天然乔木林面积、蓄积量的5.33%和16.73%。中郁闭度级面积213.4公顷,蓄积量4234立方米,各占天然乔木林面积、蓄积量的10.43%和8.16%。低郁闭度级面积2523.2公顷,蓄积量38966立方米,各占天然乔木林面积、蓄积量的84.24%和75.11%。

天然乔木林按郁闭度统计表

表2-9　　单位:公顷、立方米

统计单位	合计		低(0.2~0.3)		中(0.4~0.6)		高(0.7以上)	
	面积	蓄积	面积	蓄积	面积	蓄积	面积	蓄积
总　计	2995.1	51879	2523.2	38966	312.4	4234	159.5	8679
%	100	100	84.24	75.11	10.43	8.16	5.33	16.73

续表

统 计 单 位	合计		低(0.2～0.3)		中(0.4～0.6)		高(0.7 以上)	
	面积	蓄积	面积	蓄积	面积	蓄积	面积	蓄积
朝克乌拉苏木	0.1	3	0.1	3	–	–	–	–
阿尔善宝力格镇	1.6	43	–	–	1.6	43	–	–
贝力克牧场	200.4	2941	64.9	1001	135.5	1940	–	–
白银库伦牧场	1246.8	17748	1119.2	16440	127.6	1308	–	–
白音锡勒牧场	1542.3	31041	1338.5	21519	45	889	158.8	8633
宝力根苏木	3.9	103	0.5	3	2.7	54	0.7	46

注:2009 年锡林浩特市森林资源调查报告

(五)植被类型

本市天然乔木林植被类型有草类—榆树林(草—榆)、草类—白桦林(草—白)、草类—山杨林(草—山)、草—杉、草—河柳、草—柳、沙—榆七个类型。其中草类—榆树林面积、蓄积量最大,面积 1591.7 公顷、蓄积量 25581 立方米,分别占天然乔木林面积、蓄积量的 53.15% 和 49.31%;其次是沙—榆,面积 1113.0 公顷、蓄积量 17044 立方米,分别占 37.16% 和 32.85%;其他类型面积、蓄积量均很少。

天然乔木林按植被类型统计表

表 2－10　　单位:公顷、立方米

统计单位	合 计		草－杉		草－榆		草－白		草－山		草－河柳		草－柳		沙－榆	
	面积	蓄积	面积	蓄积	面积	蓄积	面积	蓄积	面积	蓄积	面积	蓄积	面积	蓄积	面积	蓄积
总 计	2995.1	51879	0.7	42	1591.7	25581	11	177	154.6	8208	3.7	300	120.4	527	1113	17044
%	100	100	0.02	0.08	53.15	49.31	0.37	0.34	5.16	15.82	0.12	0.58	4.02	1.02	37.16	32.85
朝克乌拉	0.1	3	–	–	0.1	3	–	–	–	–	–	–	–	–	–	–
阿尔善镇	1.6	43	–	–	1.6	43	–	–	–	–	–	–	–	–	–	–
贝力克牧场	200.4	2941	–	–	200.4	2941	–	–	–	–	–	–	–	–	–	–
白银库伦牧场	1246.8	17748	–	–	–	–	11	177	2.4	–	–	–	120.4	527	1113	17044
白音锡勒牧场	1542.3	31041	0.7	42	1386	22491	–	–	152.2	8208	3.7	300	–	–	–	–
宝力根	3.9	103	–	–	3.9	103	–	–	–	–	–	–	–	–	–	–

注:2009 年锡林浩特市森林资源调查报告

二、乡镇分布

本市天然乔木林主要分布在白音锡勒牧场和白音库伦牧场,面积分别为 1542.3 公顷和 1246.8 公顷,蓄积量分别为 31041 立方米和 17748 立方米;其次是贝力克牧场,面积 200.4 公顷、蓄积量 2941 立方米；其它各苏木、镇、牧场分布较少，面积合计 5.6 公顷、蓄积量合计 149 立方米。

第三节　灌木林资源

灌木耗水量小，耐干旱、耐盐碱、耐高寒，具有很强的更新和自然修复能力，是干旱地区的重要造林树种。在治理水土流失、涵养水源、防风固沙等生态公益林建设中，灌木是重要的混交树种，发挥着重要的防护作用。本市灌木林面积 76234.4 公顷，全部为国家特别规定灌木林。

一、起源

起源是林木的生成方式。按技术标准，灌木林起源分为天然、人工或飞播三类。锡林浩特市只有前两类。天然灌木林面积 69614.0 公顷，占灌木林面积的 91.32%；人工灌木林面积 6620.4 公顷，占 8.68%。

二、盖度等级

盖度是灌木林的重要指标。盖度又分为疏、中、密三级。全市盖度等级为疏(30% ~49%)的灌木林面积 70032.7 公顷，占灌木林面积的 91.86%；盖度等级为中(50% ~69%)的灌木林面积 6162.2 公顷，占灌木林面积的 8.09%；盖度等级为密(70% 以上)的灌木林面积 39.5 公顷，占灌木林面积的 0.05%。

灌木林面积统计表

表 2 - 11　　　　单位:公顷

统计单位	林木所有权	起源	合计	疏	中	密
总计	–	–	76234.4	70032.7	6162.2	39.5
%	–	–	100.00	91.86	8.09	0.05
–	国有	–	27720.3	23800.7	3900.4	19.2
–	%	–	36.36	85.86	14.07	0.07
–	其他国有	–	27720.3	23800.7	3900.4	19.2
–	%	–	100.00	85.86	14.07	0.07
–	集体	–	204.9	199.4	–	5.5
–	%	–	0.27	97.32	–	2.68
–	个人	–	48309.2	46032.6	2261.8	14.8
–	%	–	63.37	95.29	4.68	0.03
–	–	天然	69614.0	63621.4	5975.6	17.0

续表

统计单位	林木所有权	起源	合计	疏	中	密
–	–	%	91.32	91.39	8.58	0.02
–	–	人工	6620.4	6411.3	186.6	22.5
–	–	%	8.68	96.84	2.82	0.34
市　区	–	–	2644.9	2511.1	117.4	16.4
朝克乌拉苏木	–	–	8531.4	8457.3	74.1	–
阿尔善宝力格镇	–	–	30050.6	27886.8	2144.1	19.7
贝力克牧场	–	–	737.9	737.9	–	–
毛登牧场	–	–	1246.2	1209.1	37.1	–
白银库伦牧场	–	–	12654.7	11956.3	696.7	1.7
白音锡勒牧场	–	–	12286.1	9234.7	3050.3	1.1
宝力根苏木	–	–	8082.6	8039.5	42.5	0.6

注:2009 年锡林浩特市森林资源调查报告

三、树种

本市共有小叶锦鸡儿、锦鸡儿、枸杞、山丁子、柽柳、黄柳、金露梅、绣线菊、杞柳、虎榛子、柄扁桃、丛桦、沼柳、山杏、沙地柏、小红柳 16 个灌木树种。其中:小叶锦鸡儿面积最大,有 33251.2 公顷,占灌木林面积的 43.62%;其次是锦鸡儿,面积 26743.6 公顷,占 35.08%;黄柳较少,面积 10909.7 公顷,占 14.31%;其它树种所占比重很少,均在 6.00% 以下。

灌木林面积按优势树种统计

表 2-12　　单位:公顷

统计单位	合计	枸杞	山丁子	柽柳	金露梅	锦鸡儿	绣线菊	杞柳	虎榛子	柄扁桃	丛桦	黄柳	山杏	沼柳	小叶锦鸡儿	沙地柏	小红柳
总　计	76234.4	4.8	0.5	37.4	2837	26743.6	3.8	59.1	44.6	4.4	121.8	10909.7	1893.9	0.6	33251.2	2.3	319.7
%	100	0.01	–	0.05	3.72	35.08	–	0.08	0.06	0.01	0.16	14.31	2.48	–	43.62	–	0.42
市　区	2644.9	3.4	–	37.4	–	2480.2	–	–	–	–	–	–	107.5	–	–	–	16.4
朝克乌拉	8531.4	–	–	–	–	8531.4	–	–	–	–	–	–	–	–	–	–	–
阿尔善镇	30050.6	1.0	–	–	–	–	–	–	–	4.4	–	–	1341.9	–	28703.3	–	–
贝力克	737.9	–	–	–	122.0	79.5	–	–	–	–	–	527.2	9.2	–	–	–	–
毛登牧场	1246.2	–	0.2	–	–	1246.0	–	–	–	–	–	–	–	–	–	–	–
白银库伦	12654.7	–	–	–	230.2	1082.0	–	59.1	44.6	–	121.8	10382.5	431.2	–	–	–	303.3
白音锡勒	12286.1	0.4	0.3	–	2484.8	9798.3	–	–	–	–	–	–	–	–	–	2.3	–
宝力根	8082.6	–	–	–	–	3526.2	3.8	–	–	–	–	–	4.1	0.6	4547.9	–	–

注:2009 年锡林浩特市森林资源调查报告

四、乡镇分布

本市灌木林面积阿尔善宝力格镇最大,面积 30050.6 公顷,占灌木林面积的39.42%。其次是白音锡勒和白银库伦牧场,面积分别为 12286.1 公顷和 12654.7 公顷,分别占灌木林面积的 16.12% 和 16.60%。其他苏木、牧场和市区周边均较少。

第四节　人工林资源

人工林是陆地生态系统的重要组成部分,在恢复和重建森林生态系统、提供林木产品、改善生态环境等方面起着越来越重要的作用。本市已形成各类人工更新造林面积9738.6 公顷,蓄积量 37332 立方米。其中:有林地面积 1847.4 公顷,蓄积量 36298 立方米,分别占人工更新造林面积、蓄积量的 18.97% 和 97.23%。疏林地面积 61.7 公顷,蓄积量 1034 立方米,分别占 0.63% 和 2.77%。灌木林地面积 6620.4 公顷,占67.98%。未成林造林地面积 1209.1 公顷,占 12.42%。

一、人工造林主要树种

本市人工造林主要树种有:锦鸡儿、黄柳、榆树、杨树、樟子松、云杉、山杏等 18 个树种。其中以锦鸡尔为优势树种的面积最大,面积为 5634.7 公顷,占人工造林面积的57.86%。其次是黄柳,面积 1747.3 公顷,占人工造林面积的 17.94%。榆树面积1217.5 公顷,占 12.50%。其他各树种面积很小。详见表 2－13。

二、人工林林种结构

本市人工林全部为生态公益林。其中,防护林面积 9591.4 公顷,蓄积量 34954 立方米,分别占人工林面积、蓄积量的 98.49% 和 93.63%。特种用途林面积 147.2 公顷,蓄积量 2378 立方米,分别占 1.51% 和 6.37%。在防护林中,防风固沙林面积 9471.7公顷、蓄积量 34804 立方米,分别占防护林面积、蓄积量的 98.75% 和 99.57%。护路林面积 119.7 公顷,蓄积量 150 立方米,分别占 1.25% 和 0.43%。特种用途林中,全部为环境保护林。

2009 年锡林浩特市人工林主要树种统计表

表 2－13

单位:公顷、立方米

统计单位	合计		云杉		樟子松		榆树		杨树		柳树	槭树	李	沙果	枸杞	山丁子	柽柳	锦鸡儿	黄柳	山杏	沼柳	小叶锦鸡	小红柳	四翅滨藜
	面积	蓄积量	面积	蓄积量	面积	蓄积量	面积	蓄积量	面积	蓄积量	面积	面积	面积	面积	面积	面积	面积	面积	面积	面积	面积	面积	面积	面积
总计	9738.6	37332	62.7	38	154.8	180	1217.5	954	683.5	36160	2.8	0.5	1	5.4	4.8	0.5	37.4	5634.7	1747.3	114.4	0.6	19.2	16.4	35.1
%	100	100	0.64	0.1	1.59	0.48	12.5	2.56	7.02	96.86	0.03	0.01	0.01	0.05	0.05	0.01	0.38	57.86	17.94	1.17	0.01	0.2	0.17	0.36
市区	3328.4	9861	62.7	38	148.00	180	715.4	238	398.7	9405	2.8	0.5	–	1.8	3.4	–	37.4	1797.7	–	108.5	–	–	16.4	35.1
朝克乌拉	287.60	34	–	–	–	–	–	–	4	34	–	–	–	–	–	–	–	283.6	–	–	–	–	–	–
阿尔善镇	60.2	899	–	–	–	–	10.3	65	35.1	834	–	–	1	–	1	–	–	–	–	5.9	–	6.9	–	–
贝力克	532.1	376	–	–	–	–	–	–	1.3	376	–	–	–	3.6	–	–	–	–	527.2	–	–	–	–	–
毛登	134.6	540	–	–	3.60	–	6	140	51.3	400	–	–	–	–	–	0.2	–	73.5	–	–	–	–	–	–
白银库伦	1784.8	546	–	–	–	–	–	–	2	546	–	–	–	–	–	–	–	971.4	811.4	–	–	–	–	–
白音锡勒	3050.6	24869	–	–	2.70	–	329	505	145.5	24364	–	–	–	–	0.4	0.3	–	2164	408.7	–	–	–	–	–
宝力根	560.3	207	–	–	0.50	–	156.8	6	45.6	201	–	–	–	–	–	–	–	344.5	–	–	0.6	12.3	–	–

注:2009 年锡林浩特市森林资源调查报告

2009 年锡林浩特市人工林面积、蓄积量按林种统计表

表 2 - 14　　　　单位:公顷、立方米

单位	合计		防护林						特殊用途林			
			小计		防沙固沙林		护路林		小计		环境保护林	
	面积	蓄积量	面积	蓄积量	面积	蓄积量	面积	蓄积量	面积	蓄积量	面积	蓄积量
合计	9738.6	37332	9591.4	34954	9471.7	34804	119.7	150	147.2	2378	147.2	2378
%	100	100	98.49	93.63	98.75	99.57	1.25	0.43	1.51	6.37	100	100
国有	6631.5	36994	6509.0	34616	6389.3	34466	119.7	150	122.5	2378	122.5	2378
%	68.10	99.09	98.15	93.57	98.16	99.57	1.84	0.43	1.85	6.43	100	100
其他国有	6631.5	36994	6509.0	34616	6389.3	34466	119.7	150	122.5	2378	122.5	2378
%	100	100	98.15	93.57	98.16	99.57	1.84	0.43	1.85	6.43	100	100
集体	467.6	100	442.9	100	442.9	100	-	-	24.7	-	24.7	-
%	4.80	0.27	94.72	100	100	100	-	-	5.28	-	100	-
个人	2639.5	238	2639.5	238	2639.5	238	-	-	-	-	-	-
%	27.10	0.64	100	100	100	100	-	-	-	-	-	-
市区	3328.4	9861	3232.6	8285	3144.1	8135	88.5	150	95.8	1576	95.8	1576
朝克乌拉	287.6	34	287.6	34	287.6	34	-	-	-	-	-	-
阿尔善镇	60.2	899	9.4	97	9.4	97	-	-	50.8	802	50.8	802
贝力克	532.1	376	532.1	376	501.9	376	30.2	-	-	-	-	-
毛登	134.6	540	134.6	540	134.6	540	-	-	-	-	-	-
白银库伦	1784.8	546	1784.8	546	1784.8	546	-	-	-	-	-	-
白音锡勒	3050.6	24869	3050.6	24869	3050.6	24869	-	-	-	-	-	-
宝力根	560.3	207	559.7	207	559.7	207	1.0	-	0.6	-	0.6	-

注:2009 年锡林浩特市森林资源调查报告

三、人工乔木林龄组结构

本市人工乔木林面积 1847.4 公顷,蓄积量 36298 立方米。幼龄林面积占比重较大,面积 1604.5 公顷,蓄积量 1448 立方米,分别占人工乔木林面积、蓄积量的 86.85% 和 3.99%。其次是过熟林,面积 154.5 公顷,蓄积量 30283 立方米,分别占 8.36% 和 83.43%。

人工乔木林面积、蓄积量按龄组统计表

表 2－15　　单位:公顷、立方米

统计单位	合　计		幼龄林		中龄林		近熟林		成熟林		过熟林	
	面积	蓄积	面积	蓄积	面积	蓄积	面积	蓄积	面积	蓄积	面积	蓄积
合　计	1847.4	36298	4604.5	1448	34.8	842	8.5	151	45.1	3574	154.5	30283
%	100	100	86.85	3.99	1.89	2.32	0.46	0.42	2.44	9.84	8.36	83.43
市　区	1162.6	8827	1096	1251	13.2	61	2.2	59	16.3	2038	34.5	5418
朝克乌拉	4	34	0.6	–	–	–	3.4	34	–	–	–	–
阿尔善镇	42.1	899	22.6	74	18.1	777	1.4	48	–	–	–	–
贝力克	1.3	376	–	–	–	–	–	–	1.1	196	0.2	180
毛　登	5.9	540	–	–	–	–	–	–	3	140	2.9	400
白银库伦	2	546	–	–	–	–	–	–	–	–	2	546
白音锡勒	461.5	24869	320.5	51	0.4	–	1.5	10	24.7	1200	114.4	23608
宝力根	168	207	164.4	72	3.1	4	–	–	–	–	0.5	131

注:2009 年锡林浩特市森林资源调查报告

四、人工乔木林郁闭程度

本市高郁闭度级面积 176.8 公顷,蓄积量 28652 立方米,分别占人工乔木林面积、蓄积量的 9.57% 和 78.94%。中郁闭度级面积 220.4 公顷,蓄积量 6643 立方米,分别占 11.93% 和 18.30%。低郁闭度级面积 1450.2 公顷,蓄积量 1003 立方米,分别占 78.50% 和 2.76%。

人工乔木林面积、蓄积量按郁闭度统计表

表 2－16　　单位:公顷

统 计 单 位	合　计		低(0.2～0.3)		中(0.4～0.6)		高(0.7 以上)	
	面积	蓄积	面积	蓄积	面积	蓄积	面积	蓄积
总　计	1847.4	36298	1450.2	1003	220.4	6643	176.8	28652
%	100	100	78.50	2.76	11.93	18.30	9.57	78.94
市　区	1162.6	8827	967.9	957	154.6	2985	40.1	4885
朝克乌拉苏木	4	34	–	–	3.4	34	0.6	–
阿尔善宝力格镇	42.1	899	3.4	19	18.7	377	20	503
贝力克牧场	1.3	376	–	–	–	–	1.3	376
毛登牧场	5.9	540	–	–	5.9	540	–	–
白银库伦牧场	2	546	–	–	2	546	–	–
白音锡勒牧场	461.5	24869	326.7	27	22.1	2085	112.7	22757
宝力根苏木	168	207	152.2	–	13.7	76	2.1	131

注:2009 年锡林浩特市森林资源调查报告

五、乡镇分布

本市人工林主要分布在市区、白音锡勒牧场和白银库伦牧场，面积分别为3328.4公顷、3050.6公顷和1784.8公顷，分别占人工林面积的34.18%、31.32和18.33%，其他苏木、镇和牧场分布很少。

第五节　天然林型分布特点

一、森林与疏林

1. 沙地油松林

油松在本市分布极少，仅见于白银库伦牧场境内。锡林浩特市公益林管理站林业技术人员进行公益林调查时，在白银库伦牧场境内布格特呼都格的固定高沙丘顶部，发现有疏散生和单株分布的油松，沙丘阴坡为白桦、山杨林，沙丘阳坡为灌丛化草原植被。

沙丘顶部的油松，植株高大而老化，最高大者高达8米，直径50厘米，树龄当在二百年之上。林缘有稀疏分布的幼龄小油松，但因人为过度放牧已遭到破坏。在同一沙带的多伦县境内，也发现有松树的树桩和粗根。这一事实表明，油松原系我国暖温带山地广泛分布的常绿针叶树种，而在草原沙区的分布显然是受大兴安岭南段山地和燕山北部山地的深刻影响，是适应沙地生境条件的变型。因此在浑善达克沙区的治理上，可采用油松作为治沙的树种，从而扩大油松的栽培区域。

2. 沙地白扦林

白扦主要分布在浑善达克沙地东部的草甸草原沙质黑钙土地带，林相还保持着阴暗针叶林的基本特征，林冠下呈半阴状态，地面潮湿，有苔藓地被层。

白扦林在全盟分布的数量不多，锡林浩特市白音锡勒牧场乌拉苏台南五华里处分布有最大一片，约有1公顷。这些白扦林在沙地上生长良好，林相整齐，结构单纯，一般高4米~5米，胸经10厘米~12厘米，最高大者可达8米，胸径20厘米以上，树龄在百年上下，郁闭度0.2~0.4间。林中天然更新良好，一年生至10年龄的幼树都有分布，只是林下放牧频繁，人为破坏严重，如果加以严格保护，可望能自然扩大分布面积。

3. 山地白桦与山杨林

山地白桦、山杨林常以白桦纯林，山杨纯林或白桦十山杨林组成，是锡林浩特市落叶阔叶林的主要类型之一，也是本地区东南部山地次生林的主要建群树种，有广泛的分布。

白桦林一般分布在海拔1300米~1800米的低山丘陵地带，是次生林中分布最广、面积最大的森林树种，在草原区森林植被中占有十分重要地位。它在低山丘陵区只生长于山地阴坡、半阴坡及谷坡的灰色森林土或黑色钙土地带，呈片状或岛状分布，并与阳坡发育的草原植被形成交替分布的植物组合，为森林草原带特有的景观。

白桦林的林木组成以白桦纯林与白桦+山杨林分布最多，也有白桦与栎属、黑桦等不同的树种组成混交林。但为数不多。白桦林群落外貌整齐，树干挺直，树皮白色，形成了白桦林特有的森林景观。白桦树高一般为10米~15米，胸径8厘米~15厘米，密度较大，郁闭度常在0.7以上，如果加以人工抚育可促进其早日成材，并提高材积量。

山杨林一般都生长在海拔1000米~1500米间阴坡及谷坡的灰色森林土上，常形成小片状的山杨纯林，或与白桦形成混交林。山杨林木组成很简单，主要就是山杨，或有少量的白桦伴生，结构整齐，树干通直，密度大、郁闭度常在0.7以上，在片林中每亩常有山杨150株~300株之间，林龄一般为10年~30年生。生长较好的山杨林，树高达10米~15米，胸径8厘米~15厘米，如果全面加以人工清林抚育，每亩保留80株~110株，材积量可望大幅度增加。

杨、桦纯林或混交林天然更新均良好，林间多萌生山杨与白桦幼苗，幼苗稀疏，常呈群状分布，林缘的造林地自然落种的实生苗也较多，封育后成林容易，可自然扩大林地面积。山杨和白桦都是乡土用材的速生树种，树干挺直，木材产量大，生长迅速，往往成片萌生，容易自然扩大林地面积，有很大的水源涵养，水土保持及土壤改良的效应。本地区应积极封育，加强管理现有的天然林，扩大林地面积，比进行人工造林的效果更好，对解决锡林浩特市缺林少材的局面具有重要意义。

4. 沟谷杨柳林

沟谷杨柳林是森林草原带低湿地段，草甸上及沼泽草甸土上发育的杨柳科为主的森林群落。

它主要分布于森林草原带的山地两麓，山间沟谷及河流两岸的河漫滩。一般呈群团状丛状生长，由中生或湿中生一些树种组成，生活在地下水甚浅或地表微积水的稳域性生境中，树种在通常情况下，都耐一定的水湿。林木组成主要有乌柳、砂杞柳、沼柳、河柳、柽柳、黄柳、五蕊柳、蒿柳、小红柳和山杨等组成，这些树种在白音锡勒、白银库伦、贝力克牧场均有分布。

本类型的特点，以柳属灌木与亚乔木为主，呈丛状生长，群团状分布、耐水湿，分蘖能力强，根系发达，再生力强，对水源涵养及水土保持的生态效益很显著。柳属的枝条柔韧，为优良的编织材料，是畜牧业生产中不可缺少的物资。

5. 山地杂木林

锡林浩特市东南部山地丘陵区，边缘山地及沟谷地段，分布一些杂木林，林木组成较为复杂，没有明显的优势种，多为分布不均的杂木林。其中乔木树种有白桦、山杨、黑桦、蒙古柳、大黄柳、春榆、山荊子、稠李等。此类林型在边缘的山地与沟谷地段或隐域性局部地块，生境条件好时常有分布。一般树龄较小，郁闭度不均，多度变化较大，常因无人管理遭到破坏。在林中幼树萌生苗较多，但自然落种成苗很少，更新一般良好，如加以抚育管理，也能形成良好的杂木林及扩大林地面积。

6. **沙地榆树疏林**

锡林浩特市境内浑善达克沙地广泛的分布有榆树疏林，在整个沙带中，由于沙带东部与西部气候、土壤条件的差异，与榆树疏林复合生存的灌丛和半灌丛的成分也不同，东部地段的沙地榆树多与中生灌丛（以山荆子、稠李为代表）相复合生存。在此以西，多与绣线菊、鼠李和小叶锦鸡儿为代表的旱中生与旱生灌丛相复合生存，当进入沙地的西部，沙地榆树已难以构成疏林，只有个别零星分布，而小叶锦鸡儿灌丛上升为沙丘的主要优势类型，由小叶锦鸡儿与沙蒿为主的半灌木群落相结合，这种复合景观是浑善达克沙地植被的主要特征之一。

沙地榆树一般呈稀疏生长，不能形成森林环境，横冠下缺乏耐阴的草本植物和林下灌木，而草原的旱生成分较发达，表现了明显的草原化特征。

榆树疏林的结构一般不是单株散生，而是 3 株～5 株～7 株不规则的呈群团状分布，郁闭度的幅度较大，波动于 0.2～0.4 之间，局部可达 0.5～0.6，树高一般在 3 米～7 米，直径 5 厘米～10 厘米～30 厘米不等，冠幅 3 米～5 米～7 米。榆树个体生长矮化，根系发达，树干弯曲，分枝多而密，枝条开展而柔软，树叶厚半革质，具有很强的抗逆性、抗寒、抗旱、抗风砂、耐瘠薄，因此，它是草原沙区中最适生的树种。

沙地榆对本地区气候土壤条件适应性强，如果采用乡土沙地榆成活率高，生长稳定，固沙能力强，树叶和嫩枝均可做家畜饲料；在草原牧区沙地营造榆树疏林，夏季能避暑，冬季可避风雪，既能防风固沙又能改良草场，是沙区营造牧场防护林最理想的树种。

二、灌木丛

锡林浩特市天然灌木林主要分布于东南部低山丘陵区和沙区，草原旱生灌木分布广泛，与草原群落复合生存。

1. **沙地柏灌丛**

沙地柏为本地区常绿针叶灌木丛，分布于浑善达克沙地中部的固定沙丘和玄武台地的陡坡上，建群种只有沙地柏一种，为单优植物，有时也混有少数其它旱生灌木，如小黄柳、小叶鼠李、楔叶茶蔗、西伯利亚山杏等。由于沙地柏匍匐生长，分枝多，长枝延伸 2 米～4 米，群落覆盖度大，可达 0.7 以上，而小枝高生长仅 20 厘米～30 厘米，灌丛边缘的草本植物由沙地上旱生杂类草组成，如沙地萎陵菜叉分蓼、细叶山罗卜、白婆婆纳、柴胡等。

沙地柏灌丛因铺地生长固沙作用明显，凡有它生长的地段，沙丘固定都比较好，因此，应加以保护和发展，发挥其固沙效应，保护这一珍贵树种资源。因其生长慢，生产量小,应当严禁人畜破坏。

2. **沙地灌木柳丛**

灌木柳丛在浑善达克沙地有广泛地分布。它种类多,面积大,生长十分茂密。主要有黄柳、小红柳、乌柳、沙杞柳、五蕊柳、蒿柳等组成沙地灌木柳丛。其中:黄柳多生长在沙地的流动与半流动沙丘上,其余均分布于固定沙地的丘间低湿地及沙区的内流河两岸和湖边外围,组成沙地植物群落的建群种或优势种。

沙柳灌丛株高一般为 1 米 ~2 米,根系发达,分蘖力强,枝多叶茂,丛状生长,呈群团状分布,在本市的沙地常形成大片的灌木柳林。

黄柳耐沙埋后萌条增多,生长更旺盛,是天然的良好固沙先锋植物。

小红柳、乌柳、沙杞柳等耐水湿,耐盐碱喜生于沙区的低湿洼地、受沙埋后易生不定根和不定芽,形成新的枝条和根系,更新和扩大灌木柳丛。锡市沙地的自然景观是沙丘与丘间低地相间分布,有广阔的丘间低湿洼地,水分条件好,地下水埋深浅,正是沙柳最理想的分布地带。它能防风固沙、维持沙区的动态平衡,改善牧业生产环境条件,对减免风沙自然灾害均产生良好的生态效应。因此,在沙区栽植沙柳成活率高,生长稳定而速度快,容易成林,见效快,可利用沙区有利的地理条件和丰富的沙柳资源,建立优质高产的灌木柳林基地。

3. **西伯利亚山杏灌丛**

西伯利亚山杏在全市森林草原带的低山丘陵区落叶阔叶林的外围及草原带的沙地均有广泛的分布。山杏常在山地基岩出露的石质阳坡成为建群种或优势种,形成山地灌丛,在沙地散生于沙丘坡地,形成灌丛草原的优势种。

山杏根系发达,丛状生长,一般株高 0.8 米 ~1.8 米,多生长在土壤瘠薄的向阳坡地,具有耐干旱、耐瘠薄,不耐水湿和盐碱的特征。

山杏是很好的木本油料植物,对土壤养分与水分条件要求都不高,一般 4 年 ~5 年生的山杏,每株每年可结实 20 粒 ~70 粒,每公顷以 300 株计算,是一项相当可观的国民经济收入。因此,可大力发展山杏,并组织采收与加工,充分开发利用这一资源优势。

4. **草原锦鸡儿灌木丛**

锦鸡儿属灌木是适应草原生态地理条件的灌木,成为草原上景观植物,常以不同的种类与密度分布于各类以木本科牧草为主的草原上。

锦鸡儿灌丛在锡林浩特市主要分布于干旱、半干旱的荒漠草原和典型草原地带,本地种型有小叶锦鸡儿、锦鸡儿,集中分布在阿尔善宝力格镇,白音锡勒和白音库伦牧场。

锦鸡儿属灌木自身并不形成独立的群落,而是在草本植物的背景上,以丛状散生的形式与草原复合生存,形成不同程度的灌丛化草原群落,这种景观是本地典型草原与荒漠草原的一大特色。

小叶锦鸡儿，为典型草原灌木。在典型草原的半干旱气候栗钙土地带有广泛的分布，有时可成为优势种，一般郁闭度为5%～10%，多呈斑点状出现在丘陵坡地或放牧过度地段，在偏湿的生境中则很少出现。本地区主要分布在阿尔善宝力格镇。

锦鸡儿属灌木对干旱、半干旱草原的生态条件适应性强，根系发达，特别耐旱，在干燥的固定沙丘和典型栗钙土地带均能良好生长；枝条萌蘖力强，耐牲畜啃食，牲畜一年四季啃食，第二年仍然能萌发30厘米～60厘米长的新枝，平茬后也能使锦鸡儿发育出大量的新嫩枝叶，从而更提高它的可食率与适口性。

锦鸡儿在草原区恶劣的气候条件和牲畜常年放牧啃食的情况下，仍能保持生长稳定，保存率高，生命力极其顽强。因此，它们是草原区域水土保持、防风固沙的优良灌木树种，是牲畜的优良木本饲料，提高了草场的覆被率，应大力发展。

三、沙地半灌木丛

沙地半灌木是浑善达克沙地固定沙丘与半固定沙丘上分布最广的植被类型。

1. 沙蒿半灌木丛

沙蒿群系是分布在本地高原栗钙土地带沙地上的半灌木蒿类植被。这类植被在本地的沙带中从东到西都有分布，一般多出现在固定沙丘的半流动部位。并与丘间平地上的榆树疏林，沙生草原呈交替出现，形成各种不同的群落类型。本地的沙蒿主要有两种，一种是光沙蒿，枝带暗柴色或红紫色，是东部沙生半灌木的建群植物或为沙质草原的伴生种。另一种是褐沙蒿，枝暗褐色或灰褐色，较集中地分布于浑善达克沙地中、西部，是当地沙丘、沙地上的主要建群植物。

2. 山竹岩黄芪半灌木丛

在浑善达克沙地的固定沙丘与半固定沙丘上，分布有较为丰富的山竹岩黄芪半灌木沙生先锋植物。山竹岩黄芪的变异很大，在本地分化为四个变种，并依生态条件的改变而呈现明显的地理替代现象，木岩黄芪，喜湿耐寒，分布在浑善达克沙地东部的森林草原区。山竹岩黄芪，耐旱分布在浑善达克沙地中部的典型草原带。塔落岩黄芪，喜温暖耐干旱，分布在浑善达克沙地中西部的典型草原上。杂叶山竹岩黄芪，喜温耐旱，分布在干草原及荒漠草原的沙地上。上述四种山竹岩黄芪形成了明显的地理替代分布，其旱生性依次加强。

山竹岩黄芪在半流动沙丘的背风坡下，常形成多度较高的层片，植株茂密，高1米～2米的群丛，花冠紫红色长开不衰，花期在7—9月，十分美丽。山竹岩黄芪具有耐沙埋、萌蘖能力强的特征，天然更新良好，易于进行萌蘖繁殖和种子繁殖，如若加以封育，可收到满意的效果。它是牛、马、羊、驼的喜食饲料，因此，它既是优良的饲用植物，又是良好的固沙树种，也可做为木本花卉观赏树种栽培，应加以重视，合理利用并重点保护。

3. **冷蒿小半灌木**

冷蒿为菊科蒿属小半灌木，是一种广幅度的旱生植物，从半湿润的森林草原到干旱荒漠草原都有分布，但以半干旱典型草原栗钙土地带分布最为广泛，常以多度(相对盖度40% ~60%)构成冷蒿－针茅草原，成为草原小灌木群落的主要建群植物。

在典型草原中可成为优势种，常与大针茅、克氏针茅或羊草组成多种群落，在沙质，沙栎质及碎石土壤上生长茂盛，但很少出现在盐渍化和极端潮湿的生境中。

冷蒿具有多数的开展木质化短枝，全株密被白色绢毛，枝条半匍匐、营养枝基部有丰富的更新芽，生根及萌蘖能力很强。冷蒿是一种营养价值较高，具有催肥，催乳作用的良好饲料，它的适口性较高，是牲畜四季喜食的牧草。在冬季，其他牧草已干枯，而冷蒿的地上部分仍保持着多汁的营养枝和带花序与种子的生殖枝，更为各种家畜所乐食，当春季饲草极为不足时，冷蒿又能较早地萌蘖返青，尽快提供新鲜牧草。冷蒿耐干旱，耐践踏，耐土壤侵蚀，其生根萌蘖的再生能力强，在牲畜强烈啃食及土壤严重风蚀的情况下，能继续更新繁殖，使草场在强度利用条件下，仍可保持一定的生产水平。

第六节　湿地资源

湿地是指天然的、人工的、永久的或暂时的沼泽地、泥炭地、水域地带，带有静止或流动的淡水或半咸水水体，包括低潮时水深不超过6米的海域。据2009年锡林浩特市森林资源调查报告显示湿地调查范围包括面积大于8公顷以上的面状湿地(湖泊、沼泽等)和宽度10米以上、长度5公里以上的线状湿地(如河流、灌渠等)。经调查，全市各类型湿地面积65768.6公顷，占全市土地总面积的4.44%。根据湿地类型划分标准，共划分为4大类13个小类。

一、河流湿地

永久性河流、季节性或间歇性河流，面积259.4公顷，占全市湿地总面积的0.40%。

(一)永久性河流：锡林河属内陆河，发源于赤峰市克什克腾旗西北部的低山丘陵区，流经锡林浩特市白音锡勒牧场的乌力斯台分场及伊和乌拉分场至锡林河水库，然后由南向北穿过锡林浩特市区，往北流至斯格德尔斯到朝克乌拉牧场而止。锡林河全长268公里，全流域面积10542平方公里，其中在克什克腾旗境内河流长度50公里，集水面积701.66平方公里，进入锡市境内河流长度218公里，面积255.2公顷，占河流湿地面积的98.38%。

(二)季节性或间歇性河流：位于白音锡勒牧场有一些地下泉眼春夏季节或丰水年时涌流，形成季节性或间歇性河流补给锡林河。阿尔善宝力格镇和朝克乌拉苏木在春季冰雪融化或夏季汛期也有季节性或间歇性河流形成，面积4.2公顷，占河流湿地面积的1.62%。

二、湖泊湿地

锡林浩特市境内永久性淡水湖、季节性淡水湖、永久性咸水湖和季节性咸水湖总面积3600.7公顷，占全市湿地总面积的5.47%。

（一）永久性淡水湖：面积1369.2公顷，占湖泊湿地面积的38.03%，位于白银库伦和白音锡勒牧场境内。

（二）季节性淡水湖：面积788.0公顷，占湖泊湿地面积的21.88%，位于市区和朝克乌拉苏木境内。

（三）永久性咸水湖：面积233.5公顷，占湖泊湿地面积的6.48%，位于阿尔善宝力格镇和宝力根苏木境内。

（四）季节性咸水湖：面积1210.0公顷，占湖泊湿地面积的33.61%，位于阿尔善宝力格镇、白音锡勒牧场和宝力根苏木境内。

三、沼泽湿地

全市境内草本沼泽、沼泽化草甸、灌丛沼泽和森林沼泽面积61196.6公顷，占湿地总面积的93.05%。

（一）草本沼泽：面积37934.8公顷，占沼泽湿地面积的61.99%，主要分布在朝克乌拉苏木、毛登牧场、白音锡勒牧场和宝力根苏木境内。

（二）沼泽化草甸：面积23145.3公顷，占沼泽湿地面积的37.82%，主要分布在市区、阿尔善宝力格镇、白银库伦牧场和宝力根苏木境内。

（三）森林沼泽：面积116.5公顷，占沼泽湿地面积的0.19%，分布在白音库伦牧场境内。

四、人工湿地

市区蓄水区、市郊采矿性积水区、城市性景观和娱乐水面、库塘湿地，面积711.9公顷，占全市湿地总面积的1.08%。

（一）蓄水区：面积45.4公顷，占人工湿地面积的6.38%，位于市区内。

（二）采矿性积水区：面积45.5公顷，占人工湿地面积的6.39%，位于市区内。

（三）城市性景观和娱乐水面：面积77.5公顷，占人工湿地面积的10.89%，位于市区和阿尔善宝力格镇内。

（四）库塘湿地：面积543.5公顷，占人工湿地面积的76.34%，位于市郊和白音锡勒牧场内。

湿地面积统计表

表 2－17　　单位:公顷

统计单位	合计	河流湿地			湖泊湿地					沼泽湿地				人工湿地				
		小计	永久性河流	季节性河流	小计	永久性淡水湖	季节性淡水湖	永久性咸水湖	季节性咸水湖	小计	草本沼泽	沼泽化草甸	森林沼泽	小计	蓄水区	采矿性积水区	城市景观水面	库塘湿地
总　计	65768.6	259.4	255.2	4.2	3600.7	1369.2	788	233.5	1210	61196.6	37934.8	23145.3	116.5	711.9	45.4	45.5	77.5	543.5
%	100	0.4	98.38	1.62	5.47	38.03	21.88	6.48	33.61	93.05	61.99	37.82	0.19	1.08	6.38	6.39	10.89	76.34
市　区	1254.3	-	-	-	31.7	-	31.7	-	-	740.2	-	740.2	-	482.4	45.4	45.5	51.1	340.4
朝克乌拉	29536.3	-	-	-	756.3	-	756.3	-	-	28780	28780	-	-	-	-	-	-	-
阿尔善镇	15958	-	-	-	950.7	-	-	188.3	762.4	14980.9	-	14980.9	-	26.4	-	-	26.4	-
毛登牧场	2971.9	-	-	-	-	-	-	-	-	2971.9	2971.9	-	-	-	-	-	-	-
白银库伦	2442.8	-	-	-	1369.2	1369.2	-	-	-	1073.6	-	957.1	116.5	-	-	-	-	-
白音锡勒	5358.8	259.4	255.2	4.2	131.8	-	-	-	131.8	4764.5	4764.5	-	-	203.1	-	-	-	203.1
宝力根	8246.5	-	-	-	361	-	-	45.2	315.8	7885.5	1418.4	6467.1	-	-	-	-	-	-

注:2009 年锡林浩特市森林资源调查报告

五、湿地资源现状

持续大量开垦和不合理开发湿地,使自然湿地面积急剧减少,水资源的不合理利用与水环境恶化,掠夺性开发利用湿地野生生物资源,盲目排干湿地,过度取水调水、排污等,导致湿地功能退化甚至丧失,引起湿地生物多样性衰退加速。锡林浩特市湿地主要有白银库伦诺尔湿地和锡林河流域两大重点湿地及部分一般湿地。

(一)锡林河流域湿地

锡林河在锡林浩特市境内的长度 218 公里,流域面积 9804 平方公里,属内陆河流域,发源于赤峰市克什克腾旗的敖伦诺尔和呼和诺尔,海拔高度 1334 米。长期的地质、气候变化,给锡林河地貌的塑造留下了深刻的印记。那宽广的河漫滩与阶地,反映锡林河在地质历史上曾有过丰富水量的年代;那美丽蜿蜒的河曲,记录锡林河多次的河床变迁;那下游大片的沼泽及芨芨草滩告诉人们锡林河水在地下的最后归宿。随着城市发展和多年干旱等原因,锡林河的湿地生态系统正在面临着巨大压力。锡林浩特市由于其特殊的地理位置,生态环境的改善不仅对本地区而且对整个周边地区的生态环境都产生直接影响,加强湿地保护作为锡林浩特市建设的重点工程,它不仅对改善本区域环境发挥绿色生态屏障作用,而且对改善城区居民生产和生活条件,促进地区的经济繁荣和社会稳定具有重大意义。

内蒙古锡林河国家湿地公园:锡林河湿地公园位于锡林浩特市南 9 公里处,北以锡林浩特市外环路为界,南部与白音锡勒牧场相邻,规划总面积 6556 公顷。湿地公园分为生态保育区、恢复重建区、宣教展示区、合理利用区和管理服务区 5 个功能区。属于锡林河流域湿地的一部分。湿地公园内主河道为锡林河,为境内最大地表径流河,属内陆河,发源于赤峰市克什克腾旗的敖伦诺尔和呼和诺尔,河流从东向西流经赤峰的克什克腾旗,经过锡林浩特市,最后流入朝克乌拉苏木的查干诺尔沼泽地自然消失。两侧分布宽窄不一沼泽地,在公园的中心位置是锡林河水库。湿地公园地处典型的欧亚草原植物区,在景观上呈现出湖泊、沼泽、草甸、草原交相辉映。公园内主要包括河流湿地、沼泽湿地、库塘等 3 类湿地类型。

(二)白银库伦诺尔湿地

位于锡林浩特市南部的白银库伦牧场境内,属自治区级,东西长 18 公里,南北宽 8 公里,总面积为 10415 公顷,其中湿地面积 2000 公顷(含明水面)属国有,土地的使用权由政府划拨给遗鸥自然保护区管理。核心区湿地位于保护区的中心部位,面积 4985 公顷,是遗鸥的繁殖地,保护区湿地境内有脊椎动物 28 目 62 科 218 种,属国家重点保护野生动物有 30 种。有蕨类植物 1 科 1 属 3 种。种子植物 45 科 142 属 284 种。

保护区湿地优越的自然条件,丰富的动植物资源,特殊的地理位置及典型的生态系统类型,每年有上千只遗鸥迁徙于此进行栖息繁衍。由于保护区独特的地形地貌形成典型的湿地,湿地主要由芨芨草草滩、明水区、芦苇沼泽地、苔草草甸及五蕊柳沼泽地组成,多种类型构成了一个完整的生态系统。该湿地虽然是盐碱类型,但自然形成的复合湿地类群和周边典型草原生境、沙地生境构成了该区域生境的复杂性,在区域内产生了丰富的生物量,为以遗鸥为代表的多种珍稀濒危动物在此栖息繁殖奠定了基础。

保护区内具有湿地、草原、疏林、沙地等多种生态景观,集湿地自然景观的复杂性,多样性、典型性和稀有性于一体,因此极具生态旅游价值。

湿地是一种多类型、多层次的复杂生态系统,具有水陆过渡性、系统脆弱性、功能多样性和结构复杂性特征,支承着独具特色的物种和较高的生产力。湿地与森林、海洋并称为地球的三大生态系统。2010 年 6 月,内蒙古林业勘察设计院根据《内蒙古自治区人民政府办公厅关于开展第二次全区湿地资源调查的通知》要求,派张振国来锡林浩特市开展湿地资源调查工作,锡林浩特市林业水利局成立普查领导小组,锡林浩特市公益林管理站协助林业勘察设计院张振国,开展锡林浩特市湿地资源调查工作。此次湿地资源调查的范围是锡林浩特市境内面积大于 8 公顷(含 8 公顷)以上的湖泊湿地、沼泽湿地、人工湿地以及宽度 10 米以上,长度 5 公里以上的河流湿地资源。

第三章　野生动植物资源

第一节　野生动物资源

一、鸟纲

1. **䴙䴘目** PODICIPEDIFORMES

䴙䴘科:小䴙䴘、黑颈䴙䴘、凤头䴙䴘。

2. **鹈形目** PELECANIFORMES

鸬鹚科:鸬鹚。

3. **鹳形目** CICONIIFORMES

(1)鹭科:苍鹭、草鹭。

(2)鹳科:黑鹳、白鹳,是国家1级保护动物。

(3)鹮科:白琵鹭,是国家2级保护动物。

4. **雁形目** ANSERIFORMES

鸭科:鸿雁、灰雁、大天鹅、赤麻鸭、翘鼻麻鸭、绿翅鸭、翅膀鸭、绿头鸭、斑嘴鸭、赤颈鸭、白眉鸭、琵嘴鸭、赤嘴潜鸭、鸭鹊,其中鸿雁为国家1级保护动物,大天鹅为国家2级保护动物。

5. **隼形目** FALCONIFORMES

(1)鹰科:黑鸢、苍鹰、雀鹰、松雀鹰、秃鹫、大鵟、毛脚鵟、白腹鹞、胡秃鹫、普通鵟、金雕、鹰雕、草原雕、白尾鹞、鹊鹞,金雕为国家1级保护动物,其它鹰科动物均为国家2级保护动物。

(2)隼科:红脚隼、猎隼、游隼、燕隼、灰背隼、红隼、黄爪隼,以上隼科动物均为国家2级保护动物。

6. **鸡形目** GALLIFORMES

雉科:雉鸡、鹌鹑、斑翅山鹑。

7. **鹤形目** GRUIFORMES

(1)鹤科:丹顶鹤、灰鹤、蓑羽鹤,丹顶鹤为国家1级保护动物,灰鹤、蓑羽鹤为国家2级保护动物。

(2)秧鸡科:白骨顶、小田鸡、普通秧鸡。

(3)鸨科:大鸨,是国家1级保护动物。

8. **鸻形目** CHARADRIIFORMES

(1)反嘴鹬科:黑翅长脚鹬。

(2)燕鸻科:普通燕鸻。

(3)鸻科:灰头麦鸡、风头麦鸡、金鸻、金眶鸻。

(4)鹬科:中杓鹬、白腰杓鹬、红脚鹬、泽鹬、黑尾塍鹬、鹤鹬、青脚鹬、林鹬、针尾沙锥、大沙锥。

9. **鸥形目** LARIFORMES

普通燕鸥、白额燕鸥、红嘴鸥、银鸥、遗鸥,其中遗鸥是国家1级保护动物。

10. **鸽形目** COLUMBIFORMES

鸠鸽科:岩鸽、灰斑鸠。

11. **鹃形目** CUCULIFORMES

杜鹃科:大杜鹃、中杜鹃。

12. **夜鹰目** CAPRIMULGIFORMES

夜鹰科:普通夜鹰。

13. **雨燕目** APODIFORMES

雨燕科:楼燕、白腰雨燕。

14. **佛法僧目** CORACIIFORMES

戴胜科:戴胜。

15. **鴷形目** PICIFORMES

啄木鸟科:蚁鴷。

16. **雀形目** PASSERIFORMES

(1)百灵科:短趾沙百灵、风头百灵、小沙百灵。

(2)燕科:家燕。

(3)鹡鸰科:黄鹡鸰、黄头鹡鸰、灰鹡鸰、白鹡鸰、田鹨、树鹨、水鹨。

(4)伯劳科:灰伯劳、灰背伯劳、棕背伯劳、红尾伯劳。

(5)椋鸟科:紫翅椋鸟、灰椋鸟。

(6)鸦科:喜鹊、秃鼻乌鸦、大嘴乌鸦、渡鸦。

(7)鹟科:红点颏、北红尾鸲、黑喉石䳭、白腹鸫、赤颈鸫、虎斑地鸫。

(8)莺科:大苇莺、褐柳莺、黄眉柳莺、黄腰柳莺、极北柳莺、暗绿柳莺。

(9)山雀科:大山雀。

(10)文鸟科:树麻雀

(11)雀科:金翅雀、普通朱雀、北朱雀、长尾雀。

二、哺乳纲

1. **食虫目** INSECTIVORA

(1)猬科:达乌尔猬。

(2)鼩鼱科:中鼩鼱

2. **翼手目** CHIROPTERA

蝙蝠科:大耳蝠。

3. **食肉目** CARNIVORA

(1)犬科:狼、赤狐、沙狐。

(2)鼬科:艾鼬、黄鼬、伶鼬、香鼬、狗獾。

(3)猫科:猞猁、兔狲,是国家2级保护动物。

4. **兔形目** LAGOMORPHA

兔科:草兔

5. **啮齿目** RODENTLA

(1)松鼠科:达乌尔黄鼠。

(2)仓鼠科:黑线仓鼠、大沙鼠、短耳沙鼠、长爪沙鼠、莫氏田鼠、草原鼢鼠、麝鼠。

(3)跳鼠科:三趾跳鼠、五趾跳鼠。

(4)鼠科:大林姬鼠、褐家鼠、小家鼠。

6. **偶蹄目** ARTIODACTYLA

(1)鹿科:狍

(2)牛科:黄羊,是国家2级保护动物。

分布在锡林浩特市境内的野生动物资源比较丰富,初步查明分布在锡林浩特市境内的有陆栖脊椎动物188种,分属于35目55科155属。其中:哺乳类44种,分属于6目13科27属。两栖类3种,分属1目3科3属。爬行类7种,分属2目4科5属。鸟类134种,分属17目36科80属。

全市境内对农牧业生产有益的生态型、经济型野生动物有:百灵鸟、鹰、沙鸡、旱獭、黄羊、狼、獾、野兔、野鸭、沙狐、燕子、狐狸、黄鼬、啄木鸟、蛙类等。

肉用动物主要有黄羊、野兔、沙斑鸡(山鸡)、野鸭子。

皮毛动物主要有狼、狐狸、沙狐、艾虎(臭狗子)、旱獭。

药用动物有獾、蛇、刺猬等。

蒙古百灵:在草原上到处都有,高飞入云,鸣声嘹亮动人,被人们誉为幸福和爱情的象征。每年夏季有大批雏鸟从草原运到北京、天津、上海等,作为笼养。1983年,蒙古百灵被内蒙古自治区政府定为自治区鸟。

沙鸡:沙鸡是草原隐藏最多的经济鸟、又名毛脚鸡。沙鸡是锡林浩特秋冬两季的主要狩猎经济鸟,每只鸡重 5 两左右,肉味鲜美,产品在国际市场上畅销。

旱獭:旱獭形似兔,耳小,体肥大,有冬眠习性。肉营养丰富,味美可口。皮毛整齐,色泽光亮,经加工可制作高档皮装。

黄羊:黄羊是锡林浩特草原蕴藏量极其丰富的野生动物资源。黄羊体格较大,体重 25 公斤 ~35 公斤,肉味鲜美,属名贵野味,产品远销欧美、日本等国。皮可制革,加工成皮件,美观耐用。角可入药,清热解毒,是羚羊角的理想代用品。

第二节　野生植物资源

一、裸子植物 GYMNOSPERMAE

1. 松科 pinaceae:白扦

2. 柏科 Cupressaceae:杜松、兴安桧、叉子圆柏。

3. 麻黄科 Ephedraceae:单子叶麻黄、草麻黄。

二、被子植物 ANGIOSPERMAE

1. 杨柳科 Salicaceae:山杨、乌柳、黄柳、沙杞柳、筐柳、小红柳、五蕊柳、大黄柳、细叶蒿柳、崖柳。

2. 桦木科 Betulaceae:黑桦、柴桦、白桦、虎榛子。

3. 壳斗科 Fagaceae:蒙古栎。

4. 榆科 Ulmaceae:大果榆。

5. 荨麻科 Urticaceae:麻叶荨麻。

6. 檀香科 Santalaceae:百蕊草。

7. 蓼科 Polygonaceae:东北木蓼、狐尾蓼、叉分蓼、兴安蓼、细叶蓼、酸模叶蓼、西伯利亚蓼、箭叶蓼、萹蓄、拳参、酸模、小酸模、毛脉酸模。

8. 藜科 Chenopodiaceae:沙蓬、轴藜、杂配轴藜、藜、灰绿藜、菱叶藜、地肤、猪毛菜。

9. 苋科 Amaranthaceae:反枝苋。

10. 石竹科 Caryophyllaceae:蚤缀、毛轴蚤缀、卵叶蚤缀、毛梗蚤缀、灯心草蚤缀、种阜草、兴安石竹、瞿麦、兴安女娄菜、石米努草、毛萼麦瓶草、狗筋麦瓶草、兴安繁缕、繁缕、垂梗繁缕、赛繁缕、叉歧繁缕。

11. 毛茛科 Ranunculaceae:草乌头、耧斗菜、白花驴蹄草、驴蹄草、兴安升麻、单穗升麻、棉团铁线莲、西伯利亚铁线莲、唇花翠雀、大花翠雀、兴安白头翁、掌叶白头翁、细叶白头翁、毛茛、单叶毛茛、匍枝毛茛、石龙芮、香唐松草、翼果唐松草、瓣蕊唐松草、短瓣金莲花、金莲花。

12. 芍药科 Paeoniaceae：芍药。

13. 小蘖科 Berbenidaceae：刺叶小蘖。

14. 防已科 Menispermaceae：蝙蝠葛。

15. 罂粟科 Papaveraceae：白屈菜、北紫堇、野罂粟。

16. 十字花科 Cruciferae：条叶庭荠、毛南荠、小果亚麻荠、荠、水田碎米荠、伏水碎米荠、草甸碎米荠、香芥、播娘蒿、花旗竿、小花糖芥、球果芥、球果蔊菜、风花菜、遏蓝菜、山芥、曙南芥。

17. 景天科 Crassulaceae：紫八宝、土三七、景天、东爪草、钝叶瓦松、黄花瓦松。

18. 虎耳草科 Saxifragaceae：梅花草、楔叶茶藨、糖茶藨、小叶茶藨。

19. 蔷薇科 Rosaceae：假升麻、地蔷薇、沼委陵菜、黑果栒子、毛山楂、光叶山楂、东方草莓、翻白蚊子草、蚊子草、西伯利亚杏、山杨梅、山荆子、鹅绒委陵菜、莓叶委陵菜、金老梅、银老梅、多裂委陵菜、大委陵菜、朝天委陵菜、三出委陵菜、稠李、山刺玫、北悬钩子、兴安悬钩子、库页悬钩子、石生悬钩子、地榆、小白花地榆、土庄绣线菊、美丽绣线菊、窄叶绣线菊、欧亚绣线菊、柳叶绣线菊、鹃毛绣线菊。

20. 豆科 Leguminosae：湿地黄芪、矮山黧豆、三脉山黧豆、山黧豆、大花棘豆、扁蓿豆、野火球、山野豌豆、广布野豌豆、东方野豌豆、多茎野豌豆、大叶野豌豆、北野豌豆、歪头菜、胡枝子、达乌里胡枝子、长萼鸡眼草、野大豆、甘草。

21. 牻牛儿苗科 Geraniaceae：块根老鹳草、毛蕊老鹳草、鼠掌老鹳草、灰背老鹳草、兴安老鹳草。

22. 亚麻科 Linaceae：野亚麻。

23. 蒺藜科 Zygophyllaceae：蒺藜。

24. 芸香科 Rutaceae：白蘚、草芸香。

25. 远志科 Polyalaceae：西伯利亚远志。

26. 大戟科 Euphorbiaceae：乳浆大戟、狼毒大戟、地锦。

27. 水马齿科 Callitrichaceae：水生马齿。

28. 卫矛科 Celastraceae：桃叶卫矛。

29. 槭树科 Aceraceae：茶条槭、元宝槭。

30. 凤仙花科 Balsamonaceae：水金风。

31. 鼠李科 Rhamnaeceae：鼠李、小叶鼠李、乌苏里鼠李。

32. 锦葵科 Malvaceae：野西瓜苗、锦葵。

33. 金丝桃科 Guttiferae：黄海棠、赶山鞭。

34. 堇菜科 Violaceae：双花堇菜、立堇菜、奇异堇菜、鸡退堇菜、裂叶堇菜、紫花地丁、斑叶堇菜、深山堇菜、早开堇菜、蒙古堇菜、兴安堇菜、掌叶堇菜、东北堇菜、库页堇菜。

35. 瑞香科 Thymelaeaceae：狼毒。

36. 千屈菜科 Lythraceae：千屈菜。

37. 柳叶菜科 Onagraceae：高山露珠草、柳兰、沼生柳叶菜。

38. 小二先草科 Halorogaceae：狐尾藻、轮叶狐尾藻。

39. 杉叶藻科 Hippuridaceae：杉叶藻、

40. 伞形科 Umbelliferae：东北羊角芹、兴安白芷、狭叶当归、柳叶芹、大叶柴胡、兴安柴胡、毒芹、葛缕子、兴安蛇床、全叶山芹、丝叶山芹、缺刻叶茴芹、泽芹、香芹、密花岩风、水芹。

41. 山茱萸科 Cornaceae：红瑞木。

42. 鹿蹄草科 Pyrolaceae：红花鹿蹄草、圆叶鹿蹄草。

43. 杜鹃花科 Ericaceae：兴安杜鹃。

44. 报春花科 Primulaceae：北点地梅、黄莲花、红花粉叶报春、箭报春、段报春、假报春、七瓣莲。

45. 白花丹科 Plumbaginaceae：二色补血草。

46. 龙胆科 Gentianaceae：大叶龙胆、三花龙胆、达乌里龙胆、条叶龙胆、扁蕾、花锚、荇菜、睡菜、瘤毛獐牙菜。

47. 萝藦科 Asclepiadaceae：徐长卿、地梢瓜。

48. 旋花科 Convolvulaceae：打碗花、田旋花、菟丝子、大菟丝子。

49. 花荵科 Polemoniaceae：花荵、中华花荵。

50. 紫草科 Boraginaceae：钝背草、鹤虱、反折假鹤虱、灰白齿缘草、东北齿缘草、勿忘草、湿地勿忘草、草原勿忘草、滨紫草、附地菜。

51. 唇形科 Labiatae：水棘针、青兰、香薷、鼬瓣花、野芝麻、灰白益母草、细叶益母草、兴安益母草、兴安薄荷、东北薄荷、蒙古糙苏、多裂叶荆芥、狭叶黄芩、并头黄芩、塔头黄芩、毛水苏、华水苏、百里香。

52. 茄科 Solanaceae：天仙子、曼陀罗。

53. 玄参科 Scrophulariaceae：小米草、东北小米草、水芒草、柳穿鱼、弹刀子菜、疗齿草、大花马先蒿、拉布拉多马先蒿、沼生马先蒿、返顾马先蒿、红色马先蒿、旌节马先蒿、穗花马先蒿、红纹马先蒿、毛尾婆婆纳、大婆婆纳、北水苦荬、长尾婆婆纳、草本威灵仙。

54. 列当科 Orobanchaceae：黄花列当、列当。

55. 狸藻科 Lentibulariaceae：狸藻。

56. 车前科 Plantaginaceae：车前、平车前、盐生车前。

57. 茜草科 Rubiaceae：三瓣猪殃殃、北方拉拉藤、蓬子菜、茜草。

58. 忍冬科 Caprifoliaceae：蓝锭果忍冬、黄花忍冬、小叶忍冬、毛接骨木。

59. 败酱科 Valerianaceae：败酱、毛节缬草。

60. 川续断科 Dipsacaceae：华北蓝盆花。

61. 桔梗科 Campanulaceae：展枝沙参、长白沙参、狭叶沙参、多歧沙参、长柱沙参、轮叶沙参、锯齿沙参、聚花风铃草、紫斑风铃草、桔梗。

62. 菊科 Compsitae：啮叶蓍、蓍、亚洲蓍、短瓣蓍、猫儿菊、艾蒿、黄花蒿、狭叶青蒿、柳叶蒿、宽叶蒿、蒙古蒿、野艾蒿、黄蒿、水蒿、宽叶山蒿、蒌蒿、大籽蒿、绢毛蒿、白莲蒿、裂叶蒿、高山紫菀、圆苞紫菀、紫菀、小花鬼针草、狼耙草、耳叶蟹甲草、山尖子、飞廉、莲座蓟、大刺儿菜、绒背蓟、还羊草、东风菜、紫花叶菊、蓝刺头、褐毛蓝刺头、飞蓬、线叶菊、兴安乳菀、湿生鼠麹草、阿尔泰狗哇花、伞花山柳菊、柳叶旋覆花、裂叶马兰、北山莴苣、大丁草、蹄叶橐吾、祁州漏芦、密花风毛菊、小花风毛菊、美花风毛菊、柳叶风毛菊、笔管草、狭叶鸦葱、麻花头、伪泥胡菜、兴安千里光、红轮千里光、林荫千里光、瑚珀千里光、河滨千里光、欧洲千里光、兴安一枝黄花、苣卖菜、山牛蒡、芥叶蒲公英、菊蒿、女菀、苍耳、蒲公英。

63. 香蒲科 Typhaceae：达香蒲。

64. 黑三棱科 Sparganiaceae：小黑三棱。

65. 眼子菜科 Potamogetonaceae：线叶眼子菜。

66. 水麦冬科 Juncaginaceae：海韭菜、水麦冬。

67. 泽泻科 Alismatace：浮叶慈菇。

68. 禾本科 Gramineae：毛颖芨芨草、光颖芨芨草、华北剪股颖、巨序剪股颖、蒙古剪股颖、西伯利亚剪股颖、芒剪股颖、看麦娘、苇状看麦娘、短穗看麦娘、羊草、菵草、缘毛雀麦、无芒雀麦、宽穗雀麦、拂子茅、大叶章、小叶章、忽略野青茅、兴安野青茅、发草、野稗、肥穗滨草、披碱草、老芒草、堰麦草、达乌里羊茅、紫羊茅、假鼠妇草、大穗异燕麦、异燕麦、野黑麦、银穗草、大臭草、隔草、芦苇、细叶早熟禾、早熟禾、渐狭早熟禾、额尔古纳早熟禾、林地早熟禾、西伯利亚早熟禾、散穗早熟禾、硬质早熟禾、鹤蒲碱茅、星星草、直穗鹅观草、缘毛鹅观草、狗尾草、大油芒、贝加尔针茅、大针茅、西伯利亚三毛草、水茅。

69. 莎草科 Cyperaceae：紫鳞苔草、灰脉苔草、额尔古纳苔草、莎状苔草、丛苔草、扁囊苔草、葡枝苔草、弯囊苔草、野笠苔草、黑水苔草、寸草苔、红穗苔草、球穗苔草、碌囊苔草、湿苔草、软苔草、尖嘴苔草、二柱苔草、间穗苔草、疣囊苔草、日荫菅、大穗苔草、膨囊苔草、细毛苔草、凸脉苔草、截觜苔草、直穗苔草、乌拉草、牛毛毡、中间型荸荠、乳头基荸荠、羊胡子草、红毛羊胡子草、白毛羊胡子草、东方藨草、扁杆藨草、水葱。

70. 天南星科 Araceae：菖蒲。

71. 浮萍科 Lemnaceae：浮萍、品藻。

72. 灯心草科 Juncaceae:细灯心草、乳头灯心草、尖被灯心草。

73. 百合科 Liliaceae:矮葱、砂葱、硬皮葱、野韭、山葱、辉葱、细叶葱、北葱、兴安天门冬、轮叶贝母、少花顶冰花、黄花菜、野百合、毛百合、细叶百合、小玉竹、玉竹、藜芦。

74. 薯蓣科 Dioscoreaceae:穿龙薯蓣。

75. 鸢尾科 Iridaceae:射干鸢尾、紫花鸢尾、溪荪、北陵鸢尾、囊花鸢尾、单花鸢尾。

76. 兰科 Orchidaceae:角盆兰、宽叶红门兰、绶草。

根据锡林浩特市境内白音锡勒牧场植被与草场资源调查统计,本市共有野生种子植物 624 种,分属于 79 科,277 属。种数最多的是菊科,共 94 种,占总数的 15.1%;禾本科次之,共 78 种,占 12.5%;再次为豆科 50 种,占 8%。

有毒有害植物:境内有毒有害植物 10 余种,零星分布在河滩或丘岭阴坡及谷地。

纤维植物:共 50 种,分属于 17 科 31 属,如芨芨草、芦苇茎秆、白桦木等。

淀粉及糖类植物;共 26 种,分属于 14 科 24 属。主要有黄精、刺玫果、鹅绒萎菱菜等。

油料植物:共 41 种,分属于 16 科 32 属。主要有虎榛子、大籽蒿、山杏等。

鞣料植物:共 27 种,分属于 10 科 19 属。主要有小红柳、叉分蓼、展枝唐松草等。

药用植物:73 种,分属于 32 科 64 属。主要有蒙古黄芪、麻黄、甘草、柴胡、远志、防风、黄芩、茵陈蒿、祁州漏芦、知母、猪毛菜、黄精、狼毒等。

食用菌:主要有白蘑、黑蘑、黄盖子蘑。著名的“口蘑”(白蘑)就产在灰腾梁一带。

食用野生植物有黄花、蒙古葱、山韭菜,尤其是山韭菜花和细叶葱营养价值高。

在上述 624 种植物中,每种植物均有一定的经济意义,且植物群落类型多样,种类丰富,物种多样性高,主要分布在国家级自然保护区白音锡勒牧场和自治区级自然保护区白银库伦牧场境内,是祖国宝贵的天然植物资源的一部分。饲用植物是本市最主要的植物资源,它组成广阔的天然草场,成为当地畜牧业经营中的主要物质基础。大部分植物均为牲畜所食用,但数量较多、质量较好的牧草共约 110 种。

第四章　造林绿化

第一节　人工造林

锡林浩特市是个少林地区，境内有少量天然林，主要分布在浑善达克沙地，树木大部分以疏林地状况或散生状况生长。这些林木虽然构不成有林地，生长低矮弯曲，但是对保护沙地防止土地沙化，阻止沙丘流动，抵御各种自然灾害起到重要作用。浑善达克沙地的树种主要是榆树，灌木主要有柳树、沙蒿、杨柴、野刺梅、锦鸡儿等。各次生林带的主要树种是白桦、山杨、蒙古栎、云杉、榆树、山丁子等，灌木主要有柳树、虎榛子、胡枝子、野刺梅、杜鹃等。新中国成立后，很长一段时间，草原上人口稀少，经济、文化、交通都比较落后，没有条件发展林业。

人工造林自建国后的20世纪60年代后才有起步，20世纪60年代初，锡林浩特先后组建苗圃、林场，并配备有机械化设备，年造林面积开始加大，速度加快，本地区开始有人工造林面积的积累。1963年，锡林浩特苗圃参加全盟组织的采种大会战，采集大量榆树种籽，并进行人工抚育。此后，锡林浩特苗圃在林业专家和科技人员指导帮助下，开展适地适树、育苗技术、现有林经营方法等课题的研究，搞引种试验，对一些速生丰产树种开始引种培育，取得一定的成绩。后来因“文化大革命”，生产停滞，课题成果废弃。据资料记载1949—1977年人工林面积总计为0.39万亩，树种也单一，主要以杨树、榆树为主。从1978年开始，上级业务部门开始下达造林任务，当时下达的造林任务很小，主要选择在各国营农牧场、社队（苏木、嘎查）完成。在此过程中锡林浩特市充分学习和借鉴镶黄旗结合草原基本建设，创造出“林、草、水、料”四结合的小草库伦造林经验。在镶黄旗召开的全区第一次造林现场会上提出，以后的牧区造林要从分散小片造林，逐步向有规划、有重点的草、水、树、料结合的方向发展，以林育草，以林促畜，造林治沙，扩大草场，以营造基本草牧场防护林、饲料林为主。同时推广“以点带面四结合”的经验，即以先进的点带动全市，在建设规模上大中小结合，在树种选择上乔灌草结合，在提高速度上机械与人工结合，在投入上国家扶持与自力更生相结合。但是，由于本地区的立地条件，人畜破坏，后期管护等因素的制约，到“三北”防护林一期工程结束时（1985年），锡林浩特市人工林保存面积仅为0.66万亩，其中：乔木0.6万亩，灌木0.06万亩。

经过多年的造林实践，从1986年到京津风沙源工程启动前(1999年)人工造林保存面积有较大提高，保存面积增加到2.2万亩。“八五”期间人工造林任务是1.6万亩，“八五”期末共完成1.25万亩，是总任务的80%，林种均为防护林。“八五”期间重点进行锡林浩特市牧防林工程建设，完成造林面积0.8万亩，建护林房14处。

锡林浩特市1986—2016年造林面积统计表

表4-1

造林年度	造林面积(亩)	造林年度	造林面积(亩)
1986	398	2002	12000
1987	537	2003	12000
1988	498	2004	8000
1989	615	2005	10000
1990	230	2006	8000
1991	500	2007	5000
1992	5015	2008	5000
1993	2648	2009	10000
1994	1777	2011	5000
1995	1515	2012	4000
1996	1525	2013	10000
1997	1200	2014	4000
1998	2636	2015	5000
1999	3234	2016	3000
2001	2000	合计	125328

注：锡林浩特市林业水利局统计

“八五”和“九五”期间，由于气候和人为因素的影响，草场退化、沙化非常严重。据有关数据统计，锡林浩特市1985年退化、沙化草场面积467.42万亩，1990年退化、沙化草场面积1105.5万亩，2000年退化、沙化草场面积达1310万亩，占本市草场总面积的58%，平均每年以56万亩的速度退化，特别是城周边地区，沙化程度更加严重，严重沙化面积已达60万亩。2000年京津风沙源治理工程紧急启动，国家加大生态建设的投资力度。本市林业系统进一步深化改革，完善林业政策，注重科技，加强管理，把人工造林和沙源治理工程任务列入领导干部实绩考核目标，明确具体责任，落实建设任务。2001年下半年，面对草原生态急剧恶化的严峻形势，在广泛开展“灾后反思”和深入调查研究的基础上，中共锡林郭勒盟委、行政公署制定《关于实施围封转移战略的决定》，根据不同区域的生态状况，将全盟规划为“四区、四带、十二基点”(在第十七章第二节详尽记述)，分别采取不同的措施进行保护和治理。锡林浩特市委、政府按照中共锡林郭勒盟委、行政公署要求制定自己的总体规划和实施办法，通过9年时间的科学治理和严格的保护措施，锡林浩特地区基本上实现生态环境、生产条件和人民生活明显改善，畜牧业生产经营方式明显转变，经济结构明显优化，产业化、工业化、城镇化水平明显提高，地区经济实力和竞争力明显增强。

从2000年至2016年，通过“飞、封、造”及退耕还林等集中连片综合治理，使流动半流动沙丘被固定，植物种类增多，覆盖度增加，取得了明显的治理效果。本市累计完成林业生态建设任务126.71万亩，其中：飞播造林6万亩，封沙育林103.01万亩，人工造林10万亩，退耕还林8.9万亩，林业生态建设成效显著。

1981年12月13日第五届全国人民代表大会第四次会议通过《关于开展全民义务植树运动的决议》，全民义务植树运动在全国各地轰轰烈烈开展起来。1982年到1989年由于锡林浩特市没有设置绿化委员会机构，锡林浩特市农林水利局每年组织部分干部职工和学生到城郊参加义务植树活动，到1990年成立锡林浩特市绿化委员会，下设办公室，办公室设在锡林浩特市农林水利局，绿化委员会办公室主任由农林水利局局长兼任。绿化委员会每年以绿化委员会文件下达全地区义务植树活动任务分配方案，同时在造林前期，召开全地区造林绿化动员大会，总结以前造林绿化工作经验，布置当年造林绿化任务。锡林浩特市全民义务植树活动从1990年开始，当年锡林浩特市绿化委员会办公室组织全地区适龄公民在城郊西万米渠，开展全民义务植树活动。当时锡林浩特市绿化办组织人员划分地块，部分学校学生参加植树。1992年在城周边结合城防林工程建设，开展全民义务植树活动，从市郊南向东至北依次建设城防林1号围栏、2号围栏、3号围栏、4号围栏、5号围栏、6号围栏、7号围栏，锡林浩特市绿化办组织锡林浩特市林工站技术人员在城周边统一进行开沟整地，根据各单位适龄公民人数，按每人10株任务划分地段，完成义务植树任务。从1992年到1996年完成城防林建设面积8255亩，其中:1号~7号围栏完成造林面积5281亩。从1991年到1995年建义务植树基地12处，分别是中共锡林郭勒盟委义务植树基地、公署义务植树基地、人大义务植树基地、林业处义务植树基地、城建处义务植树基地、交通处义务植树基地、经贸处义务植树基地、二电厂义务植树基地，中共锡林浩特市委义务植树基地、政府义务植树基地、锡林浩特市农林水利局义务植树基地、锡林河水库义务植树基地。12处义务植树基地5年共完成造林面积2854亩。从开展全民义务植树活动以来，义务植树累计参加人数185.3万人次，实际完成义务植树391.2342万株。从1991年开始，锡林浩特市连续12年荣获内蒙古自治区林业厅义务植树单项奖。义务植树活动在锡林浩特地区也以制度化的形式延续至今。

锡林浩特市在1991年之前，上级业务部门下达的四旁植树任务很小，从1991年开始四旁植树任务在增加，随着城市的扩建，城市绿化也在加强，四旁植树在逐年增加。四旁植树主要在市区街道、庭院内完成。1991—2016年累计完成四旁植树639.0342万株。

锡林浩特市义务植树零星(四旁)植树统计表

表4－2 单位:万株

年度	实际完成株数	零星(四旁)植树
1991	34.20	11.20
1992	12.05	17.4890
1993	10.6850	17.0435
1994	8.0636	17
1995	9.89	17.1
1996	7.6612	17
1997	9.2960	17
1998	8.2275	17.6
1999	19.6020	17
2000	9.1284	17.5
2001	18.9356	17
2002	24.4	17
2003	21.8928	17
2004	8.2146	17
2005	13.0075	18
2006	18.31	18
2007	24	25
2008	14.6944	20
2009	19.6806	20.0317
2010	20.9450	20.47
2011	41.6	22.6
2012	36.75	52

续表

年度	实际完成株数	零星（四旁）植树
2013	58	60
2014	57	54
2015	56	55
2016	35	40
合计	597.2342	639.0342

注：锡林浩特市林业水利局统计

第二节　封山（沙）育林

封山（沙）育林是把分布有疏林、散生母树及稀疏灌丛的荒山、荒沙、荒滩封禁保护起来，借助天然下种和根桩萌芽、萌蘖能力，铺以人工措施，培育成价值和效益较高的林地。这是一种简便易行，用工少、成本低、见效快的发展森林资源的方法。封山育林育草是干旱、半干旱沙区恢复和扩大沙生植被，增加植被覆盖度，改善生态环境、促进沙区经济发展的有效途径，也是目前保护天然植被及其生物多样性的最主要途径。

封山育林依据程度的不同，可将其划分为：全封、半封和轮封。全封是封育初期禁止一切人为活动，如禁止放牧、打草、垦荒、开矿等。封育年限按树木成林时间确定，一般需要5年~7年或更长时间。半封是在封育期间，树木与草类停止生长的秋冬季节，允许封育区居民有计划地进行放牧、打草及其他经营活动，但必须以不破坏主要植被为前提。轮封是把封育区划片分段，有计划地进行轮流封育和轮流开放，最终使整个封育区既能恢复植被又能兼顾群众的生产、生活。

锡林浩特市封山（沙）育林工作，从1995年开始实施，以前没有开展此项工作。1995年在白银库伦牧场九连实施5000亩封山育林项目，封育类型为乔灌型，树种组成为7柳3榆。2000年京津风沙源工程启动，国家加大生态建设资金投入，封山育林工程任务在逐年加大。锡林浩特市委、政府高度重视环境保护和生态建设工作，锡林浩特市林业水利局抽调专业技术人员专门负责此项工程，严格遵循综合治理、保护与治理相结合，保护优先的原则，治理过程中本着先易后难，集中连片的原则，树种选择上以乡土树种为主，适地适树，使树草种能够融合自然系统，形成稳定群落。

施工过程中严格按照作业设计实施，严把各项封育措施的质量关，做到施工有记录，档案管理健全。各封育项目区在封禁的同时还采取补植、补播、人工促进更新、平茬复壮等育林技术措施。封育方式为全封,封禁措施为设置机械围栏。

封山(沙)区补植是在封育地块的裸露空地内或天然灌木分布稀疏的地段,进行人工补植作业。根据封育的目的树种设计补植树种,采取整地造林同步进行。容器苗造林时间为雨季,整地为穴状,一般穴状整地的规格为30厘米×30厘米×30厘米,密度根据地块的原生植被情况而定,每亩补植不低于60穴,要见缝插针。

封育区的补播方式采用穴状直播,穴的规格20厘米×20厘米×20厘米,补播量每亩0.5公斤,种子要拌入鸟鼠驱避剂包衣。在有天然柠条分布区,7月中旬种子成熟落种前对落种区域进行带状松土,松土带宽为50厘米,带间距3米,松土深度为2厘米~4厘米,使种子和土壤紧密接触,有利于天然更新。对封育区内枝条老化或由于牲畜啃食枝条生长不良的小叶锦鸡儿等灌木树种进行平茬复壮,提高林木质量,平茬时间是在树木停止生长的晚秋或树液未流动的早春进行。

从2001年到2012年,锡林浩特市共完成封山育林面积97.51万亩。封育类型为灌草型。

沙源治理工程2001—2016年封山育林统计表

表4-3　　　　单位:万亩

年　度	地　　区	封山育林	合　计
总　计	-	103.01	-
2001	白音锡勒牧场	1	1
2002	白音锡勒牧场	2.5	5.51
	巴彦宝力格苏木	3.01	
2003	白音锡勒牧场	1.5	6
	伊利勒特苏木	3.5	
	大自然	1	
2004	白音锡勒牧场	2.5	5
	白银库伦牧场	1	
	朝克乌拉苏木	1.2	
	锡林河水库	0.3	
2005	白银库伦牧场	1	6
	白音锡勒牧场	1	
	朝克乌拉苏木	1	
	巴彦宝力格苏木	1	
	达布希勒特苏木	1	
	大自然	1	

续表 1

年　度	地　　区	封山育林	合　计
2006	白银库伦牧场	2	6
	白音锡勒牧场	1.5	
	阿尔善宝力格镇	1	
	宝力根苏木	1	
	大自然	0.5	
2007	白银库伦牧场	1	4
	宝力根苏木	2.5	
	白音锡勒牧场	0.5	
2008	宝力根苏木	2	6
	阿尔善宝力格镇	2	
	白银库伦牧场	1	
	白音锡勒牧场	1	
2009	白音锡勒牧场	1	10
	白银库伦牧场	0.4	
	毛登牧场	1	
	阿尔善宝力格镇	0.6	
	朝克乌拉苏木	7	
2010	朝克乌拉苏木	1	9
	阿尔善宝力格镇	1	
	宝力根苏木	1	
	毛登牧场	4.5	
	白音锡勒牧场	1	
	白银库伦牧场	0.5	
2011	朝克乌拉苏木	2.5	8
	阿尔善宝力格镇	1.5	
	宝力根苏木	3	
	白音锡勒牧场	1	

续表 2

年　度	地　　区	封山育林	合　计
2012	宝力根苏木	3.5	11
	朝克乌拉苏木	3.5	
	阿尔善宝力格镇	4	
2012 年追加	朝克乌拉苏木	6	20
	阿尔善宝力格镇	8	
	宝力根苏木	6	
2013	白音锡勒牧场	1.5	1.5
2014	朝克乌拉苏木	2	2
2015	朝克乌拉苏木	1.45	2
	阿尔善宝力格镇	0.55	
2016	朝克乌拉苏木	1.5	1.5

注:锡林浩特市林业水利局统计

第三节　飞播造林

飞播造林就是利用飞机在沙区或沙化地区进行播种的机械化造林方法。即在适宜的沙区,选择适合的植物种,在适宜的季节,利用飞机将所选植物种籽撒播在规划的区域,依靠大气降水,经封禁管护成林成草,增加植被,起到固定流沙的作用。

飞播造林具有速度快、用工少、成本低、效果好的特点,特别是对人口稀少的偏远沙区更为实用。一架飞机,一天可飞播 1 万 ~2 万亩,相当于 4000 个 ~5000 个劳动力的劳动量。按成林面积计算,飞播造林成本仅为人工造林成本的 50% ~60%,并能在短期内成林成草控制流沙。但是,飞播造林受天气影响大、季节性强、涉及部门多、协作性强,仅适宜于大面积沙区。

锡林浩特市首次飞播造林始于京津风沙源治理工程启动之后,由锡林郭勒盟林业工作站组织调拨飞机,锡林浩特市农林水利局组织锡林浩特市林业工作站在当年的 6 月中旬雨季左右实施。2000 年,锡林郭勒盟林业局下达飞播造林任务 3 万亩,在贝力克牧场、白银库伦牧场、白音锡勒牧场各实施 1 万亩。6 月 22 日—27 日历时 6 天圆满完成了飞播任务。飞播的植物种主要有柠条、沙蒿、沙打旺、杨柴。贝力克牧场飞播作业区采取的是人工模拟飞播,面积 1 万亩,植物种柠条、沙蒿、沙打旺。

白音锡勒播区位于场部西南6公里处的嘎顺乌拉分场境内，行政隶属锡林郭勒盟农管局，地形为沙地垄状沙丘，土壤为风沙土，主要植物种有散生榆、沙柳、蒿类，近五年平均降水量为295.8毫米，年平均蒸发量1746.7毫米，年平均气温1.7℃，平均风速3.7米/秒，交通便利，东临303国道，土地权属国有，社会经济情况：牧场总人口11000人，其中劳动力4600人，总土地面积511万亩，牲畜总头数35万头（只）。

白银库伦播区位于场部东南斯格斯台分场境内，行政隶属锡林郭勒盟农管局，地形为沙地垄状沙丘，土壤为风沙土，主要植物种有散生榆、沙柳、蒿类，近五年平均降水量为295.8毫米，年平均蒸发量1746.7毫米，年平均气温1.7℃，生长期110天，净空条件良好，交通条件不便利，土地权属国有，社会经济情况：斯格斯台分场总人口450人，其中劳动力220人，牲畜总数3万头（只）。

贝力克播区位于贝力克牧场境内207国道37公里～39公里处，行政隶属于锡林郭勒盟食品公司，地形以半固定沙丘为主，并伴有少量流动沙丘，交通条件较为便利，植被主要品种有：散生榆树、黄柳、沙蒿、沙竹等，盖度仅为25%左右。播区权属为国有，人口为1076人，劳动力450人，总面积78万亩，牲畜总数7.1万头（只）。

三个播区面积为30588亩，均属浑善达克沙区，水热条件较好，宜播面积为30588亩，树种选择为柠条、沙蒿、沙打旺，配置比例为6∶2∶2，播种量为1.5斤/亩，共柠条14400公斤、沙蒿4800公斤、沙打旺4800公斤。种子质量均达到国家要求标准，各类种子风（筛）选，净种，柠条拌鸟鼠驱避剂处理，播种时间为6月下旬，播幅为50米，航高50米～70米。白音锡勒播区机场新建，机场与播区水平距离10.3公里，每架次载种量1182斤，作业架次13次，飞行作业时间13小时，落种数量506粒/平方米，培育方向为灌丛化草场，播后项目区禁牧五年，机械围栏围封，人工看护。白银库伦播区机场利用蓝旗乌日吐苏木机场，修建后使用，机场与播区水平距离6.2公里，每架次栽种量675公斤，作业架次12次，飞行作业时间12小时，落种数量506粒，培育方向为灌丛化草场，总盖度达到60%以上，播后项目区禁牧五年，机械围栏围封，人工看护。贝力克播区利用机械喷播与人工撒播相结合的方式，对播区进行全面喷播，设计作业方向为由南至北或由北向南，播幅宽40米，播带共计50带，平均带长2公里，每次栽种180公斤，作业次数50次，每次作业面积0.01万亩。喷播质量要求落种均匀，有种面积大于85%。播区培育方向为灌丛化草场，植被盖度达60%以上，播区实行全封5年，制定护林公约，建立护林组织。

2005年在白银库伦牧场实施1万亩。2006年在白银库伦牧场又实施2万亩，飞播的植物种主要是沙蒿、沙打旺、杨柴。2000—2006年本市共飞播造林6万亩。

沙源治理工程飞播造林统计表

表 4 – 4　　单位:万亩

年　度	飞播面积	地　　点	完成面积
2000	3	贝力克牧场	1
		白银库伦牧场	1
		白音锡勒牧场	1
2005	1	白银库伦牧场	1
2006	2	白银库伦牧场	2
总计	6	–	6

注:锡林浩特市林业水利局统计

第五章 林木种苗

第一节 林木种子

锡林浩特市林木种子生产主要经历三个阶段,第一阶段是20世纪60年代按照上级林业主管部门的要求发动群众在现有林中采集种子,就地育苗、就地造林。1956年锡林浩特组建苗圃,1960年和1963年苗圃参与全盟组织的林木采种大会战,并在林业专业技术人员的指导下,对采集种子进行抚育。第二个阶段是20世纪70年代中期以后,本地区开始建立林木良种基地和采种基地,有计划地开展种子生产。1976年在锡林浩特东郊盟种苗站建设白柠条采种基地一处,面积0.12万亩,1982年划归阿巴嘎纳尔旗林业工作站管理。2000年内蒙古自治区林业厅批准锡林浩特市实施天然林保护工程,2002年5月锡林浩特市林业工作站对白柠条采种基地进行改扩建,2003年12月改扩建工程竣工,项目总投资88万元。第三个阶段是"十五"期间以后,林木种子生产经营向着规范化、标准化、良种化方向发展。

2000年,因生态环境急剧恶化,沙尘、强沙尘和沙尘暴频繁发生,国家紧急启动京津风沙源治理工程。由于本地区林木种苗无法满足京津风沙源治理工程建设需求,锡林浩特市林业水利局按照内蒙古自治区京津风沙源治理工程建设规划,2001年在原八里道班内,建设林木种苗及采种基地一处,面积0.1万亩,其中:采种基地面积0.08万亩,育苗地面积0.02万亩。基地内打深机井3眼,架设输变电线路1.5公里,修建道路7.5公里,铺设输水管道1340米,并配套喷灌设备,总投资64万元。采种基地内主要以大白柠条为主,育苗地主要以培育柠条、杨树、榆树等乡土树种为主。种苗采种基地当年建成,由锡林浩特市林业工作站经营管理。种苗采种基地建成后为京津风沙源治理工程提供一部分优质种苗。2005年1月种苗采种基地承包给赤峰市松山区振林林木种苗站经营管理,承包期15年。

2008年11月以前,锡林浩特市林木种苗工作由锡林浩特市林业工作站兼管,2008年12月成立锡林浩特市种苗管理站后,本市种苗工作由种苗管理站负责。

进入"十五"以后,林木种苗生产进入结构调整,推进产业化阶段。该阶段西部大开发战略的实施,京津风沙源治理工程的启动,生态工程任务逐年增加,种子需求大,种子质量的好坏,成为生态工程成败的关键环节。为此,锡林浩特市种苗管理站会同锡林郭勒盟种苗管理站加大执法与质量监督工作，采取多种形式宣传种子法，严格执行林木种子检验规程，确保生态工程用种质量。每年春季，对有造林任务的单位和企业到位的林木种子，及时检验，统一把关，防止不合格林木种子流入本地，保证造林用种质量和安全。

第二节　林木育苗

1959 年 5 月，成立锡林浩特农林科，同时建有国营苗圃，归其领导。1968 年在锡林浩特水库管理所北 2.5 公里，锡林河流域两岸，建设占地面积 1575 亩的阿巴哈纳尔旗国营二苗圃，隶属于阿巴哈纳尔旗农林局。当时造林任务小，育苗树种单一，主要有杨树、榆树和糖槭。1983 年成立锡林浩特市，更名为锡林浩特市国营苗圃，1990 年苗圃搬迁到南郊市门西侧，规划面积 450 亩，建有办公室、库房，打深机井 1 眼，年育苗 150 亩，育苗条件得到改善。2000 年京津风沙源治理工程紧急启动以后，造林任务加大，苗木需求量增大，育苗品种也越来越多，主要育有杨树、榆树、柠条、柽柳及部分花卉树种，供京津风沙源治理工程及各苏木、国营农牧场、城镇绿化造林。2005 年国家启动公益林管护规划，当时此项工作由锡林浩特市林工站负责管理。2008 年 12 月组建锡林浩特市公益林管理站和锡林浩特市种苗管理站，两块牌子，一套人马，同时撤销锡林浩特市国营苗圃，隶属锡林浩特市林业水利局，编制 10 人，人员原苗圃 8 人，从林工站调入 2 人(带编制调入)，其中：站长 1 名，副站长 2 名。至此原苗圃同时承担公益林管理、林木种子种苗生产经营、林木种苗监督管理、林木种苗引进推广应用等职能。

2003 年锡林郭勒盟林研所在林研所院内建中心苗圃一处，该项目是 2003 年锡林浩特市沙源治理工程项目，项目总投资 50 万元。打机电井一眼，井深 138 米，安装节水灌溉喷灌设备，控制面积为 0.015 万亩，建储苗窖一处，面积 382 平方米，土壤改良建设完成 0.04 万亩(增施有机肥羊粪 7363 立方米)。

2004 年在南市门锡林浩特市国营苗圃院内，实施沙源治理种苗苗圃改(扩)建工程，项目总投资 105 万元，其中：国家投资 80 万元，地方配套 25 万元，完成日光温室 2 座，面积 1000 平方米，铺设砂石路 1.2 公里，土壤改良 0.03 万亩，架设输变电线路 0.5 千米，打机电井 2 眼。

2015 年在白音锡勒牧场桃林塔拉分场东 3 公里处，新建标准化林木良种基地一处，建设面积 600 亩，总投资 1600 万元。经过两年的建设，已完成给水管道 4009 米，辅设涂塑软管 654380 米，高低压电缆 2620 米，潜水电泵 6 套、围栏 2871 延长米，高密度围栏 360 延长米，基地管护房 387.5 平方米。目前已完成育苗 0.035 万亩，新育苗

0.015 万亩，树种有沙地榆、云杉、樟子松、沙地柏、榆树、杨树、柳树、果树、花冠木等，所有树种均长势良好。

第三节　主要乡土树种育苗技术

一、主要乔木树种育苗技术

杨树

杨树为杨柳科落叶乔木，学名 PoPululinn。

杨树育苗主要有两种方法，即有性繁殖和无性繁殖。

1. 有性繁殖：也叫种子繁殖，它是通过种子繁殖而培育的实生苗，其根系发育好，生长旺盛，寿命长，树干直，红心病少。结实早，造林后 10 年左右就能结籽。杨树种子一般 5 月下旬 6 月上旬成熟，收集飞落的种子。因种子小，不易贮藏，一般是随采随播。

播前准备：育苗地要求土壤肥沃、土地平坦、灌溉方便、排水良好的沙质土壤或轻壤土。头一年最好在秋天进行深耕，第二年春天浅耕，同时每亩施有机肥 3000 公斤 ~4000公斤。为防止地下病虫害，要进行土壤消毒，每亩用硫酸亚铁 3 公斤 ~5 公斤。在耕过耙平的土地上作床。采用开沟式低床较好。床宽 2 米，长 10 米，中间开深 20 厘米、宽 30 厘米的灌水沟，床四周筑埂，埂高 15 厘米。

播种：将种子与湿沙以 1∶3 混拌均匀，播前灌足底水，待水渗下后，把混沙的种子撒于床面，用细沙土将种子薄薄覆盖，以看不见种子为度。播种量一般为每亩 1 公斤 ~1.5公斤。播后要经常保持床面湿润，一般在一周左右就出全苗。

抚育管理：出苗后因土浅根短，抗性较弱，应勤灌水，以防干死。当长出两对叶以后，减少灌水量，进行“蹲苗”和锄草。灌水要少而勤，早晚最好。真叶长出 7 个 ~8 个时定苗，株间相隔 10 厘米左右。在除草间苗后一般追两次肥，第一次每亩追有机肥 1000 公斤，第二次每亩施硫酸铵 5 公斤 ~10 公斤。为防止幼苗发生杨树叶斑病和锈病，当小苗长出 2 个 ~4 个针叶时，每半个月喷洒 0.5% 的波尔多液，发生病害时，可喷 10% 的硫酸亚铁或石灰硫磺合剂。喷药后要用清水洗净叶面，以防药害。当苗高生长到 25 厘米左右就可出圃，起苗在休眠期进行。培育大苗造林或用于“四旁”植树、街道绿化时，必须换床再培育。

2. 无性繁殖：无性繁殖是杨树繁殖常用的方法，主要有插条、埋条、根插等。

(1)插条：利用茎或枝条的一部分插入或埋入土壤中进行繁殖的方法，分硬枝扦插和嫩枝扦插。硬枝扦插是利用充分木质化的枝条进行扦插，嫩枝扦插是在生长期利用半木质化的枝条进行扦插。

硬枝扦插：插条应在开始落叶到树液流动前的休眠期采集，以 11 月最好，采集的插条放入地窖贮藏或露天挖沟隔沙贮藏。插条要选择 1 年 ~2 年生枝条，直径 1 厘米 ~1.5厘米，插穗长 15 厘米 ~20 厘米，每个插穗上应有三个以上的芽。上切口距芽 1 厘米 ~1.5 厘米，下切口距芽 0.3 厘米 ~0.5 厘米。扦插在早春树木发芽前进行，插条前用清水浸穗 2 ~3 昼夜。扦插深度春插上芽露出地面，秋插插穗与地面平，株行距 10 厘米 ×20 厘米，插后踏实，随即灌水。

嫩枝扦插：采条应在清晨有露天或阴天无风时进行。种条选用幼龄母树上发育健壮的半木质化枝条。穗长 2 个 ~4 个节间，保留 3 个 ~4 个叶片，制穗期间注意用湿润物覆盖嫩枝，以免失水。通常采用低床，随采集、随制穗、随扦插，株行距为 10 厘米左右，插深 2 厘米 ~4 厘米，插后立即灌水，以后每日喷水 2 次 ~3 次，以降温保湿。

(2)埋条育苗：是将不带根的枝条或带根的一年生苗木平埋到土壤表层，促其生根发芽，形成一些新植株，待苗木长到一定高度，再将母条逐一切断，使之成为独立苗木的方法。其优点是埋条上一处生根，所有芽苞都能萌发生长，容易成活，多用于毛白杨、河北杨等。此法沙壤土上运用较好，粘质土不易采用。方法有平埋法、点埋法。

平埋法：采用低床，床宽 1.2 米 ~1.4 米，长 10 米 ~20 米，每床埋两行，行距 50 厘米 ~80 厘米，开沟深 3 厘米 ~4 厘米，将种条一根放入沟内，覆土 2 厘米，踏实灌水，如有种条露出，再覆土。

点埋法：开沟深 2 厘米 ~3 厘米，平放种条后，每隔 40 厘米堆成 10 厘米高的小土丘，土丘处可保持土壤湿润，裸露处提高土壤温度，利于幼芽萌发。待芽出齐后，按一定株距间苗。

(3)根插育苗：在树木休眠期从青、壮年母树周围挖取种根，或利用苗木出圃时修剪下来的残留在圃地中的根段。根穗粗 0.5 厘米 ~3 厘米，长 10 厘米 ~20 厘米，多用低床扦插。由于根穗较软，一般先在床内开沟。将根穗垂直或倾斜埋入土中，株距 20 厘米 ~30 厘米，上面覆土 1 厘米 ~2 厘米，踏实灌水。

白榆

榆科，榆属，学名 UlmusPumilaL. 别名家榆、榆树、铁榆。

白榆以种子(榆钱)繁殖为主。白榆的种子在 5 月中旬到下旬成熟，当翅果由绿色变为黄色时即可采集，一般随采随播，每亩播种量 2.5 公斤 ~4 公斤。育苗方式有两种：

1. 床式育苗：床的规格是宽 2 米，长 10 米，埂高 15 厘米。床面要平，灌足底水，待水渗下后，用开沟器开成行距 20 厘米，播幅 3 厘米 ~4 厘米左右的沟，撒上种子，覆土镇压，4 天 ~5 天就能出全苗。出苗后适时灌水、松土、锄草、间苗。

2. 大田育苗：一般都是旱作，在墒情好的情况下，在已整好的土地上犁沟、撒种、覆土、镇压，4 天 ~5 天就能出全苗。出苗后进行松土、锄草，这种方法多用于弃耕地或沙地。优点是简单易行，成本低，速度快；缺点是株行距不等，生长不整齐。

旱柳

杨柳科，柳属，学名 Salix matsudana Koidz. 别名柳、柳树。

育苗方法有两种，即播种育苗和插条育苗。

1. 播种育苗：旱柳种子成熟一般在5月中旬或下旬，比杨树种子成熟早些。旱柳由于种子小，发芽快，极易失去发芽力，要求的水热条件比杨树种子高，因此，实践中很少用种子繁殖，多以插条育苗为主。但若长期使用无性繁殖，树木就会衰老退化，对自然界抵抗力减弱，缩短寿命，心腐病重，木材利用率低，因此，有条件的地方应尽量采用播种育苗。其方法与杨树播种育苗相似，播种量每亩0.5公斤~1公斤。

2. 插条育苗：旱柳插条育苗与杨树插条相似，所不同的是柳树苗比杨树苗细软，当年出圃较少，一般需两年，因柳树喜湿，与杨树相比，要多灌溉。

糖槭

槭树科，复叶槭属，学名 Acer negundo linn 糖槭，又称复叶槭。

糖槭以种子育苗为主。播前把床面整平，将种子浸泡一昼夜，捞出后即可播种。

播前灌足底水，待水渗透，表土松散时进行播种。在床面开3厘米~4厘米深的播种沟，播幅3厘米~5厘米，将种子均匀地播入沟内，条距25厘米，覆土厚2厘米，覆后稍镇压或踩实，每亩播种量为去翅种子7公斤~8公斤。

糖槭幼苗髓心较大，木质化程度差，易干梢，一年生苗不易出圃。经1年~2年平茬后，苗木生长健壮，干梢现象自然减少，然后再出圃造林。糖槭萌芽力差，因此移植、修剪、病虫危害的伤口不易愈合。其树液含糖量大，易遭虫害，要特别注意病虫害防治，尤其是星天牛危害较大。

山丁子

山丁子，称山定子、山荆子，为蔷薇科苹果属落叶乔木。学名 Malus baccata Borkn.

山丁子以种子繁殖为主，花期5~6月，果实9~10月成熟。种子有生理后熟的特征，在育苗中要特别注意。

1. 种子处理：在前一年冬以冷藏法处理。将种子用温水浸泡一昼夜，捞出后装入麻袋内冻起来，也可以埋在预先挖好的土坑内，还可拌雪贮存。翌年春土壤解冻后即可播种。

2. 播种：方法与其他种子播种相似，撒播、条播均可，覆土厚1厘米左右，播后适时浇水。播种量不要太大，株距在5厘米以上。当幼苗基经粗达0.5厘米以上就可嫁接，太细嫁接效果不佳。

3. 苗期管理：要及时松土、除草、灌溉。灌溉时要防止大水淹灌和中午高温下灌冷水。在土壤偏碱性、管理不善的情况下容易出现黄化病。

山丁子如用做造林或绿化，苗高 2 米以上便可出圃，如用做砧木，需进行嫁接，方法有芽接和枝接。

芽接：主要采用“T”字形芽接。在立秋前后，树皮能够剥离时，在砧木距地面 6 厘米～8厘米迎风平滑处，割一“T”形切口，横竖长均为 1 厘米左右，然后在接穗上削取一盾形芽片，放入丁字口内，芽的上端与砧木横刀要吻合，用塑料条自上而下绑扎，使芽和叶柄露在外面。

枝接(劈接)：适合于直径 2 厘米～4 厘米的砧木。在早春树液流动前，将接穗削成楔形，削面长 2.5 厘米～3 厘米，外侧稍厚，然后将小苗从距地面 8 厘米～10 厘米剪断，用劈接刀从砧木断面中间垂直向下劈开，深度与接穗削面长相仿，迅速将接穗插入砧木劈口中，使二者吻合，用塑料条绑扎，用塑料袋、石蜡、黄泥等密封接口，最后用湿润土堆封。应注意的是，不论采取哪种嫁接方法，必须切口平，砧木和接穗的形成层对好，否则难以成活。培育庭院绿化苗，要大苗为宜，可把培育砧木和绿化用苗结合起来，头两年以生产果树为主，果树苗出圃，剩下的小苗经过抚育形成大苗做绿化用。

油松

油松为松科松属，学名 Pinus tabulaeformis Carr. 别名红皮松、短叶松。

油松主要用种子繁殖，油松种子在 9 月上中旬成熟，当球果由绿色变黄绿色时即可采收，迟则球果开裂种子飞散。

1. 种子处理：油松种子处理的目的主要是防鼠、防鸟危害和病害。防鼠是在播前拌适量磷化锌或其它灭鼠药。防鸟在播种前 1 公斤种子上撒 100 克铅丹粉，充分搅拌后晾干播种。防病害是在播种前用 1% 的高锰酸钾溶液浸泡种子 30 分钟～50 分钟。

2. 播种：以春播最好，播种方法以条播为主，播幅 10 厘米左右，行距 20 厘米左右，覆土 1 厘米～1.5 厘米。每亩播种量 15 公斤左右，催过芽的种子 10 天左右即可发芽出土。采用垄播要仔细做垄，保证出苗齐、快。播种前 2 天向垄沟内灌足底水，然后在垄顶开出 2 厘米深的播种沟，播幅 3 厘米～5 厘米，播后覆土 2 厘米进行填压。

3. 抚育管理：油松播种后不进行灌溉，也不覆盖，幼苗耐干旱，灌水不要太勤，水太多象豆芽菜一样细嫩，抗性弱易受日灼，引起猝倒病。6—7 月可增加灌溉量，油松怕淤、忌涝。幼苗喜密生，间苗不宜太早，6—7 月间间苗为宜，1 米长保留 100 株～200 株较为合适。间苗后及时灌溉或松土，全年松土除草 5 次～6 次，每年追肥 2 次，第一次以氮肥为主，第二次有磷、钾肥。一般 1.5 年～2 年生苗即可出圃造林。如培育街道或庭院绿化用苗，在苗高 20 厘米左右进行移植，早春进行，以穴植为宜，要做到穴大根舒、深埋、踩实，使土壤与根系紧密接触。

4. 容器育苗：在靠近水源的苗圃地挖长 5 米～20 米、宽 0.6 米～1 米、深 10 厘米～15厘米的床槽，床前后留出 0.5 米～0.6 米的小道。容器采用聚乙烯薄膜有底容器，无底塑料容器和聚乙烯硬质容器也可，容器规格高 15 厘米 ~22 厘米，直径 3 厘米 ~5厘米。容器中配好营养土，土壤沙粘适中，同时要加入高锰酸钾溶液进行消毒。把容器垂直整齐排列在床槽，播前将容器内的土壤喷水湿润，然后将消毒、催芽过的种子每容器中播 7 粒 ~10 粒，播后覆土 0.5 厘米 ~1 厘米，下种后灌水，出苗期间保持土壤湿润，为防止立枯病，喷水时加入硫酸亚铁或波尔多液。

樟子松

樟子松，又名蒙古赤松，松科松属，学名 Pinussylvestris Vai. mogolica Litv.

樟子松采用播种育苗，播前必须进行种子催芽处理。催芽方法有雪藏、湿沙埋藏、温水浸种。

雪藏法：秋末冬初，在背阴的地方挖一坑，降雪后将雪收集起来放入坑内。翌年1—2月份将种子与雪以 1∶3 的比例装入木箱，放置坑内雪上，再用雪盖严。为防止早春雪融化，可在雪上盖一层 20 厘米 ~30 厘米的树叶。播前将种子取出，放在温室内融化后，用 0.5% 高锰酸钾溶液消毒 1 小时，捞出后稍干即可播种。无雪之年，可采用碎冰方法埋藏，效果与雪藏无异。

湿沙埋藏法：在播种前 10 天，先将种子用 0.3% ~0.5% 高锰酸钾溶液浸种 2 小时，然后用温水浸泡 1 天 ~2 天，在向阳处挖深 20 厘米 ~25 厘米的浅沟，将浸泡过的种子与湿沙混拌均匀，放入沟内，每天喷温水 1 次 ~2 次，并随即翻动种沙，5 天 ~7 天左右种子裂嘴后即可播种。

湿水浸种法：先将种子用 0.3% ~0.5% 高锰酸钾溶液浸种 2 小时，然后捞出种子放入温水浸泡 1 天 ~2 天，待种子膨胀后播种。

育苗地：要选择地势平坦、土层深厚、排水良好的地方，土壤以微酸性或中性的壤土或沙壤为宜，碱性土育苗不易成功。

播种：一般在 5 月初播种，为防止立枯病及地下害虫，整地施肥的同时每亩要混用 4 公斤硫酸亚铁进行消毒。播种方法常用苗床条播，行距 10 厘米 ~15 厘米，播种沟深 2 厘米，播幅 5 厘米 ~7 厘米，每亩播种量 7.5 公斤左右，覆土厚度 0.5 厘米 ~1 厘米，覆后用脚轻踏镇压。出苗期加强看管，防止鸟害，幼苗生长期要注意防止立枯病，并进行追肥、松土、除草等工作。

留床苗要进行覆土越冬防寒，在结冻前将苗床覆盖，以苗梢全部埋盖为度，翌春解冻后拨去覆土。樟子松一般在苗圃培育 2 年，为促进根系发育，第二年可换床移植培育，换床密度为每平方米 200 株 ~220 株，每亩产苗 7 万 ~8 万株，苗高达到 20 厘米以上即可出圃造林。

华北落叶松

华北落叶松为松科，落叶松属，别名红扦、黄扦，学名 Larix Principis ~ rup — prechtii

Mayr.

落叶松以种子育苗为主,育苗方法与其他松类育苗相似,播种量每亩 12 公斤 ~15 公斤。不同点是比其它松类生长快,管理时间短,不用培养大苗。越冬不用防寒,但必须在地冻前灌一次透水。如果苗圃地土壤肥沃,管理好,当年可生长 20 厘米,即可出圃造林。该树种生长与其他树种不同,春季土壤解冻前就开始萌动,等圃地解冻能起苗时该苗已经放叶,因此落叶松育苗要早出圃,多以秋季出圃假植为宜。

假植方法是在阴凉背风处挖深 50 厘米 ~60 厘米的深沟或大坑,将沟底铲平,把起出的小苗以 100 株 ~200 株为一捆,根朝小立在沟内,上面放土覆盖,浇冻水封顶,第二年土壤解冻时及时取出造林。

云杉

松科,云杉属,别名白松、罗汉松,学名 Picea asperata Masr.

云杉一般用播种育苗,在 4 月中旬播种,过早受晚霜危害,过晚易遭日灼。采用宽幅条播,发挥群体抵抗力,播幅 9 厘米 ~15 厘米,床播行距 20 厘米,每亩播种量 20 公斤左右。云杉育苗方法与其它针叶树种相似,不同的是云杉幼苗生长慢,留床时间长,三年出圃,而且当年生苗不进行间苗,2 年生苗可适当间苗。若培育城市绿化用苗,一般在三年生时进行换床移植。株行距为 30 厘米 ×60 厘米为宜,在 4 月上旬移植最好,移植苗要深埋 2 厘米 ~3 厘米,移植在一个月内保持苗木有充足的水分,中耕、锄草、追肥、浇水要适时进行。

垂柳

杨柳科、柳属,学名 Salix babylincas. 别名水柳、垂杨柳、清明柳、垂枝柳。

垂柳播种育苗与旱柳相同,这里主要介绍插条育苗。

1. 插条育苗:采用大田式带状育苗,以便抚育管理。选择 1 年 ~2 年生、直径 2 厘米的枝条、摘去叶子,秋季入窖沙藏,翌春准备扦插。栽前在阴棚内或荫蔽处剪穗,穗长 20 厘米,切口平滑,每穗至少有 2 个芽,顶芽距切口 1 厘米。如果切后不马上插,应将插穗埋入湿沙中。栽前用清水浸 24 小时,将育苗地灌足底水,定点划线,株距 20 厘米,行距 30 厘米进行品字形扦插,插后浇水。插穗顶端与地取平,或在风沙大的地区,对高出地表的插穗用土埋起来,防止失水,全年中耕除草 3 次。垂柳喜水,应尽量多灌溉,但春灌易降低地温,发苗迟缓,灌水以量多次少为原则。

2. 移植苗的培育:若培育园林绿化观赏树种,要求干形好,发育健壮,根系发达的大苗,一般需要经过移植。移植时间以早春为好,移植密度视移植苗大小,环境条件、抚育措施而定,一般以 30 厘米 ×60 厘米为宜,高 3 米 ~4 米,地经 5 厘米左右。采用穴植法。栽时要剪去顶端与劈裂的根系,同时用清水浸泡,栽前灌穴,植后浇苗。栽后 1 个月内连续浇 4 次水,以后每年中耕 3 次 ~5 次,追肥 1 次 ~2 次,浇水 4 次 ~6 次,同时做好修剪工作。修剪时要掌握夏控侧、轻修剪、重留冠的原则。

山楂

蔷薇科、山楂属，学名 Grata egus pinnafida Bge. 别名山楂果。

1. 种子处理：山楂 5—6 月开花，11 月果熟，立即采集，放在容器中捣成果泥状，用水冲洗，将种子捞出后阴干贮藏。山楂种子的种壳厚而坚硬，胶质较多，有 180 天的休眠期，播前要催芽。先用温水浸种 3 昼夜，捞出后混以湿沙，先在 25℃ ~30℃的温度下保存 7 天，然后放入催芽坑处理。催芽坑设在背风向阳处，深 60 厘米，宽 1 米，长视种量而定，上面封土 30 厘米左右，在坑中央插入谷草一束，以通风。翌春播种前，将沙藏的种子取回温度为 20℃的室内，当种子显露白芽时，即可播种。

2. 播种：在经过前一年秋耕耙磨的土地上作床，采用开心式较好。床宽 2 米，长 10 米，床埂高 15 厘米，4 月下旬—5 月上旬播种，播前灌足底水，采用条播，行距 20 厘米 ~25厘米，播幅 3 厘米 ~5 厘米，沟深 2 厘米 ~3 厘米，覆土厚度 2 厘米 ~2.5 厘米，然后轻轻镇压，每亩用种量 5 公斤左右。

3. 抚育管理：山楂播后一般不进行灌溉，在平均气温 19℃左右时，15 天左右即可出苗。苗木出土后要及时浇水，保持土壤湿润，生长初期，浇水应量少次多，可降低地温，减少日灼。7—8 月为高生长旺盛时期，需水量大，除阴雨外，每隔 5 天 ~6 天浇透水一次，8 月下旬特别干旱，可酌情浇水 1 次 ~2 次，适时除草松土。间苗分两次进行，定苗株距为 8 厘米 ~10 厘米。从 6 月下旬开始，每亩施硫酸铵 5 公斤 ~8 公斤，7 月中旬进行第二次追肥，适当追施磷肥和钾肥。当年生苗木高达 20 厘米 ~35 厘米。2 年生苗木可定向培育观赏树木，也可绿化荒山造林，发展山区多种经营。

4. 移植苗的培育：为道路、城市、园林绿化之用，可对 2 年生苗进行移植，一般在 4 月上、中旬移植较好。株行距为 40 厘米 ×80 厘米，山楂幼苗发育迟缓，3 年 ~4 年后渐转旺盛。在幼龄时除造形修剪外，一般不过度修剪，侧枝只进行轻度稀疏。

二、主要灌木树种育苗技术

枸杞

枸杞，学名 Lycium barbarum L. 为茄科、枸杞属，别名山枸杞、红果。

枸杞多用种子育苗，也可用插条或根蘖繁殖。

1. 育苗地：选在平坦、灌溉方便、土层肥厚，pH 值 8 以下，含盐量不超过 0.3% 的沙壤土地。在播种前一年秋进行深耕，每亩结合施入充分腐熟的有机肥料 3000 公斤 ~4000公斤。

2. 播种时间：需在春季播种，本地区应在 5 月上旬播种。

3. 种子采收与处理：在 6 月下旬—9 月底，当果实变红或橙时即可采收。采回的鲜果要及时摊晒，一直到干燥为止。果干燥后，进行脱把、去杂和包装。播前选良种，经浸泡、揉搓、淘洗，捞出果肉果皮，取出沉淀的种子，晾干备用。

4. 播种方法：采用床式条播，播前灌足底水，待水渗透半干时，用开沟器开沟，沟深1厘米~2厘米，播幅3厘米~5厘米，覆土厚1厘米左右，然后轻轻镇压，沙壤土必须在播后1日~2日内重复镇压以保墒。播后漫水浅灌，每隔1天~2天灌水一次，保持床面湿润，到苗出齐为止。10天左右即可出苗，每亩播种量0.7公斤~1公斤。

5. 抚育管理：出苗后1个月左右采取以灌溉为中心的各项抚育工作，力争苗全苗壮。灌溉以逐渐次少量多，一次灌透为原则，后期停止浇水。松土除草一般全年6次~7次，灌水、降雨后及时进行。枸杞间苗分两次，第一次在苗高5厘米~6厘米的6月中旬进行，株距5厘米~6厘米，第二次在7月上旬进行，株距10厘米~15厘米。结合灌溉进行追肥，6月中旬追速效氮肥1次，每亩8公斤~10公斤，7月中旬再追肥1次，以氮肥为主，适当增加磷、钾肥。当苗高达30厘米左右时，及时修去基部干上的徒长枝，保留苗干于60厘米处剪顶，在剪口处下方30厘米的干上，选留分布均匀的4个~5个侧枝，形成树冠。春播苗当年即可出圃造林。

沙棘

沙棘，学名 Hippophae rhamnoidesLinn. 为胡颓子科、沙棘属，又名醋柳、酸刺、黑刺。

1. 播种育苗：一般在5月上旬，采用低床条播或撒播。因沙棘种子小，皮坚硬，被有腊质，为便于生根发芽，播前须进行种子处理。将种子用45℃~50℃温水浸泡1天~2天，然后捞出混沙催芽，待有20%~30%的种子裂嘴出芽时即可播种。播前要灌足底水湿润苗床，然后开沟，沟深5厘米，宽9厘米，行距20厘米~25厘米，覆土1.5厘米~2厘米，每亩播种量8公斤左右，播后浇水1次~2次。苗木出土20天后间苗，每米播行内可留苗20株左右。定苗后适当浇水、松土，一年即可出圃。

2. 插条育苗：在晚春或秋季进行，从母树上剪取健壮的2年~3年生枝条，截成15厘米左右长，在苗床或陇上每隔15厘米插一根，露出地面两个芽。为防止水分蒸发，可铺上麦秸或草杆。晚春插条时，先将插穗置于水中浸泡4天~5天，再行扦插，成活率可达90%以上。

柽柳

柽柳科，柽柳属，学名 Tamarix chinensis Lour. 又称红柳、红荆条、西湖柳。

1. 播种育苗：柽柳种子在7—9月成熟，一般在8月采种较好。采种方法是将果穗枝条剪下，一束一束摊放在通风处。要随成熟、随采集、随播种，种子不易贮藏。柽柳种子极小，育苗时采用开沟式的低床最好，在长10米、宽2米的床中间开宽、深各20厘米的进水沟，采取小水侧方漫灌的方法进行灌溉。播前进行灌水，待水渗后即趁湿播种。种枝拿在手中抖动，使种子均匀地撒在床面上，然后再撒上薄薄一层细土，种子似露非露即可。24小时幼苗出齐，播后10天经常保持床面湿润。幼苗生长非常缓慢，不进行松土除草，翌年苗木生长加快，做好松土、除草、灌溉等工作，2年生苗木即可出圃造林。

2. 插条育苗：插穗要选1年~2年生的枝条，秋插要随采随插，春插应用细沙将插条埋入窖内贮藏。插穗长20厘米左右为宜，直径1厘米~1.6厘米，上端切成平形，下端切成马耳形。用水浸泡一昼夜后，倾斜插入土中，地表外露1.5厘米左右。行距为15厘米，缺水地区，插穗顶端与地表平，插后要加强抚育管理，1年生苗高达1米左右，可出圃造林。

沙枣

胡颓子科，胡颓子属，学名 Elaeagnus angustifolia Linn. 别名胡颓子、桂香柳、银柳。

1. 种子采集：沙枣一般4年开始结实，种子成熟在10月中、下旬。果实采集后及时晾晒干燥后，放入容器水泡，用水冲洗，净种后晾干贮藏。种子含水率必须降到18%，贮藏5年后发芽率仍在70%左右。

2. 种子处理：沙枣的种子休眠期约为150天，秋季播种可免去催芽处理，春季播种需进行催芽，催芽方法有高温催芽和低温催芽。

高温催芽：在播种前20天进行，将种子放入60℃水内浸泡48小时后捞出，拌马粪后摊开，用草袋覆盖，温度保持在20℃~25℃，保持马粪湿润，当部分种子显露白芽时即可播种。

低温催芽：在播种前1年11月将种子浸入40℃左右的水内，48小时捞出，然后将种子与湿沙混合进行露天埋藏。选土质疏松、排水良好的地方，挖深80厘米，宽100厘米，长因势而定，坑底铺一层细沙，将种子放入坑内埋好，上边堆成土丘。播前10天取出，放在室内进行催芽，当种子裂口吐露白尖时，筛去混沙，即可播种。

3. 播种方法：采用床式条播，在做好的床上灌足底水，用开沟器开沟，深2厘米~3厘米，行距25厘米，播幅3厘米~5厘米，覆土厚2厘米，覆后镇压。也可用大田式带状育苗，带幅4行或6行，行距25厘米，带距30厘米，沟深2厘米~3厘米，覆土厚2厘米，覆后镇压。7天~8天即可出苗，每亩播种量20公斤左右，每亩出苗3万株。

4. 抚育管理：沙枣在出土前一般不进行灌溉，因灌后土壤坚实，苗木出土不够整齐。苗木出土后要适时松土、除草，幼苗15天~20天进行间苗，定苗株距以5厘米~8厘米为宜。在施足基肥（整地时施入每亩2500公斤有机肥）的情况下，一般不用追肥。沙枣播下后，蝼蛄危害严重，在播前用0.25%的敌百虫粉剂1公斤~1.5公斤加细土50公斤，拌匀后撒在苗后床表层，每亩用毒土15公斤~20公斤，沙枣2年生播种苗可出圃造林。

锦鸡儿

碟形花科，锦鸡儿属 Caragana Habr

1. 种子采集：各地种子成熟期不同，要适时采集。当荚果果皮变硬稍干，种子无浆并能分成豆辨，呈现出种子成熟色泽时及时采集，采集后进行调制，一般在6月末至7月初。种子在贮藏条件较好的情况下，保存3年仍有较高的发芽率。

2. 种子处理：播种前将种子用0.5%高锰酸钾溶液淘洗消毒，再用清水洗净。

3. 播种：采用大田式条播或床式条播，大田式条播选在平坦、排水良好、pH值7～8的沙土地，在墒情好情况下，可用耧播或播种器播，行距25厘米，深2厘米～3厘米，覆土1厘米左右，同时镇压。床式条播与一般育苗相同，每亩播种量为8公斤左右。

4. 抚育管理：播前应浇透水，播后在幼苗破土前忌浇水，以防豆瓣腐烂或顶土困难。待长出四个真叶时，浇水一次，之后经常除草、松土，适时浇水。在沙地育苗，由于漏水漏肥，必须做到肥大水勤。锦鸡儿不怕霜冻，春、夏季均可育苗，只要当地地温能保证种子发芽出土即可播种，如果水肥条件充足，沙地苗圃4月底播种，当年秋季即可出圃。夏季育苗在雨季7月上、中旬用当年新种播种，翌年秋季出圃，苗高1.0米左右。枝条根系发达，深而坚韧，在苗圃不易育大苗，苗木过大不仅起苗难度大，而且造林成活率也降低。

5. 起苗、假植：可结合秋季造林，随起苗随造林，也可在秋季11月初起苗假植越冬。在背风向阳、排水良好的地方挖深40厘米～60厘米的沟，一面顺风倾斜，将苗顺沟立2厘米～3厘米厚一层，盖一层土，土苗间层，依次进行，苗可外露1/3，每500株～1000株插一柳干作标记。苗层过厚或成捆假植，苗木容易发霉、烂根，假植沟长视苗木多少而定。在假植的四周，要设置临时性防护设施，以防风蚀和畜群破坏。

榆叶梅

蔷薇科，李属，学名 Pruns triloba lindl. 别名榆梅，为落叶灌木或小乔木。

1. 育苗地：要求中性或微碱性土壤，地势平坦、土壤肥沃、保水保肥、排灌方便的沙质壤土较为适宜。播前要细致整地，结合整地施足基肥，亩施基肥3000公斤～4000公斤。

2. 播种：可采用床作或大田式平作，床的规格为长10米、宽2米、埂高15厘米。大田式育苗可采用4行～6行为一带，行距25厘米，带距为30厘米，带长依据地势而定。榆叶梅4—5月开花，7月果熟，种子休眠期长，一般采用秋播。播种用划行器在床带上开沟点播，行距25厘米，沟深3厘米～5厘米，沟底要平，深浅一致，保证出苗整齐，株距5厘米～8厘米，覆土厚度2厘米～4厘米。播后搂平，及时浇水，每亩播种量25公斤左右。

3. 抚育管理：秋播种子，春季发芽早。出苗前不需要抚育管理，出苗后注意防止霜冻。全年灌水5次～6次，不能感染叶面，全年除草4次～5次，第一次在幼苗长出2片真叶时进行，高生长速生期在6月中旬至7月下旬，在高生长速生期前10天左右追肥2次～3次，第一次追人粪尿每亩1000公斤，第二次追硫酸铵每亩8公斤～10公斤，7月底停止追肥。

4. 移植苗的培育技术：为培育放置观赏树木，对2年生的苗木可进行移植。一般在早春树木萌动前移植，但不可过早，以免遭晚霜危害。移植株距20厘米，行距60厘米，移植时修剪根系和侧枝，以减少水份蒸发。栽时注意不窝根，应轻提苗、重踩实，栽后及时浇水。并注意适时修剪、灌溉、松土、除草、追肥、病虫害防治等。

丁香

丁香为木犀科，丁香属，品种很多，有紫丁香、白丁香等，为落叶灌木或小乔木。

1. 播前整地：在前一年伏天压青、整地、作床，并施入发酵底肥，每亩2500公斤。

2. 种子处理：将成熟种子浸入0.3%高锰酸钾溶液中泡2小时（水温20℃左右），而后捞出用清水冲洗，放在筐内用湿麻袋盖上，置于20℃～40℃的室内催芽，每天翻动二次，清水淘洗一次，5天～6天后种子裂嘴即可用于播种。

3. 播种：一般在5月上、中旬，将种子与细沙混拌均匀，开沟条播，深3厘米，播幅8厘米左右，行距30厘米，每亩用种量12公斤，覆土厚2厘米，覆后用脚轻轻踩实，立即浇水。苗木出全后，结合除草、松土进行间苗，苗间距在3厘米左右，每平方米留60株～80株，适时灌溉，当年秋和翌年春即可出圃。

山樱桃

蔷薇科，山樱桃属，学名 Prunus Tomentosa Thunb. 别名野樱桃、梅桃、山豆子。

1. 播种育苗：在4月中旬播种，播前30天用50℃～60℃热水浸种三昼夜，捞出种子和湿沙按1∶3混合，放在1℃～5℃的条件下，每天翻动一次，临近播种时，将温度逐渐提高，每天翻动2厘米～3厘米，覆后搂平，轻轻镇压，土壤平湿适宜。每亩播种量15公斤，每亩出苗3万株左右。播后15天左右即可出苗，出苗前不宜灌水，在播后根据墒情在1日～2日内重复镇压一次，以利保墒。出苗后要适量浇水，生长旺盛期可加大灌溉量，浇水、间苗、除草、追肥结合进行。山樱桃可一次间苗，幼苗长出3片～4片真叶就可定苗，株距10厘米～15厘米，2年生播种苗即可出圃。

2. 压条育苗：在4月上旬进行，选母树上一年生枝条，在压土部位刻伤表皮，弯倒或直立埋入土中，压后注意经常保持土壤湿润，经过雨季即可生根，秋季落叶以后与母体断开，挖出假植，翌春移植。

第六章　林业重点工程

第一节　“三北”防护林工程

1978 年 11 月 25 日,国务院向西北、华北北部和东北西部有关省、自治区发出通知,要求这些风沙危害及水土流失的重点地区营造防护林体系(简称“三北”防护林),这项工程当年被正式列入国家建设计划。1979 年 1 月,中共内蒙古自治区党委做出《关于动员广大群众积极参加“三北”防护林工程建设的决定》。“三北”防护林体系工程建设地区有新疆、甘肃、青海、宁夏、陕西、山西、内蒙古、河北、北京、辽宁、吉林、黑龙江等 12 个省、自治区、直辖市。建设范围最初包括 396 个县(旗),治理面积为 347 万平方公里。1986 年扩大到 466 个县(旗),治理面积增加到 400 万平方公里。第一期工程起止为 1978—1985 年,第二期工程为 1986—1995 年,第三期工程为 1996—2005 年,第四期工程为 2006—2010 年。内蒙古自治区除大兴安岭林区及其边缘的 7 个旗(市)外,其余 82 个旗县(市)和乌海市均为“三北”防护林建设地区,总面积 1.02 亿公顷,占全区总土地面积的 85.9%。

锡林郭勒盟“三北”防护林工程建设始于 1978,规划设计面积 55.0 万亩,太仆寺旗、镶黄旗为重点旗,锡林浩特市任务很小,一期工程结束时,共完成人工造林 6610 亩(包括林带、林网折算面积)。二期工程开始后,锡林浩特市的造林任务逐年加大,造林面积逐年增加。1986 年完成造林 398 亩,1987 年完成造林 537 亩,1988 年完成造林 498 亩,1989 年完成造林 615 亩,1990 年完成造林 230 亩,1991 年完成造林 500 亩,1992 年完成造林 5015 亩,1993 年完成造林 2648 亩,1994 年完成造林 1777 亩,1995 年完成造林 1515 亩。三期工程建设期间,锡林浩特市的造林任务和完成面积仍然是逐年增加,截止三期工程结束时共完成人工造林 22328 亩(包括育苗、林带、林网折算面积)。

第二节　京津风沙源治理工程

京津风沙源治理工程是环京津生态圈建设的主体工程,主要解决首都周围地区的风沙危害问题。它和“三北”防护林四期工程,共同构成我国“三北”地区沙漠化防治的防线。采取的主要措施是加强现有植被保护,大力封沙封山育林、植树造林,有计划、有步骤地实行退耕还林，恢复沙区、山区植被，建立起乔、灌、草相结合的防风固沙林体系。综合治理“三化”（退化、沙化、盐碱化）草原，实行禁牧舍饲，恢复草原生态及生产功能。搞好水土流失治理，合理开发利用水资源。把工程建设同城市绿化结合起来，同绿色通道工程结合起来，实行城乡绿化一体化，坚持多林种并举，全社会参与，力争用10年的时间，在北京周围建成绿色生态屏障，促进北京及周边地区经济社会的可持续发展。

京津风沙源治理工程建设期10年，即2001—2010年。分两个阶段进行，2001—2005年为第一阶段，2006—2010年为第二阶段。锡林浩特市沙源治理工程共计完成造林面积120.61万亩，其中：飞播造林6万亩、封山育林97.51万亩、人工造林8.1万亩、退耕还林8.9万亩，还有0.1万亩千亩苗圃建设。

一、沙源人工造林工程

锡林浩特市沙源治理人工造林从2001年开始实施，2001年在207国道（旧道）77公里~90公里路东造林0.2万亩，主要树种为柠条、杨树、榆树。从2002—2012年造林地块主要选在城周边种植，完成人工造林面积8.1万亩。当时按作业设计主要树种为杨树、榆树、柠条，到2010年城周边沙源治理工程人工造林进行低产林改造，主要营造的树种为樟子松。

二、退耕还林工程

锡林浩特市京津风沙源治理退耕还林工程从2002年开始启动，按照上级业务主管部门的安排，2002—2005年完成退耕还林工程建设面积8.9万亩，其中退耕地造林2.7万亩，荒山荒地造林6.2万亩。地块分布于白音锡勒牧场、白银库伦牧场、毛登牧场及达布希勒特苏木，共涉及2183户牧民。退耕地造林总计2.7万亩，每年发放资金432万元，共有2183户牧民受益，在一定程度上增加牧民的收入，减轻牧民的负担。

锡林浩特市沙源治理工程退耕还林统计表

表6-1　　　　单位：万亩

年　度	地　　区	退耕还林
总　计	-	8.9
2002	白音锡勒牧场	0.8
	毛登牧场	0.2
	合　计	1
2003	毛登牧场	0.252
	白音锡勒牧场	1.6
	白银库伦牧场	1.4

续表

年　度	地　　区	退耕还林
2003	跃进苏木	0.148
	合　计	3.4
2004	白音锡勒牧场	0.65
	城周边	0.04
	毛登牧场	0.01
	合　计	0.7
2005	白银库伦牧场	0.2
	白音锡勒牧场	0.4
	跃进苏木	0.2
	阿尔善	1.6
	伊利勒特苏木	1.4
	合　计	3.8

注:锡林浩特市林业水利局统计

三、封山育林

锡林浩特市封山(沙)育林工作,从1995年开始实施,以前没有开展此项工作。1995年在白银库伦牧场九连实施5000亩封山育林项目,封育类型为乔灌型,树种组成为7柳3榆。2000年京津风沙源治理工程启动,国家加大生态建设资金投入,封山育林工程任务逐年加大,从2001年到2012年完成封山育林面积97.51万亩。封育类型为灌草型。

四、飞播造林

锡林浩特市飞播造林从京津风沙源治理工程启动开始实施,由锡林郭勒盟林工站组织调拨飞机,锡林浩特市林业水利局组织林工站在每年的6月中旬左右雨季实施。地点在贝力克牧场、白银库伦牧场、白音锡勒牧场。飞播的植物种主要有柠条、沙蒿、沙打旺、杨柴。2000—2006年共完成飞播任务6万亩。

锡林浩特市沙源治理工程飞播造林统计表

表6－2　　　　单位:万亩

年度	飞播任务	地　　点	完成任务
2000	3	贝力克牧场	1
		白银库伦牧场	1
		白音锡勒牧场	1

续表

年度	飞播任务	地　　点	完成任务
2005	1	白银库伦牧场	1
2006	2	白银库伦牧场	2
总计	6	—	6

注：锡林浩特市林业水利局统计

第三节　城市防护林体系工程

锡林浩特市城防林工程的规划和最初的建设意向可追溯到20世纪90年代末期，当时锡林浩特市农林水利局的领导和林业技术人员，针对城周边生态环境的持续恶化和全市造林绿化工作落后的现状，经过长时间的酝酿和调查研究编制完成《锡林浩特市城防林工程建设方案》，经锡林浩特市政府同意后报锡林郭勒盟绿化委员会审议，1999年3月锡林郭勒盟绿化委员会17次会议审议通过《锡林浩特市城防林工程建设方案》，是年，锡林浩特市城防林工程建设启动。

锡林浩特市城防林工程的总体布局是沿市区外围建设一个环形的乔、灌、草绿化带，绿化带经过市门、火葬厂、二电厂、奶牛场、城关苏木、蔬菜农场、万米渠、劳改队、炸药厂、市苗圃，全长32000米，带宽1000米，总面积48000亩。其中：奶牛场占15600亩，城关苏木占26000亩，蔬菜农场占6400亩，土地所有权仍归上述单位，使用权归建设单位。绿化带从外向内依次为200米林带、200草带、200林带、200草带、200林带，林地占五分之三，草地占五分之二。工程分二期用五年时间完成，即1999—2003年完成。

一期工程从1999—2001年，造林16000亩，种草和半人工草地8000亩，形成从外向内200米林带、200米草带、200米林带，米600米宽的绿化任务。二期工程从2002—2003年，造林8000亩，种草或半人工草地8000亩，完成400米宽的绿化任务。同时要对一期工程的建设成果加强抚育管理，使其尽快发挥效益。其余8000亩中已造林的有4000亩，不能造林的4000亩是一些道路和污水泡子。

由于此项工程耗资较大，当时的国民经济尚不发达，按照人民城市人民建的传统，采用党、政、军，各大系统、企事业单位承包地段，适龄市民义务劳动，林业部门提供技术指导和监督检查的方式进行实施。通过调查共选取35个有实力的单位承包建设城防林，承包单位要自筹资金负责安装网围栏，建护林房、平整土地、改良土壤、育苗、购买种苗、草籽、打井、种植、浇灌、抚育管理等一系列工作，按要求建成各自的义务植树和城防林责任区。各承包单位在各自的责任区内，只能植树造林、种草，禁止开荒、种地、办厂、放牧等，林地的使用权归建设单位。技术要求方面，各承包单位要在建设期的第一年完成基础设施建设，建设内容包括用网围栏围封责任区，建护林房、打井、建育苗地，雇用责任区内拥有土地所有权的农牧户进行管护。对立地条件差的地块要提前平整土地、改良土壤，凡是第二年要造林、种草的地块，前一年必须进行整地，整地可根据立地的差异，采用全面整地或局部整地两种方式，第一年必须完成三分之一地块的整地任务。种苗和种籽的选择要根据立地条件的差异，选择抗逆性强、适应性好的乡土树种，灌木选择柠条、枸杞、沙棘、沙枣等，以柠条为主。乔木选择两年生的优质榆树、杨树。种植时要根据立地条件宜乔则乔、宜灌则灌、宜草则草，乔、灌、草相结合。根据规划设计要求，乔木第一年成活率必须达到85%以上，灌木必须达到70%。种苗和种籽各承包单位要自筹资金，提前一年到林业和草原部门订购，草种选择上要选用耐盐碱的披碱草、老芒麦、苜蓿草、沙打旺、冰草、羊草等。平整土地和改良土壤要求对盐碱地进行改良，选择透气性好的土壤和农家肥混合换土后种植。造林林种配置要求乔、灌比为1∶3，进行带状混交，株行距乔木2米×5米，灌木1米×5米。乔木种植前，苗木浸水24小时，树坑40厘米见方，灌底水后栽植。灌木利用缝植法或小坑栽植法进行植苗或雨季播种。种植完成后，要求各承包单位一定要做好浇水、施肥、修枝、管护等一系列后期管理工作。

城防林工程是本地区特定历史条件下实施的一项重要的社会公益事业，各承建单位都成立专门的领导小组，并在各自的承包地块建立标志牌，明确任务、完成期限、责任人等相关内容。锡林浩特市城防林建设指挥部与各承建单位签订责任状，指挥部定期或不定期的组织有关人员对各承建单位任务完成情况进行检查验收，凡是工程质量达不到要求的，一律不予验收。对于领导不重视，影响工程进展质量和管理不善的单位与责任人，给予通报批评和处罚。由于措施得力，责任明确，各承建单位都按要求完成承建任务。

为满足经济社会迅速发展对绿地系统等城乡配套基础设施的要求，提升城市整体品位，有效地隔离铁路和煤矿开发区对城市的污染，提高市民生活水平和生活质量，本着统筹规划，合理布局，因地制宜，因害设防，集中连片，综合治理的原则，采取国家、集体、个人投资、投劳相结合，生物措施与工程措施相结合，防护功能与观赏性相结合。2011年锡林浩特市对原有城防林进行提档、升级、改造，工程总建设面积6.14万亩，总投资8.15亿元，建设期为三年(2011—2013年)。工程面向社会公开招投标，其中2011年投入0.5亿元，完成造林1.1万亩，共有6家企业中标。2012年投入3.65亿元，完成造林4.28万亩，共有17家企业中标。2013年投入4亿元，完成新造林0.76万亩、提档升级0.48万亩，共有27家企业中标。中标企业承包建设期3年~4年，建成期满后交锡林浩特市林业水利局统一管理。

城市防护林体系工程共分为三个部分即国省道绿化、南山森林公园绿化、城市防护林带绿化，整体形成从北至西向南再向东的环城 U 字形生态防护屏障。与市区绿化有机结合形成城市绿网，起到防风降尘、阻隔噪音、改善生态环境、打造宜居城市的效果。

1. 国省道绿化：完成绿化 45 公里，主要出入口道路两侧，东出口 307 省道、303 国道，南出口 207 国道、复线两侧，西出口 101 省道，绿化面积 0.6 万亩。造林配置主要采取点线结合、行植和组团搭配的方式，密植高大树木，点缀种植花灌木，达到针阔混交，季相明显的绿化效果。

2. 南山森林公园：东起 207 国道西至采石场砂石路，北起南二环，南至劳教所，绿化面积 1.5 万亩，规划投资 6 亿元。南山森林公园是城市防护林体系和 30 公里景观带的重要组成部分。工程建设前，由于长期的采石、挖沙取土及过牧活动，造成南山山体支离破碎，满目疮痍，严重影响城市环境质量和对外开放形象。2010 年，在全面清理采挖行为的情况下，由锡林浩特市政府统一规划，将林业重点工程与矿山地质修复治理、节水灌溉等工程以及地方财政资金、义务植树相结合，整合力量，高起点、高标准建设南山森林公园和永久性全民义务植树基地。南山森林公园建设突出近自然和生物多样性原则，采取乔灌混交、针阔混交、高低错落、疏密有秩的近自然配置模式，将生态功能与景观效益相结合。选用适宜本地生长的樟子松、云杉、山桃、糖槭、杨树、榆树、白桦、丁香、山杏等 30 多个树种。下一步南山森林公园将完善配套设施建设，增添雕塑、铺装、游步道、环山骑行道、观景台等设施，建成功能比较完备的森林公园。南山森林公园将成为锡林浩特市的南屏风，中国马都核心区的风景墙。

3. 城市防护林带东起沃源奶牛场万亩基地，向西沿运煤专线至机场，机场向南至南山森林公园，南山森林公园向东至 303 国道收费站，形成“U”字形城市防护林带。已建成周长 40 公里、宽 1 公里 ~3 公里集生态防护功能与景观效益为一体的 10 万亩城市防护林体系，城市建成区绿化覆盖率达到 36.1%。

第七章　森林保护

第一节　森林病虫鼠害

森林病虫鼠害是森林的大敌,俗称无烟的火灾,森林或草原一旦发生病灾、虫灾和鼠害,将会造成全年或多年受灾,如果灾害发生程度严重或将多年建设成果毁于一旦,损失极大。

森林病害是指林木在生长发育过程中,如果外部条件不适宜或遭受有害生物的侵染,会使林木在生理上、组织上或形态上发生一系列不正常变化,使产量降低、质量变劣,减少或失去经济价值甚至引起死亡,这种现象就称为森林病害。森林虫鼠害是害虫和害鼠将林木作为取食对象并对林木生长发育造成严重危害的森林昆虫和鼠类。森林病虫害的防治应以预防为主,使有害生物的危害保持在维持生态相对平衡的水平,不至于造成灾害。一旦生态系统平衡遭到破坏,病虫害大发生,非采取防治措施不可时,也只有将病虫害压低到不造成经济损失的水平即可。对于林木病虫害的任何防治措施,都应从不杀死天敌,不污染环境,对人畜安全,有利于生态平衡出发,尽量做到简便、易行、经济、有效,尽量采取有利于生态平衡的营林技术措施和生物防治措施。

森林病虫鼠害防治是指对森林、林木、林木种苗及木材的病害和虫鼠害的预防和除治。方法有化学防治法、生物防治法、(生态)技术控制法、物理器械防治法、综合防治法。

化学防治是指利用各种农药来预防和直接消灭病虫鼠及其它有害生物的措施。化学防治法简便、效果又快又好,是一种防治突发性、爆发性虫害最有效的方法,但如果使用不当,可能杀死大量天敌,使害虫产生抗药性,并污染环境,造成人畜中毒等不良反应。因此,在防治中尽量少使用或不使用化学农药,必须用药时要合理选择药剂,施药浓度与方法、用药时间,做到科学合理。

生物防治法是利用生物有机体或自然生物产物来防治林木病虫害的方法。森林生态系统中的各种生物都是以食物链的形式相互联系起来的,病虫取食植物,捕食性、寄生性昆虫和昆虫病原物又以害虫为食物或营养,正因为生物之间存在着食物链的关系,森林生态系统具有一定的自然调节能力。生物防治的内容包括天敌昆虫的利用、病原微生物的利用和捕食性鸟类的利用。

(生态)技术控制法就是应用合理的、先进的营林措施来防治森林病虫害的发生。技术控制的方法包括选种、育苗技术中的病虫害防治，造林技术中的病虫害防治，营林中的病虫害防治措施等。

物理器械防治法是利用简单的物理器械和光、电、射线等来防治病虫害的方法。它是一种收效迅速的方法，可以直接把病虫害消灭在大量发生和危害之前，或病虫害已大量发生做为急救措施。物理防治的方法很多，其中生产中对害虫应用较多的有捕杀法、诱杀法、阻隔法、射线法、高温杀虫法、高温蒸气法、焚烧法等。

综合治理是一种对有害生物进行控制的科学体系，即有计划地应用生态学和经济上有效的，并为社会所接受的各种预防性、抑制性或调节性的方法和手段，使包括昆虫在内的各种破坏性因素维持在可以忍受的程度。综合防治原则是从长远出发，符合安全、经济、有效的要求，综合预防为主和长期有效的原则，不杀伤天敌或不破坏有益于天敌的生存条件，不破坏环境，有利于林木生长，增强林木抗病虫能力，可控制病虫不致于造成经济损失。害虫综合治理的内容十分丰富，它是一个多学科的，偏重于生态学的害虫管理方法，它用各种防治方法组合成一个协调的害虫管理体系。从生态系统的角度看，综合治理对生态的破坏性最小，可使森林生物群落保持相对的稳定，创造有利于有益生物的生态条件，保持生物群落成员之间的自然平衡，从而最大限度地减少化学农药的使用，充分发挥生物的潜能，把害虫控制在经济允许水平以下。

锡林浩特市各区域之间自然条件相差很大，主要树种主要病虫害的发生发展规律以及危害程度，根据森林病虫的分布情况，大致可分为两种类型：一是位于锡林浩特市东南白音锡勒、白银库伦牧场的低山丘陵地带的次生林，以山杨、白桦、榆树为主，还有云杉、黄柳、柽柳、金露梅、丛桦、山杏、绣线菊等。主要病虫有青杨天牛、杨柳毒蛾、榆毒蛾、春尺蠖、腐烂病、鼠害等，林内病虫害发生较轻，鼠害在退耕还林及沙源治理项目区发生严重。二是城区周边的城防林和通道工程的防护林，树种以杨树、榆树、云杉、樟子松为主，主要病虫害有青杨天牛、杨柳毒蛾、榆毒蛾、春尺蠖、榆紫叶甲、杨圆蚧、腐烂病、鼠害等。

锡林浩特市森林病虫鼠害发生情况，到 1987 年 4 月锡林浩特市森林病虫害防治检疫站成立以后才开始有记载，此前没有专门机构，也没有文字记载。20 世纪 80 年代末期，锡林浩特市开始进行森林病虫鼠害的防治工作，虽然森林病虫鼠害防治工作开始较晚，但由于盟直森林病虫鼠害防治机构成立较早，又有多年防治工作经验和研究成果，且锡林郭勒盟林业局、森林病虫鼠害防治机构和锡林浩特市林业部门同在一个城市，在上级业务部门的指导和帮助下，锡林浩特市的森林病虫鼠害防治工作起点较高。在锡林浩特市森林病虫害防治检疫站成立最初的几年里，如遇病虫害发生均能按要求进行防治。

“八五”至“九五”期间，锡林浩特市森林病虫鼠害防治工作认真贯彻落实上级业务主管部门工作要求，深化森防改革，健全防治体系，全面实行以四率（发生率、防止率、监测覆盖率、产地检疫率）为主的目标管理责任制，促进森防工作科学化、规范化建设。

锡林浩特市森林有害生物发生与防治统计表

表7-1　　单位：万亩

年度	发生面积	防治面积	备　　注
1991	0.08	0.06	-
1992	0.32	0.32	-
1994	0.22	0.22	-
1996	0.21	0.2	-
1998	0.28	0.29	-
1999	0.28	0.27	-
2000	0.3	0.2	-
2001	0.38	0.38	-
2002	0.4	0.4	-
2003	0.9	1	大部分为森林鼠害
2004	0.45	0.15	-
2005	5.8	5.8	大部分为严重森林鼠害
2006	5.5	5.5	大部分为严重森林鼠害
2007	6.8	6.8	大部分为严重森林鼠害
2008	7.9	5.3	大部分为严重森林鼠害
2009	7.5	4.5	大部分为严重森林鼠害
2010	1.5	1.5	大部分为森林鼠害
2011	8	8	大部分为严重森林鼠害
2012	11	11	大部分为严重森林鼠害
2013	1.5	1.5	大部分为森林鼠害
2014	3	2.5	大部分为严重森林鼠害
2015	0.3	0.3	-
2016	0.3	0.3	-
合计	62.87	56.41	-

注：锡林浩特市林业水利局统计

“十五”期间，锡林浩特市森林病虫鼠害防治工作按照上级要求，实现以成灾率、防治率、监测覆盖率和种苗产地检疫率为主要内容的新“四率”目标管理指标体系，即用“成灾率”代替过去的“发生率”，将过去注重考核灾情本身，调整到注重考核防治效果上来，使防治目标管理更加符合生物灾害的发生、防治规律。在此期间，本市林木病虫害发生呈平衡状态，年发生量较“九五”期间有所增加，个别年份发生面积和虫害种类虽创历史新高，因防治能力能够满足防治需要，所以对林木造成的损失不大。突发性害虫芫菁连续几年均发生5000亩左右，因其突发性和偶发性很强，防治措施不及时便造成一定的损失，主要影响树木的结实量，但因其危害时间短对树木造成的危害不大，防治时针对性较强。“十五”期间鼠害呈逐年上升趋势，年发生面积达3万亩左右，个别年份发生面积高达5.8万亩，这是“十五”时期对林木特别是幼林地、新造林地潜在危害最严重的灾害之一。

2003年根据内蒙古自治区林业厅《关于开展林业有害生物普查的通知》精神及锡林郭勒盟林业局关于开展有害生物普查的要求，从2003年6月—2004年10月，锡林浩特市林业水务局组织有关技术人员，结合锡林浩特市实际情况，组织人力进行实施。从7月下旬开始，对辖区内个苏木、场圃、国营农牧场等林地进行认真细致的调查，对有疫情林地设置标准地，进行详查。根据不同虫种、不同时期发生盛期不同，以及虫态出现的不同，多次往返同一地点进行调查，历时两个月左右顺利完成普查。

普查基本查清锡林浩特市境内林业有害生物发生、分布及危害的基本情况，并做生活史标本2套（杨叶甲）、白杨透翅蛾2套（幼虫无）以及成虫标本数种（包括四种芫、两种金龟、两种叶甲、三种天牛、以及蛾蝶类）。掌握了锡林浩特市地区有害昆虫分布的基础资料。统计调查有害生物面积17.1335万亩，其中轻度发生9.283万亩，中度发生7.85万亩，重度发生0.0005万亩。

“十一五”期间，锡林浩特市森防机构得到加强，增加新职能，设有测报点，完成森防机构的微机联网，实现森防信息数据的网络传输，专业技术人员经培训后持证上岗。对本市境内有害生物进行普查，针对主要病虫鼠害发生、分布、危害情况，制定锡林浩特市有害生物防治预案，防治设备、药械得到充实和更新，无公害防治率得以提高，成灾率得到有效控制，防治和监测能力得到加强。

第二节　森林植物检疫

森林植物检疫是植物检疫工作的一部分，主要任务是保护林业生产的安全和森林生态系统的稳定。根据国家和地方政府颁布的植检法规，由法定的专门机构，对那些在国际和国内各地间流通的、应施检疫的森林植物及其产品，在原产地、流通过程中、到达新的种植或使用地点之后,依据植检法规所采取的一系列旨在防治危险性森林病虫及其他有害生物人为远距离传播和定植的措施。

森林植物检疫是森林病虫害防治工作的第一线,它能将危害性病虫阻截在国门之外、区域之外,消灭在产地之内,是一种防患于未然的重要工作。主要方法是森林植物检疫机构根据国家制定的检疫法规和科学严密的检疫检验、除害处理、封锁扑灭技术措施,对森林植物、林产品及其运载工具在调运前或调运过程中实施产地或调运检疫,对危险性森林虫害进行必要的除害处理或封锁、扑灭措施。

森林植物检疫工作在锡林浩特市开展较晚,1987 年 4 月,锡林浩特市森林病虫害防治检疫站成立,和锡林浩特市林业工作站一套人马,两块牌子。之前上级业务主管部门下达的硬性检疫任务都是由锡林浩特市林业工作站和苗圃来完成的。20 世纪 90 年代,随着社会经济的不断发展,林木种苗和林副产品大量进入锡林浩特地区,为防止林木检疫对象及危险性虫害的传播蔓延,锡林浩特市农林水利局组织锡林浩特市森防站、木材检查站、林业公安组成联合执法小组,在木材及林产品大量调运季节,开展不定期的检疫检查,对本市木材加工点、经销点进行全面的清理整顿,对过往运输木材的车辆进行定点或不定点设卡查验“两证”的工作,并在检查中认真宣传森林植物检疫的有关法律、法规以及开展林木检疫工作的必要性和重要性。

在产地检疫方面,为完成种苗产地检疫率达 90% 以上的目标,锡林浩特市扎扎实实开展种苗产地检疫工作,盟市两级检疫部门每年出动全部专、兼职检疫员,对锡林浩特地区的苗圃进行严格细致的种苗产地检疫,并认真做好检疫记录,确保每年出圃苗木的质量。进入 21 世纪,随着西部大开发战略的实施和京津风沙源治理工程的启动,锡林浩特地区林业建设步伐明显加快。本市森林检疫部门认真贯彻执行《植物检疫条例》,结合森防管理质量年等活动,每年在春季造林前抽调专、兼职检疫员深入到各个苗圃和个体育苗户进行严格细致的种苗产地检疫,严禁带疫苗、伤病苗出圃造林,同时对调运木材及林产品进行不定期的巡回检疫、检查,防止病虫害传播、蔓延。每年产地检疫苗木 200 万 ~400万株,检疫调运苗木 40 万 ~60 万株,检疫调运木材 4000 立方米 ~6000 立方米。

2010 年后,锡林浩特市森林植物检疫工作更加规范化、制度化,根据规定条件,设立专职检疫员,具体负责宣传、贯彻、执行国家自治区的各项检疫法律、法规,组织领导对当地危险性森林病虫和杂草的调查,编制当地的检疫对象分布资料,负责对检疫对象采取封锁、控制、预防和扑灭的措施。制定本市检疫补充规定,提出检疫对象和应施检疫的森林植物、林产品补充名单。在林木种子、苗木及其繁殖基地进行产地检疫,对调运本地区种子、苗木和其他繁殖材料进行复检。办理本地区从国内外引进种子、苗木和其它繁殖材料的审批手续,并监督指导引种单位对所引进的繁殖材料进行消毒处理和隔离试种,对试种情况进行调查、观察、记载并提出处理意见。协助林木种子、苗木及其它繁殖材料生产单位、专业户建立无检疫对象的种苗繁育基地。推广先进检疫技术，总结交流当地检疫工作经验，不断提高检疫水平。

锡林浩特市病虫害鼠害名录

Ⅰ、虫害

一、直翅目 Orthoptera

（一）蝼蛄科 Gryllotalpidae

1. 华北蝼蛄 Gunispina saussur

二、同翅目 Homoptera

（二）蚜虫科 Aphididae

2. 落叶松球蚜 Adelges laricisrall

（三）盾蚧科 Diaspididae

3. 柳蛎盾蚧 Lepidosaphes Salicina Borchs

4. 杨圆蚧 Quadraspidiotus Gigas(ThiemetGerneck)

三、鞘翅 Coleoptera

（四）天牛科 Cerambycidae

5. 青杨天牛 Saperda Populneal

6. 光肩星天牛 Anoplophora Glabripennis motsch

7. 黄斑星天牛 Anoplophora nobilis Ganglbauer

（五）鳃金龟科 Melolonthidae

8. 东北大黑金龟 Holotrichia oblita

9. 黑绒金龟 Maladera orientalis Motschulsky

（六）叩头虫科 Elateridae

10. 沟金针虫 Pleonomus canaliculatus Falddermann

11. 细胸金针虫 Agriotes fusicollis Miwa

（七）叶甲科 Chrysomelidae

12. 榆紫叶甲 Ambrostoma quadriimpressum motsh

（八）小蠹科 Scolytidae

13. 落叶松八齿小蠹 Lps Subelon gatus motsch

四、鳞翅目 Lepidoptera

（九）夜蛾科 Noctuidae

14. 小地老虎 Agrotis Ypsilon

15. 大地老虎 Agrotia tokionis Bulter

(十)枯叶蛾科 Lasiocampidae

16. 落叶松毛虫 Dendrolimus

(十一)毒蛾科 Lymantriidae

17. 杨柳毒蛾 Stilpnotia spp

18. 舞毒蛾 Ocneria dispar l

19. 榆毒蛾 Lvela ochropoda Eversmann

(十二)尺蛾科 Geometridae

20. 春尺蠖 A pocheima Cinerarius Evschoff

(十三)舟蛾科 Notodontidae

21. 杨二尾舟蛾 Cerura menciana Moore

(十四)透翅蛾科 Aegeriidae

22. 白杨透翅蛾 Parathrene tabaniformis Rott

五、膜翅目 Hymenoptera

(十五)小蜥蚪 Chalcididae

23. 柠条种子小峰 Eurytoma neocara - ganae liao

24. 泰加大树蜂 Urocerus gigas taiganus Beson

Ⅱ、病害

落叶松枯梢病 Guignardia laricina(sawada)Yamamoto R. Ito

二针松疱锈病 Cronartium(Alb. etschw.)wint

杨苗灰斑病 coryneum populinumB

杨树烂皮病 Valsa Sordida Nit

杨树白粉病 Phyllactiani Populi

杨冠瘿病 Agrobacterium tumefaciens

杨树褐斑病 Marssonina Populi

Ⅲ、鼠害

一、仓鼠科 Citrcetidae

布氏田鼠 Microtus brandti Radde

草原沙鼠 Meiiones Unguiculataus Milme - Edwauds

草原鼢鼠 Myospalat aspalax pallas

二、沙鼠亚科 Gerbillinae

跳鼠 Dipus saqitta pallas

第三节　自然保护区

自然保护区是保护自然环境和自然资源、拯救濒于灭绝的生物，进行科学研究的重要基地，也是开展自然保护的一项重要措施。建立自然保护区对于促进科学技术、生产建设、文化教育、卫生保健等事业的发展具有及其重要的意义。

锡林浩特市境内共有自然保护区两处，一处是国家级草原自然保护区，另一处是白银库伦自治区级遗鸥自然保护区。

一、国家级草原自然保护区

（一）自然保护区概况

国家级草原自然保护区又称锡林郭勒盟自然保护区，成立于1985年8月，（当时为自治区级自然保护区），是中国第一个草地类自然保护区，1987年9月7日被联合国教科文组织“人与生物圈计划”国际协调理事会接纳为国际生物圈保护区网络成员，1993年7月12日首批加入中国人与生物圈保护区网络，该保护区位于蒙古高原东南部，内蒙古自治区锡林郭勒盟锡林浩特市境内。其空间范围以锡林河流域自然分水岭为界，地理坐标为北纬43°26′～44°34′，东经115°30′～117°12′，面积1078600公顷，主要包括四个牧场（白音锡勒、白银库伦、贝力克、毛登）和锡林浩特市的全部或部分区域。保护区气候具有温带、半干旱大陆性特点，四季分明。年平均气温0.4℃，最冷的1月均温为－22.48℃，最热的7月均温为18.88℃，大于10℃年积温1800℃。年降水量300毫米～400毫米，波动幅度很大，丰水年可达500毫米，干旱年仅166毫米，70%的降水集中于7—9月。年蒸发量1600毫米～1800毫米，为降水量的4倍～5倍，全年太阳辐射值为53423.7焦耳/平方厘米，日照2600小时～2900小时。保护区内的土壤为黑钙土和栗钙土。组成该保护区植物区系的植物种类包括种子植物658种，分属于229属、74科。苔藓74种，分属47属22科。菌类46种，分属13科。地衣29种，分属20属11科。种子植物区系地理成分比较复杂，以组成蒙古草原植被主体的达乌里—蒙古种、蒙古种、亚洲中部种比例最高，合占24.4%。黑海—哈萨克斯坦种和哈萨克斯坦—蒙古种合占5.8%，古地中海种占1.1%，反映欧亚大陆草原植被的统一性。广泛分布欧亚大陆温带地区的古北极种占27.7%，但多为草甸成分和森林成分。泛北极种和世界发布种的主要代表都是一些常见的水生、沼生植物和田间杂草。锡林河流域的上游靠近大兴安岭南部山地和浑善达克沙地，所以为北方山地森林种的渗透提供条件，并成为许多东亚种向蒙古高原分布的西部和北部边界。例如，灌木虎榛子、中国特有种沙地云杉、油松的分布，说明保护区对认识亚洲东部植物区系的渗透关系上是一个关键的地域。保护区的天然植被类型以草原为主体，并有沙地疏林、灌丛、河漫滩草甸、沼泽，形成有规律的结合格局，构成丰富的草场资源，为发展畜牧业创造优越条件。以大针茅、克氏针茅和羊草为建种群的丛生禾草—根茎禾草草原，即典型草原，为保护区境内面积最大的地带性植被类型，主要集中分布在锡林河流域中部高平原。锡林河下游气候干燥度增加，被以克氏针茅、隐子草、冷蒿为优势种的干旱草原替代。而在锡林河上游，海拔升高，气候湿润度升高，则发育着以贝加尔针茅、羊茅、线叶菊为优势种的草甸草原。在锡林河流域构成草甸草原—典型草原—干草原的完整生态系列，为温带亚洲东部草原研究和动态监测提供一个理想的实验场地。在沙地、湿地等特异生境上发育的云杉、山杨、白桦林，多种灌丛、榆树疏林和草甸，沼泽群落，使保护区境内的生物多样性水平显著提高。

保护区境内的野生动物区系反映蒙古高原草原群落的一般特征，同时，也保持着一定的区域特殊性。据调查，本区域有兽类 33 种，隶属 6 目 15 科，其中狼、赤狐、伶鼬、獾、麝鼠、褐家鼠、小家鼠等都是广布种。而五趾跳鼠、三趾跳鼠、长爪沙鼠、达乌尔黄鼠、草兔、黑线仓鼠、黑线毛足鼠、小毛足鼠、布氏田鼠以及黄羊、达乌尔猬、沙狐、兔狲都是常见种类，共同构成区系组成的主要部分。此外，在沙地疏林、灌丛、河漫滩草甸等特异境中，还有东北广泛分布的麝狍、大林姬鼠、莫氏田鼠和华北广泛分布的麝鼹等，反映区域的边缘性和过渡性特征。保护区境内有鸟类 76 种，多为食虫鸟，对维持草原生态系统中生物种群之间的正常生态关系具有重要的作用。保护区境内有蝗虫 33 种，隶属于 4 亚种 24 属。草原自然保护区是我国北方至今基本上保存完整的近原生的草原自然景观的一块绿色宝地，在内蒙古高原具有典型性和代表性，构成我国北方一道天然绿色生态屏障。建立该保护区有利于保护草原丰富的物种基因库资源，充分发挥草原的多种功能，探讨草原演化过程，保存生态基因库和生态系统的完整性和稳定性，监测人类活动对草原生态系统的影响，使草原得到科学、合理、永续利用。在环境保护、现代化建设和地区经济发展等方面有着重要的价值和意义。保护区选择草甸草原、典型草原、沙地疏林草原、河谷湿地等生态系统和景观为重点保护对象。草甸草原植被构成以贝加尔针茅、羊茅、线叶菊为优势种。典型草原以大针茅、克氏针茅和羊草为建种群。沙地疏林草原在沙地生境上发育着沙地云杉、山杨、白桦林，多种灌丛、榆树疏林和沙生植物群落。河谷湿地集中分布在锡林河河源和中、下游地带，中、上游以禾草、杂草类草甸、沼泽和柳灌丛为主，下游则以高大禾草盐化草甸和盐生灌丛为主。

(二)保护区内功能区的划分和建设

根据国家草地类自然保护区的规范要求和国际生物圈保护区的提名标准以及牧民群众的生产实际，划定核心区 5 处(查干敖包草甸草原核心区、巴彦乌拉灰腾锡勒草甸草原核心区、海流特平原典型草原核心区、陶乌音陶勒盖沙地云杉林核心区、阿布都尔图山杨、白桦林核心区)，面积18.5平方公里，占保护区总面积的0.172%，缓冲区面积56平方公里，占保护区总面积的0.52%，其余为实验区，保护区土地权属为国家所有。为实现自然保护和经济持续发展双重目标，保护区按照国际生物圈保护区的模式进行管理。(1)对各种生态系统及其生物多样性实施保护。(2)作为多种生态学科的实验研究、监测及培训基地。(3)为自然保护各种资源的持续协调发展提供科学的示范研究基地。在第一期保护区规划建设中，将四个具有代表性的生态系统及其珍稀、残遗、濒危植物分布地划定为核心区，进行管理建设。(1)查干敖包草甸草原核心区，重点保护低山丘陵草甸草原生态系统，围栏围封5.5平方公里，外围20平方公里为生产实验区。(2)海流特平原典型草原核心区，重点保护典型草原生态系统，围栏围封5.5平方公里，外围20平方公里为生产实验区。(3)陶乌音陶勒盖沙地云杉林核心区，重点保护沙地云杉林，围栏围封1平方公里，外围3平方公里为缓冲地带。(4)阿布都尔山杨、白桦林核心区，重点保护山杨、白桦林和森林草原景观，围栏围封1平方公里，外围3平方公里为缓冲地带。保护区规定在四个核心区内禁止放牧、采集、打猎、定居及其它人类活动，核心区为进行环境观察及生态监测的标准样地，在缓冲区开展草地生态系统监测和基础研究工作。在过渡区广泛开展科学生产示范实验，布置放牧管理实验区、割草实验区、人工草地试验区、退化草地试验区。为实现保护区的多种功能，在保护区的第二期工程建设中，正在建设以下三个项目：(1)草原自然植物园：为保护和研究珍稀、残遗濒危的植物物种，这个植物园位于陶乌音陶勒盖核心区和阿布都尔图核心区之间，面积28平方公里。在自然植物园内，生物群落类型多样，包括森林、疏林、灌木、典型草原、草甸草原及湿地沼泽。已经划定3公顷地块专门用于保护珍稀、残遗濒危的植物，并拟引进同类草原生态区的植物物种进行栽培驯化。(2)草原野生动物园：拟在锡林河中游，玄武岩台地狭谷地带，划定2×7平方公里的范围建设草原野生动物园。在河谷的两岸设立管理站，依据管理生态环境的特征，拟驯养蒙古野马、蒙古野驴、黄羊、狐狸等，使之成为野生动物的研究基地。(3)科研监测中心：位于扎格斯太淖尔和植物园附近，建设植物标本室、展示厅、科研监测实验室及工作人员生活用房，为保护区科研监测工作的顺利进行，提供良好的设施条件。

(三)保护区内的科学研究与教育培训

保护区境内有中国科学院内蒙古草原生态系统定位研究站，是从事温带草原代表性研究的中国生态研究网络的“核心站”，设置有永久性观察样地、生产示范区，常年进行的草原生态系统结构、功能和提高生产力途径的研究。研究项目被联合国教科文组织“人与生物圈”计划命名为“国际示范项目”。在保护区内正在执行中澳“生物多样性保护与利用”的研究计划。保护区还是理想教育培训基地，10余年间，内蒙古大学、内蒙古农牧学院等院校把保护区作为草原生物、生态、自然保护等专业的教育基地，培养大批包括学士、硕士、博士在内的专门人才。为达到有效保护目的,采取的保护管理措施主要有:在各功能区设置标志界牌,核心区全部用围栏围封,雇用当地群众专人维护,使群众提高认识,自觉履行保护义务。

(四)保护区的科学考察与学术交流

保护区的科研工作有着良好的基础,早在国家筹建现代化草原研究中心和组建中科院内蒙古草原生态系统定位研究站时期,许多科研单位的科技工作者和当地技术干部,对该区域的自然地理状况、土地利用、草场资源、畜牧业经营等方面进行综合考察,积累大量珍贵丰富的背景资料。保护区成立之后,不但在各核心内外进行连续的定点、定期草原植被对比监测,1987 年与筑波大学等院校进行保护区土壤、植被等方面的调查,1993 年与澳大利亚 CHARLES STURT 大学进行生物圈保护区管理、野生动物保护和社会生态学等方面的合作研究,而且与中国科学院内蒙古草原生态系统定位研究站、内蒙古大学自然资源研究所签定科研依托协议。为适应保护区科研工作的发展需要,力争得到国内外有关部门和热心于保护事业的人士的资助,不断充实完善科研设施。保护区与来自美国、日本、韩国、加拿大、澳大利亚、新西兰、蒙古、俄罗斯等 10 多个国家的 100 多位专家、学者进行广泛的交流合作。一些国家的大专院校,每年都有部分研究生来保护区考察、学习、研究。前来保护区参观考察的中外专家、学者最感兴趣的是,保护区不仅有典型草原的代表群系—大针茅草原、典型草原向草甸草原过渡的羊草草原,还有克氏针茅草原、线叶菊草原和冷蒿草原,特别是羊草草原是世界上最好的天然牧场和割草场。不仅具有完整的草原环境生态系列,还具有退化、演替的多个系列以及动物种群消长系列。除大面积的天然草原植被外,还包括草原区代表地形及其它常见生态系统,如高原、丘陵、山地、台地、沙地、河谷等。还有山地和沙地森林灌丛、河漫滩沼泽草甸等组成的以草原为主的多样生态系列景观。

(五)保护区管理

科学研究可为自然保护和地方经济发展提供依据,而当地公众的热情支持、积极参与,则是自然保护区事业兴旺发达的根本保证,保护生物多样性必须与当地群众生活水平的发展提高相互协调一致。为使保护区的多功能得到充分发挥,保护区管理处、白音锡勒牧场与中科院草原定位站的科研人员紧密合作在发展与示范方面取得了成效。

生物多样性的保护:在保护区内围栏设置的 5 个重点类型核心区,用以保护和观测草原生态功能的自然演替过程。初步监测结果表明,在严格保护、禁止放牧、禁止割草的围栏核心区内,草原群落的植物物种多样性比中度放牧和中度割草的草场有降低的趋势。这一事实说明,草原植被群落是通过与草原动物群落相互作用协同的自然产物,尤其是一些大型的有蹄类草食动物(如野马、黄羊等),在维持草原生态系统的平衡方面，具有重要的作用。如果没有有蹄类草食动物的参与，保护区就不能发挥保护生物多样性的功能，根据这项研究，已经规划一个野生动物园，将由保护区管理处及牧场共同管理和建设，探讨草地资源利用与保护自然环境的有效途径。

在过渡带依靠群众建立优化草地畜牧业持续发展示范区：自然保护区的功能之一，是在不影响生物多样性保护的同时，帮助当地牧民制定一个合理的草地使用制度，持续利用自然资源，改善生存环境，提高文明水平。根据对放牧和割草体系的研究及经济发展的战略，保护区管理处、中科院定位站和牧场共同在自然保护区过渡带建立两个试点，进行家庭牧场优化管理模式的示范研究。通过进行示范，确认在传统的“半游牧”放牧制度的基础上，配合以围栏割草及饲料种植的草地管理模式容易为当地牧草所接受。为促进这些措施的落实，牧场制定运用经济手段提高牧民积极性的政策。例如，对于那些对草原建设提高资金的牧民免收一到二年的草原税，这项政策有效地促进草地资源的保护和畜牧业经济发展。保护区的功能在不断完善，机构在不断健全。在拥有示范性实体—实验示范牧场、实验林地和经营性实体—接待处的基础上，又建立生态旅游服务中心，在开展旅游活动的同时对社会民众进行环保教育。现已建木结构 112 平方米展览室一座，购进蒙古包 6 顶、活动式厨房等设施，具备日接待游客 100 人的能力。实体收入是保护区的主要经济来源，保护区走的是自给自足的可持续发展之路。

二、白银库伦自治区级遗鸥自然保护区

白银库伦遗鸥自然保护区位于锡林浩特市南部的白银库伦牧场境内，在行政区域上隶属白银库伦牧场管辖。地理坐标北纬 43°13′～43°17′，东经 116°07′～116°20′，东西长 18 公里，南北宽 8 公里，总面积为 10415 公顷，其中：湿地面积 2000 公顷（含明水面）。土地的使用权由政府划拨给遗鸥保护区管理。

白银库伦牧场属国有企业，下设 5 个分场，2 个农业分场，3 个牧业分场，现有居民 807 户，职工 761 人，总人口 2278 人，其中保护区境内现有居民 45 户，168 人，主要是牧场职工和家属，牲畜 11036 头（只），分布于保护区北部草原地区。

保护区由核心区、缓冲区和实验区三部分组成，核心区位于保护区的中心部位，面积 4985 公顷，占总面积的 47.8%，是珍稀的国家 I 级保护鸟类—遗鸥的繁殖地，是保护区的精华所在。缓冲区位于核心区外围，面积 1691 公顷，占保护区总面积的 16.2%，主要功能是为保护核心区起缓冲作用。实验区是缓冲区外围所有剩余部分，面积 3739 公顷，占保护区总面积的 36.0%。保护区内的土地使用权已由政府划拨给遗鸥保护区管理站。

保护区境内有脊椎动物 28 目 62 科 218 种，国家重点保护野生动物 34 种，Ⅰ、Ⅱ级国家重点保护鸟类 31 种，其中约有 18 种被列为世界受严重威胁的物种。国家Ⅰ级重点保护鸟类 7 种（遗鸥、黑鹳、白鹳、丹顶鹤、大鸨、金雕、鸿雁），国家Ⅱ级重点保护鸟类 24 种（黑

鸢、苍鹰、白琵鹭、雀鹰、草原雕、白尾鹞、铜色鹞、灰背隼、红脚隼、黄爪隼、灰鹤、白枕鹤、蓑羽鹤、小鸥、黄嘴白鹭、大天鹅、小天鹅等),国家Ⅱ级重点保护哺乳动物有兔狲、猞猁、黄羊等3种。从各种保护鸟类的数量看,遗鸥种群最为庞大,每年6到9月份,有上千只遗鸥迁徙于此进行繁殖。白银库伦湿地是在内蒙古自治区境内发现的第二处遗鸥繁殖地,也是内蒙古自治区中部重要湿地生态系统类型,是非常具有保护价值的湿地。

保护区植物区系以草原成分为主,还有部分中生草甸成分和一些沼泽植物及水生植物,同时还有疏林—草原分布。保护区境内有维管束植物216种,分别属于52科155属,具有20种以上的大科有菊科24种、禾本科26种,还有蔷薇科、毛茛科、豆科、蓼科等。

白银库伦湿地是干旱半干旱内陆湿地,属构造型湖泊,其区域内湿地类型有明水面、低草湿地、高草湿地、灌丛湿地、阔叶乔木疏林湿地,多种湿地类型构成一个较完整的生态系统。白银库伦湿地虽然是盐碱类型,但自然形成的复合湿地类群和周边典型草原生境、沙地生境构成该区域环境的复杂性,在区域内产生丰富的生物量,为以遗鸥为代表的多种珍稀濒危动物在此栖息繁殖创造条件。

保护区及周边地区道路交通条件较为发达,有207国道、省级公路灰—达公路与自然路形成的道路网,同时保护区及周边地区以被国电网络覆盖,完全能满足保护区的用电需要,程控电话和移动通信网络,可以接通全国各地。

白银库伦遗鸥自然保护区建立于2001年,2004年锡林郭勒盟行政公署批准建立盟(市)级自然保护区,同年,内蒙古自治区人民批准晋升为自治区级自然保护区。白银库伦遗鸥自然保护区成立管理站,管理站工作人员由锡林浩特市林业水利局抽调森林公安民警和牧场职工调配。保护区的管理工作经过几年的运作逐渐完善,日常工作由管理站完成,日常管理工作实行社区共管,自保护区建立以来,从未发生重大乱捕滥猎现象和破坏生态环境案件,野生动植物得到了有效的管理和保护。

自然保护区成立后,立即组织力量,筹措资金100多万元在原有部分围栏的基础上,对实验区进行围封,使保护区的核心部分得到有效保护。在保护区主要路口、周边区域及居民点设立宣传牌,发放宣传单,宣传《中华人民共和国草原法》《中华人民共和国野生动物保护法》《中华人民共和国自然保护区条例》《中华人民共和国草原防火条件》《中华人民共和国猎枪弹具管理办法》《中华人民共和国国际湿地公约》等法律法规。保护区管理人员经常深入到保护区内牧民家里,进行野生动植物保护、生态环境、生态环境破坏后对人类的影响及草原防火重要性的宣传和讲解。管理站成立以来,克服人员少、资金不足等方面的困难,由兼职技术人员多次对保护区湿地进行鸟类迁徙和繁殖观察,并配合自治区林业设计院进行白银库伦湿地的鸟类调查,为自然保护区升级做摸底调查,并在鸟类繁殖季节进行摄像、拍照,获取大量珍贵的资料。锡林浩特市森林公安局民警同兼职管理人员经常对保护区进行巡护，对破坏保护区内野生动植物的行为进行查处，保护区自然环境得到有效保护。

第四节　野生动物保护

一、野生动物种类

野生动物是自然生态系统的重要组成部分，与人类有着密切的关系，为人类的生存和繁衍提供不可缺少的物质条件。野生动物的价值不仅表现在维护自然界的生态平衡上，还表现在促进人类的农林牧副渔生产、医药卫生、科研教育及文化体育等各个方面。对人类的生存和发展来说，保护野生动物具有非常重要的意义。地球上究竟有多少种生物，我们生活的区域到底有多少种，人类目前还不是十分清楚，已经有记载的约141.3万种，其中昆虫约占53.2%，其他动物约占19.9%。人们了解比较多的是鸟类、兽类和温带有花植物，了解比较少的是低等动物和低等植物，这些生物类群每年都有新种被发现，据专家估计全世界生物物种的数量约有500万种以上。

中国是世界上物种多样性最丰富的国家之一，据粗略估计中国的脊椎动物种类有5250多种，其中陆栖脊椎动物种类约有2300多种，占世界的10%，这其中包括500多种兽类，1240多种鸟类，412种爬行类和295种两栖类。中国还有2800多种鱼类，其中淡水鱼类有691种，无脊椎动物种类估计在100万种以上。

人类在远古时期，对野生动物的开发利用基本上是盲目的，那个时期人口数量少，狩猎工具简陋，还不能对野生动物的生存造成任何威胁。人类对野生动物真正形成威胁的时间是在火药被发明之后，随火药而出现的猎枪，使人类的狩猎效率发生根本性的转变。从此，人类便可随心所欲地屠杀野生动物，大量的野生动物被人杀戮，大量的物种被人类杀到灭绝的边缘。据专家保守估计，自火药猎枪发明的1600年以来，地球上的哺乳动物已灭绝83种，鸟类灭绝113种，而且大都发生在最近的150年。17世纪—18世纪，大约每10年灭绝一种鸟类，19世纪—20世纪中叶灭绝速度上升为每2年灭绝一种鸟兽。在20世纪的一百年里，地球上差不多每年就有1种脊椎动物消声灭迹。国际自然和自然资源保护联盟报告指出，地球上现有5205种野生动物正受到灭绝的威胁。

随着人类足迹向地球各个角落渗透，全球生态环境敲响警钟。人类对环境问题的察觉始于18世纪后半叶，经过一个半世纪的思考和争论，人类在19世纪末真正觉醒。面对生态退化、人口膨胀、物种灭绝等一系列问题，人们对过去征服和利用自然的方式提出疑问。进入20世纪80年代以后，人类保护野生动物的呼声日益高涨，并开始采取一系列行动。在长期的实践中人们发现，要想有效地保护野生动物资源，离开法制管理是不行的。因为，法律是人类行为的社会规范，是人们所必须遵守的规则。一方面，它规定人们在开发利用野生动物的各种活动中，哪个该做，哪个不该做；另一方面，它也把人类对自然界的认识、根据国际和国家的意志，用规范化的条文形式来加以确定，并强制人们去执行。法律使人类为地球上野生动物的生存网开一面，为野生动物与人和平相处提供机会和保障。

20 世纪 70 年代—80 年代以来，中国通过法律手段大力加强对野生动物的保护，早在 1950 年通过行政手段发布《关于稀有生物保护办法》、1962 年发布《关于积极保护和合理利用野生动物资源的指示》、《野生动物资源保护条例》(1973)、《自然保护区暂行条例》(1973)、《水产资源繁殖保护条例》(1979)、《中国进出口动植物检疫条例》(1982)、《关于严格保护珍贵稀有野生动物的通令》(1983)、《森林和野生动物类型自然保护区管理办法》(1985)、《关于坚决制止乱捕滥猎和倒卖、走私珍稀野生动物的紧急通知》(1987)等。1979 年，国家首次颁布《中华人民共和国环境保护法》，使环境保护事业上升到法律高度。此后，国家相继颁布《中华人民共和国森林法》《中华人民共和国草原法》《中华人民共和国渔业法》《中华人民共和国野生动物保护法》，并公布“国家重点保护野生动物名录”。围绕国家野生动物保护法，从中央到地方，相继制定 40 余个配套法规和规章，如《国家重点保护野生动物驯养繁殖许可证管理办法》(1991)、《陆生野生动物保护实施条例》(1992)、《水生野生动物保护实施条例》(1993)、《猎枪弹具管理办法》(1993)等。2000 年 8 月，国家林业局颁布“国家保护的有益的或者有重要经济、科学研究价值的陆生野生动物名录”。

国家对珍稀、濒危的野生动物实行重点保护，国家重点保护的野生动物分为一级保护野生动物和二级保护野生动物。1988 年 1 月国家林业部、农业部颁布，同年 12 月经国务院批准实施的《国家重点保护野生动物名录》中包括 256 种，其中一级保护野生动物 95 种，二级保护野生动物 161 种。在 256 种野生动物中包括，兽纲 11 目 23 科 82 种，鸟纲 19 目 33 科 111 种，爬行纲 4 目 10 科 17 种，两栖纲 2 目 3 科 7 种，鱼纲 5 目 9 科 15 种，文昌鱼纲 1 目 1 科 1 种，珊瑚纲 1 目 1 种，腹足纲 1 目 2 科 2 种，瓣鳃纲 2 目 3 种，头足纲 1 目 1 科 1 种，昆虫纲 6 目 9 科 15 种，肠鳃纲 1 目 2 科 2 种。2000 年 8 月 1 日国家林业局分布实施的“国家保护的有益的或者有重要经济、科学研究价值的陆生野生动物名录”中共有 1591 种，其中兽纲 6 目 14 科 88 种，鸟纲 18 目 61 科 707 种，两栖纲 3 目 10 科 291 种，爬行纲 2 目 20 种 395 种，昆虫级 17 目 72 科 120 属另 110 种。

二、锡林浩特市国家重点保护野生动物简介

(一)国家一级保护野生动物

1. **遗鸥** Larus relictus

体长 430 毫米～460 毫米，虹膜黑色，眼周白色，嘴和脚暗红色。夏羽：头部黑褐

色,眼后上、下方有一白色三角斑,上体为珠灰色,腰部和尾羽白色,两翼为珠灰色,初级飞羽带有黑斑。冬羽:头部大部分为白色,眼后、头顶和颈部有黑色斑。遗鸥栖于草原、沙漠和半荒漠的湖泊和沼泽地,杂食性,以小鱼、水生无脊椎动物和草叶为食。

2. **丹顶鹤** Crus japonensis

体长1200毫米~1400毫米,雌雄体色相似,大致为白色。头顶裸出部分鲜红色,额和眼微具黑色羽毛,喉、颊和颈大部分暗褐色。次级和三级飞羽为黑色,并延长弯曲呈弓状,尾羽短,白色,嘴灰绿色,脚灰黑色。丹顶鹤常栖息于开阔草原、农田、湖畔和沼泽地,非繁殖期常以小群或家庭群聚集,白天在水边或草地觅食鱼类、水生昆虫、软体动物、蛙等,夜间则在四周环水的浅滩上休息。繁殖期4—6月,常成对活动,在沼泽地芦苇丛中营巢,每窝产卵2枚。

3. **大鸨** Otis tarda

体长750毫米~1000毫米,雄鸟喉两侧长有很多纤须,颈长,脚长,与鹤类相似。后颈基部大部分为棕栗色,上体大多为棕色,并杂以黑斑和虫蠹状细纹,飞羽黑褐色,羽缘为淡棕色,下体为白色。尾短,尾端呈白色,足具3趾,雌性较小,无须。栖息于开阔草原、半荒漠地带和农田草地,迁徙时集群。以植物性食物为主,也吃各种昆虫、蛙、小鱼等小型动物。

4. **鸿雁** Anser cygnoides

体长90厘米左右,体重2.8公斤~5公斤,嘴黑色,体色浅灰褐色,头顶到后颈暗棕褐色,前颈近白色。远处看起来头顶和后颈黑色,黑白两色分明,反差强烈,是大型水禽。主要栖息于开阔草原、平原草地、湖畔和沼泽地,迁徙时集群,以植物性食物为主,也吃各种昆虫、蛙、小鱼等小型动物。

5. **黑鹳** Ciconia nigra

体长1050毫米~1100毫米,体型高大,嘴、眼周裸出部分和脚、趾为红色。头颈、背部羽毛为黑色,下胸、腹部白色。幼鸟黑褐色,头、颈、上胸有白色斑点,嘴、脚、趾为灰绿色。常单独栖息于开阔的河流、湖泊、沼泽地,在浅水处觅食,主要以鱼类、蛙、甲壳类、昆虫等动物为食。繁殖期4—7月,在河流、湖泊、沼泽等湿地附近的山崖缝、高树、高建筑物、高线杆上营巢,巢材用枯树枝搭就而成,每窝产卵3枚~5枚,卵为白色,有少量浅黄色斑,卵大小为66毫米×49毫米。雌雄鸟共同育雏,约75天后幼鸟离巢,繁殖后期有小群现象,为候鸟,数量稀少。

6. **白鹳** Cicohia boyciana

体长1100毫米~1280毫米,嘴黑色,基部缀有淡紫色或深红色,嘴微向上翘,嘴基较厚,往尖端逐渐变细,眼周裸露皮肤、喉朱红色,脚红色。体羽包括尾在内主要为白色,翅上大覆羽,初级飞羽和次级飞羽是黑色。幼鸟和成鸟相似,但飞羽羽色较淡,呈褐色。白鹳栖息于开阔而偏僻的平原、草地和沼泽地带，特别是有稀疏树木生长的河流、湖泊和沼泽地上，冬季主要栖息在开阔的大型湖泊和沼泽地带。除繁殖期成对活动外，其他季节常成群活动，特别是迁徙季节。主要以鱼为食，也吃蛙、小型啮齿类、蛇、蜥蜴、软体动物、甲壳类、昆虫和少量的植物叶、种子等。

7. **金雕** Aquila chrysaetos

体长800毫米~900毫米，嘴黑褐色，基部沾蓝，趾黄色，爪黑色。头顶羽毛黑褐色，后颈羽棕褐色，后头、后颈羽毛尖金黄色。体羽主要为栗褐色，下体羽黑褐色，飞行时可见翼下有一块白斑，尾羽先端约1/4为黑色。金雕主要生活于山区，常栖息于高山岩石或高大的树木上，可见在灌木丛、山坡地等处捕食，以草兔、鼠、山鸡等为食。营巢在高大的山石或乔木上，巢材常用枯树枝，内铺有细草、羽毛或兽毛等物。

（二）国家二级保护野生动物

1. **黄羊** Procapra gutturosa

体形中等大小，尾短，仅雄性有角，角纤小，先从头顶向后平行向上，再向后弯曲分开，角自基部至中部有若干条横棱脊，灰棕色。四肢细长，蹄夹较小，体长约110厘米，角长约20厘米，肩高约70厘米，尾长10厘米，体重30公斤~40公斤。夏毛色深，呈红棕色，腰部和臀部色浅，腹部、四肢内侧毛色发白，冬毛以棕黄色为主。多栖息于较开阔的草原地带，草食性，集群活动，数量常百余只至数千只。性机警，胆小，善于奔跑，时速可达80公里~90公里。秋冬季发情交配，怀孕期5—6个月，胎产2仔，幼仔1年~2年性成熟，寿命8年~10年。

2. **兔狲** Felis menul

兔狲外形似家猫，但躯体较肥壮。头部宽，吻部短，双耳向两侧平伸且距离远，四肢粗壮，尾粗，末端圆钝。体长48厘米~65厘米，尾长21厘米~30厘米，体重2公斤~3公斤。全身被毛淡红棕色、棕黄色或淡银灰色，毛被致密，两颊有两条细横纹，四肢、躯干有多条不明显的黑色条纹，腹部被毛较长，四肢末端毛色偏栗色，尾部有数条黑色环纹，尾末端黑色。栖息于荒漠、戈壁草原地区，喜独栖，夜性行，多晨昏活动，多以各类啮齿动物和鸟类为食，嗅觉和听觉灵敏，常以山石缝隙为巢。多早春发情交配，怀孕期约2个月，胎产2仔~5仔，幼仔2年~3年性成熟，寿命10年以上。

3. **猞猁** Felis lynx

猞猁头部圆，吻部较短，耳直立，末端生有直立长毛，两颊、腹部被毛较长，四肢较长，尾短。体长90厘米~120厘米，尾长12厘米~24厘米、体重18公斤~32公斤。被毛灰黄色至赤黄色，耳尖毛蔟黑色，腹面和四肢内侧毛黄白色，全身布满模糊的黑点和黑纹，眼周毛色白，尾末端黑色。栖息于森林、裸岩等多种环境，多单独活动，夜性行，会游泳和爬树，以鹿、狍、野兔、鸟类为食，耐饥饿寒冷。每年2—3月发情交配，怀孕期为

70 天，胎产 2 仔 ~4 仔，幼仔 2 年 ~3 年性成熟，寿命 15 年。

4. **白枕鹤** Grus vipio

体长 1000 毫米 ~1300 毫米，嘴长、颈长、腿长。面颊呈赤红色，喙呈灰褐色或肉绿色，头顶后部、枕部、后颈、颏、喉及上颈侧均为纯白色，并呈镰刀状延长，下体羽从喉部以下均呈暗石板灰色，跗蹠、趾为灰褐色或肉红色。栖息于水田、湿地、河流湖泊等环境，以小鱼、虾、蛙类、昆虫和水生植物的根、茎、叶及一些谷类为食。繁殖期在每年的 5—7 月，常成对活动，在芦苇洼地、沼泽浅滩上筑巢，巢由芦苇和三棱草构成，每窝产卵 2 枚。

5. **灰鹤** Grus grus

体长 1100 毫米 ~1200 毫米，雌雄羽毛相似，体羽为灰色，头顶裸露部分呈红色，被稀疏的黑色短羽，两颊、颈侧为灰白色，后颈联合成倒“人”字形。初、次级飞羽呈黑褐色，三级飞羽为灰色，羽端为黑色，并延长弯曲呈弓状，羽枝端部分呈毛发状，脚为灰黑色。栖息于滩涂、湖泊、水边、草滩沼泽等湿地环境，食性很杂，主食水草、草籽、水生动物，也捕食鼠、蛇类和昆虫。繁殖期 4—7 月，营巢于沼泽地草丛中，每窝产卵 2 枚，孵化期 28 天 ~30 天。

6. **蓑羽鹤** Anthropoides virgo

体长 750 毫米 ~950 毫米，喙长，呈黄绿色，虹膜为紫红色，眼先过眼纹为黑色，头顶被羽、耳羽白色，并向后延伸呈披发状。躯干羽毛大多为灰色，飞羽端部为黑灰色。颏、喉、前额及上胸为黑色，上胸部垂有缕蓑羽，跗蹠、趾呈灰色。栖息于沼泽、草甸、苇塘等地，集群活动。以小鱼、虾、蛙、软体动物及植物茎、叶、农作物种籽为食。繁殖期 4—6 月，每窝产卵 1 枚 ~3 枚。

7. **小鸥** Larus minutus

体长 287 毫米 ~310 毫米，小型鸥类，嘴纤细。夏羽，嘴黑色，脚红色，头黑色，上体浅灰，腰为白色，胸部淡灰，下体及尾羽白色，冬羽头部白色有黑斑。飞翔时翼上淡灰色，翼下灰黑色，翼下覆羽内侧及翼后缘淡灰色。栖息于河湖的沼泽地带，以水中有机物和昆虫为食。

8. **猎隼** Falco cherrug

体长 450 毫米 ~550 毫米，嘴黄褐色，跗蹠和趾淡黄褐色，一半被羽，爪黑褐色。头顶褐色沾有专红色斑，上体两翅和尾杂有淡褐色狭细纵纹，胸部、腹部乳黄色，有褐色轴纹。栖息于山区、丘陵、平原、河流、湖泊、沼泽、水库等开阔环境，可以在空中疾速捕捉猎物，以鼠类、野兔、山鸡、野鸭、鸠鸽等动物为食。繁殖期在每年 4—5 月，营巢于岩壁裂缝或洞穴中，用树枝做巢材，每窝产卵 3 枚 ~6 枚，孵化期 30 天，育雏期 45 天。

9. **燕隼** Falco subbuteo

体长280毫米~360毫米，大小如鸽子，翅尖长，为中等体形猛禽，其形似雨燕，故名燕隼。嘴铅蓝色，端部黑色，腊膜黄绿色，虹膜暗褐色，脚黄色，爪黑色。雄成鸟额、眼先乳黄色，头顶黑灰色，具1黄色领斑，颊、耳羽、髭纹黑色。上体暗灰色，尾羽色淡，飞羽黑褐色，颏、眉纹、喉、颈侧白色。下体淡黄色，具黑色纵纹，腿覆羽、肛周、尾下覆羽绣红色。雌成鸟体羽色与雄鸟近似，但体形较大。幼鸟上体灰褐色，肩、背、腰部具绣红色横斑，下体淡黄色，胸、腹、两肋有棕色纵纹。栖息于山地林缘、开阔的草原、农田等环境，常单独或成对活动，飞行疾速，常作短距离滑翔。主要以小鸟、小蜥蜴、昆虫等为食。繁殖期在每年5—7月，常占鹊巢为己用，每窝产卵2枚~4枚，卵白色，布有褐色斑点。雌鸟承担孵化任务，孵化期28天左右，育雏期30天。

10. **红隼** Falco tinnunculus

体长320毫米~390毫米，嘴灰褐色，尖端黑色，基部黄色，腊膜、眼睑黄色，脚黄色，爪黑色，为中等体形猛禽。雄成鸟头顶、颈、颈侧蓝灰色，具黑色羽干纹，眼先、额茎、颊棕白色，耳羽灰色，髭纹黑色。由于肩、背、翅上覆羽砖红色具黑褐色斑点，故名红隼。初级飞羽、外侧次级飞羽褐色，尾灰蓝色，具宽阔的次端斑，尖端羽缘白色。下体、颏、喉部棕白色，胸部具黑褐色羽干纹，腹部、两肋具点斑，覆腿羽棕色，尾下覆羽棕白色。雌成鸟头、背砖红色，尾羽灰棕色，具褐色横斑。飞羽、初级飞羽黑褐色，羽缘沾棕色，髭纹黑色，耳羽灰色。下体棕黄色，胸腹、两肋具暗褐色纵纹，尾下覆羽棕黄色。幼鸟体羽色与雌成鸟相似，但上体砖红和黑褐色较深，飞羽、尾羽羽缘棕黄色。栖息于山地林缘、草原、农田、水域等环境，常单独或成对活动，主要以小鸟、鼠类、昆虫等为食。繁殖期在每年4—6月，营巢于岩隙、洞穴中或侵占鸦、鹊巢为己用，每窝产卵4枚~5枚，卵黄白色，布有棕褐色斑点。雌鸟承担孵化，孵化期30天左右，育雏期30天。

11. **黄爪隼** Falco naumanni

体长290毫米~320毫米，嘴灰蓝色，尖端黑色，腊膜、眼周橙黄色，脚黄色，爪苍白黄色，故名黄爪隼，为中等体形猛禽。虹膜暗褐色，雄成鸟头部灰白色，头顶、颈栗棕色，布以黑色纵纹，后劲羽具端斑，头颈、翅上覆羽铅灰色。尾羽灰色，有黑色横斑，次端斑较宽，羽端黄白色，眼先棕白色，杂有褐色羽干纹，腿覆羽棕黄色。雌成鸟较雄鸟体形小，下体乳黄色，有宽阔纵纹及狭纵斑。栖息于林地、草地、河谷等环境，常单独活动，飞行疾速，敏捷，主要以昆虫为食。繁殖期在每年4—6月，营巢于山地岩壁，每窝产卵4枚~5枚，卵白色或黄白色，孵化期30天左右，育雏期30天。

12. **红脚隼** Flco v vespertinus

体长280毫米~330毫米，嘴黄色，先端黑色，腊膜橙黄色，脚为橘红色，爪淡黄色，故名红脚隼，为中等体形猛禽。虹膜褐色，雄成鸟上体石板黑色，沾棕色，髭纹黑褐色，尾羽、尾上覆羽石板灰色，腋羽、翅下覆羽白色，初级飞羽第一枚内和第二枚外有缺刻。颏、喉灰白色，胸、腹、两肋为灰色，胸部具有黑褐色羽干纹，肛周、尾下覆羽、腿覆羽棕红色。雌成鸟额棕黄羽干纹，肛周、尾下覆羽、腿覆羽棕红色，头、上背、两翅覆羽棕黄色。幼鸟体色与雌鸟相近，但上体为棕色，羽具棕色端斑。，头部灰色，具黑色羽干纹，初级飞羽、腿羽黑褐色，羽缘沾棕白色，下体棕白色，胸腹部有明显纵纹。栖息于山地、平原、沼泽等环境，常黄昏飞行捕食，也见集小群栖于电线、树上。7 月，在树上、岩壁营巢或占鹊巢，每窝产卵 3 枚 ~5 枚，卵为砖色或黄白色，孵化期 25 天左右，育雏期 26 天。

13. **草原雕** Aquila rapax

体长 650 毫米 ~790 毫米，嘴黑色，蜡膜黄色，脚黄色，爪黑色。雄鸟体羽褐色，头顶黑褐色，背部暗褐色，飞羽黑褐色，杂以较暗的横斑。外侧初级飞羽尖端具三角形棕白色斑，尾上覆羽棕白色，下体暗褐色，尾下覆羽淡棕色，杂以褐色斑。雌鸟与雄鸟羽色近似，杂斑显著，大覆羽、次级飞羽具淡棕色羽端，翅上形成两道横斑，下腹、尾下覆羽、覆腿羽淡棕色。主要栖息于草原等环境，常栖止于地面、山崖、树端。在低空翱翔或地面上窥视猎物，多在晨昏捕食，主要以鼠类、鸟类、小兽等为食。繁殖期在每年 4—5 月，营巢于山地岩壁、高大乔木上或灌丛中，巢材用干树枝、干草、兽毛等，每窝产卵 2 枚 ~3 枚，卵灰白色，杂有红褐色，孵化期 45 天左右。

14. **白腹鹞** Circus spilonotus

体长 470 毫米 ~550 毫米，嘴黑色，基部蓝黄色，蜡膜黄绿色，虹膜黄绿色，脚黄色，爪黑色，为中等体形猛禽。雄成鸟上体近黑色，有白色斑点，头顶、后颈黄白色，具栗色羽干纹，眼先、耳羽黑褐色，颏、喉部淡黄色，具栗褐色羽干纹，肩、背、腰间黄褐色，羽缘黄色，具栗褐色羽干纹。中央 1 对尾羽灰色，具棕褐色横斑，下体白色或棕黄色，腿覆羽、尾下覆羽白色，具有稀疏点斑或横斑，尾羽灰褐色，飞行时，翅下覆羽黄褐色。幼鸟羽色与雌成鸟近似，体色较淡，初级飞羽内具有褐色横斑或点斑，下体颏、喉近白色，胸部黄白色，有棕色纵斑。栖息于低山的河流、湖泊、沼泽等环境，常盘旋作低空飞翔，主要以鼠类、鸟类、蛙、蛇、昆虫等为食。繁殖期在每年 4—6 月，营巢于芦苇丛中，巢材为苇杆等，每窝产卵 3 枚 ~5 枚，卵清白色，雌鸟承担孵化任务，孵化期 35 天左右，育雏期 40 天。

15. **大天鹅** Cygnus cygnus

体长 120 厘米 ~160 厘米，翼展 218 厘米 ~243 厘米，体重 8 公斤 ~12 公斤，属大型飞禽。全身羽毛均为白色，雌雄同色，嘴黑色，上嘴基部黄色，此黄斑沿两侧向前延伸至鼻孔，形成喇叭形，虹膜暗褐色，跗跖、蹼、爪为黑色。幼鸟全身灰褐色，头和颈部较暗，下体尾和飞羽较淡，嘴基部粉红色，嘴端黑色。栖息于开阔的水生植物繁茂的浅水水域，湖泊、河流、河滩等环境。除繁殖期外喜成群生活，迁徙时以小家庭为单位，呈“一”

字“人”字“V”字形飞行，它是世界上飞得最高的鸟类之一。主要以水生植物叶、茎、种籽和根茎为食，也吃软体动物、水生昆虫、水生无脊椎动物。繁殖期在每年5—6月，营巢于湖泊、水塘和小岛等水域岸边，巢材为芦苇、三棱草、羽毛等，每窝产卵4枚~5枚，卵为白色或黄灰色，雌鸟承担孵化任务，孵化期35天左右。

16. **狍子** Capreolus pygargus

体长约1.2米，重约30千克，有着细长颈部及大眼睛，大耳朵。无獠牙，后肢略长于前肢，尾短，雄狍有角，雌狍无角，雄性长角只分三个叉。狍身草黄色，尾根下有白毛，尾巴仅2厘米~3厘米，狍爱成对活动，过冬雄狍与二、三只雌狍及幼狍在一起。雄狍角冬天脱落，新角最迟3月开始升长，6、7月长成，此时进入发情期。雄狍用角剥开树皮并留下前额臭腺的分泌物做为自己地盘的标志。狍通常是双胞胎，食草动物。生活于中国东北、西北、华北和内蒙古等地的小山坡稀疏的树林中，经济价值较高。

三、保护措施

锡林浩特市在野生动物保护方面，走过曲折、漫长的历程，有宝贵的经验，但更多的是沉痛的教训。由于认识的偏颇、生产力水平的局限和经济社会发展条件的限制，锡林浩特地区在野生动物保护方面和其它地区一样，从中华人民共和国成立以来一直到20世纪70年代基本上处于无限制状态，只对一些有益的动物，如鹰、鸿雁等从民族习惯上加以保护不予猎杀外，其他大部分不限制猎杀。20世纪60年代至70年代，由于狼害严重，打狼曾经是政治任务和中心工作。当时，各级政府积极发动群众进行定期与经常性的打狼运动，帮助群众备办猎枪、狼夹子等打狼工具，印制宣传册，广泛介绍打狼的经验和方法，并制定打狼奖励办法。内蒙古自治区、中共锡林郭勒盟委下发奖励打狼暂行办法和打狼活动紧急通知，并把打狼工作列入议事日程，这一时期打狼运动开展的轰轰烈烈，每年都能打死很多狼。在打狼的同时，对鼠类、狐狸、野兔也一直作为捕杀对象。对黄羊的捕杀更是肆无忌惮，并一直持续到20世纪80年代中期才有所收敛。

1979年7月，内蒙古自治区印发《关于保护野生动物资源制止乱捕乱猎的通告》。1982年4月，锡林郭勒盟行署转发内蒙古自治区《关于加强鸟类保护的通知》，并确定每年5月1日—7日为锡林郭勒盟爱鸟周，要求加强对鸟类资源的保护，严明奖惩制度。同年5月20日，内蒙古自治区人民政府发布《关于确定百灵鸟为内蒙古自治区区鸟的通告》。1983年，《中华人民共和国森林法》《中华人民共和国草原法》先后颁布实施，1988年11月《中华人民共和国野生动物保护法》正式公布，并于1989年3月施行。同年锡林郭勒盟行署发出《关于禁止猎捕国家重点野生动物的通知》，1990年9月，锡林郭勒盟公安局、农林水利处联合下发《关于认真查处毁林案件和猎捕国家重点保护类野生动物案件的通知》。随后部署核发“狩猎证”“狩猎检查”“狩猎运输证”，开始实行狩猎、销售运输猎物、猎产品许可证等制度。1991年11月，锡林浩特市农林水利局成立林业公安派出所，同时配备林政人员，借着国家和地方各种法律、法规的颁布实施和林业行政执法机构的建立健全，全市森林保护和野生动物保护工作逐步走向法制化轨道。

锡林浩特市林业公安派出所克服人员少，缺少交通工具等困难，针对本地区林木、野生动物多发案件的特点，与林政、木材检查站联合执法，在国道、省道和案件多发区设卡、蹲坑、设立眼线、不定时、不定期巡查等，堵截破获多起非法收购贩卖百灵鸟案件。

1997 年 12 月，锡林浩特市林业公安分局正式列入锡林浩特市公安局业务局序列，对内为农林水利局内设机构，实行公安局、林业局双重领导。

1999 年 12 月，经内蒙古自治区公安厅批准，在林地面积较大、林木集中的白音锡勒牧场组建锡林浩特市林业公安白音锡勒派出所，加强了重点区域的基层基础工作建设。目前，该所为二级派出所。

2000 年 6 月，经内蒙古自治区森林公安局统一部署在锡林浩特市范围内开展为期 50 天的“打击非法捕捉、贩卖蒙古百灵鸟”专项斗争。

2001 年 6 月中旬，锡林浩特市林业公安分局在本市范围内开展为期两个月的“保护百灵鸟行动”共查处非法收购贩运、捕捉百灵鸟案件 11 起，收缴百灵鸟 1660 只，处理违法人员 15 人。同年 7 月，锡林浩特市林业公安分局招警，队伍得到壮大。11 月，锡林浩特市林业公安分局按照国家森林公安局的统一部署在本市范围内开展为期 10 天的“猎鹰行动”。

2002 年 12 月，开展为期 20 天的严厉打击破坏野生动物资源违法犯罪集中统一行动。共查处各类非法捕获野生动物案件 12 起，处罚 16 人。

2003 年 1 月，锡林浩特市林业公安分局将历年来收缴的有价值的 42 件野生动物标本移交给锡林浩特市六中，建立野生动物标本展览馆。同年 4 月，锡林浩特市林业公安分局在本市范围开展“春雷行动”。清理检查冷库饭店 28 家，查处非法收购野生动物产品案件 2 起。5 月至 7 月，在锡林浩特地区开展“保护百灵鸟行动”。

2004 年 3 月 10 日，锡林浩特市森林公安分局在灰腾河附近查获一起非法贩卖百灵鸟案，抓获违法嫌疑人 2 人，收缴百灵鸟 780 只，共罚款 2.1 万元。3 月 14 日，锡林浩特市森林公安分局查获一起非法收购野生动物皮张案，抓获非法嫌疑人 1 人，收缴野生动皮张 56 张。6 月 26 日，锡林浩特市森林公安分局与通辽市森林公安分局联合破获一起非法贩运百灵鸟案，抓获违法嫌疑人 3 人，收缴百灵鸟 980 只。10 月 6 日，锡林郭勒盟森林公安局和锡林浩特市森林公安分局联合破获一起非法猎捕百灵鸟案，共抓获犯罪嫌疑人 8 人，收缴百灵鸟 2367 只，收缴 2020 北京吉普一辆，网具 5 副。

2006 年 1 月 5 日，经群众举报，锡林浩特市森林公安分局查获一起非法收购野生动物产品案，收缴野生动物皮张、死体 30 张（只）。1 月 8 日至 2 月 28 日，锡林浩特市森林公安分局开展“北疆一号”严打行动，此次行动共出动警力 280 人次，巡护项目区 40

余万亩,查处涉林案件3起。7月10日至9月30日,开展集中专项行动,此次行动共出动警车48台次,出动警力182人次,共查处在林业项目区放牧案件24起,处理违法行为人24人。11月1日至12月10日,开展以打击破坏林地和野生动物资源犯罪为主的“绿盾行动”。11月1日至2007年1月30日,开展“今冬明春破坏森林及野生动物资源”严打行动。

2007年1月15日,锡林浩特市森林公安分局查获一起非法收购出售野生动物制品案,收缴野生动物狐狸死体9只、狐狸皮5张、沙狐死体17只、沙狐皮7张、獾子皮15张、黄鼬死体2只,共计55张(只)。同年3月10日至8月30日,根据上级的安排,锡林浩特市森林公安分局开展了“绿风行动”严打专项行动,此次行动共出动警力148人次,查处涉林案件56起。4月15日至5月31日,锡林浩特市森林公安分局开展“绿网行动”,此次行动共出动警力156人次,警车36台次,查处各类涉林案件8起,行政处罚8人,罚款7185元,收缴百灵鸟36只,刺猬27只。

2008年1月10日—2月28日,锡林浩特市森林公安分局开展“今冬明春破坏森林及野生动物资源”严打行动。

2009年1月7日至1月9日,锡林浩特市森林公安分局开展“冬季行动”,行动共查处案件6起。同年3月1日至4月30日,锡林浩特市森林公安分局开展打击破坏林业项目区违法犯罪专项行动,行动共查获毁坏项目区植被案件15起。6月1日至6月15日,锡林浩特市森林公安分局集中开展专项打击行动,共查处各类涉林案件6起。5月25日至7月25日,锡林浩特市森林公安分局开展打击非法捕捉、收购、贩卖、运输百灵鸟专项行动。10月30日—31日,锡林浩特市森林公安局会同锡林郭勒盟森林公安局联合查处一起非法收购百灵鸟案件,共收缴1900只百灵鸟,于11月2日将查获的百灵鸟放飞大自然。

2010年3月8日,锡林浩特市公安局森林公安分局更名为锡林浩特市森林公安局,机构规格为副科级,三个派出所为内设机构,机构规格股级,核定政法编制。森林公安队伍真正实现规范性、正规化。

2011年12月4日,“12·4”全国法制宣传日,锡林浩特市森林公安局在锡林浩特市一号岗路口发放宣传材料1000余份。同年12月8日,锡林浩特市森林公安局在开展专项行动中破获特大收购、运输、贩卖珍贵、濒危野生动物及制品案,查获国家一级保护动物金雕标本及死体10件、国家二级保护动物鹰类、隼类标本及死体共46件,处罚四人。

2013年2月25日,锡林浩特市森林公安局在锡林郭勒盟森林公安局和新闻媒体的见证下集中销毁严打行动中收缴的涉案物品。同年5月21日,锡林浩特市森林公安局同锡林浩特市第六中学师生在校园内开展以“建设美丽锡林,让鸟儿自由飞翔”为主题的“爱鸟周”宣传活动。

锡林浩特市森林公安局根据实际情况，探寻摸索出切实可行的工作方法和手段，特别是在怎样解决刑侦机构警力、装备以及刑侦技术的提高上下大功夫，为各项严打工作的顺利开展提供有利条件。在野生动物与林业生态工程重点区域设立警务室，从项目区承包人员中选择管护成绩突出、责任心较强的人员为管护小组长，发放警民联系卡，在民警对项目区巡护间隙也能全面及时掌握重点区域的动态，做到“路有人守、山有人看、林有人管”的要求。在重点区域、重要运输路段、木材市场多渠道、全方位物建治安耳目和信息员，把握主动权，提高案件的及时发现率和取证的准确率，做到“打、防、控”一体化。先后开展“北疆一号行动”“绿盾行动”“绿风行动”等行动，形成常态化的专项行动有“保护候鸟行动”“冬季严打行动”等，通过这些专项行动有力地打击涉林违法犯罪行为。

锡林浩特市森林公安局及基层派出所全部执行24小时值班制，全体外勤民警24小时开机待命，车辆保持战备状态，以紧急应备随时发现的案情。值班民警实行“坐堂办公”，24小时不得离开报警电话。而备勤民警则“主动出击”对辖区内的重要线路、林业项目区、自然保护区、森林公园，木材检查点、经营加工点等实行不定时巡逻，加大辖区内的见警率。把有限的警力投向高发案时段、多发案地点，以提高打击预防效率，累计查处案件1500余起，2005年以来平均每年办理案件超过150起，处理违法行为人1832人，为国家挽回经济损失200余万元。

典型案例1

非法猎捕百灵鸟案

2004年10月，锡林浩特市森林公安局接到耳目提供情报，赤峰市天山镇两名非法收购百灵鸟的不法分子到锡林浩特市收购百灵鸟，因多日无人猎捕没有收到，现在正在苏尼特左旗收购，目前已经收购百灵鸟一千余只。接到情报后锡林浩特市森林公安局立刻召开紧急会议，制定侦破方案。

10月6日，办案民警驱车赶往苏尼特左旗，对不法分子的住处进行布控，在违法嫌疑人租住处蹲点守候多时，一举将8名涉嫌非法猎捕百灵鸟的违法行为人抓获。在森林公安民警对这些违法行为进行调查询问过程中，违法行为人闪烁其词、不做彻底交代，办案民警细心揣摩其心理变化，耐心说服教育，为其分析利害关系，消除顾虑，并利用几人之间的矛盾和互相猜疑、抓住其心理心理防线产生波动的有利时机，运用迂回包抄、循序渐进的审讯方式对其讯问，8名嫌疑人对自己的违法行为供认不讳，交代整个做案过程。2004年9月18日，赤峰人韩某、河北人延某两人电话联系来锡林浩特市后决定去阿巴嘎旗找单某，并通过其组织人员猎捕百灵鸟，之后几人便在苏尼特左旗达尔罕锡勒同李某、董某、赵某、韩某等猎捕百灵鸟,10月2日至10月6日五天内,共非法猎捕百灵鸟2376只。调查取证后对韩某等八人进行刑事拘留,至此锡林浩特市森林公安局通过三天的侦查成功破获这起全盟最大的非法猎捕百灵鸟案件。

典型案例2

非法收购、出售野生动物案

2010年1月4日上午8时许,锡林浩特市森林公安局接到群众举报有人在东乌珠穆沁旗买卖狼,而且数量非常大,森林公安局当即向上级机关汇报后由盟市两级森林公安机关组成专案组,并由锡林浩特市森林公安局两名民警化妆成商贩与买卖狼的团伙进行交易,并安排其他8名民警在外围及东乌珠穆沁旗某宾馆进行布控。

2010年1月4日下午16时,两名民警扮成南方商人通过中间人与卖家取得联系。在电话联系中卖家要求在东乌珠穆沁旗野外进行交易,卧底民警考虑到在野外交易不利于警方抓捕,就回绝卖家要求,并提出先看货,好让民警在宾馆周围进行布控。经过一番讨价还价后双方达成协议,17时30分卖家带着货来宾馆交易。时间一分一秒的过去,宾馆内已召开无数次会议,商议嫌疑人可能带有武器,决定让办案民警携带一把64式手枪,藏于身上隐蔽位置。当外围布控全部到位,民警的电话响了,电话里卖家要求和卧底民警见面,并商量价钱。对方开来一辆银色凌志越野车,车内有6名嫌疑人,在商量完价钱后直接把卧底民警拉上车,连协警也不让上车,办案民警为不让对方起疑心,没有轻举妄动,在出城后对方要求让化妆成司机的民警出城交易,被办案民警以人生地不熟,怕吃亏为由拒绝并要求到宾馆后院进行交易。对方看民警态度坚决,且己方人多就放松警惕,同意他的要求,开车回到宾馆后院,在其他嫌疑人下车装车时,始终有一名嫌疑人留在驾驶员位置随时准备开车,这时卧底民警决定先把这名嫌疑人控制住,民警立刻掏出手枪对准对方说:不许动,我是警察。这名嫌疑人还不知道怎么回事就被民警铐在方向盘上,其余几名嫌疑人察觉异常,准备逃跑,民警朝天鸣枪,大喊我是警察,全都不许动,全部趴在地上,这时在外围的民警冲进来将嫌疑人全部抓获,经过突审犯罪嫌疑人莫某交代除车上装的4只狼死体,在库房中还有15只狼死体。至此,在6个小时内破获这起重大非法收购、出售野生动物案。

典型案例3

“12·8”特大收购、运输、出售珍贵、濒危野生动物及制品案

2011年12月8日下午14时许，正在开展打击破坏森林及野生动植物资源专项行动的锡林浩特市森林公安局民警，在101省道锡林浩特市收费站排查过往车辆时，一辆车牌号为蒙ARC866的日产轩逸轿车看到民警设卡打算调转车头躲避检查，引起执勤民警的警觉，民警立刻上前将该车辆拦截，对其进行检查，当民警将车后门拉开时，看到轿车后座上放有一个很大的纤维编织袋，打开编织袋后发现里面装着一个野生动物标本，民警初步认定为国家一级保护动物—金雕的标本，民警当即将车主杨某依法传唤至公安局进行询问。据杨某交代，该标本是从二连蒙古市场“树艺格”工艺品店以4500元的价格购买的。根据掌握到的情况，锡林浩特市森林公安局立即召开案情分析会，并将案情迅速向锡林郭勒盟森林公安局进行汇报。案件引起盟局领导高度重视，当即成立以盟市两级森林公安局精干警力组成的“12·8”特大刑事案件专案组，前往二连浩特市追查案件。

12月9日14时40分，经过嫌疑人杨某的指认，专案组民警在二连浩特市蒙古市场东侧的“树艺阁”根雕工艺品店内将该店老板何某抓获。经过现场勘查，民警在其经营的店内当场查获金雕标本2件、黑雕标本2件、草原鹰标本2件、猎隼标本3件和短耳鸮标本1件。并在店内一处暗室内发现10件野生动物标本成品及没有来得及制成标本的野生动物死体21个。

12月9日16时许，办案民警将犯罪嫌疑人杨某、何某二人从二连浩特市带回锡林浩特市，依法刑事拘留。经审讯，何某交代在二连浩特市和苏尼特右旗居住的三名长年出售野生动物死体犯罪嫌疑人的姓名和联系方式。何某还主动交代其在二连浩特市的家中还藏有两件金雕标本。办案民警立即采取行动再一次驱车前往二连浩特市。12月13日20时至12月15日，办案民警分别将李某和郭某、魏某抓获，并在何某家中以及蒙古市场西门北侧和察哈尔街北侧平房两个仓房中成功查获两件金雕标本、其他野生动物标本7件、野生动物死体8只、野生动物皮一张。

根据何某及魏某的交代，2012年2月18日，专案组民警在苏尼特右旗桑宝拉格苏木巴彦淖尔嘎查，将非法猎捕野生动物的犯罪嫌疑人宝某在其家中抓获，并当场查获非法猎捕工具铁夹子两个。2011年12月31日，专案组民警在二连浩特市蹲守2天后，在蒙古市场西门洋艺商行将蔚某抓获。据何某交待，二连浩特市蒙古市场一工艺品店老板孟某曾让何某加工制作野生动物标本。2012年2月22日，专案组民警又驱车赶往二连市蒙古市场，经过两天的蹲守将犯罪嫌疑人孟某在其工艺品店中抓获，据犯罪嫌疑人孟某交代曾让何某制作过金雕标本9件，大鵟标本和普通鵟标本一共14件，秃鹫标本1件。

至此，锡林郭勒盟最大的收购、运输、出售珍贵、濒危野生动物案件告破，所有犯罪分子都得到法律的惩罚，主犯魏英川、何建树分别判处判有期徒刑10年、9年半，并处罚金十万元人民币。

经自治区野保中心专家鉴定，查获的野生动物标本及死体分别有：国家一级保护动物金雕11只、国家二级保护动物草原雕4只、苍鹰6只、大鵟8只、普通鵟5只、雕鸮7只、猎隼10只、灰背隼5只、秃鹫1只、沙鸡7只、狼皮1张，共计58只(张)，已制成标本29件，死体28只。鉴定估价为人民币295816元。

第五节　森林防火

草原、森林防火是一项长期、复杂、社会性很强的工作，涉及面广，需要在各级政府的统一领导下，组织动员社会各方面的力量同力合作、积极参与。锡林浩特市草原、森林防火的组织形式主要有：草原森林防火指挥部，由政府行政主要领导或分管领导任组长，畜牧、草原部门领导任副组长，各有关部门领导为成员，下设防火办公室。草原森林联防组织，与毗邻地区建立的互通情况、互相支援，实行联防的组织。专业草原森林扑火队(快速扑火队)，在重点地区组织受过扑火训练，具有一定经验，，配备机动车辆和灭火工具的专业人员组成。武装森林警察锡林浩特市森林警察大队，隶属于锡林郭勒盟森林警察支队，全部实行现役制，受锡林郭勒盟森林警察支队和锡林浩特市草原森林防火指挥部双重领导。群众性护林防火组织，由地方行政领导、行业系统领导、单位领导负责，设立专人在道口站岗放哨，检查来往行人，防止带火入山。

2008年之前，锡林浩特市一直没有森林防火的专门机构，森林防火机构与草原防火机构为一个机构，森林防火与草原防火工作同时安排，整体部署。2008年11月，成立锡林浩特市林业防火办公室，与锡林浩特市森林公安局，一套人马，两块牌子，负责全市森林防火、火灾情况的统计上报，森林防火条例宣传及森林火灾的预防工作。

一、防火措施

认真落实森林防火领导责任制，要求各单位主要领导亲自抓，设一名专职人员负责防火日常工作，成立各单位防扑火工作领导小组，负责掌握辖区内森林及林业生态建设项目区的防火工作及防扑火信息的传递。组建防扑火队伍，制定目标责任制，制定《锡林浩特市处置森林火灾事故应急预案》，在各苏木、国营农牧场成立由一把手负责的包括苏木、国营农牧场全体职工在内的森林火灾扑救分队。为确保万无一失，每年都与各苏木、镇、国营农牧场及项目区承包管护人员签订《防火责任状》，并对进入森林草原防火区域的单位和个人进行监督和检查。对野外施工单位实行严格的野外生产用火审批制度。严格执行24小时昼夜值班制，领导带班、车辆待命、防火通讯联络畅通、火情报告等各项防火制度。

为切实抓好以控制火源管理为重点的预防工作，防火办公室制定《野外施工单位申请用火审批表》《野外用火规章制度》，同时根据本市基本情况制定《锡林浩特市处置森林火灾事故应急预案》，要求林业水利局二级单位，各苏木、镇、场都要根据自身实际情况制定行之有效的防扑火应急预案。为提高广大人民群众自觉用火和防火意识，防火宣传是防火工作的重要环节。为此，防火办公室一直坚持平时宣传与重点宣传相结合，通过电视、广播、板报、标语、宣传车等多种形式，在防火期特别是“清明节”期间，组织精干警力携带通信设备及防火器具在南山及市门附近从凌晨4时至22时开展防火巡查，严禁一切野外用火焚香点烛等行为。在防火重要位置如南山义务植树基地，303省道、207国道入口、南北两个公墓等重要地点悬挂防火宣传标语，发放《文明扫墓倡议书》。同时利用电视、报纸等新闻媒体进行广泛的形式多样的防火宣传，加大宣传面，结合防火专项检查深入林区、重点项目区开展防火宣传教育，在重点地区、林区通过粉刷标语，张贴《森林防火公告》，下发《森林防火公约》等形式宣传森林防火知识。

针对在林业项目区内施工的单位和林区附近的工地，矿场的工作车辆进行严格的排查，并不定期对野外施工单位规范用火情况进行抽查。要求凡是在林区施工的单位工作人员一律不得携带明火，使用电器设备和易燃物品，应专库储存，分类单独存放，保持通风，用火符合防火规定。施工现场和生活区，未经保卫部门批准不得使用电热器具。除此之外禁止一切外来车辆进入林区，进入林区车辆必须装有防火帽，驾驶和乘坐人员禁止携带打火机、火柴等明火。同时结合机关工作实际，在每年的4至6月期间开展严厉打击春季防火戒严期林区违规用火严打专项行动。根据《中华人民共和国森林法》《中华人民共和国森林防火条例》《中华人民共和国治安处罚法》的规定，充分发挥森林公安职责，打击违反以上法律法规的行为。多次制止在防火期内欲进入林业项目区等重点区域的人员车辆，2009至2012年办理防火案件近400余起。

二、防火基础设施建设

在森林防扑火工作中，人的生命是最宝贵的。一旦发生火灾，防扑火队伍就会立即投入扑火战斗中，而精良的扑火装备既能保护扑火队员的人身安全，又是有效扑救火灾的必备器材。防火办在组织林业系统防扑火队伍业务培训的同时，按照防扑火工作的需要，在经费不足的情况下，积极向上级申请经费和设备，配置风力灭火器20台、手提灭火器35台、水枪50个、灭火服50套、灭火头盔50个、行军锅2口、基地指挥台4台、中继台4台、车载台8台、手持对讲机28只、GPS定位仪8台、卫星通讯设备2台、发电机4台。

为确保防火物资安全，保障物资在火情发生时能够正常使用，防火办公室指定专人对防火物资储备库进行管理，定时对防火设备进行维修和调试，并制定《森林防火物资管理制度》，对发放物资应履行的手续，防火机具的保养维护做出规定。

第八章　林业科技宣传规划

第一节　科　技

锡林浩特市林业科技推广工作，一直由锡林浩特市林业工作站兼职。随着经济社会的快速发展，生态建设规模和投入力度逐年加大，林业科技工作越来越重要。2008年成立锡林浩特市林业科技推广站，与锡林浩特市林业工作站、森林病虫害防治检疫站合署办公，一套人马，三块牌子，主要负责林业科技的开发、引进、推广、普及、应用。锡林浩特市林业科技推广站成立以来，立足本地区实际，一直把保护、恢复、建设、利用林草植被，防沙治沙，改善生态环境放在首位。并根据本市自然特点、经济特点、地区特点等实际情况，运用先进的科学技术，以发展长效近益的林草业为原则，力求做到科研与生产结合，选择应用推广的科技项目必须符合当地林业生产的实际情况。

锡林浩特市林业科技推广站成立以后，针对干旱和半干旱草原地区造林成活率低的现实情况，首先从各造林地块的立地条件入手，对于一些土壤条件不适合造林的地块，进行土壤改良或换土。树种选择抗旱、抗寒、耐盐碱、抗病虫害的乡土树种。在立地条件好的区域树种选择多样化，不断丰富本地区的林木树种。同时根据本地区草原畜牧业生产中草畜矛盾突出，草场退化沙化严重，草畜生态平衡失调的现状，采取合理地开发利用木本饲用植物资源与建立灌草结合的人工草地综合技术措施，为促进产草量和载畜量的提高发展畜牧业，治理沙化、改良草场开辟一条有效途径。立足当地野生灌丛资源，通过引种、驯化、栽培选育抗旱性强，适应性广，产量高的饲料灌木品种，不仅能大幅度提高牧草产量，而且能防风固沙，保持水土，涵养水源，调节气候，改善草原生态环境，防止草原退化沙化，促进农牧业的发展。除此之外，锡林浩特市林业科技推广站还注重引进，推广、普及一些林业科技新技术、新成果。如乡土树种的推广，抗旱造林系列技术，沙地生物经济圈营造技术、固体水、保水剂、ABT生根粉、多效复合剂、GPS全球定位导航仪、优质灌木饲料林的引进，优质树种及木本花卉的引种培育和推广，本地区优势灌丛品种的更新复壮，森林病虫害的预测与防治等。为本地区的林业事业健康发展提供了坚强的科技支撑。

实用技术简介

一、机械开沟深栽抗旱造林技术

机械开沟深栽抗旱造林技术就是以拖拉机为动力，牵引开沟犁和植树机开沟，适度深栽，并辅以其它抗旱措施，提高造林成活率和保存率的抗旱造林系列技术。

机械开沟深栽抗旱造林技术在锡林浩特地区的干旱和半干旱草甸草原、典型草原、荒漠草原、半荒漠草原、沙地、浅山丘陵区得到广泛地应用推广。实践证明是非常适合本地区的实用技术，概括起来有五个方面的作用和效果：

1. 干旱地区土壤水分条件是造林成败的主要因素，利用机械开沟的深度可达45厘米～80厘米，比浅栽根土壤含水量提高7%～77%，因而提高造林成活率20%～30%。

2. 减少地表径流，蓄水增墒，沟内土壤含水量可增加36%～93%。

3. 沟内杂草减少，枯草、落叶、畜粪等有机质增加，可减少抚育次数，有利保墒，改良土壤，提高肥力，利于根系垂直分布，沟埂相间，对幼树能起到保护作用。

4. 只要合理加大行距，可以林粮、林草、林菜、林药等间作，达到以短养长，长短结合，增强林业活力和后劲，符合发展生态经济型林业的要求。

5. 速度快，质量高，节省劳动力，降低作业成本，操作简便，适用范围广泛。

二、汇集径流抗旱造林技术

汇集径流抗旱造林就是针对地域性水热再分配的自然特性，通过整地及种树种草等综合措施，对有限的突然降水进行合理有效的积蓄和利用，使其变害为利。

（一）利用不同整地方法汇集径流

1. 隔坡水平沟的设计与造林

隔坡水平沟是指沿坡面等高线，上下间隔一定距离的坡面用开沟犁或人工掘成连续或断续的沟。两条沟之间坡面上形成的径流，会因重力而流入下面的水平沟内，达到蓄水保墒的目的。

2. V型集水鱼鳞坑整地方法

适用于陡坡或地形破碎的丘陵地带，首先沿等高线挖一个半圆形坑穴，坑长0.5米～0.8米，宽0.5米，深0.6米。坑与坑成品字型，以利于保土蓄水。

3. 双坡、单坡式整地方法

这种方法适用于比较平缓的地段，可以用机械整地。双坡式就是把地整修成两个集水的坡面，两个坡面形成的径流汇集在栽植穴内。单坡式就是形成一个坡面。

（二）铺设塑料薄膜汇集径流技术

本办法适合于沙地或种植经济价值较高的树种，具体方法是用4平方米左右的塑料薄膜铺于畦内,中间留一孔,以长树苗,下雨时降雨可以汇集幼树根部,晨曦的露水也通过中间的小孔流入土中,并能减少土面蒸发,同时能增加温度。由于土温的升高,深层的土壤水分可汇集于地表供树木生长需要。这样土壤水分增加,加之塑料布能够抑制杂草,因此,幼苗生长良好。在集水面处理上,国内外采用的材料还有沥青、石蜡、树脂、沥青—纤维织物膜、砾石覆盖等。

三、混农立体林业营造技术

以培育速生丰产林和防护用材林为主,根据各种植物的生物学特征,实行林粮、林果、林药、林经、林草间作,形成复合层次的、具有生态与经济互相联系的生产体系。其技术指标如下:

1. 在灌溉条件下,土壤肥力较高,适宜间作的平缓固定沙地或平原区,营造带状速生丰产林,两行一带,株行距为 2 米 ×2 米或 3 米 ×3 米,亩株数最少为 25 株或 16 株,带间距最大为 25 米。

2. 在无灌溉条件下,营造带状防护用材林,两行一带,株行距为 2 米 ×2 米或 3 米 ×3米,亩株数最少为 33 株或 20 株,带间距最大为 15 米。

3. 在水分条件下,土壤较厚,适宜间种的平缓丘陵区和沙地,营造针叶防护用材林,林带至少 10 行,带间距最大不超过 20 米,初植密度按作业设计实施。

四、生态经济沟营造技术

生态经济沟建设是以山区小流域为单元,充分利用当地土地、空间、光能等自然资源优势,发展以林果业为主,林农牧结合的多树种、多林种、多层次的高产、优质、高效林业的一种模式。

适宜生态经济沟建设的基本条件是:年降水量 350 毫米以上的半干旱、半湿润的中低山区,土层较厚、土质较好、适宜乔木林、灌木林以及农作物生长,距村屯附近,劳动力较多,交通方便,易于管理,靠近水源有引水蓄水工程或便于修建水利设施。

以林、果、草、药、经相结合,山、水、田、林、路综合治理,建设规模在 1000 亩以上,完成年限在 3 年 ~5 年。生态经济沟建设完成后,林木覆盖面积占建设总面积的 50% 以上,经济林占林木总面积的 50% 以上,造林成活率达到 85% 以上时,可达到水土不流失,暴雨不成灾,当年建成,当年收益。

五、沙地小生物经济圈营造技术

建设生物经济圈是在干旱、半干旱的沙区、牧区,选择适宜地块,实行水、草、林、机、料五配套措施,进行综合治理开发的一种生产模式。

小生物经济圈是由核心区和保护区两部分组成,建设总面积以 60 亩 ~150 亩为宜,3 年 ~5 年完成。核心区面积不低于 30 亩,核心区外围营造乔灌结合的防护林带,乔灌木比例视外部风沙危害程度而定。外部植被盖度较高,以乔木为主,林木占地面积不低于15%，造林成活率在85%以上，林带外围设置机械围栏或生物围栏。核心区外是保护区，面积为核心区的3倍~5倍，保护区外围也可以设置机械围栏或生物围栏，区内以封育栽培灌木和种草为主。生物圈内部要逐步实现畦田化、水利化、满肥化和园田化的集约化经营，牧业用地以达到舍饲、半舍饲及防灾为依据。要有水利配套设施，防止土壤次生盐渍化。

六、封山育林技术

封山育林就是把分布有疏林、散生母树，稀疏灌木丛的黄沙、荒滩封禁保护起来，借助天然下种更新好萌芽、萌蘖更新能力，并辅以人工促进更新措施，使其成为有林地或灌木林地或灌草植被地类型的一项营林技术措施。具有投资少，见效快，规模大等特点。

封山育林的方法：

1. **封禁**

是对符合的地段或地块管理看护起来，禁止人为开垦、樵采、放牧，并防止火灾，按照森林植被演替规律自然恢复成林。

2. **育林**

疏林、散生母树、灌丛等单靠封禁起来往往是不够的，为加快成林速度，提高林木质量，应在封禁的同时还需要采取补植、补播、人工促进其更新，抚育管理等综合经营措施。

(1)补植、补播：封山育林是在原有疏林地、散生母树或残存的灌丛基础上封禁起来的，封育地块中必有一部分裸露空地，如果完全依靠自然繁殖更新用时较长，因此需要人工的干预进行必要的补植补播。在补植补播的过程中，要合理保留天然植被，见缝插针，要按照原生群落的自然生长模式营造乡土树种。其株行距可略大于通常人工造林密度，造林规格也可以不要求整齐划一。

(2)人工促进天然更新：在依靠天然下种繁殖的封育区，要在母树种子成熟之前，对落种区域进行带状或块状松土、除草，使种子与土壤紧密接触。带状松土，带宽0.3米~0.5米，带间距3米~6米。块状松土，每块面积0.1平方米~0.2平方米。每公顷150个~500个，松土深度10厘米~15厘米。对于依靠根蘖繁殖的树种，进行挖沟断根或深耕切跟。开沟规格应视树种、母树年龄及距离母树远近，掘深10厘米~40厘米的直线沟或环状沟，断根沟距离母树一般在树冠半径的2倍~5倍。

(3)定向培育混交林：在封育区进行促进其天然更新的同时，应采取措施培育经济价值较高的乔灌木树种。在阔叶乔木疏林中，可选择水分条件好的地段，补植樟子松，其补栽株数一般每公顷250株~300株。在灌木林及半灌木林中选择水分好的沙地补植杨、柳、榆等乔木树种，条件好的固定沙地可以栽植樟子松，栽植株数每公顷

250300株。

(4)抚育管理:封育期间的抚育管理,包括平茬复壮、间苗、除蘖定株等。平茬复壮对于具有萌芽、萌蘖能力的灌木,生长多年枝条老化衰退的,要及时进行平茬复壮。平茬时间一般在生长期停止的晚秋到冬末,贴地面平茬,保持茬口平滑不裂,茬口用土覆盖。风沙危害严重地段,宜采用带状或块状平茬。平茬周期,灌木柳类2年~3年内,锦鸡儿类4年~5年,榛类灌木6年~7年。在育林过程中除蘖、间苗、定株也是一个重要的环节。天然更新苗木参差不齐,疏密不一,为使更新植株茁壮成长,在封禁二三年后要进行除蘖、间苗。目的是减少株间争夺林地光、水、热、养分,方法是除去弱小的幼苗,保留健壮的幼苗,除密定稀,除蘖、间苗工作在封育过程中要进行多次,待幼苗生长到幼树时定株,定株使封育目的树种保持优势和均匀分布,同时保持一定的群落结构。

七、沙地飞播造林技术

沙地飞播造林就是用飞机把树草种子撒播在沙地表面,靠自然因素使种子发芽和幼苗成活生长,通过封禁和人工辅助育林手段,使其成为沙地植物群落的一项技术措施。

(一)飞播区的选择

播区是指飞机播种的区域地段,选择播区是飞播造林的第一步工作,正确选择播区则是飞播造林种草获得成效的基本要求。播区应具备下列条件:

1. 具有相对集中连片的宜林荒沙,其面积一般不少于飞机一架次的作业面积。

2. 播区立地条件良好,尽可能适于种子的萌发和生长。即具有天然植被盖度3%~12%,地下水埋深0.5厘米~10厘米,沙丘高度15厘米以下,沙丘密度0.6以下的沙地。

3. 地形条件便于飞行作业,播区地形起伏不大,相对高差小,播区周围地势开阔,进出航两端净空条件好,有利于飞机进出、转弯。

(二)飞播造林植物选择

飞播造林植物选择是关系到飞播成败的关键。在流动沙地飞播用种子必须选择适应流沙地特点,如种子易自然覆沙,发芽生长快,抗风蚀耐沙埋,自然繁殖力强,有较高经济价值的树种、草种,有杨柴、花棒、沙蒿、沙拐枣、胡枝子、梭梭、苦豆子、沙打旺、草木樨、差巴嘎蒿等25种。经过多地实践认为比较适宜的飞播种子有杨柴、花棒、沙蒿、沙拐枣、胡枝子、梭梭、苦豆子、沙打旺、草木樨等11种。浑善达克沙地飞播成功的植物种主要有杨柴、沙蒿、沙打旺。

(三)播期选择

适宜的飞播期可以保证种籽发芽所需的水分、温度条件以及苗木生长的生长期。这样能使种籽迅速发芽,从此减少鼠害及虫害,即保证苗木生长,又能使苗木充分木质化以提高越冬率。飞播后成苗率高低，取决于风情和雨情，飞播的种子裸露沙地表面，除种子发芽的温度外，还需要及时覆盖沙和覆沙后降水。从选用的飞播种子所需温度和降水条件来看，沙层温度超过10℃，遇有种子发芽的有效降雨量，连阴2天~3天就可发芽，按这样的条件，本地区的飞播造林以6月上中旬为宜。

（四）播种量的确定

确定正确的播种量直接关系到飞播成效和播区林木生长状况。用种量过少，单位面积成苗少，起不到幼苗群体抗风蚀的作用，固沙效果不好。用种量过大，播后成苗密度大，随着植物生长，其蒸腾耗水量增大，沙地含水率急剧下降，不能满足植物生长所需水分，致使其生长不良，出现大量的干枝枯稍，既浪费种子，增大飞播成本，又不能达到植被稳定生长的目的。从实际飞播看，混播优于单播，有更好的群体固沙效果。浑善达克沙地最佳播种量为0.4公斤/亩~0.55公斤/亩，在降雨量大于250毫米的地段植物种配置为：杨柴、沙蒿、沙打旺混播，其配置比例为4∶3∶2。在降雨量200毫米~350毫米的地段植物种配置为：花棒、沙拐枣、沙蒿、沙米混播，其配置比例为3∶3∶2∶1。

（五）飞播种子处理

飞播造林最显著的特点是用飞机把树草种子撒播在地表，靠自然因素使种子发芽和幼苗成活生长，但播在流动沙丘上的种子，经常受风力作用发生移位，影响飞播成效。为防止撒播在流沙上的种子随风滚动，可对种子进行大粒化和粘胶化处理，大粒化后的种子在地表风速8.8米/秒仍未移动，使沙丘迎风坡的成苗面积率由17.6%提高到57.6%，并能使幼苗分布均匀，增加群体抗风蚀能力。除风蚀以外，播种期的鸟、鼠害和病虫害都是影响飞播成苗率的因素，鸟、鼠主要窃取飞播后的种子，发芽越迟受害越严重。浑善达克沙地飞播种子中，采用多效鸟鼠驱避剂拌种，经过实践检验防治鸟鼠对种子的窃取效果显著。

（六）播区规划及作业

播带方向与当地主风方向一致，用GPS测出播区各拐点坐标，绘制出飞播作业图（1∶50000）和播区位置图（1∶200000），编写设计说明书。大小粒种子混播时，航高确定为50米~60米，带宽50米。飞播作业时，侧风风速不应超过每秒5.4米，播大、中粒种子的风向角不超过40度，播小粒种子，不超过20度，如超此限应停止作业。在顺、逆风时飞播大中粒种子风速不应超过每秒8米，小粒种子不超过每秒6米。机播种子的同时，必须进行播种质量检查。播种质量检查标准为：实际播幅不小于设计的70%，单位面积平均落种粒数不低于设计的50%，落种准确率和有种面积率大于85%。

（七）飞播成苗成效调查

在飞播造林当年秋季9月下旬进行播区成苗调查，主要内容包括统计有苗样方频度、样地平均株数及平均每公顷株数。沙地飞播造林5年后，对播区进行成效调查，调查内容主要包括有播区的宜播面积、成效面积,平均每公顷株数、树高和地径及管理管护措施。

(八)播区的封禁、管护与利用

飞播后要及时进行机械围栏封禁,并配备专业护林员,制定护林公约,防止牲畜啃食和践踏,以确保飞播成效的巩固,促进飞播苗木天然更新和天然植被的恢复。如在飞播前一年封禁,沙米、沙竹等天然植物能得到一定程度的恢复,对防止种子位移和苗木风蚀起到一定的保护作用,能在一定程度上提高飞播成效。封禁后的播区等到沙丘固定、植被恢复以后,可以适度进行放牧或打草、樵采,利用强度应掌握在天然更新范围内。如果长期封禁或过度利用,都会引起植物群落的衰退或再次沙化。

八、高产饲草料基地林网配套技术

高产饲草料基地林网配套首先要根据各地不同的自然立地条件,本着因地制宜、适地适树、科学合理的配置和营建,最大限度地发挥防护林带的作用和提高饲草料生物产量。

(一)林带设置技术要点

1. 林带宽度:应以最大限度发挥林带的防护效能,最小限度占用耕地为出发点,围绕水源条件设置林带,林网配套应设置窄林带、小林网,窄林带具有占地少、用水少、生长稳定而又高效的防护效果,林网配合灌溉水渠,耕作道路沿边界进行布置。林带面积占饲草料地总面积的14%,植被差的地区要占到20%以上。

2. 防护林带机构:林带采用疏透机构,有一定的通风性,乔灌混交,林网由主副林带组成,每带由4行~6行组成,灌木在林带外侧或内外两侧配置,各一行,最大防护范围是25倍树高。

3. 林带间距:林带间距是指主林带与主林带,副林带与副林带之间的距离,林网眼则是由主林带与副林带之间的距离所构成的空间,所以带间距离确定之后,林网的网眼大小也随之而定。林带的距离最好是既不大于也不小于它的有效防护距离,主林带距离的确定主要考虑两个因素:一是林带的有效防护距离,二是组成林带树种的成林高度。副林带间距是根据次要风害的危害程度和当地风沙干旱的危害程度,以及机械作业条件地块范围而决定的,如果次要危害较大,副林带间距可以小一些,以便于机械作业。次要风害不严重的地区其间距可以适当加宽。留有原生草带的地块,林带间距可以大一些。一般主林带间距为防护林成熟林平均树高的25倍,副林带是主林带间距的2倍,适合本地区的主林带间距一般为50米~80米,副林带间距为100米~160米。

4. 林带方向:在有显著主害风和盛行风地区,采用主林带为长边的长方形网格,并与主害风方向垂直,角度的变化不得超过30度,特殊地块主林带不必局限于与主害风方向垂直,可以依地势需要进行适当调整,坡度大于8度后,原则上沿等高线分布设置,副林带原则上与主林带垂直。

5. 林带规格：按照防护林保护耕地20亩设计，沿地块周边设置镶边防护林，一般地区带宽3米~4米，3行~4行，行距1米，中间两行为乔木，内外两侧各一行灌木，耕地内沿道路两侧和水渠两旁各栽植一条防护林带，带宽2米，3行，行距1米，内侧2行为乔木，外侧一行为灌木，林带面积为2.8亩。

（二）防护林带营造技术

1. 树种的选择：选择根深，树冠较窄，不易被风倒风折，速生尤其是生长快、树干直、具有较强的抗旱、抗寒、抗高温、抗病虫害，耐水湿、耐盐碱，抗逆性强的乡土树种。乔木树种有小叶杨、小黑杨、榆树等，灌木树种主要有柠条、枸杞、沙棘等，乔木树苗采用2年~3年生的实生壮苗，根系发达，无病虫害和机械损伤，灌木苗可以采用1年~2年生良种苗。

2. 营造前的整地：整地采用带状开沟整地和穴状整地，整地是在造林的前一年进行，在干旱地区最好在雨季前整地，可以积蓄较多的水分。整地深度是各项技术指标中最重要的环节，造林前一年伏天采用机械开沟整地，深度为30厘米~40厘米，沟间距为1米。在开好的沟内穴状整地，乔木长×宽×深为60厘米×60厘米×70厘米，灌木为40厘米×40厘米×50厘米。

3. 造林时间：第二年春季在开好的沟内挖穴造林，呈品子形配置。

4. 栽植方法与技术措施：提高造林成活率的关键是始终保持苗木的生活力，所以造林前必须严格执行起苗前浇水，运苗中洒水，栽植前苗木浸水，坑内座水，栽植后浇水，栽植时必须带植苗桶或保湿容器，关键是防止苗木暴露风吹日晒，栽植前苗木浸泡48小时，以延长抵御干旱的时间。栽植时苗木直立穴中保持根条舒展，扩穴回填湿土，分层踏实，覆土到苗木原来覆土痕迹15厘米以上，然后浇水并培土，造林株距为1×1米，灌木每穴2株。

5. 抗旱措施：应用林业科技新成果是提高造林成活率、保存率的有力保障，在干旱地区水分状况是影响苗木成活率的主要因素，为减少失水，应当推广应用以下措施：一是抗旱造林系列技术；二是应用固体水造林技术；三是应用生根保水剂，具有刺激苗木根系生长发育、持续保水、缓释肥水之功效，从而大幅度提高植树造林成活率，使干旱少雨土地贫瘠的地区树木生长茂盛，用其蘸根或穴施，能在其表面形成“小水库”，使栽植初期的苗木有充足的水源，当生根保水剂所带缓释水用尽后，若遇雨或人工浇水，会再次吸水并缓释，如此反复作用可以持续1.5年~2年，可以促进愈伤组织生根，并迅速恢复根系活力，及时补充营养，从而提高植树造林的成活率，促进生长发育；四是造林前采用ABT3号生根粉对苗木进行蘸根处理，促进生长发育。

6. 抚育管理：(1)松土除草：松土除草是幼林抚育中最重要的一项措施，松土除草可以连续进行 3 年 ~5 年。即第一年至第三年每年 2 次 ~3 次,第四年至第五年每年 1 次 ~2 次。松土除草的深度一般为 3 厘米 ~5 厘米,树小浅松,沙土浅松,黏土深松,湿土浅松。另外,化学除草效果很好,应大力推广使用。

(2)灌溉:在树木郁闭之前每年应浇水 3 次 ~5 次,人工灌溉的方法有:漫灌、畦灌、沟灌等。漫灌工效高,用水量大时,要求地势平坦。畦灌应用方便,灌水均匀,节省用水,但要求作业细致,投工较多。沟灌的利弊介于上述两者之间,如果有条件可以采用滴灌或喷灌。

(3)施肥:人工林施肥时间应以造林前后为主,造林前施肥可以结合整地施农家肥。造林后施肥结合幼林松土开沟施肥,也可以全面撒肥。

(4)林带的修枝和间伐:修枝的主要对象是树干下部的竞争枝,其次是病虫枝和枯死枝,除对过密枝条修剪外,其余应尽量保留。当林木进入中龄,仅靠修枝难以协调个体与群体关系时,就应当通过间伐手段,伐去那些孱弱的、病腐的、特大的树木,以扩大营养面积,促使个体健旺生长,保证群体的良好机构。

(三)实施与管理

1. 规划与管理:根据本地区"围封转移"高产饲草料基地布局与安排,林业职能部门要及时搞好各苏木、镇、场林网配套的规划设计,种苗调配和技术指导,在实施中要坚持"四统一分",即统一安排、统一规划、统一技术标准、统一检查验收和分户建设与经营,确保建设质量和成效。

2. 加强技术指导,搞好社会化综合服务:首先是从规划设计到具体实施,抓好各个环节及全过程的技术指导。其次是抓好技术培训,采取多层次办班和以会代训,以及通过实地指导和传、帮、带,达到每年建设一处的同时,培养一名能够自行建设与管理的农牧民技术员。

3. 加强管理,明确责任目标:要把高产饲草料基地林网配套建设作为基地整体建设的重要内容,纳入相关党政领导年度工作实绩目标进行考核,明确行政责任人,并与牧户签订技术承包合同,完善建档立卡,实行规范管理,做到建设一处、见效一处、巩固一处、提高一处。

九、退耕还林还草技术

锡林浩特地区的耕地主要集中在几个国营农牧场,特点是水源不足、水土流失、土地沙化,粮食单产低,生态环境差。2002—2005 年锡林浩特市实施 8.9 万亩的退耕还林工程,涉及 3 个国营农牧场、2 个苏木、1 个镇,2183 户牧民,完成情况较好,但在工程实施过程中也或多或少存在一些问题。为规范技术模式,提高造林质量,本着因地制宜、适地适树的原则,选择适合本地区的退耕还林还草技术模式进行归纳。

(一)锡林浩特市退耕还林还草的几种类型

1. **严重风蚀沙化类型**

此类型主要位于浑善达克沙地南缘，农区北部，气候干旱、风大、寒冷、沙多、降水量300毫米左右，本类型除了开发水浇地的耕地外，其余全部为退耕还林还草对象。

2. 水浇地基本田退耕还林

（二）各类型技术模式及造林技术要点

1. **严重风蚀沙化耕地类型**

A. 灌草乔混交防护林模式

（1）适宜地点：此模式适宜于沙化或潜在沙化，土壤以沙板土为主的退耕地，采取营造灌药乔混交形式的造林模式。

（2）栽植模式：根据退耕地条件的差异，因地制宜地选择树药种及模式。在地形平缓、肥力相对较好的耕地，可选择樟子松、榆树等乔木树种与柠条、沙棘等灌木株间混交，2行一带，株间距1.5米×3米，带间距6米，初植密度99株，中间种植甘草、麻黄、柴胡等经济价值较高的药用植物。在风口、风蚀沙化严重的土壤贫瘠的耕地上造林，可以选择榆树与柠条，行间混交5行一带，中间3行榆树，两边各一行柠条，带间距6米，乔木株行间距1.5米×3米，灌木株行间距1米×3米，初植密度148株，中间种植甘草、麻黄、柴胡等经济价值较高的药用植物。

（3）整地与栽植：造林采用穴状整地，乔木整地规格为长×宽×深60厘米×60厘米×70厘米，灌木整地规格为60厘米×60厘米×50厘米，品子形排列，栽植采取系列抗旱造林技术，坚持"六不离水"（灌水起苗、运苗喷水、水中浸苗、装水领苗、座水栽苗、栽后浇水）及栽后腹膜，以确保成活，提高两率。其中，麻黄种植技术为：先育苗，品种以草麻黄为宜，合理定植密度为7000株/亩~10000株/亩。

（4）抚育管理：加强抚育管理，及时松土、除草，防治病虫害。前三年抚育次数为2~2~1次/年。第一次抚育6月下旬进行，第二次7月中下旬进行。

B. 灌乔混交防风固沙林模式

（1）适宜地点：此模式适宜于风蚀沙化严重，年降水量300毫米左右，土壤以沙壤土为主的退耕地，土层厚度30厘米以上，地势平缓，土壤结构为通体沙土，地表沙化，在大风的作用下，沙化的面积有扩大趋势的地点。

（2）造林模式：乔灌木带状混交，每带10行，乔木4行、灌木6行，乔木株行间距1.5米×5米，灌木株行间距1米×5米，每带宽45米，初植密度乔木89株/亩，灌木133株/亩。

（3）主要技术措施：树种以优良乡土树种为主，树种选择乔木以杨、榆树为主，灌木以大白柠条、沙棘、杨柴为主。整地在造林前一年雨季进行，采用人工穴状整地，乔木整地规格为长×宽×深为80厘米×80厘米×80厘米，灌木整地规格为60厘米×60厘米×50 厘米。栽植采用抗旱造林系列技术，栽树时按照“六不离水”的要求，并做到栽植前用生根粉处理根系。栽植后采取腹膜措施，腹膜要在浇水后抓紧时间进行，根据当地条件，要适当扩大容器苗栽植比例，以提高成活率。抚育管理要及时松土、除草，前3年抚育次数为2~2~1次/年，第一次抚育6月下旬进行，第二次7月中下旬进行。

C. 灌草混交复合型防风固沙林模式

(1)适宜地点：本模式适宜于严重风蚀沙化，气候干旱、寒冷，年降水量300毫米以下，土壤为栗钙土或风沙土，土壤中石砾含量高，土质为沙壤，土层30厘米以下为钙质层的地点。

(2)栽植模式：灌木采取2行一带，植苗造林株间距为1×2米，雨季条播造林行距0.8米~1.0米，穴播株行距为1米×2米，带间距为5米~6米，带间种植紫花苜蓿、沙打旺、草木樨等。

(3)主要技术措施：林种为防风固沙林，树种选择大白柠条、杨柴等灌木，草种以紫花苜蓿、沙打旺、草木樨等为主。植苗造林前一年雨季整地，直播造林的整地，每行宽度必须在1米以上，保证种植行两侧50厘米无杂草。春季穴状植苗造林，穴的规格为50厘米×50厘米×60厘米，造林时坚持“六不离水”原则。雨季直播造林时要采取穴状或条播造林，覆土厚度柠条3厘米左右，杨柴1厘米~2厘米，条播柠条播种量0.75公斤，每延长米下种量60粒左右，穴播每亩下种量0.3公斤，每穴15粒~20粒，杨柴条播播种量为1公斤，每延长米下种量100粒~200粒，穴播每亩下种量0.3公斤，每穴30粒~40粒。播种造林方法简单、成本低，尤其是在地广人稀的地方，劳动力紧张的地方更易推广。柠条、杨柴作为采种基地育苗要加强松土、除草等抚育管理，前三年抚育次数为2~2~1次/年，若作为饲料林可在3年~4年后开始平茬，每隔2年隔行平茬一次，粉碎后作饲料。

2. 水浇地基本田退耕还林类型

现有水浇地或有开发水资源条件的耕地，要结合退耕还林还草工程的实施，建立起完善的防护林体系，控制风沙危害，以提高土地生产能力，改善农田内部的温湿度状况，控制土壤水分的蒸发，改善农业生态环境。

此退耕还林模式以建立生态经济型防护体系为目的，以最小的林带占地面积发挥最大的防护作用为原则，根据本地区风沙危害严重的实际情况，水浇地生态经济型防护林可由以下几部分组成：

(1)骨干防风阻沙林带建设：位于水浇地农田周围，处于外围保护地带，对农田内的作物及经济型防护林起到重要的防风固沙作用，林带配置采取乔灌结合的方式，林带结构为紧密型结构，由5行乔木、3行灌木组成，行距3米，株距乔木1.5米，灌木1米，林带宽度24米。

(2)水浇地农田内部主林带建设：本着最小的占地面积，发挥最大的防护作用，农田内部主林带建设应当尽量与渠系道路结合起来进行。并充分利用水源优势，发展经济林，树种组成以果树123、山楂、李树为主，4行组成，株行距3×4米，路、渠两边各两行，带间距200米，林带比例占8%，林带结构为疏透结构。

(3)副林带建设：水浇地基本田自然条件较好，水资源丰富，四周有大型骨干防风固沙林带庇护，因此，副林带建设在发挥防护效益的同时，应尽可能发挥其经济效益，建成生态经济型防护林，树种组成以123果树为主，其次为山楂，林带宽10米，3行组成，品字形配置，株行距3米×4米，林带间距300米，林带占地比例3.5%。

(4)树种选择：本着适地适树、生态与经济效益兼顾的原则，骨干防风固沙林带以生长快、防护性强、易繁殖、寿命长的青杨为主，3根3杆大苗，农田内部主副林带以经济价值较高、耐瘠薄、耐低温的以海棠作砧木的123果树、山楂、李树为主，灌木树种选择大白柠条、沙棘等。

(5)造林技术：为尽快成林，发挥防护效益，造林采取大坑整地造林，杨树整地规格为长×宽×深为80厘米×80厘米×80厘米，苗木选用3根3杆胸径1.5厘米以上的大苗，适当深栽，果树整地规格为80厘米×80厘米×100厘米，回填熟土，每穴追施有机肥15公斤。灌木整地规格为50厘米×50厘米×60厘米，植苗造林以春季为宜，造林时坚持“六不离水”原则，所用树苗必须进行修根，杨树大苗要进行截干，高度以1.7米左右为宜，果树苗定干高度以80厘米为宜，栽后实施抗旱造林系列技术，所用苗木必须是具备“两证一签”的合格苗。果树栽植要特别注意不宜深栽，覆土以原根部土迹印为宜，否则，将影响成活率。

(6)抚育管理：果树要及时培育冠形，以便同时发挥防护效益和经济效益。及时松土、除草，前三年抚育次数为2～2～1次/年。

十、容器育苗技术

(一)容器育苗的优点

容器育苗可以提高造林成活率，播种量少可以节约种子，不受造林季节的限制，不需要占用肥力较好的土地，没有必要进行土壤改良工作。造林无缓苗期，有利于实现育苗、造林的机械化，大大提高工作效率，不需要进行整地、坐床、截根、起苗、假植和包装等作业，大大缩短育苗时间。

(二)容器的种类

目前用于育苗的容器种类繁多，分类方法也不一致。

1. 按照制作容器的材料可分为：泥炭容器、纸质容器、塑料容器、泥浆麦草杯、黄粘土杯、竹篮和营养砖。此外，还有金属容器、油毡容器、单板容器等。

2. 按照容器是否和苗木一起栽植入土，分成回收容器和不回收容器两大类。

3. 按照容器的结构组合可分为：单杯容器、多杯容器和书本式容器。

4. 按照育苗时是否装营养土可分为装营养土容器和不装营养土容器。此外，根据容器形状分为杯状容器、球状容器、筒状容器、袋状容器等。

（三）容器的规格

容器太小，不利于根系生长，影响人工林的生长。容器太大，用营养土多，重量大，搬运不便。根据苗木的品种、规格，使用育苗容器的规格也不一样，小型容器的直径在2厘米~3厘米，高10厘米。大型容器的直径可达10厘米，高20厘米，有的容器甚至更大。

（四）容器育苗的营养土

营养土又叫培养基，是容器育苗的重要条件，它直接影响到育苗的成效，容器育苗常以泥炭沼泽土和蛭石的混合物配制营养土。

1. 营养土应具备的条件

经过多次灌溉，不易出现板结现象。不论水分多少，体积保持不变。通气性、透水性、保水性良好。含盐量低，酸碱度适中，肥效高。不带草种、虫害和病原体。重量要轻，便于搬运。

2. 营养土的配制比例

常用配制营养土的材料有泥炭、蛭石、珍珠岩、细沙、树皮粉、腐殖质土、肥料等。营养土的配制比例多种多样，要因地制宜，就地取材，下面是国内外林木育种中几种常用营养土的配方：

（1）火烧土78%~88%，完全腐熟的堆肥10%~20%，过磷酸钙2%。

（2）泥炭、火烧土、黄心土各1/2~2/3。

（3）火烧土1/3~1/2，山坡土和黄心土1/2~2/3。

（4）田间土、塘泥或山地土1份，腐熟的堆肥1/3，每1000千克加入硫酸铵1千克，过磷酸钙3千克充分拌和。

（5）腐殖质土50%，水藓泥炭30%，完全腐熟的堆肥20%。

（6）泥炭和蛭石的混合物，其比例为1:1或3:2。

（7）泥炭25%~50%，蛭石10%~25%，再加50%的表土。

（8）碎树皮和蛭石或泥炭，比例为1:1。

（五）营养土的消毒与接种

1. 营养土的消毒：蒸汽法、烧土法、火焰土壤消毒机处理、福尔马林处理、硫酸亚铁处理、三氯硝基甲烷和甲基溴。

2. 营养土的接种：接种菌根菌和接种根瘤菌。

（六）容器装土及排列

1. 装营养土：播种前要把营养土装到容器中，边装边将营养土压紧墩实，不要装得过满，一般都要比容器口低1厘米~2厘米，以防止灌水时水溢出容器。营养土如果用甲基肥，为防止出现苗木生长不均匀的现象，必须进行充分混合，土量多时可以用搅拌机混合，人工操作应翻倒5次以上。混合以后堆放4天~5天后使用，以防烧伤幼苗。

2. 容器的排列

容器排放时要做到整齐一致，高低一样，前后左右成行。宽度一般为1米左右，长度不限，各种容器都要紧密排列，既可以防止干燥，又能够提高土地的利用率。床与床之间要留有50厘米的步道，以便于通风和人工浇水。为防止容器干燥，把容器放好后，可以用塑料布在苗床周围把容器围住，对苗根不易穿出的容器，为保湿可以将容器埋入地下6厘米~7厘米深，在干旱地区可以埋入地下10厘米或更深的地方。但普通纸做的容器不要装土，否则，容器易破。

（七）容器育苗方法

首先通过手选、筛选、风选和水选精选种子。因种子的表皮和内部常有病菌附着，如果不消灭病菌，以后会危害幼苗，因此，要用药剂拌种法和药液浸种法对种子进行消毒。消毒完毕后用浸种法、室内泥沙层积法、室外混合层积法和挫伤种皮法对种子进行催芽，有时也会用特殊方法对种子进行植物激素处理和微量元素处理。将经过处理的种子播在每个容器的中央，一般每个容器要求初幼苗2株~3株，所以一般树种每个容器播种2粒~5粒，然后覆土，因经常灌溉，所以覆土厚度应比一般的苗圃地薄，通常不超过1厘米。

（八）容器苗的管理

1. 覆盖：在室外苗圃育苗时，播种后用草类覆盖容器，减少水分蒸发，采用双层覆盖法，即播种后先覆盖一薄层切碎的麦草或山草，再用麦草、稻草或席子等盖在容器上面。

2. 灌溉：容器育苗最好用喷灌，在幼苗期水量应当供应充足，以促进幼苗的侧根生长。到速生期后期适当控制灌溉量，以促进苗木充分木质化，提高耐旱能力，抑制高生长，促进茎生长，粗而矮的苗木抗逆性强。为促进苗木多生侧根和促进地上部分的茎生长，采取喷水与适当干燥交替进行的效果最好。

3. 追肥：容器育苗与苗圃育苗不同，容器的体积限制营养土的数量，而且目前选用的基质都偏重于物理性状，养分含量偏低，尤其是大规模的机械化作业时，更是如此。因此，在苗木生长过程中，有时需要施肥，施肥以追肥的方式浇营养液为主。营养液主要是氮、磷、钾为主，经常调整氮、磷、钾的比例与用量。不同的树种，不同的肥力状况，需要经过试验找出各种苗木最适宜的营养元素比例、最适宜的溶液浓度和最适宜的施用量。

4. 间苗和补苗：每个容器只留1株健壮苗，多余的幼苗进行1次~2次间苗。

5. 杂草和病虫害的防治：采用人工除草或化学除草，病害主要是防治猝倒病、灰霉病、叶枯病、锈病和白粉病等。

(九)容器苗的出圃、运输和造林技术

以容器苗的主根不长出容器外出圃造林为宜，要小心谨慎，防止容器破裂露根，容器苗要用小铲轻轻铲起，放入木箱或筐内。育好的容器苗如果暂时不造林，可以和裸根苗一样贮藏在冷藏库或窖中。在运苗过程中应尽量减少振动，以防破坏容器，保证苗木质量。苗木运到造林地后，选好整好的造林地挖一小坑，如果是不回收的容器，则连同容器一起定植于穴内，四周填土踏实，不要踏破容器。

第二节 宣 传

党的十一届三中全会后，锡林浩特市林业机构迅速恢复，林业宣传工作逐渐加强。1980年春季植树造林时开始进行“植树造林，绿化祖国”，森林的作用、发展林业的重要性和迫切性等方面的宣传，用党的林业方针政策调动广大干部群众参加林业建设的积极性。1982年，重点宣传“林牧为主，多种经营”的方针。1984年，内蒙古自治区林业厅在呼和浩特市召开全区林业宣传工作会议，开创林业宣传工作的新局面。同年9月20日，第六届全国人民代表大会常务委员会第七次会议通过《中华人民共和国森林法》，本市开展大规模的宣传活动。1988年3月，中共锡林郭勒盟委、行政公署召开全盟三级干部会议，盟委书记乃登在会上作《大力种草种树，开创我盟绿化事业的新局面》的重要讲话，以此为契机，在当年春季植树造林期间，进行大规模的宣传活动。

“八五”期间，全市林业宣传工作的重点是围绕中共锡林郭勒盟委、行政公署出台的《关于“八五”期间发展林业的决定》而展开。本市开展多种形式的宣传活动，做到经常化，通过多种途径拓宽宣传面，提高宣传质量。通过宣传各级领导和广大干部群众真正从思想上认识到，植树造林，绿化国土，发展林业，具有良好的经济效益、生态效益和社会效益。对于发展国民经济、改善生态环境，稳定农牧业生产增加农牧民收入，促进社会进步实现第二步战略目标都具有重要的战略意义。同时还要让大家认识到锡林浩特地区自然条件差，森林覆盖率低，生态环境的现状相当严峻，需要进一步提高广大人民群众造林绿化意识和人人动手绿化美好家园的责任感。

“九五”期间，锡林浩特市林业部门抓着“植树节”“防治荒漠化日”，张贴标语，出动宣传车，印发宣传材料等多种形式进行林业宣传，同时还与电视台、报社等宣传单位配合，采取专版套绿、播放专题片、赞助播映电视连续剧等形式大力开展造林绿化宣传，提高林业的社会地位和公民的绿化意识、环境意识和法律意识，广大群众的植树造林绿化意识和热情明显增强。这一时期的宣传特点是领导重视，多次召开专门会议研究部署，并亲自参加各项宣传活动。利用春、夏、秋三季植树造林整地大会战的有利时机，多形式、多渠道地大力开展宣传发动工作。以“植树节”“防治荒漠化日”“爱鸟周”为契机开展多种形式的造林绿化宣传。号召全体林业战线的干部职工人人抓宣传，持之以恒抓宣传，做到林业工作经常报上有文、电视上有影、电台上有声。将宣传工作纳入领导干部实绩目标考核范围，设立专职宣传队伍。

“十五”期间，林业宣传工作围绕中共锡林郭勒盟委、行政公署加快生态建设和“围封转移”战略，以国家京津风沙源工程和西部大开发战略为重点。为深入贯彻《中共中央、国务院关于林业发展的决定》《内蒙古自治区党委、政府关于深化改革加快林业发展的决定》和《中共锡林郭勒盟委、行署关于加快林业生态建设的决定》。进一步加快林业生态建设步伐，促进生态、经济、社会可持续发展，在城镇和牧区广泛宣传有关生态环境保护与建设的方针、政策及其重要意义，典型引路，重点突破，整体推进。利用“4・12”植树节、“5・13”朱总理视察纪念日、“6・17”防治荒漠化日等节日，利用媒体开展有规模、有声势、有影响的宣传活动，做到电视有影、广播有声、报刊有文章、社会宣传有活动。并在工程实施地进行宣传、培训，尤其是退耕还林工程每户都发放明白卡，围绕全盟实施的“1315”技术培训工程，采取办班、以会代训和田间地头现场操作等多种形式，强化农牧民群众的生态意识和建设技能，唤起全社会、全民参与国土绿化和林业生态建设的积极性和主动性。

“十一五”以后，林业宣传已经形成常态化、制度化的格局。宣传工作紧密结合国家、自治区政策法规的贯彻落实，充分利用“3・12”全国植树节和“4・12”自治区植树节、“6・17”防治荒漠化日、“爱鸟日”等节日，利用媒体开展有规模、有声势、有影响的宣传活动，协调配合区内外新闻媒体拍摄专题片，加大锡林浩特市生态建设的外宣力度。广泛宣传林业工程建设的意义和党的林业建设方针、政策，形成全民绿化、全社会办林业的良好社会氛围。

第三节　林业规划

一、锡林浩特市 2004—2010 年造林绿化规划

（一）建设地点和建设时间

锡林浩特市周边城市防护林及所辖苏木、国营农牧场包括白音锡勒牧场、白银库伦牧场、毛登牧场、奶牛场。

建设年限为七年,即2004—2010年,为与国民经济和社会发展五年计划相衔接,分为前两年一个建设期,即:2004—2005年,后5年一个建设期即2006—2010年。

(二)建设目标、任务及布局

根据锡林浩特市的自然条件及生态环境现状,按照锡林浩特市造林绿化建设的功能要求,确定工程建设目标:用七年时间,调动社会各界力量,发挥一切积极因素,应用封育、退耕还林、人工造林等技术手段,使其发挥最大生态效益,经济效益和社会效益。

1. 本着先易后难、因地制宜、因害设防的原则,完成封育37万亩,退耕还林4.3万亩,人工造林1.4万亩。

2. 通过七年各项工程的建设,起到防风固沙、净化空气,改善锡市生态环境的作用。

3. 通过各项工程的建设,能够改善锡林浩特市市民生活水平和生活质量。

4. 通过各项工程的建设,有效地降低自然灾害的发生,促进社会经济的可持续发展。

根据锡林浩特市的自然环境条件,依照轻重缓急,逐年实施的原则,本市七年的建设任务为:封山育林37万亩,其中2004年至2005年12万亩,2006年至2010年25万亩。退耕还林4.3万亩,其中2004年至2005年1.75万亩,2006年至2010年2.55万亩。人工造林1.4万亩,其中2004年至2005年1.3万亩,2006年至2010年0.1万亩。

(三)投资概算

本项目总投资4058万元,其中国家基本建设资金3848万元,地方财政210万元。人工造林250/亩计算,共投资350万元,其中国家基本建设资金140万元,地方财政210万元。封山育林70元/亩计算,共投资2590万元,来源于国家基本建设资金。退耕还林共投资1118万元,其中退耕还林种苗费50元/亩,投资215万元。荒山荒地造林种苗费50元/亩,投资215万元。粮食补助按200元/亩,粮食以0.7元/斤计算,共投资602万元。退耕农民生活补助费20元/亩·年,共投资86万元。

本项目是一项生态、社会效益非常显著的公益性事业,其建设资金实行多渠道筹措,本着"谁治理、谁开发、谁受益"的原则,实行国家、地方、集体、个人共同投资建设,资金来源由国家基本建设资金、地方财政配套、集体和群众同筹组成。

二、锡林浩特市城防林建设总体规划(2011—2013年)

(一)建设目标

在城区与矿区之间建设一道绿色生态屏障,发挥防护林防风、吸尘、吸碳、固土、涵养水源的作用,整体形成从北至西至南"U"字形防护林生态屏障。建造防护林的目的就是恢复草原生态系统,美化环境,为当地居民提供户外休闲娱乐场所。结合科普教育，提高环保意识，防护林的成功建设将为锡林浩特市未来的绿化工程提供良好的范例，从而加快锡林浩特市园林绿化事业的发展。

（二）建设规划

规划面积 53800 亩。2011 年规划面积为 11000 亩，其中，补植 7000 亩，新造林 4000 亩。2012 年规划面积为 17000 亩，其中，补植 5000 亩，新造林 12000 亩。2013 年规划面积为 25800 亩，其中，补植 7000 亩，新造林 18800 亩。

锡林浩特市城市防护林体系分三个区，分别为城北防护林建设区，城西防护林建设区和南山绿化工程区。

1. 城北防护林建设区

为发挥防护林防风、吸尘、吸碳、固土、涵养水源的作用，规划建设区西起西郊收费站东至奶牛场万亩基地，全长 15 公里，规划补植和新造林面积 11800 亩，根据立地条件造林树种以灌木为主，乔灌结合。主要树种有杨树、柽柳、枸杞、樟子松。

2. 城西防护林建设区

城西防护林工程是京津风沙源治理工程人工造林项目区，长 8000 米，宽 1000 米，建设年限为 2002—2004 年，面积 12000 亩，树种为杨树、柠条。目前造林保存率 80% 以上，但造林树种单一，树木高度不够，防护效益不明显，需进行补植和改造，提高防护效能。根据立地条件，选用适宜本地区生长的樟子松和榆树混交造林。

3. 南山绿化工程区

规划区东起 303 国道、西至 207 复线、南至 207 国道与锡林河交汇处、北至南市门，东西长 9.2 公里，南北平均宽 3.1 公里，规划造林面积 30000 亩。根据项目区的立地条件，树种的生物学特征及景观需要，选用适宜本地区生长的樟子松、云杉、山桃、杨树、榆树、白桦、丁香、柳树、榆叶梅、刺梅、沙地柏等高规格树种。树种配置采用片状混交、散生木与近自然随机组团配置等树种配置方式：单一树种片状或带状栽植、针叶树种与阔叶树种组团混交、针叶树种与花灌木树种组团混交、阔叶树种与花灌木树种组团混交、针叶树种、阔叶树种与花灌木树种组团栽植、高大乔木孤植等方式形成森林景观。拟打造以城市生态防护效益和涵养水源为主，兼有休闲、健身、科普教育及文化宣传的多功能、高标准的森林公园。

（三）投资概算及资金筹措

项目总投资 3.3 亿元，其中：造林工程投资 2.74 亿元，占总投资的 83%，附属设施投资 0.56 亿元，占总投资的 16.9%。投资分三个年度完成，2011 年投资 0.56 亿元，2012 年投资 1.15 亿元，2013 年投资 1.59 亿元。

资金筹措来源于锡林浩特市财政，部分投资由义务植树的投工投劳折算。

三、锡林浩特市南山绿化工程建设总体规划

(一)建设目标

通过锡林浩特市南山绿化工程的实施,提高森林覆盖率,达到保护生态、遏制风沙危害和水土流失,改善市容市貌,涵养水源,优化市区环境,提高人居环境质量,为开创生态文明发展道路、实现经济与自然和谐共进,人与自然和谐相处起到示范作用。

建设完成3万亩水土保持林、水源涵养林、护路林及景观林,集生态、经济、社会效益于一体的多功能、多用途的城区防护林体系。

(二)建设内容和规模

该项目规划总面积41385亩,其中造林绿化总规模30000亩,以适合本地区生长的云杉、樟子松、杨树、榆树、山桃、丁香、榆叶梅、柽柳、山杏、柄扁桃等、营造片状纯林、带状混交林、群团状混交景观林。架设输电线路20千米,打机电井20眼,铺设灌溉主管道55000延长米。新建防火瞭望塔一座。新建管护房屋20处,60平方米/处。

(三)建设地点和期限

建设地点位于锡林浩特市南山,地形起伏明显,海拔950米~1085米,坡度分四级:山脊斜坡、缓坡、平缓坡、平坡。

建设期限:3年,即2010—2012年。

(四)投资预算与资金筹措

该项规划建设期三年,总投资为42379.3135万元,其中:种苗费30642.0500万元,占总投资的72.3%。整地费2171.4820万元,占总投资的5.1%。栽植费420.7790万元,占总投资的1%。灌溉费2165.0025万元,占总投资的5.1%。抚育管理1800.0000万元,占总投资的4.2%。附属设施3750.0000万元,占总投资的8.8%。基础设施230.0000万元,占总投资的0.5%。规划设计费400.0000万元,占总投资的1%。工程监理费400.0000万元,占总投资的1%。工程管理费400.0000万元,占总投资的1%。

锡林浩特市南山绿化工程总投资42379.3135万元,项目资金60%申请国家资金和银行贷款,其余40%部分地方自筹。

四、锡林浩特市锡林河湿地公园建设工程规划

(一)规划目标

实现水的自然循环,改善湿地地表水与地下水之间的联系,使地表水与地下水能够相互补充,采取必要的措施,改善作为湿地水源河流的活力。采取适当方式形成地表水对地下水的有利补充,使湿地周围的土壤结构发生变化,土壤的孔隙度和含水量增加,从而形成多样性的土壤类型。从整体角度出发,对周边地区的排水及引水系统进行调

整，确保湿地水资源的合理与高效利用。在可能的情况下，应适当开挖新的水系并采取可渗透的水底处理方式，以利于整个园区地下水位的平衡。以人为本、保护自然、保护生态，以自然生态肌理组织生态休闲园空间，人工生态溶于自然生态，依托规划区独特的地形地貌及现有的景观元素，构建“生态、绿色、和谐”的框架。

规划强调项目的参与性、娱乐性和知识性的紧密结合，使城市游客广泛参与园区生产、生活，通过亲自动手获得乐趣和相关的知识，使人们多层面地体验水产品饲养、芦苇种植、垂钩，鸟类驯化、逗趣，湿地高新技术操作及水上生活的情趣等。规划设计要根据园区实际，明确资源情况，选准突破口，突出人工生态景观，利用生态技术进行新优动植物、水鸟养殖，人工生态和自然生态相结合。深入挖掘项目内在的文化资源，并加以开发，提升园区的文化品位，实现景观资源的高水平利用。湿地公园开发采用整体规划，分期开发、逐步完善的形式，以解决开发过程中的融资问题，为整个园区的早日开放及进入良性循环做好充分准备，充分发挥资源的最大效益。

（二）建设内容和规模

整个园区分为六部分，规划总面积 3412372 平方米，约合 5116 亩。形成六个大的区域，构成湿地公园的景观主体框架。包括栈桥、湿地植物园、开放式水禽养殖园（候鸟救助中心）、垂钩园、冰雕展示区、滑雪练习场。

栈桥：位于园区东侧、起到分割空间的作用，使湿地公园与周围村落相对分开，同时与周围大自然景观有机衔接和过渡，形成和谐融入大自然，又独立于大自然的特色景观。

湿地植物园：该部分是湿地公园主体部分，从东到西沿主干道两侧，包括主入口，要突出生态及绿色特点。各园区相对独立又相互联系，即每个植物区具有独立的景观特色，独立的配套设施，独立的文化内涵，同时在总体规划下相互协调，相互衬托。合适的地方点缀盆栽荷花等植物，开花时，形成全园美丽的景观，营造举办荷花节、芦苇节的基础。

开放式水禽养殖园（候鸟救助中心）：此处园区主要突出动物保护和科技普及的特点。

垂钩园：利用现有条件建立池塘，养殖水禽、各种鱼类及蓄水设置垂钩区，分为普通垂钩池区和高档垂钩池区。

冰雕展示区：利用锡林浩特市得天独厚的气候资源，进行冰雕展示。

滑雪练习场：开展冬季冰雪项目，建立锡林浩特市第一个滑雪场，配套建设占地面积 60 亩的绿色休闲娱乐会所。位于园区西部，紧邻公路，建设一栋建筑面积 3000 平方米的娱乐会所，用于举办科普展览、接待来访、游客休息休闲、园区管理场所。

(三)建设地点和建设年限

项目建设地点位于锡林浩特市郊南山脚下锡林河流域。

建设年限 3 年,即 2012—2014 年。

(四)投资预算与资金筹措

根据项目规模及投资标准,该项目总投资 13256. 6 万元,其中:小流域治理和湿地生态恢复种苗费 1592. 5 万元,土方、整地费 1208. 37 万元,栽植费 658. 61 万元,抚育管理 704. 3 万元。附属设施木栈道 1439. 22 万元,湿地公园 1893. 2 万元,候鸟保护中心 1532. 1 万元,滑雪场 2584. 3 万元,垂钩园 584. 3 万元,冰雕展示区 524. 3 万元,设计费、监理费、不可预见费 177. 75 万元,利税 357. 65 万元。

锡林浩特市湿地公园建设工程总投资 13256. 6 万元,项目资金 60% 申请国家资金和银行贷款,其余 40% 为地方自筹。

五、锡林浩特市“十二五”林业规划(2011—2015 年)

(一)营林规划目标

“十二五”期内完成林业建设任务 58 万亩,本市森林覆被率达到 6. 19%,使南部治理区流动半流动沙丘被固定,植物种增多,覆盖度增加;北部牧区退化的灌丛化草场得到初步治理,全市生态状况整体好转,林草植被稳步增长,沙化危害明显减轻,林业产值持续增长,初步形成比较稳定的生态防护林体系,促进生态、经济、社会效益的统一。

(二)建设任务

规划总任务 58 万亩,其中沙源工程封山(沙)育林 50 万亩,人工造林 3 万亩,退耕还林 3 万亩。其他项目以及企业、社会造林 2 万亩。

布局与任务安排:依据 2009 年森林资源二类调查初步结果,在现有森林资源的基础上,实行分类指导,分区实施,根据锡林浩特市自然条件类型,划分三个区域进行规划。

1. 城周边生态保护区:此区采取人工造林方式,以乔、灌树种为主,与城市建设、围封禁牧、小流域治理、通道绿化相结合,在南山结合义务植树建设高起点、上档次、成规模的森林公园;在外环路和城区出口建设上档次高标准的生态防护林体系;在矿区建设高标准、多功能的城区生态防护林体系,以减少水土流失,达到防风固沙、减少城市污染,改善生态环境的目的。

本区 2011—2015 年规划建设任务 2 万亩。2011 年实施 0. 3 万亩,2012 年实施 0. 5 万亩;2013 年、2014 年、2015 年各实施 0. 8 万亩。

2. 北部风蚀退化沙化草原治理区：此区建设重点是围绕休牧、禁牧、轮牧，保护恢复现有植被，搞好高产饲草料基地防护林建设。在灌丛化草场分布区以封为主，实行封山育林工程，保护培育灌丛化草场，增加饲草料来源，促进畜牧业经营方式转变。

本区2011—2015年规划建设任务29万亩，包括毛登牧场、朝克苏木、阿尔善镇、宝力根苏木。

3. 南部浑善达克沙地治理区：此区建设重点是采取造、封结合方式，以灌木为主，灌、草、乔相结合，带、网、片结合，生物措施与工程措施相结合，恢复和增加林草植被，扩大森林面积，提高本市森林覆被率。

本区2011—2015年规划建设任务27万亩，包括白音锡勒牧场、白银库伦牧场、贝力克牧场。

（三）森林防火规划

2011年在市区建防火信息指挥中心1处，配备先进的预测预报通讯信息系统，建立完善苏木、嘎查护林防火组织网络，加强森林火险预警检测及通信系统建设，森林防火阻隔系统工程建设，森林防火队伍能力及装备建设，森林防火宣教、物资储备库及火灾评估系统建设，不断增强预防和控制森林火灾的综合能力，提高防扑火工作快速反应能力。规划期内，森林防火所有项目共计投资1136万元。

（四）公益林建设规划

根据2009年锡林浩特市森林资源调查报告初步结果，结合国营农牧场（镇）及苏木认定的资源情况，公益林建设总规模为136.447万亩，2011年规划补进国家公益林113.6851万亩，补进补偿资金912.6115万元，在规划期内，对新补进的国家公益林进行全部围封。

（五）林木种苗规划

规划期内，本市育苗面积保持在2000亩，利用现有的育苗基地年生产合格种苗220万株，建设高标准良种基地1处，高规格采种基地1处，种苗质量检验站1处，建设基层种苗站1处，建种子储存库1处，建储苗窖1座，引种试验基地1处。

（六）森林公安规划

规划期内，加强森林公安队伍建设，提高公安人员业务素质，重点加强基础设施和派出所建设，项目所需资金共计880万元。

1. 加强治安防范、强化队伍建设：建立强有力的治安联防体系，不断提高治安防范能力，以培养一支思想过硬、纪律严明、素质良好、业务精通、反应快速的森林警察队伍建设为重点，突出抓好对自然保护区和其它公益林的治安防范工作。

2. 基础设施建设：加强本市森林公安信息网络建设，现代技侦仪器设备配置，着力解决警备警务用车问题,安装专用有线报警电话及监控系统,按标准建设档案室、候问室、讯问室、调解室、枪弹库。

3. 派出所建设:建设森林公安局及三个派出所办公用房各一处,2011 年城关森林公安派出所达到国家二级派出所标准,2012 年阿尔善森林公安派出所达到国家二级派出所标准,2013 年白音锡勒森林公安派出所达到国家一级派出所标准。

(七)林业有害生物防治规划

建立林业有害生物监测点一处,无公害防治率达 95% 以上,测报准确率达 90% 以上,种苗产地检疫率达 100%,成灾率控制在 6‰以内。

规划期内,完成监测面积 800 万亩,防治面积 50 万亩,检疫木材 21 万亩,检疫花卉 46 万盆,检疫苗木 1100 万株,其中产地检疫苗木 710 万株,调运检疫苗木 290 万株。

(八)重点工程建设规划

在分区布局的基础上,结合锡林浩特市实际,突出重点,规模建设,结合锡林浩特地区全民义务植树和林业项目,全力抓好南山森林公园工程建设,规划总面积 3. 3 万亩,总投资 3 亿元,建设期限 5 年。

(九)森林资源保护与管理规划

1. 自然保护区建设:根据锡林浩特市资源景观特点,2011 年把锡林浩特市白银库伦遗鸥自然保护区规划列入国家级自然保护区。同时争取锡林河(三河源之一)湿地保护区 2011 年列入盟级湿地保护区,2014 年列入自治区级湿地保护区。

2. 森林资源监测管理:为更好地加强森林资源的监测和管理,应用高科技技术和计算机网络技术,建立比较完善的森林资源动态监测管理体系。2011 年在白音锡勒牧场建立重点公益林资源监测(站)点一处,2012 年在阿尔善镇建公益林管护站一处,2013 年在朝克苏木建公益林管护站一处,2014 年在宝力根苏木建公益林管护站一处。根据上级业务主管部门要求,每隔 5 年开展一次本市森林资源清查和土地荒漠化监测。

3. 森林采伐管理:规划期内森林采伐限额控制在 2124 立方米以内,其中集体 67 立方米,个体 98 立方米,非林业 1959 立方米。

(十)林业产业发展规划

围绕浑善达克沙地、北部牧区灌木资源、城周边三个产业区,打造森林生态旅游,加强林木采种基地和城周边优良苗木、珍惜木本花卉为主的示范基地建设。

(十一)科技支撑发展规划

以科技兴林为先导,大力推广适用技术,规划期末,使林业科技成果转化率达到 50% 以上;先进适用技术普及应用率提高到 95% 以上;种苗合格率达到 90% 以上;使用率达到80%以上。

（十二）基层林工站基础设施建设规划

在规划期内，加大基础设施建设，2011年在白音锡勒牧场建设木材检查站一处，2012年在市区建设森防标本室一处，2013年在朝克苏木建设林工站办公室一处，2014年在白银库伦牧场建设基层林工站一处，2015年在宝力根苏木建设基层林工站一处。

（十三）投资概算

依据国家林业重点工程项目建设投资标准：人工造林100元/亩，封山（沙）育林70元/亩，退耕还林工程荒山荒地造林150元/亩，采种基地300元/亩，良种基地4000元/亩，容器育苗0.5元/袋，种苗质量检验站37万元/处，其他投资以国家现行投资为准。

2011—2015年总投资为9600万元，全部为中央投资。其中生态建设投资4450万元，占总投资的46.3%；种苗建设投资1437万元，占总投资15%；森林防火建设投资1136万元，占总投资的11.8%，森林公安建设投资880万元，占总投资的9.2%，资源保护与管理建设投资240万元，占总投资的2.5%，基层林工站基础实施建设投资315万元，占总投资的3.3%，补进公益林围封建设投资1142万元，占总投资的11.9%。

六、锡林浩特市“十三五”林业规划（2016—2020年）

（一）营林规划目标

“十三五”期内完成林业建设任务32.5万亩，锡林浩特市森林覆被率达到6.57%，使南部治理区流动半流动沙丘被固定，植物种增多，覆盖度增加；北部牧区退化的灌丛化草场得到初步治理，本市生态状况整体好转，林草植被稳步增长，沙化危害明显减轻，林业产值持续增长，初步形成比较稳定的生态防护林体系，促进生态、经济、社会效益的统一。

（二）规划任务

规划总任务32.5万亩，其中封山（沙）育林28万亩，人工造林0.5万亩，重点区域绿化（包括义务植树）4万亩。

（三）布局与任务安排

在现有森林资源的基础上，实行分类指导，分区实施，根据锡林浩特市自然条件类型，划分三个区域进行规划。

1. 城周边生态保护区：此区采取人工造林方式，以乔、灌树种为主，与重点区域绿化、义务植树相结合，建设高起点、高标准、上档次的生态防护林体系，以减少水土流失，达到防风固沙、减少城市污染，改善生态环境的目的。

本区2016—2020年规划建设任务2.1万亩。2016—2020年，每年度实施0.42

万亩。

2. 苏木(镇)退化沙化草原治理区:此区建设重点是围绕休牧、禁牧、轮牧,保护恢复现有植被,搞好高产饲草料基地防护林建设。在灌丛化草场分布区以封为主,实行封山育林工程,保护培育灌丛化草场,增加饲草料来源,促进畜牧业经营方式转变。

本区 2016—2020 年规划建设任务 17.2 万亩,2016—2020 年,每年度实施人工造林 0.06 万亩,封山育林 0.8 万亩。包括朝克苏木、阿尔善镇、白音苏木、宝力根苏木。

3. 锡林河流域生态保护区:此区建设重点是采取造、封结合方式,以灌木为主,灌、草、乔相结合,带、网、片结合,生物措施与工程措施相结合,恢复和增加林草植被,扩大森林面积,提高锡林浩特市森林覆被率。

本区 2016—2020 年规划建设任务 13.2 万亩,包括白音锡勒牧场、白银库伦牧场、毛登牧场、贝力克牧场。

(四)森林防火工程建设

2016—2018 年,选择合适的地方建防火信息指挥中心 1 处,配备先进的预测预报通讯信息系统,建立完善苏木、嘎查护林防火组织网络,加强森林火险预警检测及通信系统建设,森林防火阻隔系统工程建设,森林防火队伍能力及装备建设,森林防火宣教、物资储备库及火灾评估系统建设,不断增强预防和控制森林火灾的综合能力,提高防扑火工作快速反应能力。

(五)森林公安队伍建设

规划期内,加强森林公安队伍建设,提高公安人员业务素质,建立强有力的治安联防体系,不断提高治安防范能力,以培养一支思想过硬、纪律严明、素质良好、业务精通、反应快速的森林警察队伍,重点加强基础设施和派出所建设,加强森林公安信息网络建设,现代技侦仪器设备配置,着力解决警备警务用车问题,安装专用有线报警电话及监控系统,达到国家一级派出所标准。2016 年白音锡勒派出所建设;2017 城关公安派出所建设,项目所需资金共计 233 万元,每年度各投资 116.5 万元。

(六)锡林河湿地公园湿地保护规划

建设内容:5 个功能区,总面积 6556 公顷,其中:生态保育区建设面积 4278 公顷,恢复重建区建设面积 403 公顷,宣教展示区建设面积 169 公顷,合理利用区建设面积 1476 公顷,管理服务区建设面积 230 公顷。

总投资 2 亿元,其中湿地保护工程投资 3439 万元;湿地恢复工程投资 2869 万元;科普宣教工程投资 2589 万元;科研监测工程投资 2679 万元;综合利用工程投资 3281 万元;基础设施工程投资 5143 万元。

本区 2016 年基础设施工程建设,投资 5143 万元。

本区 2017 年综合利用和湿地恢复工程建设，总投资 6150 万元，其中综合利用工程投资 3281 万元；湿地恢复工程投资 2869 万元。

本区 2018 年科研监测工程建设，投资 2679 万元。

本区 2019 年湿地保护工程建设，投资 3439 万元。

本区 2020 年科普宣教工程建设，投资 2589 万元。

（七）自然保护区建设规划

根据锡林浩特市资源景观特点，2011 年把锡林浩特市白银库伦遗鸥自然保护区规划列入国家级自然保护区。

白银库伦遗鸥自然保护区规划总面积 10415 公顷，保护区由核心区、缓冲区和实验区三部分组成，核心区位于保护区的中心部位，面积 4985 公顷，占总面积的 47.8%，缓冲区位于核心区外围，面积 1691 公顷，占保护区总面积的 16.2%；试验区是缓冲区外围所有剩余部分，面积 3739 公顷，占总面积的 36.0%。

白银库伦遗鸥自然保护区建设总投资 1.2579 亿元，其中保护工程投资 2023 万元，占总投资的 16.1%，科研工程投入 1481 万元，占总投资的 11.8%，宣传教育工程投入 535 万元，占总投资的 4.3%，站址建设工程 7554 万元，占总投资的 60.0%，其它投资 986 万元，占总投资的 7.8%。

2016 年站址建设工程建设，投资 7554 万元。

2017 年保护工程建设，投资 2023 万元。

2018 年科研工程建设，投入 1481 万元。

2019 年宣传教育工程建设，投入 535 万元。

2020 年其它投资建设，投资 986 万元。

（八）基层林工站基础设施建设规划

“十三五”期内，加大基础设施建设，2016 年在白音锡勒牧场建设基层林工站一处，2017 年在市区建设森防标本室一处，2018 年在朝克苏木建设林工站办公室一处，2019 年在白银库伦牧场建设基层林工站一处，2020 年在宝力根苏木建设基层林工站一处。

（九）林业有害生物防治规划

在“十三五”期间，控制好各种病虫（鼠）害的种群数量，保护好生态建设成果。建立林业有害生物监测点一处，无公害防治率达 100%，测报准确率达 95% 以上，种苗产地检疫率达 100%，成灾率控制在 4‰以内。2016—2018 年平均每年投资 60 万元；2019 年、2020 年每年 40 万元，总投资 260 万元。

（十）林场建设规划

在城区周边生态保护区，营造城防林完成造林面积 7.5 万亩，基本整体形成了环型生态防护林体系。“十三五”期间,加强城防林后期管护建设,总投资500万元。

(十一)投资概算

依据国家林业重点工程项目建设投资标准:人工造林400元/亩,封山(沙)育林70元/亩,退耕还林工程90元/亩,其他投资以国家现行投资为准。

2011—2015年总投资为3.8713亿元,全部为中央投资。其中生态建设投资3940万元,占总投资的10.2%;森林防火建设投资1470万元,占总投资的3.8%,森林公安建设投资233万元,占总投资的0.6%,湿地公园湿地保护建设投资2亿元,占总投资的51.7%,自然保护区建设投资1.2亿元,占总投资的31%,有害生物防治建设投资260万元,占总投资的0.6%,基层林工站建设投资310万元,占总投资的0.8%,林场建设投资500万元,占总投资的1.3%。

第九章　林政管理

第一节　林　政

资源和林政管理是林业行政主管部门依照国家的法律和政策，对森林资源的保护、培育、采伐、运输和销售等主要经营活动，实行组织、协调、控制和监督，使其沿着国家法制轨道健康发展。

1997年之前，锡林浩特市林政资源管理工作中没有专门的机构，林政资源上的主要工作由林业其它科室兼管。

资源林政科是锡林浩特市林业水利局的一个业务科室，1997年12月成立。资源林政科建立后坚持依法兴林，广泛宣传新修订的森林法，增强广大人民群众的法律意识，为新森林法的顺利实施营造良好的环境。林业执法人员带头学习森林法，准确掌握森林法的基本原则，为依法决策、依法行政打下基础。同时加强资源林政管理，完善资源建档，掌握资源变化动态，加大执法力度，严厉打击乱砍滥伐林木，乱捕滥猎野生动物和非法买卖野生动物的违法犯罪活动。至此，锡林浩特市基本形成林业政策法规、资源监测管理、病虫害防治检疫、野生动植物保护管理等较为完备的林业行政执法保护体系。

组织实施本市森林资源调查，负责森林资源监测工作。2009年，聘请内蒙古自治区林业监测二院开展锡林浩特市森林资源调查工作，资源林政科配合此项工作的开展。

针对城市周边建设力度加大，征用、占用林地项目比较多的实际情况，严格执行林业法律、法规，完善和规范征占用林地的审核审批程序，加强审核审批前的现场查验和审核审批后的检查监督，强化林地管理。对因工程建设确需征用、占用林地的，按照法定程序和期限严格把关，及时审核上报。2008—2012年五年间，共为60个占地单位申报59个项目征、占用林地手续，内蒙古自治区林业厅已全部下达使用林地审核同意书。征占用林地面积448.7802公顷（6731.7亩），上缴森林植被恢复费2498.0825万元。

编制本市“十二五”林业采伐计划，对林木采伐，严格执行“十二五”林木采伐限额，控制采伐额度。按照法定程序，为涉及林木采伐单位开具采伐许可证。这些年，未发生过无证采伐和超限额采伐情况。完善林政资源的档案管理，建立健全森林资源档案，把全年内蒙古自治区审核通过的征地项目都进行归档分类，健全档案的管理和保存。另外,还对每一个项目的森林植被恢复情况按照人工造林作业设计严格施工、严格验收。

加强野生动物驯养繁殖和经营加工许可证的初审和监督工作。针对现在市场驯养繁殖野生动物场所的增加,根据国家林业局《关于加强野生动物保护条例》,出台野生动物经营许可证办理的申报程序,规范驯养市场秩序。

加强林地管理,打击违法占用林地行为。2011 年由锡林浩特市林业水利局牵头指导,发改、监察、国土、交通等部门配合,开展拉网式的打击违法占用林地专项行动。按照《中华人民共和国森林法》《占用征用林地审核审批管理办法》和《国务院关于保护森林资源制止毁林开垦和乱占林地的通知》,规范征占用林地审核审批程序,对征占用林地全过程进行跟踪监管,严格履行征占用林地手续,有效防止违法占用林地、破坏林地行为的发生。加强征占用林地项目森林植被恢复管理,确保林地面积不因征占用林地而减少,恢复的森林资源质量不降低,保持森林资源动态平衡。1991 年锡林浩特市林工站和锡林浩特市苗圃提出申请,锡林浩特市农林水利局核实上报锡林浩特市人民政府,于 1991 年 8 月颁发锡林浩特市白柠条基地和八里道班造林基地林权证(编号 500901 号),颁发锡林浩特市国营苗圃林权证(编号 500902 号)。2008 年加强林地、林木权属管理指导监督工作以来,严格执行林业法律、法规,完善和规范征占用林地的审核审批程序,加强审核审批前的现场查验和审核审批后的检查监督,强化林地管理,对于锡林浩特市林权证的发放工作进行指导监督。共为退耕还林工程、集体林改及其他工程发放林权证 2943 本。

经过多年建设,锡林浩特市林政管理工作逐步走向规范化、制度化,初步构建起森林资源林政管理体系。林政管理工作从宣传林业法律法规入手,不断增强全社会的法制观念,法制建设和执法工作得到加强。通过大力开展林地林权管理,打击非法占用林地行为,林业行政执法力度不断加大,林地保护管理得到大力加强。森林采伐限额管理的力度进一步加强,杜绝超限额采伐现象,把采伐工作纳入规范化管理,使采伐限额管理取得显著成效。科学利用森林资源,搞好资源调查,完成本市二类资源调查,摸清资源底数,森林资源监测体系不断完善。不断强化林业生态建设质量监督检查工作,建设质量大幅度提高,森林资源监督作用得到有效发挥。全面完成森林分类经营工作区划界定工作,资源林政管理工作取得较好成绩。

典型案例1

锡林郭勒盟交通物资供应站非法占用林地案

锡林郭勒盟交通物资供应站在1993年6月上旬，未办理任何占用林地手续，擅自在锡林浩特市南郊城防林内破土动工兴建加油站。锡林浩特市森林公安机关发现此事后，书面告知其办理占用林地手续，锡林郭勒盟交通物资供应站无视警告和督促，仍未到林业主管部门办理占用林地的手续。时隔一年，为保护国有林地不受侵占，锡林浩特市森林公安局对锡林郭勒盟交通物资供应站以锡林浩特市农林水字〔94〕11号文限期补办占地手续，但锡林郭勒盟交通物资供应站仍拒不办理。1994年11月29日锡林浩特市森林公安机关以锡林浩特市林业主管部门名义给锡林郭勒盟交通物资供应站下达〔1994〕林罚书字第6号《林业行政处罚决定书》，锡林郭勒盟交通物资供应站不服该林业行政处罚决定，于1994年12月22日向锡林浩特市人民法院提起诉讼。经过锡林浩特市法院、锡林郭勒盟中院、内蒙古自治区高院五次开庭审理，直到2000年5月10日，由内蒙古自治区高院以〔2000〕内法行终字第4号对此案作出终审判决，此案林业部门胜诉。2000年8月25日，锡林郭勒盟中院对锡林郭勒盟交通物资供应站予以强制执行。

典型案例2

非法盗伐林木案

2004年2月12日，锡林浩特市森林公安局接到群众报案，锡林浩特市原国营苗圃的树木被盗伐。锡林浩特市森林公安分局迅速组织警力赶赴现场，经过仔细的现场勘查，提取违法分子运输木材车辆轮胎印痕及其他痕迹线索，经确定作案运输车辆为四轮农用车。通过摸底排查，走访居住在周围的群众，警方很快获得一条重要线索；根据群众反映居住在苗圃旧办公室的一名叫特某某的男子有一辆四轮农用车，整个冬天都没有动过，而在树木被盗伐的当天特某某将车发动连夜开走。种种迹象和线索都指向特某某，经过分析锡林浩特市森林公安局将特某某定为重大嫌疑对象，可是，案发后特某某已经连续几天都没有回家，民警一直在他家周围蹲点守候，终于在2004年2月16日将回家的特某某抓获带回局。

审讯中特某某拒不承认，但最终在大量铁一般的证据前不得不低下头，对违法事实供认不讳。在案件的进一步审理中，特某某交待，2004年2月11日晚八点钟，其伙同本市包某某在老苗圃用拉锯盗伐杨树两棵（折合立木蓄积为1.512立方米）随后用自家的农用车拉往市里某木材点销赃，获得赃款320元。根据《中华人民共和国森林法实施条例》的规定,锡林浩特市森林公安分局对特某某及包某某处以3000元的罚款,并没收盗伐的木材。

第二节 集体林权制度改革

集体林业自中华人民共和国成立以来,已经历五次大的改革,五次大的改革促使集体林业取得长足发展。但由于历次改革的历史局限性,致使集体林业仍然存在产权不明析,经营机制不灵活,利益分配不合理,权、责、利不统一的问题,制约林业生产力的发展。为进一步完善集体林权制度,调动广大群众造林护林、发展林业生产的积极性、增加群众收入,破解森林资源保护力量不足,林业产业不发达,提高林业部门服务质量和行政能力,促进林业又好又快的发展。根据《中共中央国务院关于加快林业发展的决定》精神及有关法律、法规,结合实际,用5年时间,开展深化集体林权制度改革。

锡林浩特市从2009年开展集体林权制度改革工作。此次集体林权制度改革涉及3个苏木(镇),22个嘎查,708户牧民,2832人。集体林地156.7552万亩,其中:公益林89.8995万亩,宜林地66.801万亩,核发林权证722本。锡林浩特市林权制度改革工作于2009年开始,至2012年历时四年全部结束。

一、阿尔善镇7个嘎查、189家牧户、人口数为756,林地面积51.0473万亩,其中:集体统一经营的林地面积7.857万亩、家庭承包林地面积为43.1903万亩。

二、朝克乌拉苏木有6个嘎查、228家牧户、人口数为912、林地面积67.1325万亩,其中:集体统一经营的面积9.548万亩、家庭承包林地面积为57.5846万亩。

三、宝力根苏木有9个嘎查、291家牧户、人口数为1164、林地面积38.5754万亩,其中:集体统一经营的面积4.415万亩、家庭承包林地面积为34.1603万亩。

2009年锡林浩特市成立集体林权制度改革领导小组,领导小组组长由市委书记担任,副组长由市长、分管副书记、分管副市长担任,成员由相关部门领导、各苏木镇领导组成。领导小组下设办公室,办公室设在锡林浩特市林业水利局。锡林浩特市林业水利局在四楼设置集体林权制度改革办公室一间,购置电脑、档案柜等设备,从锡林浩特市林业工作站抽调2名人员具体负责内业工作。同时制定宣传、培训计划,到各苏木(镇)、嘎查集中培训、采取以会代训、现场培训等形式,组织各苏木镇、嘎查党政主要领导干部,以及牧区基层干部、农牧民了解掌握有关政策、法规、改革方案和操作程序。并利用广播电视、报纸杂志、网站、标语、广告、宣传栏、明白纸等多种方式,广泛深入宣传国家、自治区关于推进集体林权制度改革的重大意义。锡林浩特市集体林权制度改革办公室工作人员深入牧区,向广大牧民群众发放蒙、汉文版《锡林浩特市集体林权制度改革实施方案》《锡林浩特市集体林权制度改革知识宣传》册2000余份。

为使集体林权制度改革工作以点带面，根据本市不同自然社会经济类型，选择具有代表性的宝力根苏木乌力吉德力格尔嘎查，先行试点、整体推进。具体做法是首先收集有关资料，认真组织开展调查研究，全面摸清集体林地基本情况和经营管理状况，广泛了解农牧民群众对集体林权制度改革的想法和意愿。在调查摸底、资料收集、情况分析的基础上，弄清各个方面的状况，收集相关资源、林权、管理及经济收入现状第一手资料，组织群众到现场踏界、准确掌握情况，摸清群众意愿，及时化解纠纷，编制可行的实施方案。

实施阶段时成立各苏木嘎查林改小组，小组成员由各嘎查支部书记、嘎查委员会主任，嘎查牧民小组长和一定比例的嘎查牧民代表组成。依据法律法规的规定和资源资产评估小组建议拟定既符合有关政策和当地实际情况，又符合牧民意愿的承包方案，经嘎查召开牧民大会充分讨论，表决通过后报苏木镇批准实施，并报锡林浩特市集体林权制度改革办公室备案。按林权登记内容，深入到牧户草场林地内，协助指导嘎查林改小组共同勘界确权。做到四个清楚、权属明确、确保质量、张榜公布、不留隐患。核实林地使用人，核实林班、小班及草场面积，收取使用人身份证复印件。

产权落实后，所有经营承包都有嘎查委员会与牧户签订《集体林地家庭承包合同》，明确承包期限，落实造林绿化、保护管理、森林防火、病虫害防治的责任、并将权属落实情况造册、连同合同书一并报苏木镇初审，经锡林浩特市集体林权制度改革领导小组审核后进行林权登记。按照国家规定的统一样式和要求填写表格，确保登记内容齐全、规范、数据准确无误，图、表、册一致，人、地、证相符。在发证前要做到《林地使用权现状公示》《林地使用权登记发证前公示》，经两次公示在规定期限内无异议后，由政府换发、核发林权证。通过公示后按照程序核发林权证 722 本。

林权证核发完毕后，开始建立林权档案，规范档案管理工作，做到登记内容统一、操作程序统一、业务标准统一、痕迹资料统一，将林改工作的全市材料进行系统归档、整理，分级建档立案。

集体林权制度改革工作涉及面广，政策性强、民众关注较高。锡林浩特市委、政府高度重视集体林权制度改革工作，每年都把林改工作经费纳入财政预算，从 2009 年开展林改试点工作以来，陆续安排林改工作经费 53.5 万元，全部落实到位，内蒙古自治区安排的集体林权制度改革经费也全部到位，保证林改工作的顺利开展。

第三节　公益林补偿

公益林生态效益补偿是森林分类经营的主要内容，是实现林业两个根本转变，总体推动林业发展的先决性工作，涉及到多方的利益，单部门操作就会受到一定的局限性，只有将这项工作纳入政府行为,各方责、权、利才能得到有效协调,才能保障工作的有序开展。

公益林生态效益补偿是一项涉及面很广的系统工程,关系到国家、集体及人民群众的切身利益,在具体操作过程中政策性很强,因此,必须在全社会加强有关法律、法规的政策宣传,解决好思想认识问题,让广大人民群众充分认识到生态环境的改善,不仅关系到地方的可持续发展,关系到地区的经济繁荣,而且也与自身的生存密切相关。林业行政部门要强化行政职能,通过禁伐禁牧、封山育林、森林防火、林业有害生物防治、公益林监测、设施维护等工作,依法对生态公益林加强管理。

锡林浩特市公益林补偿工作2006年启动,按照《内蒙古自治区公益林管护制度暂行办法》的要求,锡林浩特市政府成立重点公益林补偿领导小组作为组织管理、监督实施的责任单位,由政府主管领导担任负责人,并将公益林补偿的专门机构设在锡林浩特市林业水利局,由林业工作站负责具体业务工作。主要职责是贯彻落实各项管理措施,建立配套的规章制度,解决实施中出现的主要问题,负责资金的管理,组织实施年度计划与实施单位签订责任合同,开展技术指导与培训,负责科技推广,做好各类资料的立卷、归档和管理工作,组织检查验收,汇总有关报表。2009年锡林浩特市林业工作站将公益林补偿业务工作移交给新成立的锡林浩特市公益林管理站。

2006年锡林浩特市重点公益林总面积29.6万亩,有林地面积5.9万亩,疏林地面积6.4万亩,灌木林地面积6.4万亩,灌丛地面积11万亩。其中:国有总面积16.4万亩,有林地面积5.6万亩,疏林地面积6.4万亩,灌木林地面积4.2万亩,灌丛地面积0.24万亩。集体总面积11.2万亩,有林地面积0.27万亩,灌木林地面积0.23万亩,灌丛地面积10.7万亩。其他所有制总面积1.97万亩,有林地面积0.01万亩,灌木林地面积1.98万亩。

纳入2006年中央生态效益补偿范围的重点公益林总面积为18.1万亩,其中:国有面积16.15万亩,占重点补偿公益林地面积的89.22%,个人所有面积1.95万亩,占重点补偿公益林地面积的10.78%。重点公益林生态效益补偿资金全部由国家财政支出,投入标准按国家标准执行,国有、集体每亩地补偿4.5元,其中2.5元用于护林员工资,1元用于管理技术人员支出,1元用于补植、抚育、围栏设施的建设。个人每亩地补偿4.5元,全部用于补偿林农个人。

锡林浩特市2006年重点公益林18.1万亩,补偿总资金81.45万元,其中国有面积16.15万亩,补偿资金72.675元,个人所有面积1.95万亩,补偿资金8.775万元。其他年度补偿情况详见表9-1。年度补偿基金管理实施方案中的基金总额与实际发放资金的差额资金为统筹资金,主要用于档案建设、培训、设施维护和围封等项目支出。补偿基金依据国家级公益林权属实行不同的年度补偿标准。

锡林浩特市2006—2016年公益林补偿情况统计表

表9－1　　　　　　　　　　　　　　　　　　　　单位：万亩、万元

年　度	单　　位	面　积	补偿金额
2006	朝克乌拉苏木	0.93	4.185
	巴彦宝力格苏木	0.06	0.315
	白音锡勒牧场	10.75	48.393
	白银库伦牧场	3.64	16.37
	贝力克牧场	0.42	1.885
	毛登牧场	0.7	3.165
	伊利勒特苏木	0.96	4.32
	市　区	0.64	2.865
	小　计	18.1	81.45
2007	朝克乌拉苏木	0.93	4.185
	阿尔善宝力格镇	0.06	0.315
	白音锡勒牧场	10.75	48.393
	白银库伦牧场	3.64	16.37
	贝力克牧场	0.42	1.885
	毛登牧场	0.7	3.165
	宝力根苏木	0.96	4.32
	市　区	0.64	2.865
	小　计	18.1	85.98
2008	朝克乌拉苏木	0.93	4.185
	阿尔善宝力格镇	0.06	0.315
	白音锡勒牧场	10.75	48.393
	白银库伦牧场	3.64	16.37
	贝力克牧场	0.42	1.885
	毛登牧场	0.7	3.165
	宝力根苏木	0.96	4.32
	市　区	0.64	2.865
	小　计	18.1	85.98

续表 1

年　度	单　　位	面　积	补偿金额
2009	朝克乌拉苏木	0.93	4.185
	阿尔善宝力格镇	–	–
	巴彦宝力格苏木	0.06	0.315
	宝力根苏木	0.96	4.32
	白音锡勒牧场	9.13	22.825
	白银库伦牧场	4.39	10.975
	贝力克牧场	1.01	2.525
	毛登牧场	0.7	1.75
	大自然管理局	1.56	3.9
	市　区	1.82	4.55
	小　计	18.1	85.98
2010	朝克乌拉苏木	0.94	8.695
	阿尔善宝力格镇	0.07	0.6475
	巴彦宝力格苏木	–	–
	宝力根苏木	0.98	9.065
	白音锡勒牧场	9.13	27.39
	白银库伦牧场	4.39	13.17
	贝力克牧场	1.01	3.03
	毛登牧场	0.7	2.1
	大自然管理局	1.56	4.68
	市　区	1.82	5.55
	小　计	20.6	74.3275
2011	朝克乌拉苏木	0.94	8.695
	阿尔善宝力格镇	0.07	0.6475
	巴彦宝力格苏木	–	–
	宝力根苏木	0.98	9.065
	白音锡勒牧场	9.13	27.39
	白银库伦牧场	4.39	13.17
	贝力克牧场	1.01	3.03
	毛登牧场	0.7	2.1
	大自然管理局	1.56	4.68
	市　区	1.82	5.55
	小　计	20.6	74.3275

续表 2

年 度	单 位	面 积	补偿金额
2012	朝克乌拉苏木	7.21	66.6925
	阿尔善宝力格镇	9.11	84.2675
	巴彦宝力格苏木	21.35	84.2675
	宝力根苏木	8.11	75.0175
	白音锡勒牧场	10.9	31.955
	白银库伦牧场	8.15	15.365
	贝力克牧场	1.38	3.535
	毛登牧场	1.87	2.45
	大自然管理局	1.56	5.46
	市 区	1.82	6.37
	小 计	71.46	375.38
2013	朝克乌拉苏木	7.21	102.7425
	阿尔善宝力格镇	9.11	129.8175
	巴彦宝力格苏木	21.35	129.8175
	宝力根苏木	8.11	115.5675
	白音锡勒牧场	10.9	43.6
	白银库伦牧场	8.15	32.6
	贝力克牧场	1.38	5.52
	毛登牧场	1.87	7.48
	大自然管理局	1.56	6.24
	市 区	1.82	7.28
	小 计	71.46	580.6650
2014	朝克乌拉苏木	7.21	102.7425
	阿尔善宝力格镇	9.11	129.8175
	巴彦宝力格苏木	21.35	129.8175
	宝力根苏木	8.11	115.5675
	白音锡勒牧场	10.9	43.6
	白银库伦牧场	8.15	32.6
	贝力克牧场	1.38	5.52
	毛登牧场	1.87	7.48
	大自然管理局	1.56	6.24
	市 区	1.82	7.28
	小 计	71.46	580.6650

续表 3

年　度	单　　位	面　积	补偿金额
2015	朝克乌拉苏木	7.21	102.7425
	阿尔善宝力格镇	9.11	129.8175
	巴彦宝力格苏木	21.35	129.8175
	宝力根苏木	8.11	115.5675
	白音锡勒牧场	10.9	54.5
	白银库伦牧场	8.15	40.75
	贝力克牧场	1.38	6.9
	毛登牧场	1.87	9.35
	大自然管理局	1.56	7.8
	市　区	1.82	9.1
	小　计	71.46	606.3450
2016	朝克乌拉苏木	7.21	91.5151
	阿尔善宝力格镇	9.11	117.5707
	巴彦宝力格苏木	21.35	271.2266
	宝力根苏木	8.11	101.0214
	白音锡勒牧场	10.9	76.3
	白银库伦牧场	8.15	57.05
	贝力克牧场	1.38	9.66
	毛登牧场	1.87	13.09
	大自然管理局	1.56	10.92
	市　区	1.82	12.74
	小　计	71.46	761.0938

注：锡林浩特市林业水利局统计

第十章　河流水系

第一节　河　流

江河湖泊是水资源的重要载体,是生态系统和国土空间的重要组成部分,是经济社会发展的重要支撑,具有不可替代的资源功能、生态功能和经济功能。根据 2011 年锡林浩特市第一次全国水利普查数据显示,锡林浩特市流域面积 100 平方公里以上河流共 33 条,河段总长度 1289. 37 平方公里。主要河流为锡林郭勒、好来吐郭勒、好来郭勒、巴彦郭勒、塔日彦浑迪、巴尔钦准昏特塔拉、敖优廷高勒等。境内只有锡林郭勒和霍鲁吐布拉格流域上建有水库,多年平均径流总量为 0. 26 亿立方米,地表水可利用量为 1129. 0 万立方米/年,河流特征均受上游降水量的影响。新中国成立前,境内水系交错,湖泊星罗棋布,丰水年汪洋一片。中华人民共和国成立后,按照水系流域规划进行综合治理,使河流、湖泊各畅其流,各尽其用。

一、锡林郭勒

锡林郭勒,蒙古语意为“辽阔草原上的河流”,为常年性河流,属内陆河流域,发源于赤峰市克什克腾旗巴彦查干苏木哈登布拉格嘎查宝尔图西南山顶,河源地理坐标北纬 43°44′,东经 117°03′,河源高程 1439 米。河流自河源向东南至奥伦诺尔郭勒入河口,转向西偏南进入锡林浩特市白音锡勒牧场的乌力斯台分场,跨界地理坐标北纬 43°35′,东经 116°47′,继续向西偏南至伊和,转向西北至默黑浑迪入河口,然后转向东北入查干诺尔。当查干诺尔水位超过 908 米时,向东北在锡林浩特市朝克乌拉苏木洪格尔嘎查汇入伊和吉林郭勒,河口地理坐标北纬 44°50′,东经 116°25′,河口高程 879. 9 米。

锡林郭勒流经赤峰市克什克腾旗、锡林郭勒盟锡林浩特市。河长 304 公里(克什克腾旗境内 46. 6 公里、锡林浩特市境内 257. 4 公里),流域面积 20852 平方公里(克什克腾旗境内 411 平方公里、锡林浩特市境内 20441 平方公里),河道平均比降 1. 10‰。

锡林郭勒流域面积 50 平方公里及以上一级支流有敖伦诺尔郭勒、南沟、戈登沙拉西沟、好来吐郭勒、阿巴日拉特浑迪、好来郭勒、那仁特拉浑迪、吉祥河、巴彦郭勒、默黑浑迪、沃尔滚希勒、乌拉呼都格、塔日彦浑迪、达丁浑迪、三河合力木浑迪、巴尔钦准昏特塔拉、敖优廷高勒 17 条。锡林郭勒及支流来水量不大,但较稳定,主要以泉水补给为主。河流两岸为丘陵台地,沿岸有不同面积的沼泽地,20 世纪 70 年代—80 年代时希日塔拉，杭盖敖鲁一带芦苇生长得很好，河流两岸芨芨草丛生，河流最宽在希日塔拉和锡林浩特市郊北，汛期时2公里~3公里宽。

锡林郭勒流域以典型草原为主体，以拥有美丽富饶的天然草场闻名于世，被联合国教科文组织列为国际生物圈监测体系。流域内有锡林郭勒草原国家级自然保护区和著名的“锡林九曲”，还有贝子庙等景观。

锡林郭勒是锡林浩特草原上的一条内陆河。锡林郭勒两岸风光迷人，其最佳观赏地段在锡林浩特市南15公里处的九曲湾。这一段的河流因地势之故造成河道弯弯曲曲，宛如一条绿色的飘带在微风中摆动。登高远眺，景致更美，河水清澈，绿草如茵，牛羊似珍珠般撒满了两岸。1983年中国和意大利合拍的历史巨片《马可·波罗》就曾在这里拍摄大量的外景。这里曾使多少文人墨客倾注大量的笔墨，又给多少旅游者带来精神上的欢乐，如今，这一带已成为旅游观光的胜景地。

锡林郭勒在水库以下流经城区的河流长度为40公里，属于规划防洪区段，河道比降为0.094%，河床主槽宽度一般为5米~10米，水深多数小于1.0米，水位高程968米~1000米。水库上游干流入口处有锡林郭勒盟水文局下设的水文站(1957年建)，地理坐标北纬44°49′，东经116°10′，观测项目有水位、流量、泥沙、冰情、降水、蒸发、墒情。据该站多年观测资料，锡林郭勒多年平均流量为0.617立方米/秒，多年平均径流量为1802万立方米。年内流量变化较大，4—10月份流量较大，并以4月份(解冻期)的流量为月最大值，每年12月至翌年2月因冻结而断流。解冻期最大洪峰流量可达57.4立方米/秒(1987年)，雨季最大流量可达66立方米/秒(2008年)。由于河床两侧地势低凹平坦，纵向坡度小，雨季两岸地区成为积水沼泽。锡林郭勒径流补给主要有三种形式：雨水、融雪、地下水补给。河水矿化度每升0.5克~1.0克，水化学类型为重碳酸型。

锡林郭勒为乌拉盖盆地与阿巴嘎熔岩台地的分界线，河道本身是一个南北走向的断裂带，表层已被第四纪覆盖，在丰水年中由于山洪暴发，河床两岸顶冲造成C形或S形急弯。1958年在全国多数地区倡导实现水利化，力求在抗御水旱灾害方面达到一定宏伟目标的形势下，锡林河水库开工建设，1964年10月锡林河水库竣工蓄水，同时在水库下游又进行灌区工程的渠首配套工程建设，彻底改变锡林浩特地区地表水利用现状。

一、好来吐郭勒

好来吐郭勒发源于锡林浩特市白音锡勒牧场白音锡勒分场，河源地理坐标北纬43°45′，东经116°59′，河源高程1380.7米。河流自河源向西南在锡林浩特市白音锡勒牧场白音锡勒分场右侧汇入锡林郭勒，河口地理坐标北纬43°38′，东经116°29′，河口高程1111.8米。

好来吐郭勒流经锡林浩特市，河长60公里，流域面积847平方公里，河道平均比降

3.03‰。流域面积50平方公里及以上一级支流有沃力根河、特默辛哈巴其勒河2条。

二、好来郭勒

好来郭勒发源于锡林浩特市白音锡勒牧场白音锡勒分场山顶，河源地理坐标北纬43°04′，东经116°43′，河源高程1219.2米。河流自河源向西南在锡林浩特市白音锡勒牧场白音锡勒分场昌图敖包东汇入锡林郭勒，河口地理坐标北纬43°42′，东经116°15′，河口高程1039.3米。

好来郭勒流经锡林浩特市，河长76公里，流域面积1135平方公里，河道平均比降2.29‰。流域面积100平方公里以上一级支流有呼和塔拉河，流域面积50平方公里~100平方公里的一级支流有保牧太布勒嘎。

三、巴彦郭勒

巴彦郭勒发源于锡林浩特市白音锡勒牧场白音锡勒分场，河源地理坐标北纬43°54′，东经116°17′，河源高程1202.1米。河流自河源向西北经巴彦郭勒呼舒格在锡林浩特市宝力根苏木伊利勒特嘎查右侧汇入锡林郭勒，河口地理坐标北纬43°04′，东经116°00′，河口高程973.2米。

巴彦郭勒流经锡林浩特市，河长48公里，流域面积652平方公里，河道平均比降3.62‰。流域面积50平方公里以上一级支流有奶牛场河1条从右侧汇入。

四、塔日彦浑迪

塔日彦浑迪发源于西乌珠穆沁旗吉仁高勒镇哈流图嘎查尼根布拉格东北山顶，河源地理坐标北纬44°08′，东经116°43′，河源高程1288米。河流自河源向西南8公里向西北至呼勒图敖包，转向西至朝布日阿，转向南在锡林浩特市阿尔善宝力格镇巴彦哈日阿图嘎查巴勒特盖呼都格右侧汇入锡林郭勒，河口地理坐标北纬44°25′，东经116°04′，河口高程916.3米。

塔日彦浑迪流经西乌珠穆沁旗、锡林浩特市。河长89公里，流域面积1494平方公里，河道平均比降2.96‰。流域面积100平方公里及以上一级支流有霍鲁吐布拉格和海勒散浑迪，流域面积50平方公里~100平方公里的一级支流有毛登锡勒东沟和塔日彦浑迪左支河。

五、巴尔钦准昏特塔拉

巴尔钦准昏特塔拉发源于西乌珠穆沁旗吉仁高勒镇都尔布嘎吉嘎查，河源地理坐标北纬44°20′，东经116°29′，河源高程1156.4米。河流自河源向东至巴彦乌拉，转向西在锡林浩特市朝克乌拉苏木图古日格嘎查贡呼都汇入锡林郭勒，河口地理坐标北纬44°30′，东经116°10′，河口高程906.3米。

巴尔钦准昏特塔拉流经西乌珠穆沁旗、锡林浩特市。河长49公里，流域面积880

平方公里,河道平均比降2.42‰。

六、敖优廷高勒

敖优廷高勒发源于阿巴嘎旗吉尔嘎郎图苏木巴雅尔图嘎查毛敦呼勒图山顶,河源地理坐标北纬45°11′,东经114°48′,河源高程1486.4米。河流自河源向西南11公里转向南,向南5.7公里后转向东南至德力格尔嘎查,转向东至哈布其勒高勒入河口,转向偏北在锡林浩特市朝克乌拉苏木乌优特嘎查扎拉给音阿玛汇入锡林郭勒,河口地理坐标北纬44°42′,东经116°16′,河口高程899米。

敖优廷高勒流经阿巴嘎旗、锡林浩特市。河长199公里,流域面积7391平方公里,河道平均比降2.03‰。流域面积1000平方公里及以上一级支流有伊和高勒、哈布其勒高勒和巴彦郭勒。流域面积100平方公里~1000平方公里的一级支流有沙尔希若图河、德布勒和音河、哈勒金高勒、布格丁郭勒、宝楞高勒。

第二节　湖泊(淖尔)

锡林浩特市境内由于地形构造所至,有33个浅伏流涌泉,年涌水量200万立方米。位于阿尔善宝拉格镇西南8公里处的巴拉巴沁宝拉格矿泉颇有盛名,矿泉水富含铁、铌等多种矿物质,一年四季泉水涌流,附近牧民称之为“圣泉”。泉水可治胃病、皮肤病和风湿性关节炎。每逢夏季来临的时候,远近患有各种疾病的人们纷至沓来,或饮泉水或用泉水洗浴。“圣泉”水清凉杀口,味道犹如啤酒一般,又名为“啤酒泉”。20世纪70年代末,建立泉水疗养院,以后逐年改扩建,现已形成集疗养和度假为一体的旅游区,游人络绎不绝。

锡林浩特市境内由泉水补给盆地而形成的淖或湖有18个,大部分为季节性湖泊,水量不稳定,雨季湖水上涨,水量增多,湖面扩大,非雨季特别是春季,水量甚小甚至干枯,素有“汛期一湖水,枯期一滩泥”之说。据1985年《锡林浩特市渔业区划报告》统计:湖淖总水域面积84433.5亩,本市境内总水域面积87448.5亩,湖淖占本市总水域面积的96.55%。18个湖淖中较大的有巴彦呼热淖尔、巴彦宝拉格淖尔、巴彦查干诺尔、浩勒特淖尔、查干诺尔、扎格斯台淖尔、布拉格、舒特诺尔等,其中巴彦呼热淖尔、巴彦诺尔、扎格斯台淖尔常年有水,其余均为季节性湖泊。由于锡林浩特市气候干旱,降水稀少,地表径流深度不大,水面蒸发强烈,加之地质构造、地貌等因素的影响,大部分湖淖含盐碱量较高,部分湖淖还含有钾、钠、锂、硝、硼等稀有元素,不宜人畜饮用和种植业灌溉,但可供采盐、碱、芒硝等,位于伊利勒特苏木的巴彦查干淖尔就盛产芒硝。这些湖淖的成因类型复杂多样,但以风蚀湖泊为主,分布于高原和沙地内,此外亦有河迹湖(如扎格斯台淖尔),多数湖泊矿化度高,为盐碱湖。只有扎格斯台淖尔、都热淖尔为淡水淖尔。扎格斯台淖尔以盛产味道鲜美的三道鳞鱼而闻名，都热淖尔则以产鲤鱼而得名为鲤鱼泡子。

锡林浩特市境内湖淖一览表

表 10－1　　　　单位：亩、米

湖　　名	位　　　置	积水面积	水深	水质	补给形式
巴彦呼热淖尔	白银库伦场部南 1 公里	2400	0.75	咸	降水和地下水
都热淖尔	白银库伦场部东 20 公里	450	–	淡	泉水
巴彦宝拉格淖尔	巴彦宝力格苏木一队	6000	–	咸	–
呼吉尔淖尔	巴彦宝力格苏木二队	1305	–	咸	–
乌兰淖尔	巴彦宝力格苏木二队	40.5	–	–	–
包尔呼吉淖尔	巴彦宝力格苏木三队	40.5	–	–	–
浩特音淖尔	阿尔善宝力格镇一队	945	–	–	–
秀托淖尔	朝克乌拉苏木二队	1230	–	–	–
浩勒特淖尔	伊利勒特苏木二队	412.5	–	–	–
巴彦查干淖尔	伊利勒特苏木五队	15000	–	–	–
舒特淖尔	伊利勒特苏木二队	3960.55	–	–	–
额勒斯廷淖尔	伊利勒特苏木二队	81	–	–	–
沙尔布日德淖尔	达布希勒特苏木东南 9 公里	2280	–	–	–
扎格斯台淖尔	白音锡勒牧场东南 20 公里	2640	1－2	淡	泉水
斯楞苏图淖尔	白音锡勒牧场桃林塔拉分场	1500	–	咸	–
阿拉淖尔	阿尔善宝力格镇一队北	1980	–	咸	–
查干淖尔	巴彦宝力格苏木东北 16 公里	8160	–	盐碱	–
嘎儿迪音淖尔	达布希勒特苏木一队	4500	–	咸	–

注：锡林浩特市渔业区划报告

第十一章　水资源

第一节　水资源要素

水是生态环境中最为活跃的因子，干旱又是锡林浩特地区发展草原畜牧业的主要制约因素。地表水与地下水是构成锡林浩特市水资源的两大组成部分，地表水包括河流、湖淖和泉水，地下水大体可分为基岩裂隙水、上层滞水和潜水。水资源主要来源是大气降水，以径流为地表水，以入渗为地下水，互相转化。降水、蒸发、径流、入渗为主要因素。

一、降水

锡林浩特地区地处中纬度西风气流带内，属中温带半干旱大陆性气候，多年平均降雨量为287.2毫米。由于地势气候条件的不同，雨量分布也不均匀，西北部少于中部，中部少于东南部。据锡林郭勒盟气象站30多年资料记载，多年平均降雨量为287.2毫米。降水量年内分配呈中间大两头小的单峰形分布，降雨量主要集中在6—8月份，占全年降雨量的63%，9—10月份多于3—5月份，11月—2月份主要为降雪量，占全年降水量的3%左右。最大年降水量561.4毫米(1959年)，最小年降水量为146.7毫米(1980年)，最大、最小年降水量变幅为414.7毫米，占多年平均降水量的144.5%。雨量在时间空间的分配上具有明显的不平衡特点。

锡林浩特市降水量表

表11－1　　　　单位：毫米

月份	1月	2月	3月	4月	5月	6月	7月	8月	9月	10月	11月	12月	全年
降水量	2.9	2.7	5.9	8.7	25.9	47.8	87.5	68.8	25.7	13.0	4.1	1.8	294.9

二、蒸发

锡林浩特地区蒸发较强烈，蒸发量介于1600毫米～1800毫米左右。蒸发量变化与降水量相反，由东南向西北递增，大于降水量的4倍至10倍，春季蒸发量最强，可超过同期降水的几十倍。其中蒸发量最小的地区是锡林浩特市东南靠近大兴安岭南部和浑善达克沙地的国家级草原自然保护区核心区白音锡勒牧场，这里降水较多，植被茂盛,近地面的空气湿度较高,蒸发量在1600毫米以下。蒸发量最高的地区是锡林浩特市西北部,这里降水较少,植被退化,风蚀沙化严重,蒸发量达到1800毫米以上。蒸发量最大值在年内主要出现在5—6月份,此时气温回升,日照为年内最多月份,导致蒸发量最大。1月份、12月份温度甚低,日照不强,是全年蒸发量最低时期。锡林浩特市年总降水量除补给河川径流转化为地表水,入渗后转为地下水外,都以各种形式蒸发。

锡林浩特市1988—2008年年蒸发量平均值

表11-2　　单位:毫米

地　　区	1月	2月	3月	4月	5月	6月	7月	8月	9月	10月	11月	12月	合计
锡林浩特	14.9	31.5	95.4	227.8	281.4	280.2	253.3	231.2	184.3	130.9	53.1	17.9	1801.9

三、径流

本市年径流深的变化与降雨相同,从东南向西北递减,由30毫米减至3毫米。东南的锡林河流域最高可达30毫米,宝力根苏木、阿尔善宝力格镇低至3毫米。境内东南方向植被较好,河谷开阔,低洼下湿地多,径流变化幅度小,全年水量变化平稳。个别年份由于冬季降雪量大,春季冰雪消融,冻土入渗少,产流多,故春汛较大,这种年份春汛流量能占到全年径流量的20%~40%。锡林河年径流量主要集中在7、8两个月,约占全年径流量的40%~60%。

四、入渗

地下水和地表水一样,补给来源都是大气降水。但一个地区的不同地块,因所处地带及地表组成物质不同,降雨和径流入渗的条件也不相同。根据《内蒙古高原北部水文地质评价报告》采用的降雨与径流平均入渗系数,锡林浩特地区山间河谷平原区为0.08~0.12,山间倾斜平原区为0.05~0.08,基岩丘陵区为0.02~0.05,高平原与零散基岩区为0.01~0.04,熔岩台地区为0.027~0.03,浑善达克沙地区为0.12~0.23。

第二节　地表水

河川径流是可以利用的地表水资源,河川径流不断变化,但在较长时间内可以保持动态平衡,所以通常以多年平均年径流量作为地表水资源。锡林浩特市境内主要河流是锡林河,水库上游河流入口处有锡林郭勒盟水文局下设的水文站(1957年建),据该站多年观测资料,锡林河多年平均流量为0.617立方米/秒,多年平均径流量为1802万立方米,单位面积产水量为每平方公里0.55万立方米。年内流量变化较大,4—10月份流量较大,并以4月份(解冻期)的流量为月最大值,每年12月至翌年2月因冻结而断流。解冻期最大洪峰流量可达57.4立方米/秒(1987年),雨季最大流量可达66立方米/秒(2008年)。地表水资源总量为2305万立方米/年,地表水可利用量为1129.0万立方米/年。

锡林河年径流量频率统计表

表11-3　　单位:立方米/秒

频　率	20%	50%	75%	95%	Cv	Cs/Cv	多年平均
流　量	0.75	0.54	0.42	0.32	0.35	3.5	0.57

锡林河多年各月平均流量统计表

表11-4　　单位:立方米/秒

月　份	1	2	3	4	5	6	7	8	9	10	11	12	多年平均径流量
流　量	0	0	0.12	2.4	1.01	0.7	0.71	0.88	0.55	0.62	0.24	0.002	1802

第三节　地下水

一、水文地质

锡林浩特市地下水的形成和分布主要受地质构造和地理条件控制,气候和地貌影响次之,锡林浩特市地下水补给主要来源为大气降水、凝结水和河水渗入补给,其次是侧向的地下水径流补给,熔岩台地和基岩丘陵的地下水以地下径流方式向锡林河河谷汇集,顺着河谷向北径流。

1. 低山丘陵水文地质区:由白垩纪前的碎屑岩、变质岩、火山岩和侵入岩组成,分布较广泛。该区地下水主要以基岩裂隙水为主,其富水性决定于裂隙发育程度,水位埋深很不稳定。在汇水有利地段,涌水量可达100吨/日,其他地区均小于100吨/日。

2. 河谷平原水文地质区:河谷平原水文地质区包括锡林河及其支流和毛敦根高勒、哈布其高勒。锡林河及其支流地下水含水层以第四系冲洪积层为主,腹水型由上游向下游逐渐增强,涌水量为248.87吨/日,在锡林河水库以南,在玄武岩中含有较丰富的孔洞裂隙承压水,涌水量135吨/日~250吨/日。在锡林河水库以北,含水层底板80米~110米,含水层厚度3米~57米,涌水量可达1500吨/日~4000吨/日。毛敦根高勒、哈布其高勒含水层厚度较薄,一般1米~3米,最多达4米,富水性较差,水量较小,单井涌水量小于50吨/日。

3. 高平原水文地质区：高平原水文地质区包括乌套海断陷盆地、毛登—伊利勒特断陷盆地、巴彦宝力格盆地及阿尔善宝力格盆地。乌套海断陷盆地砂砾岩和砂岩构成了该盆地主要含水层，含水层顶板埋深 30 米～40 米，承压水位埋深 15 米～30 米，涌水量在 300 吨/日以上。毛登—伊利勒特断陷盆地地下水的赋存条件与分布规律具有明显的延长轴方向变化的特点，使第四系孔隙水含水层分布不连续，碎屑岩承压含水层被错断。水位埋深在 32 米～70 米之间，涌水量在 10 吨/日～1000 吨/日。巴彦宝力格盆地中部为第四系孔隙水和下白垩统承压水最佳富水地段，而且地下水沿盆地横向发生较大变化，涌水量在 10 吨/日～1000 吨/日之间。阿尔善宝力格盆地含水层厚一般 25 米～50 米，埋深 15 米～45 米，涌水量为 100 吨/日～500 吨/日。

4. 溶岩台地水文地质区：该类地下水主要分布于市区西南地区，含水层由下更新统、上更新、上白垩玄武岩组成，最少为一层可达 5 米～20 米，最多 5 层～8 层，厚度 100 米～150 米。玄武岩成柱状裂隙，气孔构造都很发育，形成良好通道。但由于受地形的高低不平影响，富水性有很大差异，在玄武岩三级台地地下水贫乏，涌水量小于 10 吨/日，在二级台地为 100 吨/日～500 吨/日。

5. 城区水文地质区：锡林浩特市城区主要供水含水层为第四系上更新统砂、砂砾石、泥沙砾石层，贮存孔隙潜水。根据岩性可分为上下两段，其间局部有薄层粘性土呈不连续分布，没有明显的承压水。上段含水层岩性为粉细砂，厚度一般为 30 米～40 米，单井涌水量在锡林河两岸以 500 立方米/日～1000 立方米/日为主，舒诺尔一带为 1000 立方米/日～1200 立方米/日，其水质在盆地周边主要是矿化度小于 1 克/升的 $HCO_3-Na\cdot Mg$ 型水，向河谷平原中部，矿化度递增至 1 克/升～3 克/升，水化学类型以 $HCO_3\cdot Cl-Na\cdot Mg$ 型居多；下段含水层岩性为含泥砂砾石、含卵石泥质砂砾石、砂卵石，其厚度沿锡林河河道较大，一般为 50 米～60 米，向两侧变薄，西侧小于 10 米，东侧在 20 米左右，该段单井涌水量可达 1500 立方米/日～4000 立方米/日，其水质主要是矿化度小于 1 克/升的 $HCO_3-Na\cdot Mg$ 型水，由于此层水水量大，水质好，是锡林浩特市的主要供水水源。

二、地下水资源量

根据《内蒙古自治区水资源及其开发利用调查评价》，锡林浩特市行政区域内地下水资源总量为 22968.63 万立方米/年，地表水资源总量为 2305 万立方米/年，扣除地下水与地表水重复量 1337.82 万立方米/年，水资源总量为 23935.81 万立方米/年。水资源可利用总量为 15730.75 万立方米/年，其中：地下水可开采量为 14601.75 万立方米/年，地表水可利用量为 1129.0 万立方米/年。

根据内蒙古自治区矿产储量委员会批准的 1989 年内蒙古自治区 101 水文地质队提交的《锡林浩特市供水水文地质初步勘察报告》(1∶5 万)，锡林浩特市近郊区地下水降雨入渗补给面积约300平方公里，地下水资源量为：天然补给量8.2万立方米/日，2993万立方米/年。储存量：11.02亿立方米。可开采量：5.30万立方米/日，1935万立方米/年。

锡林浩特市水资源量汇总表

表11-5　　单位：万立方米/年

地　　区	地表水资源量	地下水资源量		地表水与地下水重复量	水资源总　量	水资源可利用量		
		≤2g/g	>2g/g			地表水可利用量	地下水可开采量	合计
锡林浩特市	2305	21838.45	1130.18	1337.82	23935.81	1129.0	14601.75	15730.75

注：内蒙古自治区水资源及其开发利用调查评价

三、水资源开发利用现状

地下水资源在本市苏木、镇（场）均得到不同程度的开发，大部分地区以开采浅层地下水为主，个别地区开发深层承压水。目前行政区域内开发利用水资源情况大致如下：生活用水1588万立方米/年，工业用水725万立方米/年，农牧业用水2067万立方米/年。合计：4380万立方米/年，其中：地表水350万立方米/年，地下水4030万立方米/年。

城市规划区内开发利用水资源情况大致如下：

地下水：合计地下水已开采2105万立方米/年，已超采地下水170万立方米/年。其中：生活用水：910万立方米/年，工业用水：490万立方米/年，农牧业用水：705万立方米/年。

地表水：合计用水350万立方米/年，其中：锡林热电厂150万立方米/年，锡林湖、植物园补水200万立方米/年。

四、水源井基本情况

锡林浩特市共有水源井11074眼，其中：城市生活水源井25眼，年供水量800万立方米左右，供水人口近20万人。基本供水井3362眼，供水人口2.8万人。人力井5774眼，供水人口1.8万人。农牧业灌溉井1346眼，灌溉面积11.7万亩。城防林灌溉井140眼，灌溉面积6.2万亩。城市园林绿化120眼，小区绿化47眼。工业用水井260眼，包括胜利矿区疏干排水井、集中供水管网范围外工业企业的自备水源井。

第十二章　灾　害

第一节　水　灾

锡林浩特市自然条件复杂，气候恶劣多变。新中国成立前自然灾害频繁发生，加上原始游牧，靠天养畜，抗御自然灾害的能力很低，加重自然灾害的危害程度。新中国成立后，水利事业蓬勃兴起，迅猛发展，国家除拨大批经费物资进行抢险救灾，还根据各地实际情况大力兴建水利工程设施，积极主动的大搞防汛抗旱、抢险救灾，最大程度的减免水旱灾害带来的危害。

锡林浩特市虽然十年九旱，但由于受大气环流的影响，每年4—10月为雨季，并时常有冰雹、冷雨。一般4月份为冷雨春汛，6月多雨雹，7—9月多秋汛暴雨山洪，常常造成房屋倒塌，人畜死亡，农田和草牧场沙化，交通阻塞等现象，使农牧业生产及人民生命财产遭到严重损失。

锡林浩特地区多年平均降雨量为295毫米，其地理分布主要受季风环流和地形所影响。总的趋势是东部多于西部，南部多于北部，山地多于平原，迎风坡多于背风坡。降雨的特征是年内降水不平均，年际变化大，降雨多集中于7、8、9三个月，秋雨大部分超过150毫米，最多达300毫米以上，秋汛占年总量的70%～80%。降水的过分集中常常形成暴雨、洪水，20世纪90年代末期，盲目开荒，超载放牧，乱砍乱伐，致使植被稀疏，造成严重的水土流失。一般每小时降雨强度超过35毫米，日降水量超过75毫米，3日降雨超过130毫米，就要发生洪水，造成人畜生命财产的伤亡和损失，防洪的责任重之又重。

一、历年水灾发生情况

1972年7月1日，锡林浩特西郊锡林河流域锡林河水库下泻洪水流量54.4立方米/秒，西郊居民被淹10小时，经济损失439万元。

1973年6月25日，山洪自东南方向流入锡林浩特镇，东半部厂矿机关被淹，少数房屋倒塌，砖瓦厂损失严重。

1974年7月31日，锡林浩特日降水量84毫米，山洪自东南方向涌来，经锡林郭勒盟党校、沿机场流入锡林河坝，然后北流至冷库一带，造成1000余间房屋倒塌，死1人。蔬菜农场一、二队田地被淹，水深0.7米。这次洪水连续4峰，最大洪峰达17.1立方米/秒,总水量达1360万立方米。水库溢洪量为9立方米/秒,输水道流量5立方米/秒,锡林河水库入库流量达14立方米/秒,堰上水深0.37米。灾势十分严重,城内不少居民移集到东山和敖包山。这次洪水致使水库溢洪道左岸受严重冲刷,有的地段淘入35米,水泥浆砌石的放水闸门周围淘空,输水道浸在坝脚,威胁大坝安全,影响交通及城镇居民正常生活和工作。

1979年8月9日—13日,锡林浩特地区连续几天内大雨到暴雨,降水量达110毫米,给农牧业生产造成很大损失。

1986年8月22日,锡林浩特市南郊额木和流域降水历时40分钟,降雨量超过35毫米,导致砖瓦厂停产,附近30多户居民被淹,直接经济损失44万元。

1990年7月16日,锡林浩特市南郊、白银库伦、毛登、白音锡勒和贝里克等四个牧场发生洪水,导致南煤矿河东1号、2号矿井2053米巷道被淹,4名矿工遇难,住房倒塌6间,出现危房110间。砖瓦厂损失400多万块砖坯,白银库伦牧场死亡牲畜1000多头(只),倒塌房屋、棚圈100多间。白音锡勒牧场死亡牲畜3553多头(只),倒塌民房101间、校舍96间。毛登牧场死亡牲畜1100多头(只),倒塌房屋、棚圈73间。贝力克牧场死亡牲畜1200多头(只)。

1992年7月10日,锡林浩特市南郊额木和流域的南煤矿、砖瓦厂下泄洪水使南市门一带积水1.3米以上,流量50立方米/秒,来往车辆被堵,交通中断。锡林郭勒公路工程局、电大、石油公司、市政处等十几个单位和家属房被洪水围困,造成经济损失102万元,防洪堤冲毁500米。

1993年7月25日,锡林浩特市南郊流域额木和流域降雨历时30分钟,降雨量39毫米,南煤矿、砖瓦厂下泄洪水使207国道交通中断,洪水面宽100多米,水深1米,900亩蔬菜受损,二电厂污水泵房、暖气沟被淹。

1994年7月8日,贝力克牧场降雨历时1小时左右,洪水从场部西、南、北三面冲向场部,水深1.5米。造成房屋倒塌138间,形成危房86间,受灾居民59户、196人,淹没菜地30亩,经济损失50万元。

1994年7月23日,锡林浩特市南郊、东郊的楚古兰、额木和、葛根敖包流域的南煤矿、砖瓦厂、东山一带突降暴雨,形成山洪,使锡林郭勒盟二电厂、奶牛场、林研所、水泥厂、财贸学校、技工学校周边居民区被淹。

1995年7月14日,锡林浩特市西郊及原白音宝力格苏木降雨历时9小时,降雨量56毫米,原白音苏木死亡牲畜8239只。市区淹没菜地1500亩,倒塌房屋、院墙多处。

1997年7月28日,白音锡勒牧场暴雨持续1.5小时,五分场倒塌房屋90间,院墙1345米,受灾33户,121人。九分场网围栏被冲毁2000多亩,白音锡勒牧场两名职工在五分场遭遇山洪遇难。

1998 年 7 月 19 日，锡林浩特市东郊的楚古兰及葛根敖包两个流域一带连降大雨，形成的山洪持续 12 小时，使锡林郭勒盟二电厂、东郊奶牛新村、林研所、水泥厂、财贸学校、技工学校周边居民区被淹。

1998 年 7 月 24 日，锡林河水库突降暴雨形成的山洪将水库上坝公路多处冲毁，并造成严重泥沙淤积。8 月 10 日，水库再遭暴雨袭击，将上坝公路已被冲开的洪沟又延长到 100 多米，深 4 米 ~5 米，宽 8 米，彻底切断上坝公路，泥石流大量冲进溢洪道和消力池内，严重影响正常泄洪。

2000 年 7 月 8 日，锡林河水库突降暴雨形成的山洪将拦砂墙冲垮 4 米，大量泥沙淤积在上坝公路，使公路无法通行。

2000 年 8 月 11 日，宝力根苏木敖包图居委会暴雨持续 2 小时并夹带冰雹 20 多分钟，形成的山洪从敖包图居委会西侧冲入蔬菜基地，积水最深达 1.5 米，蔬菜地受灾面积 560 亩，受灾人口 323 人。

2002 年 7 月 17、18 日，锡林浩特市东郊连降大雨，形成的山洪冲毁奶牛场饲草料基地 1000 亩，围墙 100 米，牛棚 1 处，青贮窖 3 处，浸泡水泥 30 吨，造成经济损失 130 万元。

2003 年 6 月 21 日，白银库伦牧场暴雨持续约 50 分钟，引起山洪自北向南进入场区，共计倒塌房屋 31 间、棚圈 55 间，造成危房 82 间，死亡牲畜 125 只，冲毁公路 1.5 公里、饲草料地 400 亩，受灾 110 户、448 人，直接经济损失 50 万元。

2004 年 6 月 22 日下午，锡林浩特市宝力根苏木（原伊利勒特苏木、达布希勒特苏木）普降暴雨。时间持续 45 分钟左右，造成哈尼乌拉嘎查死亡牲畜 170 余只，3 间暖棚被毁，5000 米网围栏被冲，200 米砂石路被冲断。希日塔拉、萨如拉塔拉、额日敦塔拉等嘎查共冲倒网围栏 4000 多米，淹没 5 眼水源井，致使 8000 多头（只）牲畜饮水困难。7 月 1 日和 4 日，伊利勒特嘎查突降暴雨，引起山洪暴发，死亡牲畜 80 余只，3 眼水源井被冲坏，80 亩饲草料地受损。

2004 年 8 月 11 日至 12 日，锡林浩特地区普降大到暴雨，持续时间长达 15 小时，降雨量达 112.6 毫米，3 个苏木、6 个国营农牧场以及城区均受灾严重。据调查统计，城区内共倒塌房屋 141 间，危房 683 间，倒塌墙体 3380 米，路面塌陷 6 处，房屋进水 1037 户，菜地、大棚被淹 357.2 亩，转移人口 389 人，管道沟被淹 28 公里。城区外倒塌房屋 109 间、墙体 250 米、棚圈 2855 平方米、砖窖 2 处、青贮窖 1 处、暖棚 38 间，冲毁砖坯 500 万块，冲毁菜地 100 亩、青贮地 80 亩，损失牲畜 1985 头（只），冲坏水源井 19 眼，冲走网围栏 2.4 万米，造成经济损失 1259 万元。

2006 年 6 月 24 日，毛登牧场暴雨历时 80 多分钟，形成山洪使毛登牧场居民区和科技园区遭受洪灾，经济损失达 151 万元。根据锡林郭勒盟水文局洪水调查，最大流量

210.5 立方米/秒,洪量为 387.8 万立方米。

2006 年 7 月 26 日,阿尔善镇暴雨历时 30 多分钟,形成的山洪从锡阿公路 56 公里~57公里处由西向东穿越公路,严重影响了交通。根据锡林郭勒盟水文局调查,最大流量 269.3 立方米/秒,洪量为 454.7 万立方米。

2007 年 7 月 31 日,8 月 2 日及 8 月 3 日,锡林浩特部分地区相继出现强降雨天气,锡林河水库、宝力根苏木四个嘎查遭受暴雨袭击。洪灾造成锡林河水库谷坊损失 180 多座,管理房、果树园全部被淹,部分砂石路损坏,经济损失共计 83.5 万元。宝力根苏木的 4 个嘎查共淹没大口井 20 眼,损坏机井 4 眼,冲毁网围栏 16000 米,棚圈倒塌 920 平方米,死亡牲畜 40 只,洪水冲倒电杆电死公牛 1 头,经济损失共计 45 万元。207 国道东线约 15 公里处一辆小车掉入洪水中,车中 5 人在防汛人员、牧民和消防队员的帮助下顺利脱险,G207 线 K14 - K15 处、K21 - K23 处路基冲毁 5500 立方米、四道涵洞部分损坏,造成该段公路交通瘫痪,直接经济损失 204 万元。

2008 年 6 月 26 日晚 19 时,锡林浩特市及锡林河水库上游地区普降暴雨,至 27 日早 8 时降水量达到 55.8 毫米。锡林河水库最高入库流量达到 66 立方米/秒,不但超过锡林河水库夏汛设计洪水标准 100 年一遇的 51.4 立方米/秒,而且超过 200 年一遇标准 64.1 立方米/秒,水位由 1012.87 米升至 1014.14 米,库容由 1352 万立方米增至 1859 万立方米,分别超过汛限水位和相应库容 0.74 米、320 万立方米。此次洪水入库总量超过 1000 万立方米,泄洪 800 多万立方米,致使水库下游部分地区形成洪灾,西一号露天矿、二连油田生产受损。据灾后调查统计,毛登牧场场部、白音锡勒牧场一、五分场部分区域进水,宝力根苏木、朝克乌拉苏木、希办、楚办、杭办、南郊办均不同程度受灾,累计倒塌房屋 117 间、蒙古包 2 顶,进水房屋 50 间,冲毁高产饲草料地 4800 亩、菜地 5200 亩、砂石路 20 公里,3114 只羊死亡,直接经济损失 2340 万元。

2010 年 6 月 18 日,锡林浩特市东南部暴雨持续 30 分钟,引起白音锡勒牧场场部山洪暴发,在新老场部 2.5 公里范围内,共有 5 股较大洪峰(其中新场部 2 股,老场部 3 股),洪水最宽处达 30 米,水深近 1 米,洪水流速 8 米/秒,洪水高峰持续 40 分钟。此次洪水冲毁场部柏油路基 100 米,泄洪通道被泥沙淤积。

2012 年 7 月 28 日 1 时 25 分至 4 时 30 分,锡林浩特市普降暴雨,降雨量达 81.6 毫米,城周边全流域暴发山洪,导致城区内涝严重。据统计,共倒塌房屋 129 户、257 间、受灾人口 326 人。被淹房屋 1911 户、5256 间、受灾人口 5036 人。转移 1885 人,死亡牲畜 308 只羊、5 头牛,5 辆农用车被冲毁,蔬菜大棚被淹 886 顶,农作物受灾 3460 亩,直接经济损失达 9970 万元。

二、城区防洪体系建设

锡林浩特市城区的洪水隐患主要来自穿城而过的锡林河流域、城区东部的葛根敖包流域、东南部的楚古兰流域、南部的额木河流域。针对这些流域的洪水威胁，早在1956年，锡林浩特就在城西建有防洪堤，堤长2500米，高1.0米，顶宽2.0米。防洪堤用匀质砂土修筑，动用土方20万立方米，投工投劳5000个工日，确保锡林河500年一遇的洪水发生时，堤西的洪水不能溢堤进入城内。由于防洪堤为砂质土工程，风蚀水刷，每年由盟市两级机关团体以义务劳动的方式进行维修加固，后在城市改造中建成以路代堤的滨河路。滨河路规划建设5.5公里，起点在敖包山后公路环岛至南二环，高程993.45米至988.23米。2002年至2016年的10多年间，锡林浩特市通过锡林河水库除险加固工程、锡林河下游河道整治工程、锡林湖重建工程，特别是城市外环防洪工程的建设逐步完善城区的防洪体系。

三、牧区防洪非工程措施

进入21世纪后，受西南暖湿气流的影响，极端天气增多，锡林浩特市境内频发局地暴雨，直接影响本市建设和谐社会主义新农村的进程和经济社会可持续发展。2011年中央一号文件明确提出，“山洪灾害防治要坚持工程措施和非工程措施相结合，抓紧完善专群结合的监测预警体系”。在此严峻形势下，水利部会同财政部、国土资源部、中国气象局于2011年11月启动全国山洪灾害防治县级非工程措施项目建设。

锡林浩特市山洪灾害防治县级非工程措施项目总投资600万元，实际到位资金560万元，其中：中央财政专项补助资金400万元，自治区配套资金160万元。共有5个方面的建设任务：

1. 开展山洪灾害普查、划分危险区、确定临界雨量预警指标等。

2. 建成“市有指挥中心，苏木镇场有预警发布平台，嘎查有预警广播设施，重要部位有监测站点”的监测预警网络。

3. 落实“预警到苏木，预案到嘎查，责任到人”的防汛机制，构建市、苏木镇场、嘎查（村）三级组织责任体系。

4. 编制完善市、苏木镇场、嘎查（村）三级的山洪灾害防御预案。

5. 加强山洪灾害宣传、培训、演练，利用广播、电视、报纸、宣传册、宣传栏、光碟及发放明白卡等方式宣传山洪灾害防御常识，提高人们主动防范，自救互救能力。

锡林浩特市山洪灾害防治非工程措施项目监测系统历时一年，于2012年全部建设完成。平台建设和软件测试已经完成，建自动雨量站40处、简易水位站2处、墒情站2处、预警广播系统50套。建立责任组织体系，编制市级预案1个，苏木镇场级预案8个，嘎查级预案49个，开展宣传工作，并对平台进行试运行，基本建立起群防群策防洪体系。

在2013年和2014年汛期中，预警平台运行良好，共发送气象信息45条，预警信息24条，水情信息16条，做到实时预警，为苏木镇场防汛争取时间，为领导决策提供依据,切实发挥防汛预警的作用。

锡林浩特市山洪灾害防治非工程措施项目建成后,在市行政区划内具备宏观掌握境内雨情时空变化的趋势,并按照前期分析设定的成灾雨量等级,实现实时预警。重点防控流域,具备依照降水及相关要素预报重要节点水情变化趋势或按相邻边界水情要素变化趋势预报下游相关节点的洪水形势。依据致灾要素等级实时启动警报。通过建设雨情监测站,强化群测群防体系、完善防御预案、宣传防御知识、演练防御过程,提高全民防灾避灾意识,有效防御山洪灾害,改变山洪灾害日趋严重的局面,减少人员伤亡和财产损失,达到辖区安全保障能力的目标。

第二节　其他灾害

一、旱灾

锡林浩特市地处中纬度西风气流带内,属中温带半干旱大陆性气候,素有“十年九旱”之说。据史载,清代锡林浩特地区旱灾有 10 次记载。1900 年“内蒙春夏无雨,蒙旗糜价每斗计银七、八钱,多束手以待毙,状至惨也”。民国时期,旱灾连年。民国 13 年至民国 31 年(1924—1942 年),发生春旱、夏旱和秋旱,牧草长势差,损失大。

新中国成立后,大兴水利,抗御旱灾。自 1962 年至 1985 年间,国家抗旱总投资 708 万元,但旱灾始终制约着农牧业生产的发展,靠天养畜的局面基本未能改变。锡林浩特地区多年平均蒸发量 1759 毫米,是同期降水量的 6.1 倍,7—9 月份多年平均蒸发量 719.4 毫米,是同期降水量的 35 倍,从而决定本地区“十年九旱”的气候。

锡林浩特市水汽较少,阴雨天少,大气透光度好,太阳辐射强度大,光照充足。年日照数东南部达 2750 小时左右,其它地区达 2800 小时以上,自东南向西北递增,年日照百分率为 65%。日照时数的月季发布,12 月份最小,不足 200 小时,5 月份最多,达 280 小时以上,日照百分率 2 月最高,7 月最低。4—9 月份总日照时数达 1500 小时以上,全年太阳总辐射量 135.9 千卡/平方厘米以上。充足的日照和辐射,如果没有有效降水极易发生旱灾。

锡林浩特市 2000—2010 年各月日照时数表

表 12-1　　　　单位:小时

月　份	1	2	3	4	5	6	7	8	9	10	11	12	全年
日照数	195.1	211.8	257.0	256.0	285.2	272.8	266.8	261.2	250.2	238.9	196.7	183.7	2877.4

锡林浩特市各月太阳辐射表

表 12－2　　单位:千卡/平方厘米

月　份	1	2	3	4	5	6	7	8	9	10	11	12	全年
太阳辐射	6. 19	7. 96	11. 91	14. 42	16. 72	15. 68	15. 38	13. 58	12. 26	9. 63	6. 33	5. 31	135. 69

锡林浩特春旱发生频率较高,30 年中共出现春旱 19 次,发生频率 63. 3% ,其中一般干旱 6 次,发生频率 20% ;重旱 13 次,发生频率 43. 3% 。重旱主要发生在 20 世纪 80 年代和 90 年代,尤其在 1981—1984 年、1988—1991 年出现两次四年连旱,从 2000 年开始,重旱出现次数逐渐减少,只在 2005、2006 年出现重旱。

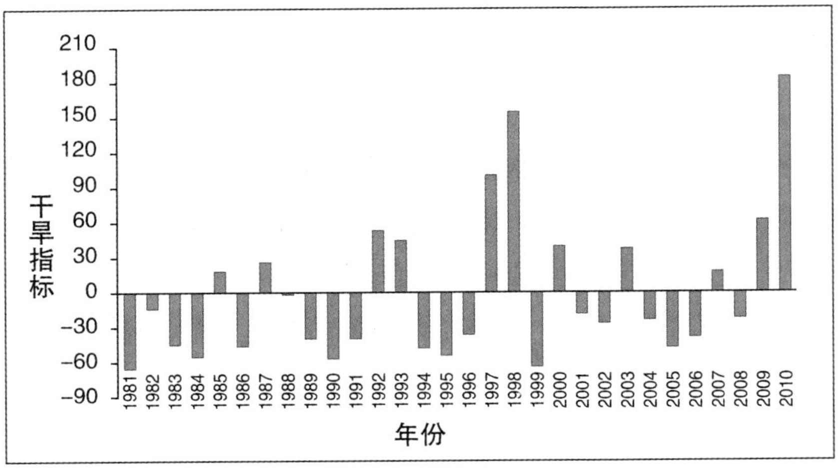

图表 12－1

锡林浩特市 1981—2010 年春旱发生规律

锡林浩特夏季干旱发生频率也较高,但重旱发生频率较春季少。30 年中共出现夏旱 19 次,发生频率 63. 3% ,其中一般干旱 11 次,发生频率 36. 7% ;重旱 8 次,发生频率 26. 7% 。统计资料得出:20 世纪 80 年代到 90 年代呈下降趋势,20 世纪 90 年代以后至 2010 年迅速增加,和春旱相反,夏旱(尤其是重旱)主要发生在 2000—2010 年,在 2005—2010 年发生六年连旱。

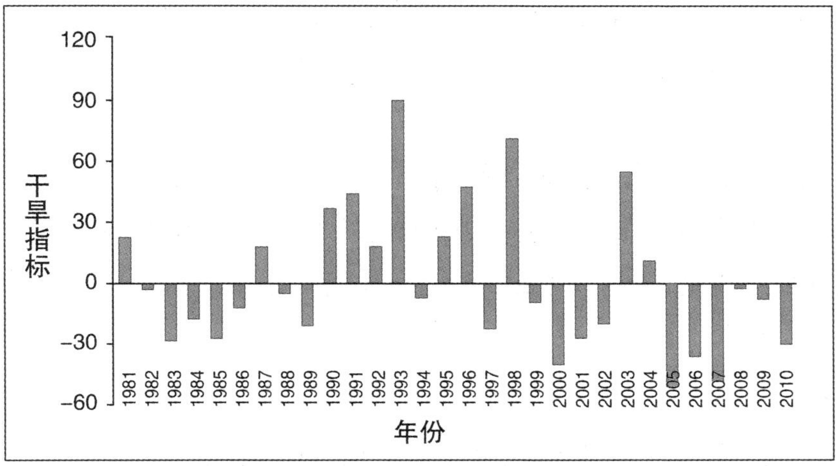

图表 12－2

锡林浩特 1981—2010 年夏旱发生规律

锡林浩特市春夏连旱的发生频率相对春旱和夏旱有所减少，30 年共出现春夏连旱 13 次，发生频率 43.3%。统计资料得出：20 世纪 80 年代春夏连旱出现次数最多，其中 1982—1984 年发生三年连旱，到 20 世纪 90 年代呈下降趋势，2000 年以后又有所增加。

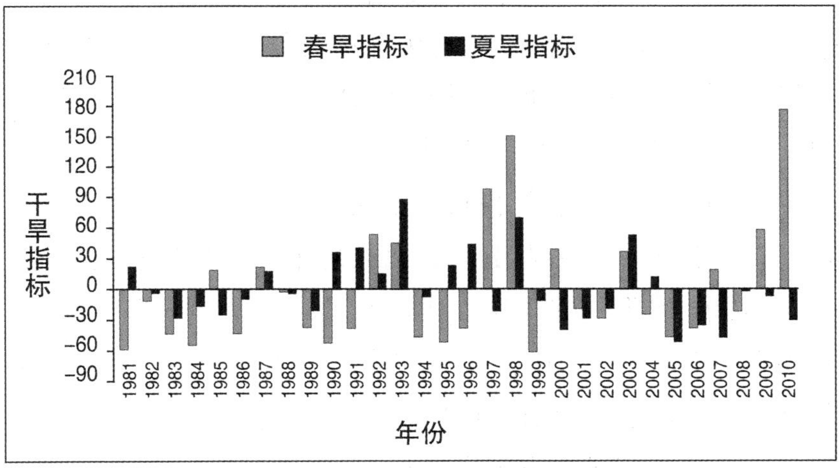

图表 12－3

锡林浩特 1981—2010 年春夏连旱发生规律

进入 21 世纪后，干旱灾害表现出频次增高、范围扩大、持续时间延长和灾害损失加重等特点。据统计，2000—2012 年间，曾发生六年连旱，因旱临时饮水困难农牧业人口累计达到 27.9 万人，大小牲畜 213.6 万头。受旱耕地面积累计达到 0.26 万公顷，受灾面积累计达到 0.12 万公顷，成灾面积累计 0.03 万公顷，绝收面积累计达到 0.06 万公顷。因旱饲草料损失累计量 4842 万公斤，粮食损失累计量 4842 万公斤，农牧业直接损失累计达 76628 万元。草场受灾面积累计达到 2.4 万公顷,其中未返青草场面积受灾面积 1.9 万公顷,干枯草受灾面积 0.5 万公顷,造成牧业直接经济损失累计达到 215525 万元。

面对灾情水利部门充分发挥职能作用,深入灾区调查统计灾情。了解掌握牧区水利工程运行情况,组织技术人员对发生故障的水利工程进行维修,对原有水利工程进行更新改造,使其最大程度的发挥效能。对国家投资新建的水利工程进行勘察定点,为战胜旱灾做出积极贡献。

二、雪灾

雪灾也称白灾,降雪过大,积雪深度覆盖草场,牲畜不能出牧采食,处于半饥饿或饥饿状态,引起掉膘或死亡。其发生时间主要在 11 月至次年 2 月,积雪早,雪量大持续时间长,则灾重,反之则灾轻。严重时牧区交通中断,牧民生活受到威胁,白灾多的年份也多白毛风。

本地区白灾比较常见,且为畜牧业重大灾害之一,据史记载:公元前 115 年(内蒙古)3 月大雪,平地厚 5 尺。公元 641 年(内蒙牧区)大雪,人畜冻死十之八九。公元 1902 年,东蒙二月二十七日遭雪灾,地面雪深数尺,为二十余年来所未见,饿死牲畜很多。公元 1909 年,阿巴哈纳尔上冬大雪成灾,蒙民困苦,赏给帑银三万两抗恤。

民国时期,自 1914 年至 1945 年,发生 9 次较大的雪灾。较为严重雪灾是民国 17 年(1928 年),阿巴哈纳尔旗正月初四,一场大雪造成白灾。10 月初连降大雪,平地雪深 2 尺。翌年春大雪,羊的损失大。民国 24 年(1935 年),阿巴哈纳尔旗 2 月中旬降雪 1 尺,3 月末至 4 月初暴风雪 3 昼夜,牲畜损失很大。

新中国成立后,锡林浩特地区发出白灾次数也很多。据资料统计,1949 年至 1985 年发生白灾 14 次,其中:严重白灾 3 次。1977 年 10 月 26 日—29 日,锡林浩特境内连续降雪四昼夜,雪深普遍 1 尺 ~2 尺,低洼处更深,整个草场完全被冰雪覆盖,以后又陆续降雪十余场,使积雪不断加厚,局部深达三尺以上。牲畜不能出牧开始死亡,交通中断,牧民生产生活发生极大困难。灾害发生后,党中央和内蒙古自治区政府高度重视,调拨拖拉机、油罐车、坦克、装甲车、钢材、木材等急需物资。同时还调来六架运输机,一架直升机,为灾区运送各种物资。锡林浩特地区党政机关抽调大批干部由领导领队深入牧区抗灾保畜,鼓励牧民破雪放牧,走场放牧,动员机关厂矿干部职工,城镇居民一户包养羊一只,经过努力灾情有所控制。但由于此次雪灾区域广,持续时间长,危害达 4 个月之久,尽管从中央到地方全力以赴救灾,事后统计牲畜死亡率仍高达 90%。

1985 年冬至翌年 3 月,共降雪 19 次,形成雪灾,灾害持续 156 天,盟市两级政府动员社会各界力量,全力以赴抗击灾害,出动车辆 3000 多次,人员 127916 人次,动用除雪机械 82 台,清除积雪 70 万立方米,搭雪墙 30000 多延长米。由于草料有所准备,牲畜死亡率极少，无人员伤亡，交通雪阻胜似1977年。锡林浩特市农林水利局在锡张线道路清雪会战中共派出车辆三台，人员106人次。

1981—2010年，锡林浩特共发生白灾8次，发生频率为26.7%，其中严重白灾一次，发生在1985年冬至翌年3月，1981—1999年出现白灾6次，2000—2010年只出现2次。

锡林浩特市1981—2010年白灾发生年份

表12－3

年　份	1985	1986	1989	1992	1993	1999	2000	2010
降雪距平(%)	98	49	20	133	43	142	54	76
≥5cm积雪日数	113	45	62	51	87	74	79	49
灾害标准	严重	一般	一般	一般	一般	一般	一般	一般

三、黑灾

入冬后不降雪，河和淖尔已封冬，牲畜饮食不到水和雪，造成膘情下降，疾病流行，母畜流产以至大量死亡，对牲畜的繁殖成活造成威胁。新中国成立后，黑灾共出现9次，其中比较严重的5次。1975年冬，黑灾比较严重，从11月下旬至翌年3月上旬，锡林浩特总降雪量1.7毫米，无积雪天数达80多天，天气干冷，牛鼻出血。9个黑灾年中有6个年份是干旱年，旱年一般视为黑灾年的先兆。

四、风灾

白毛风就是暴风雪，降雪的同时刮强劲风，或无降雪时因风势过大，将地面积雪刮起飞扬空中，能见距离小于1公里，天气恶劣，寒冷异常。强白毛风袭击时，风雪交加，四处白茫，能见距离小于几百米，甚至几十米，行人易迷向受冻，主要危害牲畜，严重时牧人受冻伤亡。白毛风常发生在10月至翌年5月，以3月居多，平均每年3次～4次。1950年5月8日，风雪灾，贝子庙损失牲畜38800头(只)。1982年5月2日—3日，暴风雪，最大风速16米/秒，降雪14.0毫米，失散牲畜很多，冻死1女孩。

黄毛风就是沙暴，风将地面浮土刮起，空气变得黄橙、浑浊，能见距离小于1公里。严重的黄毛风天昏地暗，飞沙走石，草根刮露地面黄毛风多发生在4—5月份的干旱季节。1952年5月初短时巨风，吹翻蒙古包甚多。1961年4月27日，贺根山平均风力10级，5月9日最大风速34米/秒，建筑物有损坏。1966年3月17日上午锡林浩特地区刮起8级大风，持续到18日，平均风力加大到9级～11级，局部达12级，黄尘滚滚，天色由黄变红，白天点灯。电线被挂断，线杆被刮倒，通信中断，交通停滞。入夜降大雪，转强白毛风，持续一夜。丢失牲畜24800头(只)，失散18人。

锡林浩特市各月大风日数

表 12－4　　　　单位:天

月　　份	1	2	3	4	5	6	7	8	9	10	11	12	全年
大风日数	2.5	2.3	5.4	11.3	11.6	7.6	4.5	3.2	3.5	3.5	3.0	2.6	61.1

锡林浩特市各月平均风速

表 12－5　　　　单位:米/秒

月　份	1	2	3	4	5	6	7	8	9	10	11	12	全年
风　速	3.4	3.2	3.6	4.7	4.5	3.5	3.2	2.8	3.1	3.3	3.6	3.6	3.5

锡林浩特暴风雪发生频率较低。30 年发生 5 次,发生频率为 16.7%;但吹雪发生次数较频繁,共计发生 27 次,发生频率为 90%,平均每年发生一次。统计资料得出:20 世纪 80 年代暴风雪及吹雪天气出现次数最多,其中在 1987 年出现 4 次吹雪天气,到 20 世纪 90 年代呈下降趋势,2001 年开始又有所增加。

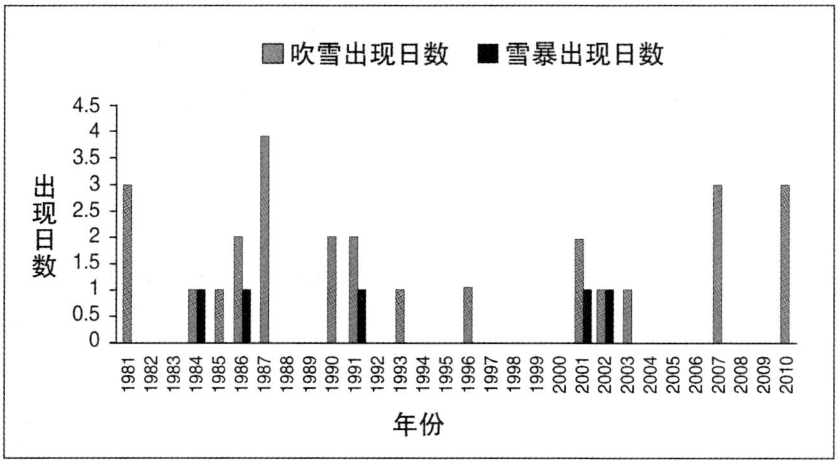

图表 12－4

锡林浩特市 1981—2010 年暴风雪天气年际变化

五、寒潮、冷雨、冰雹

强寒潮侵袭时,常有强降温、大风和暴风雪,对牲畜特别是幼畜影响较大。本市寒潮季节长,一般从 9 月开始至翌年 5 月止。据气象资料统计,自 1955 年至 1975 年的 20 年间,出现寒潮 87 次,平均每年 4.4 次。1965 年和 1966 年达 10 次寒潮。87 次寒潮中,强寒潮 23 次,占 26%。

冷雨的危害主要是牲畜。连续性降雨时间长，持续低温天气，气温常在0℃左右，有时降雪，边降边化，俗称“浓暴雪”据史载，1957年6月1日，降冷雨1昼夜，小畜有死亡。1959年8月间降冷雨两场，牲畜死亡很多。1967年农历七月初一，北部降冷雨2天1夜，死羊300余只。1973年5月14日至16日冷雨，冻死不少马驹。

2008年6月26日下午，锡林浩特市部分城区出现强雷雨、冰雹、雷电等灾害天气。冰雹最大直径为30毫米，地面积雹约7厘米~8厘米。

六、沙尘暴

2000年3月21—22日、4月6—8日，锡林浩特市遭遇沙尘暴、特强沙尘暴，最低能见度0米。

12月31日，锡林浩特市遭受冬季有气象记录以来罕见的特大沙尘暴和雪暴天气，风力为6级~9级，风速14米/秒~26米/秒，降温8℃~10℃，最低能见度零米时间超过一个小时，风暴持续至1月2日才停止。据不完全统计，这次特大沙尘暴和雪暴天气导致几万头(只)牲畜走失。

2002年3月19—21日、4月6—8日，锡林浩特市发生春季两次最强的沙尘暴。水平最小能见度0米，瞬间最大风力8级~11级，伴有小雪，48小时平均气温下降12℃~19℃。交通、电力、电信、市政、广播电视等设施程度不同受损。11月10—11日，出现入秋以来以大风、沙尘暴为主的天气过程。瞬间最大风力7级~10级，伴有沙尘暴，水平最小能见度0.0千米~0.8千米，48小时降温6℃~11℃。

2004年3月26—30日，锡林浩特市出现5天大风，4天沙尘暴天气。瞬间最大风速19米/秒~28米/秒，最小能见度0.03千米~0.5千米，风后有小雪，72小时降温达13℃~17℃，达寒潮天气。

2008年5月26—28日，锡林浩特市出现大风、扬沙、特强沙尘暴天气。

2009年12月24—25日，锡林浩特市出现最强的大风沙尘、降雪、强寒潮天气，48小时降温达12℃~18℃。

第十三章　水利基础工作

第一节　普　查

水利普查是水利工程建设的前期基础，关系到工程的安全与效益。1981 年，阿巴嘎纳尔旗水利局按上级要求进行全旗水利工程经济效益大普查。5 月开始外业工作，普查遍布全旗的 6 个苏木、18 个嘎查，普查组成员 12 人，由水利工作队专业技术人员和草原打井队技术工人组成。此次普查对正在使用和损坏机井及正在使用和淤塞的筒井逐一进行细致检查，分别建立机电井和筒井卡片档案。对因零件损坏而停用的机井全部进行维修，给新打的机井安装深井泵，对出水不好的机井用空压机冲洗，安装水泵进行抽水试验，测试静水位、动水位。评价各机井的使用情况和经济效益，普查历时 3 个月。

根据《国务院关于开展第一次全国水利普查的通知》文件要求，为贯彻落实科学发展观，全面摸清本地区水利发展现状，提高水利服务经济社会发展的能力，实现水资源可持续开发、利用和保护。经锡林浩特市政府研究于 2010 年 9 月成立锡林浩特市第一次全国水利普查领导小组，在锡林浩特市林业水利局下设锡林浩特市第一次全国水利普查领导小组办公室。2010 年 10 月至 12 月，陆续派 15 名技术骨干参加内蒙古自治区举办的各项专业普查培训。2011 年 1 月至 7 月，收集普查基础数据资料，全面展开清查工作。2011 年 8 月至 2012 年 5 月，开展普查阶段工作，完成普查表填写、空间数据录入、审核等工作，并上报普查数据。

锡林浩特市第一次水利普查的调查范围包括市辖的 2 个苏木，1 个建制镇，6 个国营农牧场，7 个城镇街道办事处。共完成 10944 张清查表及 1947 张普查表的填报工作。

普查对象的范围、数量及取得的具体成果如下：

一、水土保持情况普查

本市水土保持普查主要分为：土壤侵蚀、水土保持措施两个方面。

1. 土壤侵蚀普查

锡林浩特市土壤侵蚀普查主要包括风力侵蚀和水力侵蚀两种。本市区域内风力侵蚀野外调查单元数量为 8 个，其中 152502 ~ 0205fs 野外调查单元有一块建设用地，中心点位置做过调整。水力侵蚀野外调查单元数量为5个。

2. 水土保持措施普查

经过水土保持措施普查调查得出乔木林总面积2873.2公顷;其中:水利部门水保乔木林的面积为292.5公顷,林业部门乔木林为2580.7公顷。灌木林的面积为8035.2公顷,水利部门水保灌木林的面积为1081.5公顷,林业部门灌木林的面积为6953.7公顷。经济林77.4公顷。种草面积为13251.4公顷,水保种草数据为6446.4公顷,农业上种草数据为6805公顷。封禁治理面积为3435.3公顷。小型蓄水保土工程中点状382个,主要分布在锡林河水库东沟小流域和南山小流域。

二、水利工程情况普查

锡林浩特市有水库两座,分别是锡林河水库、小孤山水库。锡林河水库按结构分为心墙坝,兴利库容1160万立方米,防洪库容379万立方米,设计灌溉面积一万亩,设计年供水量730万立方米,2011年供水量459.58万立方米。小孤山水库按结构分为均质坝,兴利库容84万立方米,防洪库容63.45万立方米,设计灌溉面积0.75万亩,设计年供水量90.09万立方米,2011年供水量为零。

市辖堤防四条,均为浆砌石结构,分布于锡林河水库段下游。堤防总长度16.07公里,达标长度16.07公里,沿途没有穿堤建筑物。

农村供水工程规模以上15处,设计供水规模7825立方米/日、设计供水人口38079人、年实际供水人口19300人、年实际供水量150.54万立方米。

农村供水工程设计供水规模20立方米/日~200立方米/日(含20立方米/日)有4处,均为地下水。设计供水规模573立方米/日、设计供水人口3706人、年实际供水人口1834人、年实际供水量20.08万立方米。分散式供水工程共1217处,供水人口4733人。

三、灌区专项普查

本行政区共有98个行政普查单元,其中:39个有灌溉面积,11个有园林草地灌溉面积,20个有高效节水设施。

2011年实际灌溉面积为11.9137万亩,其中:耕地实际灌溉面积9.9241万亩,园林草地实际灌溉面积1.9896万亩。通过查阅锡林浩特市水利年鉴及国土二调资料得出农业人口数为2.2799万人、耕地面积25.6410万亩、有效灌溉面积17.64万亩、林地灌溉面积0.405万亩、牧草地灌溉面积17.64万亩。2011年农业灌溉用水量2377万吨。

四、水利行业能力建设情况普查

锡林浩特市此次普查包括水利行政机关、水利事业单位、水利企业、水利社会团体4种类型,涉水单位共19个,其中:行政机关2个、事业单位11个、水利企业2个、水利社会团体4个。2011年末水利从业人数493人，其中：行政机关42人、事业单位377人、水利企业56人、水利社会团体18人。水利行政机关单位资产合计8525万元，水利事业单位资产合计3982.5万元，水利企业单位资产合计4511.2万元。

五、河湖开发治理保护情况普查

1. 河流（河段）治理保护：锡林浩特市流域面积100平方公里以上河流共33条。总河段长度为1289.37平方公里。锡林浩特市行政区内现状只有锡林郭勒与霍鲁吐布拉格上建有水库。根据《内蒙古自治区水资源及其开发利用调查评价》，锡林浩特市行政区域内地下水资源总量为22968.63万立方米/年，地表水资源总量为2305万立方米/年，扣除地下水与地表水重复量1337.82万立方米/年，水资源总量为23935.81万立方米/年。水资源可利用总量为15730.75万立方米/年，其中：地下水可开采量为14601.75万立方米/年，地表水可利用量为1129.0万立方米/年。

现行政区域内开发利用水资源情况大致如下：生活用水1588万立方米/年，工业用水725万立方米/年，农牧业用水2067万立方米/年，合计4380万立方米/年。其中：地表水350万立方米/年，地下水4030万立方米/年。按照2010年可供水量分析，剩余可使用水量共计1883万立方米/年（2013 ~ 130 = 1883）。

2. 湖泊治理保护：

（1）河湖取水口三个，均为规模以上取水口，分别为：锡林浩特市白银库伦牧场取水口、锡林浩特市小孤山水库取水口、锡林郭勒盟锡林河供水有限责任公司取水口。

（2）地表水水源地一个，鲤鱼泡子泉水水源地。

（3）河湖治理保护情况，流域面积100平方公里以上河流共33条。

（4）入河湖排污口2个，分别为锡林浩特市新绿原有限责任公司排污口、神华北电胜利能源有限公司疏干水排污口。

六、经济社会用水情况普查

锡林浩特市共调查城镇居民生活用水户100户，其中：城镇居民用水典型调查对象为80户，农村生活用水典型调查对象为20户。规模以上灌区3处，规模以下灌区6处，规模化养殖场10户，公共供水企业3户，其中：城镇供水企业2户，农村供水企业1户。工业企业用水64户，其中：用水大户9户，典型用水户55户。建筑业和第三产业共计107户，其中：建筑业用水户5户，用水大户3户，住宿及餐饮业用水户50户，其他三产用水户49户。

七、地下水取水井专项普查

锡林浩特市共普查地下水取水井10568眼。其中：规模以上机电井1033眼，规模以下机电井3761眼，人力井5774眼。规模以上地下水水源地2处，水源地日取水量2.66万立方米，2011年取水量705万立方米。其中：一棵树水源地日取水量2.10万立方米,2011 年取水量 585 万立方米;二电厂水源地日取水量 0.56 万立方米,2011 年取水量 120 万立方米。

第二节　地下水动态监测

锡林浩特市林业水利局于 2005 年开始进行地下水监测工作。2007 年组织编制"锡林浩特市地下水动态监测规划",初稿完成后经过锡林郭勒盟水文局把关审稿、定稿,并请锡林郭勒盟水利局专家评审。2008 年锡林浩特市林业水利局会同锡林郭勒盟水文局,根据内蒙古自治区 101 水文地质队 1989 年测绘的锡林浩特市 300 平方公里规划区水文地质图(1:50000),按照地下水流向布设的横、纵断面,到实地打点、定位暂布设监测井点 51 个。由于资金等各方面条件制约,现已建成监测站点 40 处,其中地下水位监测站 32 处,农业取用水计量监测站点 8 处,购置部分人工监测设备。按常规进行水位监测,经监测数据对比,地下水水位有下降趋势。由于机构不健全、资金紧缺、设备不完善等原因,远远不能达到国家有关对地下水动态监测的工作要求,需抓紧建立完善的地下水监测系统,才能够较全面、准确地掌握地下水动态变化情况。2007 年对锡林浩特市胜利煤田神华西一号露天矿采煤疏干水进行为期 1 年监测,疏干排水 393.00 万立方米/年,为疏干水利用工程设计提供基础数据。

2013 年 3 月,按照锡林郭勒盟行政公署和锡林浩特市政府开展地下水监测工作的通知要求,对锡林浩特市范围内 8 个区域全面开展地下水监测工作,其中:包括 5 家大型企业(内蒙古自治区大唐国际锡林浩特矿业有限公司、锡林浩特市聚能矿产品销售有限公司(西三号)、神华北电胜利能源有限公司、锡林郭勒热电有限责任公司第二发电厂、华北油田公司二连分公司),1 家工业园区(褐煤综合利用示范基地),城市规划区和锡林浩特市给排水公司水源地。其中企业的建设经费自行解决,工业园区由锡林浩特市经信局协调入园企业解决,城市规划区和水源地由锡林浩特市财政拨款解决。目前,全年监测数据完整的监测井有 22 眼,初步形成城区及周边的地下水监测体系,锡林郭勒盟水利局已经建成与监测网点规模相匹配的盟级地下水监测平台,通过平台可远程监测,及时掌握监测站点区域地下水水位埋深及水温情况。

为了解掌握全市各区域地下水埋深及水质、水量等情况,地下水动态监测办公室按照行业规范标准负责本市水源井验收工作,达到合同要求的出具验收报告,并建立健全全市水源井的基础档案。根据掌握资料统计,1966 年至 2012 年本市共建设水源井 2756 眼。建设情况见附表:

锡林浩特市 1966—2016 年水源井建设统计表

表 13－1 单位：眼

建设年度	建设数量
1966—2001 年	53
2002	24
2003	67
2004	22
2005	121
2006	111
2007	97
2008	94
2009	59
2010	97
2011	77
2012	338
2013	322
2014	348
2015	375
2016	87
水源地供水井	25
灌溉基地水源井	439
合　计	2756

注：锡林浩特市林业水利局统计

第三节　水利规划

一、锡林浩特市“十五”后两年及十一五”水利建设规划（2004—2010 年）

（一）规划目标

认真贯彻落实锡林浩特市实施“围封转移”战略，结合京津风沙源治理工程和即将启动的牧区草原生态水资源保障可研项目，按照“建设一点，开发一块，合理保护利用一大片”的思路和“增草增畜”的原则，突出抓好牧区节水灌溉高产饲草料地建设，为全市发展肉羊产业化和奶牛业奠定坚实的物质基础。重点抓好锡林河水库除险加固工程建设,锡林河下游河道整治工程立项建设,锡林浩特市毛登小孤山水库立项建设,白音锡勒镇、毛登牧场等12处供水工程的立项建设,锡林河水库库区小流域、楚古兰小流域和额木河小流域水土流失严重区域的治理,锡林浩特市城市规划区内300平方公里范围内地下水动态监测网立项建设等六大水利重点工程的前期、立项和建设工作。继续抓好牧区人畜饮水、防氟改水、京津风沙源治理项目水源工程配套建设,加快做好锡林浩特市境内水资源开采量现状、水资源赋存量和水资源可采量的调查工作,摸清本市水资源量的时空分布,为合理开发利用管理水资源,为本市农牧业生产、工业生产调整布局,实施全境休牧和围封转移提供水资源保障。

(二)建设内容

1. 节水灌溉高产饲草料地

2004年新增0.9万亩,2005年新增0.9万亩,2006年至2010年累计新增3万亩,平均每年新增0.6万亩。

2. 盟市两级重点工程

锡林河水库除险加固工程于2004年8月竣工。锡林浩特市毛登小孤山水库、锡林河下游河道整治工程争取在2004年立项并做好开工建设前期准备工作,锡林浩特市毛登小孤山水库力争在2005年底前完成工程建设。锡林河下游河道整治工程在2008年底前完成工程建设。

3. 小流域治理工程2004年完成治理面积0.75万亩,2005年完成治理面积1.5万亩,2006年至2010年累计完成治理面积9.75万亩。

4. 牧区人畜饮水工程

2004年完成供水工程1处,新建基本供水井10眼,防氟改水井5眼,解决牧区0.2万人,2.5万头(只)牲畜饮水困难问题。2005年完成供水工程2处,新建基本供水井20眼,防氟改水井10眼,解决牧区0.22万人,3万头(只)牲畜饮水困难问题。2006年至2010年新建供水工程9处,新建基本供水井100眼,防氟改水井100眼,解决牧区0.6万人,16万头(只)牲畜饮水困难问题。

5. 城市地下水动态监测网

在2004年做好前期调查工作的基础上,编制好可研报告并申请立项,力争在2005年完成地下水动态监测网建设工作,落实好管理机构和管理工作。

6. 城市东郊防洪工作

结合小流域治理工程,采取上防下导的措施,力争在“十一五”期间完成建设工作。

7. 京津风沙源治理工程和牧区草原生态水资源保障可研项目的水利配套工程,2004年完成水源井372眼,其中深机井7眼,浅井365眼。2005年完成水源井378眼,其中深机井 6 眼，中深井 2 眼，浅井 370 眼。2006 年至 2010 完成水源井 1500 眼。

（三）2004 年至 2005 年主要工程内容和实施地点

1. 节水灌溉工程

2004 年节水灌溉 0.9 万亩，采用半固定喷灌和小型移动喷灌，实施地点分别为朝克乌拉苏木 0.17 万亩，阿尔善宝力格镇 0.025 万亩，巴彦宝力格苏木 0.05 万亩，伊利勒特苏木 0.05 万亩，达布希勒特苏木 0.025 万亩，毛登牧场 0.15 万亩，奶牛场 0.05 万亩，白音锡勒牧场 0.23 万亩，白银库伦牧场 0.15 万亩。

2005 年节水灌溉 0.9 万亩，采用半固定喷灌和小型移动喷灌，实施地点分别为朝克乌拉苏木 0.095 万亩，阿尔善宝力格镇 0.12 万亩，巴彦宝力格苏木 0.07 万亩，伊利勒特苏木 0.14 万亩，达布希勒特苏木 0.05 万亩，毛登牧场 0.1 万亩，贝力克牧场 0.04 万亩，白音锡勒牧场 0.2 万亩，白银库伦牧场 0.085 万亩。

2. 重点工程

锡林河下游河道整治工程包括锡林河水库上游疏竣河道 10.08 公里，下游河道整治及锡林湖开挖 17 公里，河道两侧建防洪堤 10.51 公里，开挖泄水渠 2.4 公里，锡林湖景观工程建设绿化面积 76.5 万平方米，种植景观林木 5 万株。该工程 2004 年可建，2008 年竣工。

毛登小孤山水库建于毛登牧场境内，是一座以防洪灌溉为主兼养殖和旅游的综合性小型水库，总库容 217.5 万立方米。该工程项目 2004 年开工，2005 年竣工。

3. 小流域治理

锡林河水库库区小流域治理主要采取生物措施和工程措施相结合，造林种草与封育相结合，治坡措施与治沟措施相结合。2004 年治理面积 0.75 万亩，2005 年治理面积 1.5 万亩。

4. 牧区人畜饮水工程

2004 年新增白音锡勒牧场供水工程 1 处，供水基本井 10 眼。其中：朝克乌拉苏木 2 眼、阿尔善宝力格镇 2 眼、巴彦宝力格苏木 1 眼、伊利勒特苏木 2 眼、达布希勒特苏木 2 眼、毛登牧场 1 眼。防氟改水井 5 眼，其中：巴彦宝力格苏木 2 眼、达布希勒特苏木 2 眼、奶牛场 1 眼。

2005 年新增供水工程 2 处，其中：毛登牧场 1 处，贝力克牧场生态移民村 1 处。供水基本井 20 眼，其中：朝克乌拉苏木 3 眼、阿尔善宝力格镇 3 眼、巴彦宝力格苏木 3 眼、伊利勒特苏木 4 眼、达布希勒特苏木 4 眼、毛登牧场 2 眼、贝力克牧场 1 眼。

5. 地下水动态监测网

2005 年在锡林浩特市 300 平方公里范围内实施地下水动态监测网工作。

6. 京津风沙源治理工程和牧区草原生态水资源保障项目的水利配套工程

2004年完成沙源治理水源井工程300眼,水资源保障项目水源井工程72眼,实施地点分别在朝克乌拉苏木60眼、阿尔善宝力格镇10眼、巴彦宝力格苏木20眼、伊利勒特苏木20眼、达布希勒特苏木10眼、白音锡勒牧场67眼、白银库伦牧场55眼、毛登牧场20眼、奶牛场20眼、城防林90眼。

2005年完成沙源治理水源井工程300眼,水资源保障项目水源井工程78眼,实施地点分别在阿尔善宝力格镇22眼、巴彦宝力格苏木50眼、伊利勒特苏木62眼、达布希勒特苏木22眼、白音锡勒牧场60眼、白银库伦牧场20眼、毛登牧场30眼、城防林100眼。

(四)投资概算和资金筹措

规划所涉及的水利工程项目总投资30758.52万元,国家投资22360万元,地方筹措8398.52万元。其中:节水灌溉工程总投资1940万元,国家投资1600万元,地方筹措340万元。小流域治理工程总投资1891万元,国家投资1601万元,地方筹措290万元。水源工程总投资7323.52万元,国家投资5387万元,地方筹措1407.52万元。毛登小孤山水库总投资1951万元,国家投资1366万元,地方筹措585万元。锡林河河道整治工程总投资17323万元,国家投资12126万元,地方筹措5197万元。城市防洪工程总投资30万元。地下水动态监测网工程总投资300万元,国家投资250万元,地方筹措50万元。

二、锡林浩特市“十一五”农村牧区饮水安全规划(2011—2015年)

(一)规划目标

根据锡林浩特市农村牧区饮水安全问题及其危害,按照统筹规划、突出重点的原则,在“十一五”期间,重点解决高氟水、高砷水、苦咸水、污染水等饮用水水质不达标以及局部地区饮用水供应严重不足问题。饮用水中氟大于2毫克/升,砷大于0.05毫克/升,溶解性总固体大于2000毫克/升,耗氧量大于6毫克/升,无供水设施,用水极不方便,季节性严重缺水问题。拟建供水工程32处,水源井411眼,计划解决人口3.36万人。其中:2006年度解决1万人,2007年度解决1万人,2008年度解决1万人,2009年度解决0.2万人,2010年度解决0.16万人。

(二)规划布局

1. 规划分区

此次规划根据供水安全问题类型及分布情况,结合经济条件、水资源条件、地形条件将锡林浩特市划分为五个区:砷超标区、氟超标区、苦咸水区、污染严重区、饮水不方便区。

2. 分区规划

(1)砷超标区

锡林浩特市目前饮用高砷水的只有阿尔善宝力格镇巴彦高勒嘎查的两户牧户，共计10人，砷含量分别为0.066毫克/升和0.12毫克/升。由于人数少，按照有关要求，人数达不到一定数额的应采取搬迁，结合京津风沙源围封转移工程进行搬迁。

(2)氟超标区

锡林浩特市各苏木、镇、国营农牧场的潜水氟含量普遍超标，分布范围较广。长期饮用高氟水，给广大农牧民带来严重的身体健康及生命危害，给家庭生产生活带来沉重负担。在“十一五”期间，拟解决受高氟水(氟含量大于2毫克/升)影响人口20091人。

工程建设条件良好，地下水水源分布情况已初步掌握，交通比较便利。工程类型为集中式供水工程和分散式供水井相结合，拟建供水工程25处，解决16349人饮水安全问题(含氟超标区人口10人)，供水井334眼，解决3752人饮水安全问题。

(3)苦咸水区

锡林浩特市苦咸水主要分布于巴彦宝力格苏木、阿尔善宝力格镇、伊利勒特苏木、朝克乌拉苏木的部分嘎查中。溶解性总固体大于2000毫克/升，口感苦涩，很难直接饮用，且宜导致胃肠功能紊乱，免疫力低下，规划拟解决人数3491人。

本区工程建设条件较好，水资源条件经过多年的勘察已初步掌握，对工程的建设起到保障，交通运输条件便利。工程类型以集中式供水工程和分散式供水井为主。拟建集中式供水工程3处，解决2255人饮水安全问题，供水井37眼，解决1236人饮水安全问题。

(4)污染严重区

饮用污染严重未经处理的地下水，主要分布在南郊办事处一带，长期饮用水有害物质超标，易导致疾病流行，“十一五”期间，拟解决20091人的饮水安全问题。由于靠近城边，工程建设条件良好，交通十分便利，拟建集中式供水工程1处，解决5487人的饮水安全问题。

(5)饮水不方便区

饮水不方便地区分布范围比较广，规划拟解决4521人。工程建设条件良好，工程类型拟建集中式供水工程3处，解决1375人的饮水安全问题，分散式供水井40眼，解决3146人的饮水安全问题。

(三)规划建设规模

“十一五”期间，拟建集中式供水工程32处，解决25466人的饮水安全问题，供水井411眼，解决8134人的饮水安全问题，新增供水能力日最大供水量8933.6立方米，年最大供水量326.08万立方米。

(四)投资估算和资金筹措

根据分类工程规划人数和人均综合投资指标可知，水源井工程411眼，共解决8134人的饮水安全问题，工程投资2842.80万元。供水工程32处，共解决25466人的饮水安全问题，工程投资4594.14万元。规划总投资7436.94万元。

资金由中央、地方、群众共同负担，困难大的多补，困难小的少补。资金主要来源于国家财政，地方财政和受益群众进行适当匹配。具体投资比例中央补助资金70%，地方、群众自筹30%，群众以投工投劳为主。

三、锡林浩特市城市防洪规划(2011年8月)

(一)规划目标

本次规划以2009年为基准年，近期水平年为2009—2015年，规划范围东起锡林浩特市东部工业园区东山小流域分水岭为界，西至锡林浩特市新城区向西500米为界，南起南二环路面南500米为界，北至北二环向北500米为界，面积约为79平方公里。规划内容包括防洪、排涝、水环境整治三个方面，规划防洪标准为防御锡林河50年一遇洪水，24小时暴雨径流深为30.2毫米，排涝标准为遇5年一遇最大24小时暴雨形成的洪水总量182.7万立方米不受涝。

(二)工程建设规模

1. 城东防洪工程：城东截洪沟长11.75公里，采用矩形断面，重力式挡土墙进行防护。主要是将葛根敖包流域产生的洪水拦截汇集后送至城北滩地。

2. 城南防洪工程：城南截洪沟长9.71公里，沿水流方向右侧设重力式挡土墙进行防护。本段工程先将楚古兰流域产生的洪水导入额木和流域，汇集两个流域的洪水后将其导入锡林河主干河道与锡林河防洪工程衔接，最终将洪水泄入城市下游。

3. 锡林河段防洪工程：工程长10.335公里，其中：2.5公里河道采用梯形断面，浆砌石护坡。1.9公里河道采用复式断面，浆砌石护坡，铅丝石笼护脚，以路代堤。5.935公里河道扩宽采用矩形断面，迎水侧重力式浆砌石挡土墙护砌，铅丝石笼护脚，堤顶铺环保砖，背水坡种草护坡。本段工程主要是将上游威胁城市的洪水通过锡林河河道泄入城市下游，保证城市安全。

(三)投资估算和资金筹措

锡林浩特市城市防洪规划工程总投资15648.75万元，其中：堤防工程投资9168.98万元，治涝工程3970.62万元，其他工程投资2509.15万元。根据本地区防洪工程急需建设的实际情况，规划工期分两年完成即2009—2010年，第一年投资占总投资的80%，第二年投资占总投资的20%。

资金筹措依据国家投资，申请国家、地方配套多渠道筹措解决。2009 年投资 12519.00万元，其中：国家投资 8262.54 万元，地方投资 4256.46 万元。2010 年投资 3129.75 万元，其中：国家投资 2065.64 万元，地方投资 1064.12 万元。

四、锡林浩特市“十二五”水利建设规划(2011—2015 年)

(一)规划总体目标

此次规划范围涉及锡林浩特市全部的行政区域，规划建设重点包括锡林浩特市防洪抗旱减灾、民生水利、水资源开发利用、水资源节约保护、水土保持与河湖生态修复、行业能力建设等。

1. 防洪抗旱减灾目标

“十二五”期间，通过城市防洪工程使城市防洪标准提高到 50 年一遇，排涝标准为 5 年一遇最大 24 小时暴雨不受涝，通过中小河流治理使苏木镇场防洪标准达到 10 年~20年一遇。通过抗旱工程的建设，提高锡林浩特市防御干旱灾害的能力，最大程度减轻干旱造成的损失和影响，切实保障城乡供水安全。

2. 安全饮水目标

到“十一五”末，锡林浩特市农牧区尚有饮水不安全人口 1.005 万人，新增饮水不安全人口 0.95 万人，共计 1.955 万人。在“十二五”期间要建设集中供水工程 14 处，分散式供水工程 447 处，配套设备 1121 套，力争全部解决农牧区人民群众饮水不安全问题。

3. 节水灌溉目标

“十二五”期间，新增牧区高产饲草料地面积 7.7 万亩，节水改造面积 0.89 万亩，使节水灌溉面积率达到 80% 以上，满足全部牲畜 2 个月舍饲牧草需求，使草原植被恢复到 20 世纪 80 年代初水平，天然草地产草量由现在 55 公斤/亩提高到 75 公斤/亩，荒漠草原的盖度由现在 25% 提高到 55%，初步实现水、草、畜平衡，使草原生态环境得到改善和保护，使畜牧业综合生产能力大幅提高，改善牧区生产与生活条件，提高牧民收入水平。

4. 水资源开发利用目标

“十二五”是锡林浩特市经济又好又快发展的关键时期，按照中共锡林浩特市委、政府以新型工业化带动城镇化和农牧业产业化的发展思路，水资源的开发和保护要依据当地水土资源条件，分布特点及需求关系，科学地制定各项规划目标，为经济和社会发展提供强有力的水利基础保障。根据规划的建设内容，到“十二五”期末，锡林浩特市的水资源开发利用总量达到 9833 万立方米/年，其中地下水 7101 万立方米/年，占水资源可开采量的 49%，地表水 741 万立方米/年，煤田疏干水 1101 万立方米/年，中水 891 万立方米/年。

5. 水资源节约保护目标

“十二五”期间,要大力推行节约用水新技术、新工艺、发展节水型工业、农业和服务业,建立节水型社会。并通过城乡水源地的保护、湿地保护、封闭供水管网内的自备水源井等措施,实现水资源的可持续利用。

6. 水土保持目标

通过水土保持治理工程,要使林地和改良草地面积增加,土地利用结构得到合理调整,缓解周边畜牧业与各产业间的矛盾,基本实现畜草平衡。要通过工程措施和生物措施的综合运用有效遏制流域内水土流失的发生和发展,提高流域防风固沙,蓄水保土,涵养水源等生态功能,减轻水土流失和风蚀沙化危害。

7. 水利行业能力建设目标

“十二五”期间要通过建立水利综合管理信息系统、水利信息传输网络、防汛指挥系统、水质监测及保护信息系统、水土保持监测与管理信息系统。实现各类信息资源的快速传递和共享,实现水利业务、政务的网络化管理,对防洪除涝、水资源供给、水环境保护等各类水利工程体系系统的实施监控调度,为经济社会发展服务。

8. 水利管理和改革目标

水利管理和改革主要包括洪水管理、水资源管理、水资源保护、水土保持管理,建设节水型社会、水利投融资体制改革及水利工程建设和管理体制改革等。在“十二五”期间,要全面完成水管单位体制改革任务,建立和完善符合市场经济要求的运行机制;以防洪减灾为重点,建立洪水管理机制,确保工程安全,减轻洪灾损失;加强水资源开发利用管理,完善水资源和水土保持监管体系,减轻水土流失;积极开展节水型社会建设,加快信息化系统建设,不断增加科技含量;坚持依法管理,科学管理,进一步促进水利管理法制化、规范化、现代化建设。

(二)投资主要指标

锡林浩特市水利发展“十二五”规划总投资为2524200.91万元,其中中央投资251864.41万元,内蒙古自治区投资2726.11万元,锡林郭勒盟投资1817.41万元,地方自筹14792.98万元,企业自筹22530.00万元。

1. 防洪抗旱减灾规划投资结构

锡林浩特市城市防洪规划工程总投资为15555.17万元。锡林浩特市中小河流治理工程总投资48995.70万元。锡林河下游河道整治工程总投资2162.66万元。霍鲁吐布拉格河防洪工程总投资2839.27万元。敖优廷郭勒拦蓄工程总投资为17161.32万元。锡林河水库上游河道疏浚工程总投资4101.30万元。锡林浩特市雨污水排放工程总投资为2120万元。锡林浩特市山洪灾害防治非工程措施规划总投资为600万元。

锡林浩特市抗旱规划总投资 37537 万元。

2. 民生水利规划投资结构

“十二五”饮水安全规划总投资为 5413.50 万元,共解决 1.955 万人的饮水安全问题。农田水利规划总投资 13431.89 万元。锡林河水利风景区规划总投资 13000 万元。

3. 水资源开发利用规划投资结构

锡林浩特市第二水源地供水工程总投资 2.4 亿元。胜利煤田疏干水利用工程总投资 19000 万元。多水源工业供水工程总投资 19508.58 万元。引渤济锡工程总投资约 224 亿元。巴彦宝力格煤田疏干水利用工程总投资 10870 万元。伊利勒特蓄洪工程总投资约 5320 万元。锡林浩特市城镇污水处理二期工程总投资 8142 万元。锡林浩特市中水处理厂工程总投资 4618 万元。

4. 水资源节约保护规划投资结构

节水型社会建设总投资 1200 万元。锡林浩特市饮用水水源地保护工程。总投资 3270 万元。

5. 水土保持与河湖生态修复规划投资结构

“十二五”水保治理总投资为 30600.00 万元,其中生物措施投资 12523.00 万元、工程措施投资 16291.12 万元。锡林河流域湿地保护工程总投资 5165 万元。

6. 水利行业能力建设投资结构

地下水监测规划总投资 464.52 万元。锡林浩特市水土保持监测系统建设预计投资 1230 万元。锡林浩特市防汛抗旱指挥系统建设预计投资 1525 万元。锡林浩特市水利信息化建设预计投资 1270 万元。

五、锡林浩特市水资源利用保护总体规划(2015 年 12 月)

一、规划目标与任务

锡林浩特市水资源利用保护总体规划的目的是为锡林浩特市未来一段时间内水资源可持续和管理提供基础,要在进一步查清锡林浩特市水资源及其开发利用现状、分析和评价水资源承载能力的基础上,根据经济社会可持续发展和生态环境保护对水资源的要求,提出水资源合理开发、优化配置、高效利用、有效保护和综合治理的总体布局及实施方案,促进地区人口、资源、环境和经济的协调发展,以水资源的可持续利用支撑锡林浩特市经济社会的可持续发展。

本次规划的任务包括:水资源调查评价、水资源开发利用情况调查评价、需水预测、节约规划、水资源保护规划、供水预测、水资源配置、水资源管理规划等内容。规划任务总体结构见图 13-2。

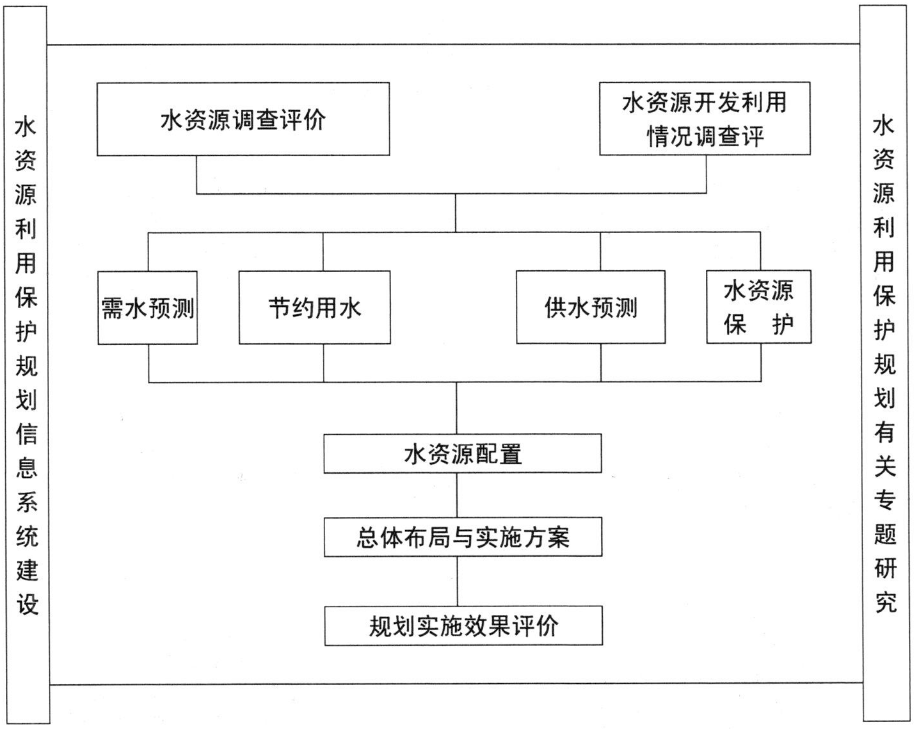

图 13－2　锡林浩特市水资源利用保护规划任务总体结构示意图

二、规划范围和水平年

本次规划的行政区划范围为锡林浩特市全境，包括一个市辖区、一个镇、4 个国营农牧场、1 个国营农场。境内南北长 208 公里，东西长 143 公里，总面积 14780 平方公里。

根据锡林河水文站长系列径流计算成果及近期年份水文年景分析，本规划选取 2014 年作为现状水平年，近期水平年为 2020 年，远期水平年为 2030 年。

三、规划技术路线

锡林浩特市水资源利用保护总体规划的各个环节及各部分工作应是一个有机组合的整体，相互之间动态反馈，需综合协调，规划技术路线图 13－3。

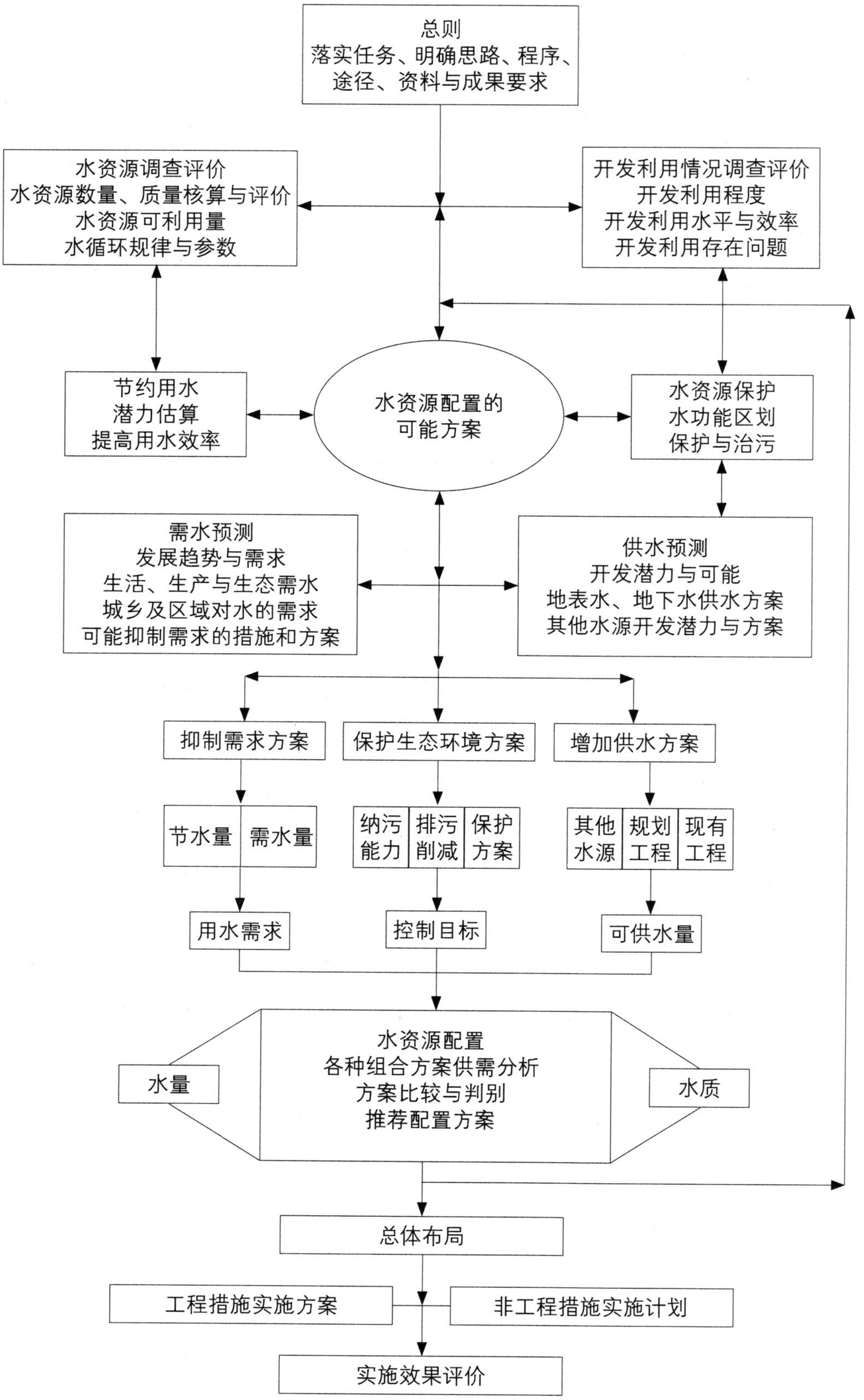

图 13－3　锡林浩特市水资源利用保护总体规划技术路线

1. 通过水资源及其开发利用情况调查评价,可为其余部分工作提供水资源数量、质量和可利用量的基础成果。提供对现状用水方式、水平、程度、效率等方面的评价成果。提供对现状水资源问题的定性与定量识别和评价成果。为需水预测、节约用水、水资源保护、供水预测、水资源配置等部分的工作提供分析成果。

2. 节约用水和水资源保护要在上述两部分工作的基础上进行,为需水预测、供水预测和水资源配置提供可进行比选的方案,提出技术经济和环境影响因素的有关分析结果。同时,在接纳水资源配置部分成果反馈的基础上,提出推荐的节水及水资源保护方案。

3. 需水预测和供水预测要以上述工作为基础,为水资源配置提供需水、供水、排水、排污等方面的预测成果,以及合理抑制需求、有效增加供水、积极保护生态环境措施的可能组合方案及其相应的技术经济指标,为水资源配置提供优化选择的条件,寻求经济、社会、环境效益相协调的合理配置方案。

4. 水资源配置应在进行供需分析多方案比较的基础上,通过经济、技术和生态环境分析论证与比选,确定配置方案。水资源配置以水量和水质统筹考虑的供需分析为基础,将流域水循环和水资源利用的供、用、耗、排水过程紧密联系,按照公平、高效和可持续利用的原则进行。水资源配置在接收上述各部分工作成果输入的同时,也为上述各部分工作提供中间和最终成果的反馈,以便相互叠代,取得优化的水资源合理配置格局。同时为总体规划布局、水资源工程和非工程措施的选择及其实施确定方向和提出要求。

5. 总体布局与实施方案是实现水资源合理配置的支撑和保障,包括根据水资源条件和合理配置结果,提出对调整经济布局和产业结构的建议,提出水资源调配系统的总体布局,制定合理抑制需求、有效增加供水、涵养水源、积极保护生态环境等综合措施的实施方案以及评价实施效果。

六、锡林浩特市“十三五”水利建设规划(2011—2015 年)

(一)防洪抗旱减灾目标

“十三五”期间,通过城市防洪工程使城市防洪标准提高到 50 年一遇,排涝标准为 3 年一遇最大 24 小时暴雨不受涝,通过中小河流治理使苏木镇场防洪标准达到 10 年～20年一遇。通过抗旱工程的建设,提高锡林浩特市防御干旱灾害的能力,最大程度减轻干旱造成的损失和影响,切实保障城乡供水安全。

1. 外环防洪工程完善

投资 6100 万元,其中:市门西侧 1 公里渠道防渗 380 万元,新建 3 座橡胶坝 800 万元,2015 年已建 3 座橡胶坝的管理房及机电设备安装 500 万元,中水泵站 600 万元,渠道穿越大唐铁路 120 万元，东山供水泵站改造 100 万元，307 南侧防洪渠道衬砌及贯通 1200 万元，7.6 公里额木和泄洪渠全线贯通 1400 万元，1.7 公里沥水湖至湿地输水管道贯通 1000 万元。

2. 南郊奶牛村山洪防治工程

工程位于南郊办事处小林场奶牛村南侧，防护对象为奶牛村居民、新车管所等，投资 2200 万元，建设泄洪渠 9 公里。

3. 城北伊利勒特种植区山洪防治工程

工程位于城北 307 省道北侧，防护对象为宝力根办事处伊利勒特社区的种植区，投资 2100 万元，建设泄洪渠 5.9 公里。

4. 锡林浩特机场山洪防治工程

工程位于锡林浩特机场西侧，防护对象为锡林浩特机场，投资 1000 万元，建设防洪坝 5 公里。

5. 南煤矿山洪沟治理工程

工程位于南煤矿周边的额木河流域，防护对象为南煤矿、砖瓦厂居民、蔬菜基地、环保园区等，投资 3900 万元，主要建设内容为整治山洪沟 16 公里。

6. 瓦窑沟山洪沟治理工程

工程位于白音锡勒牧场桃林塔拉分场至锡林河水库的山洪沟内，防护对象为锡林河水库，主要解决洪水对环库路的威胁以及洪水携带泥沙问题，投资 3600 万元，整治山洪沟 14 公里。

7. 乌日根塔拉居委会防洪工程

工程位于朝克乌拉苏木乌日根塔拉居委会东侧，防护对象为乌日根塔拉居委会居民，投资 1650 万元，建设泄洪渠 5.5 公里。

8. 白音锡勒场部防洪工程

工程位于白音锡勒牧场场部，防护对象为场部居民，投资 1800 万元，建设泄洪渠 5 公里。

9. 锡林浩特市白银库伦老场部防洪工程

工程位于白银库伦牧场场部，防护对象为场部居民，投资 1800 万元，建设泄洪渠 5 公里。

10. 葛根敖包沟山洪防治工程

工程位于城区东南部的葛根敖包流域，防护对象为城市居民，投资 2000 万元，建设泄洪渠 4 公里。

11. 现代物流园区山洪防治工程

工程位于机场东侧的现代物流园区，主要防治园区南侧流域发生的山洪，投资

8000 万元，建设泄洪渠 16 公里。

12. **山洪灾害监测预警系统和旱情监测系统规划**

为完善防汛抗旱指挥系统和山洪灾害预警系统，建立旱情监测系统，在现有预警平台的基础上，“十三五”期间规划投资 860 万元，建设山洪易发区的视频监测站 40 处，自动雨量站 40 处，自动旱情监测站 40 处。

13. **抗旱应急水源工程规划**

为保障发生旱灾时牧区用水安全，“十三五”期间规划投资 8000 万元，建设抗旱水源井 400 眼，输水管道 100 公里。

（二）中小河流治理目标

1. **锡林河下游神华排水口至吉九计段河道整治工程**

工程位于锡林河道神华排水口至华北石油锡林作业区吉九计段，防护对象为神华西一号露天矿、华北石油锡林作业区 40 多眼油井及附近牧民，投资 1000 万元，主要建设内容为河道整治 3 公里。

2. **锡林河水库至南二环河道整治工程**

工程位于锡林河道锡林河水库至南二环段，防护对象为河道两岸居民及城市水源井，投资 3600 万元，主要建设内容为河道整治 8.6 公里。

3. **霍鲁吐布拉格河防洪二期工程**

工程位于毛登牧场老场部霍鲁吐布拉格河防洪一期工程的上下游，防护对象为老场部居民、饲草料基地等，投资 2700 万元，主要建设内容为河道整治 9 公里。

4. **敖优廷郭勒河道治理工程**

工程位于阿尔善宝拉格镇，防护对象为华北石油阿尔善油田油井及周边牧民，投资 3700 万元，主要建设内容为堤防建设 14.5 公里，河道疏浚 17.6 公里。

5. **好来吐郭勒河道整治工程**

工程位于白音锡勒牧场，防护对象为周边牧民，投资 2100 万元，主要建设内容为堤防建设 6.8 公里，河道疏浚 6.8 公里。

6. **好来郭勒河道整治工程**

工程位于白音锡勒牧场，防护对象为周边牧民，投资 1000 万元，主要建设内容为堤防建设 3 公里，河道疏浚 3 公里。

7. **锡林浩特市河道采砂管理规划**

为维护河势稳定，保障防洪安全和基础设施安全，实现砂石资源在保护中开发利用，在利用中更好保护的目的，要对锡林河流域进行系统、全面的采砂管理规划，以便指导采砂活动科学有序的开展。采砂管理规划编制费用 80 万元。

（三）锡林浩特市易涝地区治涝规划

锡林浩特市易涝地区分为8处，涝区总面积163.3平方公里，人口1.3万人，总投资9800万元，规划建设泄洪沟渠40公里。

1. 宝力根苏木敖包图居委会治涝工程

涝区面积4.2平方公里，人口约2000人，位于敖包山北侧，新修S101西侧，锡林河右岸堤防东侧，排涝标准3年一遇。投资1000万元，建设内容为排水管道5公里。

2. 楚古兰办事处奶牛新村居委会治涝工程

涝区面积3.3平方公里，人口约2400人，位于南二环北侧，东二环西侧，排涝标准3年一遇。投资2400万元，建设内容为排水渠道10公里。

3、宝力根办事处伊利勒特社区治涝工程

涝区面积3.7平方公里，人口约1500人，菜地2000亩，位于西三矿和307省道南侧，新建101省道西侧。排涝标准3年一遇。投资2100万元，建设内容为排水渠道5.9公里。

4. 白音锡勒牧场场部所在地治涝工程

涝区面积26.6平方公里，人口约3000人，耕地4000亩，位于白音锡勒牧场场部所在地303国道两侧。排涝标准3年一遇。投资1500万元，建设内容为排水渠道5公里。

5. 白音锡勒牧场一分场治涝工程

涝区面积36.1平方公里，人口约1300人，耕地45000亩，位于白音锡勒牧场一分场场部所在地。排涝标准3年一遇。投资600万元，建设内容为排水渠道3公里。

6. 白音锡勒牧场四分场治涝工程

涝区面积21.4平方公里，人口约1000人，耕地5800亩，位于白音锡勒牧场四分场场部所在地。排涝标准3年一遇。投资600万元，建设内容为排水渠道3公里。

7. 白音锡勒牧场五分场治涝工程

涝区面积33.5平方公里，人口约1300人，耕地30000亩，位于白音锡勒牧场五分场场部所在地。排涝标准3年一遇。投资800万元，建设内容为排水渠道4公里。

8. 白音锡勒牧场六分场治涝工程

涝区面积34.5平方公里，人口约1100人，耕地40000亩，位于白音锡勒牧场六分场场部所在地。排涝标准3年一遇。投资800万元，建设内容为排水渠道4公里。

（四）民生水利目标

1. 饮水安全工程

“十三五”期间，锡林浩特市农村饮水安全投资12615万元，其中新建集中式供水工程4处,投资190万元,分别为杭盖办事处吉日格郎图社区1处、白音锡勒牧场乌拉苏太分场1处、白音锡勒牧场黄花舒特分场1处、朝克乌拉苏木浩雅洪格尔居委会1处。改造供水工程21处,投资620万元。新建水源井800眼,投资9600万元。改造水源井300眼,投资675万元。信息化建设投资30万元,应急供水能力投资100万元,水源保护投资200万元。

2. 水窖工程

规划建设水窖300座,每座20吨、投资4万元,共投资1200万元。

3. 农田水利工程

规划建设内容包括新增饲草料地面积2万亩,投资3000万元,建设地点为白音锡勒牧场和白银库伦牧场。

(五)水资源开发利用目标

明确水资源开发利用控制、用水效率控制、水功能区限制纳污“三条红线”管理目标,严格落实水资源论证、取水许可、水功能区管理等制度,落实最严格水资源管理考核制度,控制开发利用总量。到“十三五”期末,锡林浩特市年用水总量控制在1.06亿立方米以内,其中地下水8600万立方米/年,占地下水水资源可开采量的59%,地表水800万立方米/年,煤田疏干水200万立方米/年,中水1000万立方米/年。

1. 巴彦宝拉格水源地供水工程

锡林浩特市城区地下水可开采量为1935万立方米/年,目前已超采,由于受到城市供水能力的限制,城区经常出现大面积的水压不稳、供水不足等现象,严重影响居民的正常生活,制约城市的快速发展。只有实施第二水源地供水工程,才能满足锡林浩特市的发展需求。

第二水源地位于巴彦宝力格盆地内,位于城区北部35公里左右,项目取水规模为3万立方米/日,供水规模为2.7万立方米/日,投资2.88亿元。建设内容主要包括水源井23眼,扬水泵站2座,输水管道52公里,高位水池一座。供水线路是水源井—1泵站—2泵站—高位水池—给排水公司二水厂内清水池—城市集中供水管网。

2. 锡林河水库城防林灌溉工程

锡林浩特市城防林已建成7万亩,大部分位于城区南部,距锡林河水库不足2公里。城防林灌溉基本使用地下水,而锡林浩特市为水资源不丰富地区,为充分利用地表水资源,“十三五”期间规划建设锡林河水库城防林灌溉工程,投资6000万元,供水规模1万立方米/日,建设内容有泵站1座,蓄水池4座,输水管道20公里。

3. 锡林浩特市城市中水供水工程

锡林浩特市中水处理厂工程位于污水处理厂北侧,日处理能力2万立方米,工艺采用混凝絮凝—重力过滤—活性炭过滤—加氯消毒的方法进行污水的深度处理。2014

年又投资7000万元完成技改工程，但处理后的中水未利用而排放，对水资源造成极大浪费。为此，“十三五”期间规划建设城市中水供水工程，供水对象为工业企业和城市绿化，投资2100万元，供水规模2万立方米/日，建设内容有泵站1座，输水管道10公里。

4. 小孤山水库供水工程

为保障小孤山水库下游绿色畜产品加工园区及饲草料灌溉基地的用水需求，规划建设小孤山水库供水工程，投资4000万元，建设内容包括泵站1座、净水厂1座，输水管道9公里。

5. 水产养殖规划

锡林浩特市现有锡林河水库和小孤山水库两处可用于养殖的水面，“十三五”期间规划投资200万元实施水产养殖，其中锡林河水库投资150万元，每年投放鱼苗500万尾；小孤山水库投资50万元，每年投放鱼苗20万尾。

（六）水资源节约保护目标

1. 节水型社会建设

根据《节水型城市目标导则》《全国节水规划纲要》和《全国节水灌溉技术规范》，结合锡林浩特市实际，确定“十三五”期间建设节水型城市的总体目标是：万元GDP用水量降至30立方米/万元以下，万元工业增加值用水量降至10立方米/万元以下。节水灌溉技术普及率达到80%以上，工业用水重复利用率达到60%以上，城市污水集中处理率达到80%以上，城市污水处理回用率达到95%以上。居民生活用水节水器具普及率达到50%以上，城市集中供水普及率达到95%以上。规划中要建设节水型企业、学校或幼儿园、社区各5处，投资2000万元。

2. 封闭自备水源井

“十三五”期间，为实现水资源的统一配置，促进水资源的可持续利用，要进一步加大执法力度，随着城市供水能力的完善，有计划地封闭城周边工业企业的自备水源井。

3. 牧区水源地保护

解决牧区人畜饮水问题，关键是让牧民群众喝上无污染的水，因此，加强水源的保护尤为重要，要划定工程管理与保护范围，设立警示标志，严禁建厕所，牲畜棚圈、污渗坑和堆放粪肥，不得在水源周围使用持久性或剧毒性农药。禁止承压水和潜水的混合开采，防止水资源交叉污染，做好潜水的止水措施。在开发缺水草场、供水不足草场的同时，要注意全面合理布局，建立科学的供水网，以保护生态环境，保护水资源。

4. 地下水监测规划

按照《地下水监测规范》和《城市地下水动态观测规程》的规定，结合锡林浩特市的城市发展规划和水文地质条件及水资源开发利用现状，锡林浩特市林业水利局已在市区布设43处自动观测点，“十三五”期间规划投资2200万元，新建200处自动监测站点，监测平台1处。监测点布设以城市规划区、城市水源地、胜利煤田开采区、华北石油开采区，重要灌溉区、绿化区为主。

5. 水资源在线监测规划

为实现水资源在线管理，提高水利信息化水平，掌握准确的水资源开发利用情况，“十三五”期间规划投资1000万元，新建200处在线监测站点，监测平台1处。监测点布设以大中型厂矿企业、城市水源地、重要灌溉区、绿化区为主。

6. 锡林河流域水资源评价

为掌握锡林河流域地表、地下水资源量和开发利用现状及整体水环境状况，明确下一步保护措施，做到科学合理开发利用，按照实施最严格水资源管理制度的要求，“十三五”期间规划编制锡林河流域水资源整体评价，投资100万元。

（七）水土保持目标

1. 小流域治理工程

水土保持治理工程在“十三五”期间规划完成100平方公里治理面积，投资4000万元，治理区域主要是锡林河水库上游的锡林河流域。治理措施主要有生物措施和工程措施，生物措施包括水保乔木林、水保灌木林、草场改良、封禁治理等工程。工程措施包括铅丝笼谷坊、水平沟、沟头防护、网围栏、作业路、标志碑、水源井及设备配套等工程。

2. 京津风沙源治理二期工程

“十三五”期间规划完成20平方公里治理面积，水源工程500处，投资3300万元，治理区域主要是锡林河水库上游的锡林河流域。

3. 水土保持监测系统建设规划

水土保持监测系统规划投资300万元，主要建设风蚀场5处，水蚀场5处及配套监测设备，并通过先进的通讯技术、计算机网络技术、数据仓储技术建成水土保持监测网络和信息系统，实现对锡林浩特市水土流失及其防治效果的动态监测和评价，为水土保持生态建设提供决策依据，也为国家和内蒙古自治区水土保持监测提供基础数据。

（八）水生态修复目标

1. 锡林浩特市生态水系治理二期工程

恢复锡林河湿地调节气候、净化水质、保护生物多样性、蓄滞洪水等生态功能，同时改善城市人居环境，提供休闲娱乐场所，锡林浩特市建设了生态水系治理工程。工程位于锡林河水库至南二环锡林河道两侧的湿地内，治理面积8190亩，总投资3.8亿元。工程分两期建设。现已完成一期工程建设，完成投资1.7亿元。“十三五”期间规划完成二期工程建设，规划投资2.1亿元，建设内容包括河道整治、儿童乐园、广场、木栈道、桥梁、道路、绿化、亮化等。

2. 锡林河水库综合治理工程

锡林河水库是锡林浩特市重要的地表水源地，也是城市水源地的补给源，为改善水质，减少水土流失，修复水毁工程，充分发挥其防洪、供水、养殖、生态等功能和效益，在“十三五”期间规划实施锡林河水库综合治理工程，投资1500万元，建设内容有小流域治理、疏浚、观测设施、水毁修复等。

3. 神华西一号露天矿排水口治理工程

神华西一号露天矿排水口的疏干水直接排放进入锡林河道，现运行近10年，因河道排水不通畅，年年淹没下游草场，冬季大面积结冰，且疏干水对下游水质、草场也有一定程度的影响。“十三五”期间规划实施神华西一号露天矿排水口治理工程，投资1750万元，建设内容有水环境评价、河道整治、水质监测、草场改良等。

4. 污水处理厂及锡林热电厂排水口治理工程

污水处理厂及锡林热电厂排水口已运行十几年，其排放水经人工渠道、下游洼地10公里后进入锡林河道，多年的排放对下游水生态造成影响，急需修复。“十三五”期间规划实施的污水处理厂及锡林热电厂排水口治理工程，投资4000万元，建设内容有水环境评价、排水渠道整治、水质监测、人工湿地、氧化塘、蓄水池等。

5. 锡林河水库库区清淤工程

锡林河水库自建成以来，一直未开展库区清淤工作，现库区淤积严重，导致水位抬高，库容量减少，影响其防洪、供水等功能。“十三五”期间规划实施锡林河水库库区清淤工程，投资2000万元，清淤量约200万立方米。

（九）水利行业能力建设目标

1. 水利基层服务站建设

改变水利工程重建轻管的现状，在资金、政策上大力扶持水利工程的建后管理工作，把每一处水利工程建好、管好、用好作为水利改革的突破口和规划的最终任务。将涉及到防汛安全的水利工程管理按级别划分，明确基层水利服务组织的管理职责，水利工程的管理工作一般按属地管理的原则，逐级分解到位，争取市财政拿出一定管理经费加强这方面的管理工作。确保水利工程能够长期正常运行。加强对本市农牧区水利工程管理的综合协调，技术培训业务指导等管理工作。进一步推进小型水利工程改革的成果，对本市小型水利工程明晰产权、落实工程管护主体和责任，落实工程管护经费。

按照上级相关要求，锡林浩特市相继成立10个水利基层服务站，负责辖区内水法规宣传、水利工程建设管理和运行维护、防汛抗旱减灾、水利工程管理体制改革等具体事务。目前只是成立机构，确定人员，具体的设施配备尚未开展。“十三五”期间规划投资2000万元建设水利基层服务站，每个站点投入200万元，建设内容主要是设施配备、人员培训、工程运行维护、防汛物资储备等。

2. **防汛抗旱服务队建设**

防汛抗旱服务队承担建设水源井、灌溉、拉水、防汛等属于公益性质的服务工作，对于防汛抗旱服务队投入较少，导致其运营困难。“十三五”期间规划投资500万元，建设内容主要是钻机、送水车等设备的购置。

(十)投资估算

锡林浩特市水利发展“十三五”规划各项工程总投资为169355万元，其中防汛抗旱66990万元，民生水利15615万元，水资源开发利用41100万元，水资源节约保护5300万元，水土保持7600万元，水生态修复30250万元，水利行业能力建设2500万元。

第十四章　人畜供水

第一节　牧区人畜饮水

新中国成立前，锡林浩特地区人烟稀少，经济十分落后，广大牧民一直过着逐水而居的游牧生活，依靠自然水源，靠天养畜。解放初，人畜饮水只有大口井一种，且为数甚少。当时的锡林浩特贝子庙院内有一眼大口井，边壁用人工凿制的块石砌筑，此井出水量很大，由庙中的喇嘛使用，据岁数大的老人说此井能够供应当时最大的庙会的人畜饮水，从未干过，20 世纪 60 年代—70 年代住在附近的居民都饮用过这口井的水。

新中国成立后，随着经济的发展和文化的进步，畜牧业生产的迅速发展，为解决畜牧业生产中牲畜的饮水和吃草问题，在当地政府的领导下，自力更生为主，国家支援为辅的方针指引下，不断开展抗灾保畜的打井运动，找水技术也得到提高。打井方法，从人工打井，发展到半机械化、机械化打井。提水工具也从人工提水发展到畜力水车提水、机械化、电气化提水。由打浅层井，发展到打深井、基本井，开辟缺水草场，解决人畜饮水问题。提水工程建设越来越被人们重视起来，以大口井工程逐步向机械化、电气化水源工程发展。特别是 1980 年以后，随着基本井的改造，供水点的逐步扩大，供水能力逐年提高，使畜牧业生产得到稳定快速的发展，并获得巨大的经济效益。

锡林浩特地区的提水工程就是由单一的大口井发展为辘轳井、水车井、筒井、压水井、机电井、深机井及自来水管道。20 世纪 50 年代末开始兴建深机井和机电井，20 世纪 70 年代末这种提水工程迅速发展，经国家投资，牧区基本实现了井、机、泵、房、池、槽 6 配套。草原打井队就是为适应当时牧区的提水工程建设而成立的。

一、筒井建设

筒井是牧区水利建设的基础，是人畜饮水的主要设施，也是最古老的取水工程。筒井从远古一直沿用至今，它数量大，分布广，从历史到现在一直占据着重要的位置。

新中国成立后，为发展畜牧业生产，当时的水利部门积极响应国家号召，组织牧区群众以互助组的形式，开展打井、修泉、掏旧井的抗灾保畜运动，使本市范围内的筒井不断增加。20 世纪 50 年代末，筒井建设速度发展迅猛，当时锡林浩特地区共有筒井 50 多眼。但一部分井丰水年才有水，因而重点提高成井的质量，提高深度、出水量成为重要任务。20 世纪 60 年代，阿巴哈纳尔旗成立水利工作队，首先组织人员学习先进的打井技术和找水经验，如查看地形，看山脉走向、特殊牧草生长情况，牛、羊渴后聚集的地方等方法找水，并与农牧民一起总结打井找水经验并予以推广。发展砖井、下泉井、下盘井，后期开始打冻井、打沉井、打木板套盘井，还对质量差的筒井进行报废。推广使用轻便省力的提水工具，有解放水车、手揿泵、畜力拉杆泵、链斗水车、风力抽水机、柴油抽水机等。20 世纪 60 年代末期，锡林浩特地区的筒井数量达到 400 多眼。但由于筒井建设受当时生产手段、抢水设备、砌井材料、技术水平的限制，在成井质量、出水量上仍很难保证，造成使用时间短，报废率较高。有的井能饮千只大畜或更多，有的井只能饮几百只或几十只牲畜。一遇冬春干旱冰冻就造成部分以筒井为主的草场供水不足，形成黑灾。1980 年，随着生产责任制的变更，牧民进行牲畜草场双承包，进一步开发利用草场，促进筒井建设的积极性。为保证质量，上级业务主管部门逐年下达安排一些牧区筒井更新任务，要求以混凝土预制井壁管成井，加井盖防冻，安装畜力水车，饮水槽配套供水。至此这种新式筒井在牧区得到广泛推广应用，至今仍有使用。

二、井的种类

20 世纪 50 年代，在全国范围内的多数地区基本实现水利化的宏伟目标下，当地牧民群众为完成上级下达的打井任务，都是以人工开挖为主，一般是开挖到 3 米 ~5 米的浅层水。根据就地取材的要求，多采用柳芭、草坯、干砌石成井。

大口井：井筒由人工用铁锹、镐头开挖，挖至含水层涌水时，用块石砌筑井壁，从井壁内挖掘含水层的泥砂或砾石，挖至井中涌水量大于排水量便终孔。再将井壁砌至地面以上 0.5 米，周围充填滤石和土即成大口井。大口井内径一般在 1.5 米左右，井深多在静水位以下 0.5 米 ~2.0 米，涌水量在 0.5 吨/时 ~3 吨/时左右，一般在春、冬季施工。

柳芭井：主要分布在沙区，是以柳芭编成围子为井壁下到井中以防止井壁坍塌、流沙下滑。井深一般在 3 米以内。此类筒井应用年代久远，至今仍有使用。

草坯井：主要分布在平原的下湿草滩、沼泽中，用铁锹挖取草坯块，用以砌筑井壁围成井，一般可达 3 米 ~5 米，此类井比柳芭井略好，一些地区仍有沿用。

干砌石井：分布在土石山区和丘陵山区，以块石或片石为材料，砌筑井壁，为干砌石井，深度可达 10 多米。此类井比较坚固耐用，本地区使用广泛。

下泉井：进入 20 世纪 60 年代后，人们为增加水量在成井中用小孔继续挖掘，达到深度后，砌筑井壁成井，可获得更多深层水。

打冻井：在冬季上冻后打井，每天在井坑里堆上燃着的牛粪，并用镐刨挖一层，不使出水，每天刨一层达到深度后，下盘砌井即可成井。也可在上冻前先挖旱筒，开风道，待封冻后在保证不挖透冻层的前提下，逐步开挖冻层达到设计深度，趁冻下盘砌井筒，到春季解冻即可成井。此法比较适合在流沙地带的含水层打井，能防止水下井壁坍塌，节省工序，施工安全。

打沉井：首先在加工厂预制好井管，一般直径 1 米～1.5 米，有圆形、半圆形两种，壁厚 10 厘米左右，每节高 30 厘米～50 厘米，运至工地，放置在井位上。工人进至井筒内挖掘，上面有人往上吊土，井管随挖随沉至成井。

木板套盘井：以高 10 厘米～13 厘米，厚 10 厘米的木板，制成互相承插的六角形或八角形木盘，工人在木盘内挖掘，随挖随将木板套盘按顺序下置周边，用以挡土下滑，至 3 米～5 米后，再缩小口径下第二层、第三层、直至成井。再随砌随将木板取出，干井无水取板时，必须回填土，不得悬空，以防坍塌造成事故。

20 世纪 60 年代—70 年代初，锡林浩特地区城镇居民饮水主要依靠大口井，后来在大口井上安装辘轳，辘轳的绞绳上装有汲水斗，绞起汲水斗的器具水就上来，此法比起大口井提水要省工省力。

水车井：水车井也是安装在大口井上，水车由链条、带水圈、铁筒、转轴、池槽等组成，由人力或畜力拉转，通过水轮带水，水被带出后流入槽内。

机电井：机电井是用电力抽水，在大口井或筒井中，安装上潜水抽水泵、电动机，用电力抽水。此种提水方式受特定年代电力发展条件所限，多为农业、蔬菜种植等方面利用。

深机井：深机井（草原基本供水井）兴起于 20 世纪 70 年代。此种井从钻井到抽水一律采用机械化或电气化形式，取自地下深层水，成井是用钻机钻成钻孔，钻孔直径多在 300 毫米～500 毫米，深度根据水文地层和含水层而定，一般深度在 50 米～180 米之内。钻孔完成后在孔内下井管，（铸铁管、予制水泥管），含水层下花管（花管外包扎滤网、尼龙纱和树棕片），其余地层下实管，铸铁管外围填砾料，水质不能饮用的含水层要用粘土封闭，然后用空压机或活塞洗井，至井中抽出清水即为成井，成井后安装上机泵（柴油机、电动机、水泵）即可抽水使用。钻探深机井钻机分为冲击型和回转型，冲击型钻机俗称“磕头机”，钻进孔径大，深度最大 80 米左右。磨盘钻（300 型钻机），装拆工期短，进尺快，适用于直径 500 毫米孔径，深 300 米的理想钻进设备。千米钻机，装拆工期长，进尺慢，不适于大孔径钻进，比较适合钻进孔径小于 350 毫米，且深度比较大的井。

20 世纪 70 年代—80 年代，城镇居民多以压水井提水。压水井是用手钻或汽车钻直径 0.5 米～1 米，深 13 米左右的钻孔，用直径 2 吋的钢管，根据地层含水深度和富水程度，在含水层处下直径为 70 毫米～80 毫米，长 1.5 米～3 米的滤水管（俗称“花管”用于透水），其余地层中下实管（不透水），管壁外填入砂、砾石，地面井管上安装井头，通过压杆，压力使管内产生真空，吸力吸水达到汲水目的。压水井井水多为地下浅层水，管与管之间多用螺扣连接，井封闭严密，容易保持井水清洁。

20 世纪 80 年代后期，条件好的城镇居民开始在压水井内安装小型电动水泵，这种组合泵是以300瓦~500瓦的小型电动机带动4吨/时~7吨/时的离心泵汲水,这种提水方式是从半机械化到电气化的飞跃。

第二节 供水基本井建设

供水基本井是设置在缺水草场和半缺水草场上的深水机井,因为水量充沛,水源稳定不受季节影响,所以能够适时、足量、稳定、优质的供水。可以保证缺水草场的供水与半缺水草场发生黑灾时的供水,为人畜饮水骨干工程,所以被称为供水基本井。

基本井建设经历三个阶段,1959—1972年为第一阶段,主要以内蒙古自治区牧区总队在缺水草场上打深机井为主。1972—1976年为第二阶段,以旗(县)自建机井队为主。1976—1980年为第三阶段,即在国家的扶持下,牧业旗成立草原打井队,给机械设备、人员编制,是基本井建设的高峰期。这一时期基本井建设发展较快,对开辟缺水草场,解决人畜饮水,发展饲草料基地灌溉,起到决定性作用。但也有突击指标、赶进度、忽视因地制宜控制井距,技术水平低、经验不足、配套跟不上,运行管理不好,效益不高等现象。随后为改变上述问题及井点过密,畜群过度集中超载放牧,草场日趋退化的局面,提出井点布局必须遵循:保护草场适宜的载畜能力,定额饮畜,定期轮牧。纠正只顾饮畜,忽视草场退化的问题。从而使开发深层水源,扩大适宜草牧场供水基本井建设和已建供水设施得到良好运行管理。

一、基本井建设

锡林浩特市基本井建设主要集中在20世纪70年代后期,此前基本井建设名额由内蒙古自治区和锡林郭勒盟水利局统一分配,由于锡林郭勒盟地区严重缺水旗县太多,当时从事专业钻井的队伍又少,20世纪60年代—70年代中期,本地区供水基本井数量非常少。

1978年2月,阿巴哈纳尔旗组建草原打井队,配备SPT~300型钻机3台、油压1000米钻机1台、解放牌载重汽车10辆、油罐车2辆、空压机2台、柴油发电机2台、加工维修设备7台套。至此锡林浩特地区加快基本井建设和开辟缺水草场的步伐,此后几年里草原打井队共完成40多眼供水基本井建设任务,到1985年本市共有大口井834眼,其中更新筒井69眼,深机井217眼,供水基本井63眼,机电井54眼。开辟缺水草场5920平方公里,解决26.4万头(只)牲畜的饮水困难。

1982年,阿巴嘎纳尔旗草原打井队开始在牧区推广使用水泥管筒井,生产销售筒井水泥管,并按要求完成国家下达的牧区基本供水井和筒井施工任务。1986年开始国家逐年减少生产任务,为解决生产任务少,经费不足的问题,锡林浩特市草原打井队引进承包竞争机制,将生产任务下达分配给各生产班组,鼓励生产班组走向市场，承揽计划外机井，取得较好的经济效益。1988 年为配合牧区家庭牧场和以水为中心的小草库伦建设，锡林浩特市草原打井队在牧区开始钻打推广以小型柴油机为提水动力的塑管井。

1993 年，锡林浩特市草原打井队由全额拨款事业单位变为差额拨款事业单位，全队干部职工齐心协力，坚持“质量第一，信誉至上”的原则，积极参与市场竞争，在激烈的市场竞争中占有一席之地。从 1994 年到 2012 年，共计生产优质水源井 318 眼，合计进尺为 36734 米。

二、基本井井型

基本井的井型主要是依据成井材料来分类，其中有：木管井、混凝土和钢筋混凝土管井、铸铁管井。

1. 木管井：把用木板条箍的井壁管，下至井内成井称木管井。井深一般 30 米～50 米，井管分实管、花管，内径 10 厘米～20 厘米，井壁厚 2 厘米～3 厘米。实管下至地下水以上部分，用木板条刨成弧形，再用 8 号铅丝箍上，随下管随接管随缠铅丝。花管下至地下水水下部分，在制好板条后用 1 厘米的螺旋钻打孔，随下管，随接管，箍上铅丝外包树棕滤水，下至井内，管外填滤料成井。顶部用粘土封闭，做浆砌石井台。这种井多是 1967 年以前用竹弓、火箭锥、大锅锥打的井，出水量一般每昼夜不超过 100 吨，用吊筒或手掀泵提水。

2. 混凝土管井：是用预制好的混凝土管成井。有人工制管和机制管两种，也有实管与花管之分。成井井深多在 30 米～50 米，大部分是人工预制管，井管质量不好，1976 年以后基本不再使用。实管是用 400 号水泥按 1 份水泥、1.32 份粗砂、2 份石子的比例配合的混凝土，浇铸在管模内，一般管模内径 20 厘米～25 厘米，壁厚 3 厘米～5 厘米，经捣实、脱模、养护而成。每节高 1 米左右，有加筋不加筋之分。花管是用 500 号水泥与砾石制成，又称无砂混凝土管。规格做法与实管基本相同，要求严格控制配合比与滤料粒径。含水层粒径越小制管砾径应越小，以保证强度透水性。接管处铺竹板条用铅丝箍住，成井后制混凝土井台，这种井用火箭锥、大锅锥、冲击钻成井，出水量 500 吨/昼夜以内，采用柴油机水泵提水。

3. 铸铁管井：是由外地购进的铸铁管成井，铸铁管是采用 HT15－32 号铸铁铸造的井管，铸铁管的接头用管箍联接，强度高，可用于 100 多米的深层水，内径有 6 寸（152 毫米）、8 寸（203 毫米）、10 寸（253 毫米）之分，外径有 175、225、275 毫米，管长 4 米，本地区多用 8 寸，内径 203 毫米，外径 225 毫米的铸铁管。也有实管与花管之分，铸铁管井因管材全部由工厂加工，因此成井质量好。这种井可用冲击钻、旋转钻、磨盘钻成井，出水量约在 50 吨/昼夜～1000 吨/昼夜以内，采用柴油机、电动机、深井泵提水，是供水基本井的主力井，骨干井。

三、基本井配套

供水基本井的配套主要有井房、机泵、水池、饮畜槽。

井:一般深机井80米~150米,出水量50吨/昼夜~1000吨/昼夜不等。

房:一般为2间~3间,分为机泵间、水池间、管理维修间,面积55平方米~75平方米,砖木或砖石结构。

水池:有高位池、低位池两种。多为高位池,装有阀门控制,水池容积5吨~10吨不等,有水泥池、砖池、油罐池三种。

槽:为饮畜水槽,有水泥槽、铁槽、木槽三种。

机泵:由于20世纪70年代以前,生产厂家少,品种单一,配套的动力大部分是3110A型与2135型柴油机,配套安装6JD56×10或150型深井水泵,对于出水量小的深井,形成大马拉小车,一抽就干。对于出水量大的深井形成小马拉大车,白白浪费水量,造成配套不合理,经济效益差。随着供水基本井的发展,供水工程的配套越来越滞后,原因是当时国民经济不发达,建设资金不足,配套比较缓慢简陋。特别是1980年生产责任制变更,牧区实行牲畜草场双承包后,牧民负担不起以油换水的费用,配套处于停滞状态。随着经济社会的发展,科学技术的进步,相继出现螺杆泵、皮带泵、拉杆泵、离心泵、潜水泵等,牧民可根据自己井的深度和出水量以及提水动力选择不同的提水设备。目前最先进的供水工具是深井泵和深井潜水泵,深井泵分柴油机和电动机两种动力在深井中带动机泵汲水。深井潜水泵是将动力机置于水泵下端,组合泵安装在井水中汲水。

第十五章　饲草料基地建设

第一节　打井灌溉

饲草料基地建设必须以水为前提，以水为中心，牧区饲草料基地的灌溉由井开始。第一阶段是以筒井灌溉为主，即在解决人畜饮水的同时，开展饲草料灌溉。第二阶段是以机电井为主专门发展饲草料灌溉，由于水量充足，建设规模和灌溉面积较大。

一、筒井灌溉

筒井是牧区人畜饮水的主要设施，一般一眼筒井在15天的一个轮灌期内可浇菜地2亩~4亩，灌溉饲草料地5亩~10亩，井深一般小于15米，多以人力与畜力提水为主。在土质好的井边，平整土地，筑畦打堰，种草、种菜。

20世纪50年代时，由于提水工具比较落后，后来虽然引进解放水车、手摇水车，以人力推拉提水为主，所以灌溉规模较小。

20世纪60年代，对水车进行改装，以畜拉为动力提水，减轻劳动强度，逐步为牧民群众所接受，灌溉规模和面积都有所提高。

进入20世纪70年代，随着机电井的普及和发展，机电井灌溉饲草料地逐渐取代筒井灌溉。

20世纪80年代，随着牧区生产责任制的变更，畜草双承包责任制的落实，进一步开发利用草场，以家庭为单位畜群草库伦的兴起，促进筒井建设的积极性，由于筒井配套成本低，灌溉筒井又有大幅度增加。

二、机电井灌溉

本地区牧区机电井（包括供水基本井）多于20世纪70年代初零星开发建设，20世纪70年代后期的几年里，是机电井（包括供水基本井）建设速度和规模数量最快的时期。一眼机电井安装汽、柴油机水泵提水，可控制灌溉50亩~100亩的饲草料基地。这一时期，锡林浩特地区牧区饲草料灌溉发展非常缓慢，1972年，全市饲草料灌溉面积仅为307亩。20世纪70年代末期稍有起色，达到3177亩。1980年后，牧区生产责任制的变更，畜草双承包责任制的落实，使牧区饲草料灌溉基地建设得到快速发展。

第二节　自流灌区

锡林浩特市区域内主要河流有锡林河，过境季节性河流有乌尤特郭勒和吉林郭勒。其中锡林河为常年性河流，发源于赤峰市克什克腾旗西北部的低山丘陵区，流经锡林浩特市白音锡勒牧场的乌力斯台分场及伊和乌拉分场至锡林河水库。进入锡林浩特市境内至锡林河水库河长93.3公里，多年平均流量为0.617立方米/秒，多年平均径流量为1802万立方米。1964年水库建成时总库容1967万立方米，兴利库容820万立方米，设计灌溉面积2.25万亩，有效灌溉面积1.26万亩，保灌面积9280亩。

一、渠首枢纽

1964年12月，锡林河水库竣工蓄水，彻底改变锡林浩特地区地表水利用现状。在水库还没有竣工的1963年，就按照规划设计进行水库下游灌区工程的配套渠首工程建设。

渠首工程分为一枢纽工程和二枢纽工程。

一枢纽工程为4级建筑物，采用坝闸组合形式，防御洪水能力为50年一遇。其泄洪闸净宽10米，分为5孔，单孔流量为2.94立方米/秒。闸高2.5米，宽2.7米，主体为木质结构。堆石坝长16.3米，高2.5米，顶宽3米。

二枢纽工程为4级建筑物，采用坝闸组合式，防洪水位与防洪堤相同。进水闸高2.5米，宽1.2米，单宽流量1.1立方米/秒。

渠首枢纽工程的总土石方量为11.20万立方米，投工投劳5.5万个工日。总石方量为3570立方米，其中浆砌石2660立方米，干砌石910立方米，总土方量10.85万立方米。

二、渠系工程

渠系建筑均按渠级标准设计施工，干渠级建筑物包括进水闸、节制闸7座、跌水9座，桥梁2座，支渠级建筑物16座，其单宽流量均在1.0立方米/秒。水渠道均为土质，干渠4条，长13.1公里，支渠16条，长15.4公里，排水干渠2条，长20.6公里。

三、万米渠

万米渠位于锡林浩特西郊的锡林河左岸，建于1967年。渠首与第一枢纽相连，干渠全长9928.5米，故称“万米渠”。该渠建成后无人管理，年久失修，渠体损害严重。1980年做土方修复工程和渠道衬砌等工程，浆砌矩形渠250米，铅丝混凝土予制板及现浇衬砌梯形明渠9411.67米，并在干渠上建通道桥9座，支渠进水闸及冲砂闸13座，建筑物共占干渠长266.38米。建支渠9条，总长5650米，其中混凝土衬砌渠道5050

米，独立斗渠1条，长2330米，全为土质渠。冲砂渠3条，长420米，其中衬砌242米，一干渠连接段衬砌长212米。支、斗渠上共建交通桥7座，人行便桥1座，斗门30座，供水工程5处，每处设双面牲畜饮水槽12米，工程总计投工投劳7.5万个工日。

四、锡林河灌区

锡林河水库建成后配套建设下游的灌区工程，锡林河灌区工程控制灌溉面积28000亩（控制范围内有耕地11000亩）。第一灌区位于水库北，锡林浩特市西南锡林河西岸劳改农场，有耕地17000亩，灌区控制面积6000亩，以种植粮食和蔬菜为主。第二灌区位于锡林浩特市北，敖包山后锡林河东岸，灌区控制面积22000亩（有耕地500亩，牧草种子繁殖场5000亩）。1964年由当时的三河牛场经营饲草料基地7000亩，主要以种植饲草料为主，供给三河牛场。第二灌区解决三河牛场1000头牛及渠尾下游10公里沿河两岸5万头（只）牲畜的饮水。

五、朝克乌拉苏木五间房自流渠

朝克乌拉苏木东南20公里，吉林河东岸，五间房处，地势平坦，土质好。1972年，阿巴哈纳尔旗水利工作队在此修筑河流节制闸1座，渠道节制闸5座，过渠小桥2座，引水渠700米，输水渠500米，控制灌溉面积1040亩。

第三节　扬水与截伏流

锡林浩特地区的扬水站与截伏流工程，主要目的是充分开发利用水资源，发展天然草场与人工草场的灌溉。这些工程大多修建于20世纪70年代末，由于当时资金不足，物资短缺，工程规划设计不合理，许多工程都以汽、柴油机组为提水动力，而当时汽、柴油指标少，机泵易坏、造价高、经济效益差，大多难以维持运行。

一、哈布其勒截伏流

1976年7月，由阿巴哈纳尔旗水利工作队勘测、设计、施工完成哈布其勒截伏流工程。工程在阿巴哈纳尔旗阿尔善宝力格苏木西南7公里处，在古河道最窄处截断河道透水层，设一座地下截伏流黏土心墙，高3米，长70米，用直径80厘米、长70米的滤水管接在粘土心墙上游做一集水廊道。廊道墙壁设30厘米滤层，在集水廊道南端打10米深、直径80厘米的集水井在施工阶段作为排水，工程结束后安装6吋~8吋水泵，20马力柴油机，机房2间，宿舍2间作为扬水站灌溉设施。

二、达布希勒特苏木四队扬水站

1977年，阿巴哈纳尔旗水利工作队在达布希勒特苏木四队建扬水站一处。此处原有临时机房和22马力柴油机、离心式4吋水泵一套，有干渠支渠12条，总长1630米，没有水源。建扬水站后修引水渠1条,吸水池1处,出水池1处,机房1间,工程建筑以浆砌石为主。扩修干渠3条,总长700米,配设低压动力电线路870米,提水设备为6BA~12水泵和17千瓦电动机。

三、城关苏木扬水站

城关苏木扬水站建于1981年,工程包括引水渠和输水渠2000余米,支渠8条,吸水池和出水池各1座。干渠分水闸4处,过路倒虹吸1处。渠道全部用混凝土予制板衬砌,建有机房,配置电动机和离心泵,控制灌溉面积500亩。

第四节 家庭牧场与小草库伦

党的十一届三中全会后,为促进农牧民生产积极性,进一步解放和发展生产力,牧区推行草畜承包责任制。以家庭为主的生产单位,为抵御自然灾害的侵蚀,从根本上改变靠天养畜状况,部分牧民相应地承包自己草场上的水利设施,积极发展以水为中心的家庭畜群小草库伦水利建设。1988年锡林郭勒盟公署印发《锡林郭勒盟关于大力发展家庭畜群草库伦的暂行规定》的通知,广大牧民群众利用承包草场内的水利设施或新打各种井,进行防灾基地建设,种植饲草或青贮为牲畜过冬、渡春打下坚实的基础。这种家庭畜群小草库伦建设,是为适应新形势发展的,确保饲草料地建设的稳产高产,也缓解天然草场退化与载畜量多的压力,为恢复生态平衡,提高畜牧业经济效益,稳定牧业发展奠定基础。

牧区推行草畜双承包责任制以后,原有牧区水利工程难以适应牧民一家一户分散养蓄的状况,必须开辟新的途径,才能适应小型、分散、多样的灌溉特点,而小型机电井、新型塑管井的推广普及,是搞好畜群草库伦,发展饲草料灌溉,建设防灾基地的有效手段。1987年10月,锡林郭勒盟水利局在西苏旗召开塑料管井人工成井现场会,向全盟推广西苏旗塑料管井人工成井的经验。此类塑管井成井材料为塑料管,下端根据水位和出水量用塑料管打孔,加竹片、尼龙纱、树棕制作符合长度的花管。塑管井钻进分人工和汽车钻两种,成井速度快,每眼井造价仅800元,加机泵配套总共只需2400元,深受牧民群众欢迎。

锡林浩特市牧民群众为实现畜牧业生产发展目标,在政府的号召和支持下,全面推行家庭畜群小草库伦建设。首先是充分利用旧有水利工程,有故障的排除故障,无故障的根据出水量合理配套机泵。无水利工程的牧户在自己的草场内选择地下水位高,水量充沛,宜于打井的区域打塑管井。其次是选择土质条件好,栗钙土无盐渍化便于耕作的地方,用网围栏建百米宽、百米长的草库伦,种植10亩~15亩英红玉米和马牙玉米等。晚熟玉米,畦灌2次~3次水,喷灌5次水,灌水定额为120立方米~250立方米,施有机肥，收割后粉碎成青贮饲料。

根据锡林浩特市的自然特点和生产条件，家庭畜群草库伦的建设标准配套形式是以水为中心，实行水、草（料）、林、机、网五配套。

水：家庭畜群草库伦建设以水为中心，每个草库伦内必须有可供灌溉的水利工程设施，保证灌溉面积不少于10亩～30亩。

草：以种植青贮玉米为主，适当配合多年生或一年生优良牧草，以便轮作换茬。

林：每处小草库伦要在2年～3年内营造2亩～4亩防护林，并要因地制宜的做到林草结合。

机：草库伦要合理配套提灌机具，提倡单户或联户合用。

网：每处草库伦都要用网围栏围封加以保护，围栏面积一般10亩～30亩。

实行草畜双承包责任制以来，锡林浩特市巴彦宝力格苏木那仁宝力格嘎查原党支部书记扎木苏荣，全家5口人，承包草场9000亩，有大小牲畜1000头（只），他依靠科技力量，彻底扭转靠天养畜的被动局面，为锡林浩特地区草原牧民闯出一条科技致富的新路。十几年来他累计投资20多万元，建成标准化棚圈、配套草库伦、青贮窖、塑管井等基础设施，购买打、搂草机等牧业机械化设备，提高畜牧业生产抗灾、防灾能力。他是锡林浩特市家庭畜群小草库伦建设时期树立的16户典型示范家庭牧场之一，1989年他的家庭牧场被农业部命名为“全国畜禽养殖业国家二级企业”。

金宝是锡林浩特市巴彦宝力格苏木白音淖尔嘎查牧民，1984年他所在的嘎查实施草畜双承包责任制时，金宝家只有牲畜48头（只）。十几年来，他在搞好畜牧业生产的同时，先后搞起种植业、养殖业等多种产业，经济收入逐年提高。1998年金宝年收入已达15万元，他投资十几万元建起60亩饲草料基地。1999年他又投资建成节水喷灌配套草库伦500亩，年产饲草料达50万公斤。金宝热爱花草树木，房前屋后，绿树成荫，饲草料基地防护林颇具规模，已形成良好的生态循环效益。同时他家实现“三分离”，即人畜饮水分离、人居与牲畜棚圈分离、人居与牲畜粪便的堆放分离，1999年他盖起小康住宅。1994年他家成为锡林浩特市首批“十星级文明小康户”，他也是锡林浩特市家庭畜群小草库伦建设时期树立的16户典型示范家庭牧场之一。

家庭畜群小草库伦建设的推广，促进锡林浩特市畜牧业生产的发展，改变牧民千百年来的生产生活方式，牧民实现定点定居放牧，收入得到大幅度增长，牧民生活得到改善，现代化生活设施进入牧民家庭，促进精神文明和物质文明建设，提高牧民的科学技术文化水平，逐步走上合理开发利用水资源，种植饲草料地科学养畜的道路。

第五节　典型示范饲草料基地

一、奶牛场万亩节水灌溉饲草料基地

锡林浩特市奶牛场万亩饲草料基地位于市区东北5公里处，占地2.5万亩，基地始建于1999年，工程总投资3600万元，技术依托于内蒙古自治区水利部牧区水利科研所，承担着财政部现代化畜牧科技推广示范园区和国家农业综合开发草原建设两大示范项目。经过2年建设，建成节水灌溉高产饲草料基地2万亩，其中：英红玉米1万亩、饲用萝卜0.02万亩、一年生青谷子0.9万亩、豌豆0.03万亩、苗木0.03万亩、苏丹草0.01万亩、试验田0.01万亩。基地内共打机电井64眼，种植防护林2400亩，修建各种道路20公里，建机车库一座，培训中心一处。2000年，争取到外国政府贷款项目，引进国外大型全套调和农机具38台(套)，喷灌设备60台(套)，其中：卷盘式喷灌机56套，大型时针式和平移式喷灌机各2套，铺设输水管道30千米，输变电线路40千米，形成以水为中心，乔、灌、草相结合，井、电、渠、路、林、机配套齐全现代化的大型井灌区。

在项目建设中，引进节水灌溉、草种包衣、接种根瘤菌、配方施肥等技术，在管理机制上采用公开招标制，把竞争、承包机制引入项目建设中，在打井、植树、种草等项目上进行技术承包，并在围栏管护、树木浇水等环节上与承包者签订合同，以提高建设质量。2年内整个基地全部按规划设计完成建设任务。

基地建成运行后，种植高产饲草料0.6万亩，经济作物0.7万亩，多年生牧草0.7万亩。收获后高产饲草料平均亩产可达5000公斤，多年生牧草亩产400公斤，青贮玉米3000万公斤，年产优质饲草料4450万公斤，能满足生态移民区及周边地区1480户，1万多头奶牛的饲草料需求，相当于64万亩天然草场的产草量，因此可使64万亩天然草场得以休养生息，同时可实现产值530万元，利润200万元左右。经济作物平均亩产3000公斤，年可实现产值1500万元，利润400万元。

基地建成后，每年种植高产饲草料前，与基地周边600多户牧户签订购销合同，基地饲草料每公斤以低于市场价格6分钱出售给牧户，有效地平抑锡林浩特市的饲草料价格，和基地签订购销合同的牧民少支出购草款250万元左右。即产生良好的经济效益，保护牧民的利益，又有效地保护生态环境，实现经济效益、社会效益和生态效益的统一。辐射和带动全盟乃至全区草原节水灌溉人工草地的建设，起到典型的示范作用。

二、节水增效灌溉示范

为促进畜牧业产业结构的调整，增强牧业生产抵御自然灾害的能力。合理开发利用水资源，提高水的利用率，缓解水资源短缺的矛盾，2000年，锡林浩特市农林水

利局争取国债资金建设锡林浩特市 4000 亩节水增效灌溉项目建设。该项目位于达布希勒特苏木境内，距市区 7 公里。建设规模 4000 亩，总投资 287.65 万元。该项目于 2000 年 4 月动工，建设水源井 5 眼，高低输变电线路 4300 米，道路 8000 米，围栏 10000 米，铺设喷灌管道 8500 米，配套奥地利 TX50/125 型卷盘式喷灌机 15 台。单井涌水量达到 30 吨/时，可带动 3 台喷灌机同时工作，喷灌定额 10 毫米，喷灌机行走一次需 6 小时，单机控制面积 21 亩，灌水均匀度 75% 以上，灌溉水的有效利用率达 80% 以上，与过去地面灌溉相比节水 60%。项目区内种植防护林 202 亩，建育苗基地 35 亩，主要种苗有杨树、柠条、榆树。基地种植青贮玉米 700 亩，紫花苜蓿、老芒麦 380 亩，改良草场 2000 亩。基地建成后起到良好的典型示范作用。目前基地以个人承包和单位经营模式运行。

第十六章　锡林河水库

第一节　水库建设过程

锡林河水库位于锡林浩特市南207国道8公里处，距锡林河源头135公里。锡林河总长268公里，平均坡降为1/1000，锡林河水库占锡林河流域面积37.4%，水库控制河道长143.3公里，水库以下40公里为规划防洪区段，控制流域面积3842平方公里，总库容2003万立方米，最大水面7000亩，兴利库容1160万立方米，坝长300米，坝高13.5米，坝顶宽8米，坝型为粘土铺盖均质土坝。输水道流量6.0立方米/秒，溢洪道流量128立方米/秒，水库设计标准按100年一遇洪水，校核按1000年一遇洪水，洪峰流量73.8立方米/秒设计。水库于1958年开工兴建，1964年竣工蓄水，以后又在1974年、1992年、2002年分别对水库进行续建、改建和除险加固，是一座以防洪为主、兼顾城市供水，水产养殖，旅游等综合功能的中型水库。

锡林河水库自1958年开始设计，最初设计方案是五级建筑物的标准。1958年10月，内蒙古自治区水利厅提出扩大初步设计，设计洪水频率按2%，校核洪水频率按0.2%，设计标准达到三级，以保证锡林浩特的安全。1960年，内蒙古自治区水利厅同意扩大初步设计方案，溢洪道及输水洞由锡林郭勒盟水利工作队设计，次年由内蒙古自治区水利厅修改设计。1963年，再次进行水库输水道修改设计。1975年锡林郭勒盟水利工作队又对冲刷严重的输水道和溢洪道进行设计，并由内蒙古自治区水利厅批复。1977年2月，锡林郭勒盟水利工作队进行水库保坝渗透计算和土坝抗震计算以及斜墙和保护层的稳定分析计算，计算证明大坝稳定性可靠。

锡林河水库1958年11月开工，当年出动民工750人，完成工棚搭建，清除基底土4000余立方米，储备石料600立方米。1959年5月，开始水中倒土筑坝试验，7月末二次水中倒土筑坝试验成功，开始全面实施水中倒土筑坝法。1960年，民工人数增至905人，马车12辆，牛车130辆，日完成工作量1000立方米。1961年，出工人数达到1200人，手推车300余辆。

锡林河水库建设期正赶上国家经济困难时期，物资和粮食极度匮乏，由锡林郭勒盟水利部门组成施工指挥部，委托锡林郭勒盟水利工作队队长玉力格图主持日常工作。首先是解决劳力问题，经中共锡林郭勒盟委研究决定，招募闲散的外流人员，给予上临时户口，解决粮食供应，先后招集到1200余人。其次是解决工程量大、效率低的问题，指挥部领导和工程技术人员集思广义，搞技术革新，改人工挑抬为独轮手推车上坝，双轮胶车上坝，牛车马车上坝，空中索道运土，采用内蒙古自治区水利厅何量总工程师的建议，用水中倒土法筑坝。由于初期经验不足土料不合要求，排水不畅，达不到要求而失败，在反复总结经验的基础上，调整土料与排水，取得成功，大大提高功效。三是解决困难时期粮食供应不足，物资器材供应困难问题，对当时全盟的水利工程进行排列，重点保证锡林河水库物资器材供应。四是克服极其艰苦的生活条件，当时住的是临时工棚、大马架，八面透风，点的是煤油灯，吃的是粗粮，喝的是白水，克服种种意想不到的困难，顶住数次下马风，经历艰苦卓绝的六个年头才基本完成主体施工任务。

1964年10月，除溢洪道外，其他工作全部竣工。当年水库落闸蓄水，修筑锡林河水库总用工83.4万个，土方53.5万立方米，石料16.7万立方米，总投资261.3万元。总库容1967万立方米，兴利库容820万立方米，坝长245米，坝高13.5米，坝顶宽4米，坝型为黏土斜墙均质坝。输水道流量3.0立方米/秒，溢洪道流量128立方米/秒，水库设计标准按50年一遇，洪峰流量115立方米/秒设计。

1975年，锡林河水库续改建工程开始施工，到1978年，水库闸室、输水洞、溢洪道大桥等续改工程全部完工。

1990—1991年，由内蒙古自治区辽河工程局完成对原闸室、闸门改建。

2000年，由内蒙古自治区黄河工程局完成对溢洪道进口段底板、护坡改建。

1998—2002年，由内蒙古自治区黄河工程局完成供水管道、取水塔等供水工程建设。

2002年4月—2004年10月，国家投资1498.98万元由内蒙古自治区黄河工程局完成锡林河水库除险加固工程，完成土石方5.15万立方米，固结灌浆96米，金结19.67吨，防渗灌浆1162.8米，输电线路10公里。

2003—2004年，地方投资新建17.34公里的环库公路。

工程现状：水库枢纽工程包括大坝、溢洪道、输水洞。

大坝：大坝为黏土心墙铺盖均质土坝，坝轴线全长300米，坝顶高程1015.40米，顶宽8.0米，防浪墙顶高程1016.50米，最大坝高13.50米。上游坝坡坡比1∶4.5，高程1012.00米以上为干砌块石护坡，高程1012.00米以下干砌石灌注混凝土护坡，背水坡坡比1∶3.5干砌石护坡。

溢洪道：溢洪道为开敞式宽顶堰，位于大坝的右岸，引水渠进口呈喇叭形与库区自然连接，控制段为溢流堰，堰顶高程1011.92米，为钢筋砼结构，堰上设1跨交通桥。泄槽段总长128米，坡降0.01，末端用1∶4的陡坡与消力池相接，底部为钢筋砼护底,岸墙为钢筋砼挡土墙。下游消能采用底流消能为矩形断面消力池,池深1.2米、池长6米。

输水洞:位于溢洪道底板下面,进口底高程1006.14米,洞中心高程1007.14米,取水建筑物布置在溢洪道闸室上游为竖井式,中心距闸室前缘15米,设人行桥与岸边相接。井内设1.2米×1.2米铸铁工作闸门,竖井平台高程1016.17米,平台设螺杆启闭机,设计泄量6立方米/秒。

溢洪道闸门规格为6米×1.8米平板钢闸门、启闭设备为平板式液压启闭机、设3套2×80kN液压机。

下游河道:下游河道淤积阻塞严重,最大安全泄量为30立方米/秒。

锡林河水库除险加固项目及加固后水库指标:

内蒙古自治区水利厅于2000年对《内蒙古自治区锡林浩特市锡林河水库除险加固工程初步设计》进行批复,水库除险加固全部工程已通过竣工验收。

一、翻修上下游干砌石护坡、坝顶设混凝土防浪墙、左坝肩进行防渗灌浆、泄槽段混凝土压顶、改建溢洪道闸室、改建输水洞进口段、溢洪道及输水洞闸门全部更新、墙设浸润线观测井、新建上坝沥青路面及防汛路,管理用房等。

二、水库加固后,水库死水位1009.00米,相应库容379万立方米。兴利水位1013.40米,兴利库容1160万立方米。设计洪水位1013.95米,相应库容1785万立方米。校核洪水位1014.14米,相应库容2003万立方米。结合坝顶防汛道路建设,加固后的坝顶高程为1015.40米,防浪墙高1.1米,防浪墙设计顶高程为1016.50米。

第二节　库区防汛

锡林河水库地理位置重要,保护下游数家工矿企业、集通铁路、国道207、省道101、锡林浩特市城区等,防洪任务十分艰巨。为确保安全渡汛,每年汛前进行全面检查,对在检查中发现的安全隐患及时排除,小型岁修由管理所负责,工程量大、投资多的结合改建除险加固任务完成,编制报告经内蒙古自治区水利厅批准后进行施工。

锡林河水库建成后经历较大的五次洪水考验安全度汛,水利工程运行正常,无重特大运行事故发生。制定各项规章管理制度,修改完善《锡林河水库防汛预案》《锡林河水库防洪应急预案》《锡林河水库重大事故应急预案》《锡林河水库洪水调度方案》和《锡林河水库运行计划》。严格执行上级水行政主管部门批复的运行方案,做到"预防为主、安全第一",确保水库正常运行和安全度汛。

本流域暴雨频繁发生,集中在7月—9月,暴雨特点为时间短,强度大,还伴有大风。锡林河水库自1964年蓄水,共经历五次特大洪水的考验。

1974 年夏,锡林河水库上游连续降雨形成洪水,这次洪水连续 4 峰,最大洪峰达 17. 1 立方米/秒,总水量达 1360 万立方米。水库溢洪量为 9 立方米/秒,输水道流量 5 立方米/秒,锡林河水库入库流量达 14 立方米/秒,堰上水深 0. 37 米。这次洪水致使水库溢洪道左岸受严重冲刷,有的地段淘入 35 米,水泥浆砌石的放水闸门周围淘空,输水道浸在坝脚,威胁大坝安全。

1987 年 4 月,气温骤升,水库上游区域积雪迅速融化,水库从 4 月 7 日开始溢洪到 17 日,最大溢洪量达 53 立方米/秒。

1998 年 7 月 24 日,锡林河水库突降暴雨形成的山洪将水库上坝公路多处冲毁,并造成严重泥沙淤积。8 月 10 日,水库再遭暴雨袭击,将上坝公路已被冲开的洪沟又延长到 100 多米,深 4 米 ~5 米,宽 8 米,彻底切断上坝公路,泥石流大量冲进溢洪道和消力池内,严重影响正常泄洪。

2008 年 6 月 28 日,锡林河水库经历建库有洪水记载以来的超设计标准洪水,最大入库流量为 66 立方米/秒,最大出库流量为 57 立方米/秒,最高水位 1014. 14 米,相应库容 1859 万立方米。入库总量为 929. 9 万立方米,最大一日洪水量 227 万立方米。下泄洪水总量为 846 万立方米。此次洪水的特点是洪峰流量大,最大洪峰流量为 66 立方米/秒,超过 100 年一遇设计洪水标准流量 51. 4 立方米/秒,而且超过 200 年一遇标准 64. 1 立方米/秒,最高水位 1014. 14 米,超过设计洪水位 1013. 95 米,超 0. 19 米,是水库建库以来有洪水记载最大值。

2013 年春汛于 3 月 3 日开始,5 月 20 日结束,历时 75 天。此次春汛的主要特点是时间上比常年提前 20 余天,洪峰流量时大时小,以多峰形式出现,上游来水量总量比常年偏多 2 至 3 倍,最大入库流量 14. 56 立方米/秒,最大下泄流量 6. 96 立方米/秒。洪水总量 2768 万立方米,下泄洪水 1986 万立方米,闸前最高水位 1013. 92 米,最大库容 1773 万立方米,3 月 20 日开闸泄洪,5 月 6 日闸门关闭。

一、度汛方案

(一)水库正常运行情况时,汛限水位为 1013. 40 米,当水库水位高于 1013. 84 米时,开启闸门泄洪。

(二)水库汛期调度运行计划、主汛期泄流方式。当水库水位高于 1013. 40 米时,开启 3 孔闸门同时泄洪。

二、应急度汛措施

(一)为加强对水库度汛工作的组织和统一调度,锡林浩特市防汛指挥部明确包库领导及值班人员。

(二)合理安排,组织防汛。当水库水位达到 1013. 40 米时,水库管理所组织人员昼夜巡逻，加强工程监测，密切注视汛情变化，及时做好洪水预测、预报，并及时上报汛情。

当水库水位高于1013.84米时，锡林浩特市防汛指挥部主要成员到位，密切关注汛情变化，随时做好预警和下游群众转移准备工作，防汛抢险队伍进入待命状态。

当水位到达1013.95米时，锡林浩特市防汛指挥部所有成员到位，抢险队伍进入紧急待命状态，下游做好群众转移工作。

当水位达到校核水位1014.44米时，锡林浩特市防汛指挥部发布紧急信号，抢险队伍上坝防守，并及时将汛情上报锡林郭勒盟防汛指挥部。

（三）严格值班，加强巡逻，确保通讯畅通。按照防汛要求，严格执行24小时值班制度。汛期全体职工24小时开机，保证通讯畅通。值班人员坚守工作岗位，关注天气，加强水情观测并做好记录，特别是遇阴雨天气，加密巡查总次数，必要时进行昼夜巡逻，遇到洪涝天气，要及时调动全体职工出动，严阵以待，防止险情发生，并及时向上级报告。

（四）为确保安全度汛，组建300人的防汛抢险队伍，储备编织袋1200条、块石100立方米、碎石和砂石料500立方米，自卸车4辆、装载机2辆，确保发生险情时拿得出，用得上。

第三节　库区生态建设

锡林河水库东沟小流域，北纬43°26′~43°33′，东经116°56′~117°04′，水土流失严重，针对该流域的水土流失特点因地制宜，因害设防，科学布设各项治理措施。采用生物措施与工程措施相结合的方法。

2000年京津风沙源治理项目启动后，国家投入大量资金、人力、物力，连续8年对水库东沟小流域进行水土保持工程建设，总治理面积33平方公里，治理大小沟道60余条、修筑石谷场200余座、建水平沟3万余米、沟头防护涝池280座，围埂式沟头防护443米、造林2000余亩、人工草地5000余亩、封育治理10000余亩、打机电井7眼、新建井房7座、架设高压线路3公里，围建网围栏3万余米。完成投资548.21万元。

项目实施后，库区林草覆盖度由原来的30%提高到现在的65%，每年约减少水土流失12.25万吨，减沙75%以上，2平方公里的沙地、坡地郁郁葱葱，水土流失、草地退化、沙化得到基本控制，生态环境得到有效改善，减轻洪水风沙的危害，同时也减少水库库区的淤积，延长水库的使用寿命，对保护水源地、净化水体、水库的正常运行起到积极作用。项目的实施，使库区的林草盖度由原来不足30%提高到现在的60%~70%，植被条件得到明显改善，草场拦蓄地面径流、防风固沙的能力明显增强，真正起到净化水体、涵养水份、保护水源地的作用。

第四节 灌区及城市供水

锡林河水库灌区始建于20世纪60年代,由锡林郭勒盟水利工作勘测设计队勘测设计,由于当年正处于我国经济建设调整时期,建筑材料十分缺乏,只能本着因陋就简、因地制宜、就地取材原则进行建设。灌区多处干、支、斗渠没有闸坝控制,采取临时堵口引水,干、支、斗渠不配套,只能进行大水漫灌,河床一旦拉深,灌区就不能进水,发展较缓慢。

20世纪70年代—80年代,在国家大力支持下对灌区进行渠系配套建设,20世纪80年代初增建锡林河万米渠,锡林浩特地区的饲草料基地建设得到快速发展,灌区总灌溉面积达到3万亩以上。20世纪90年代后,由于种种原因和锡林浩特市城市建设用地等诸多因素,灌区逐渐毁坏直至报废。

锡林河水库年来水量1595万立方米,设计灌溉面积2.25万亩,有效灌溉面积1.26万亩,保证灌溉面积9280亩,以灌溉林木、饲草料、蔬菜为主。

为缓解锡林浩特市地下水超采,解决水资源供需矛盾,合理开发利用水库水资源,经内蒙古自治区水利厅批准,1998年开工兴建以锡林河水库为水源地的锡林浩特市供水工程。锡林河水库供水管网工程于2002年全部实施完成,取水头部取水塔施工于2003年完成,并进入试运行阶段。项目建设全部由内蒙古自治区黄河水利工程管理局组织施工。

2003年10月17日,锡林河水库开始向锡林河供水有限责任公司供水,截止到2011年8月31日,累计供水3305.37万立方米。其中:2003年10月17日至2008年9月5日供水1705.37万立方米,其中:向城市居民供水677.07万立方米、三电厂供水241.25万立方米、锡林湖777.48万立方米、苗圃和赛马场9.57万立方米。

2008年9月15日至2010年12月31日,累计供水1245万立方米,其中:工业(三电厂)用水537万立方米、人工湖及苗圃、城市绿化等公益性用水708万立方米。

第五节 水产业

锡林河水库水面面积约7000亩,平均水深4.5米,无污染,水质含氧量高,富含有机质,周围植被茂盛,水草丰美、集水区有大量有机质被冲入库中,为水库各种淡水鱼类及浮游生物提供丰富的饵料、各种鱼类生长良好。

一、自然条件

(一)水面最大面积:除险加固前4000亩,加固后7000亩。

（二）水深：平均水深4.5米，适合养鱼。

（三）水位：水位汛期调控的适度变化，有利于水库水体交换，增加水中DO2和矿物质，周围牧区草场冲入大量的粪肥，可以保持水体的肥度。

（四）水流：水库每年防洪调控，库内水流缓慢，适当交换有利于营养物质的补充和鱼类生长，从20世纪60年代开始投放鱼苗到现在多种淡水鱼类生长良好。生产著名的锡林河水库鱼。

（五）水的透明度：水库水的透明度在30厘米～50厘米之间，水库水肥度适中，浮游生物量稳定，适合淡水鱼类生长。

（六）水温：5—10月水库的平均水温12℃以上，鱼类和其他水生生物生长期为150天。表层水温20℃，冬季结冰厚度为50厘米，夏季水库水体有温跃层现象。

（七）周围环境：水库周边水草丰美，畜粪较多，上游水质有较好的植被，水质较肥。

（八）水化学：水库水质pH在7.5～8.5之间，水的硬质为2～5，水深4米，水温12℃，DO25毫克/升这样的水体适合多种淡水鱼类生长。

二、饵料基础

（一）浮游生物：春季水中以绿藻门，蓝藻门种类为主，浮游生物挠足类占优势，浅水区小型原生动物轮虫及各种枝角类较多，为鱼类提供丰富的饵料，适合鱼类生长。

（二）水生植物：水库沿岸浅水区生长着大量水草，芦苇、蒲草、水车前，还有许多小浮萍，紫背芜萍等漂浮性植物，为许多草食、杂食性鱼类提供丰富的饵料来源，同时也是各种淡水鱼类栖息和繁殖的场所。

（三）底栖生物：水中有水蚯蚓、蛭类，螺蚬，为杂食性鱼类提供丰富的饵料。

（四）鱼类种属：锡林河水库鱼类属北方鱼类区系复合体，以鲤、鲢、鲫、草、雅罗鱼、武昌鱼为主，其他还有麦、泥鳅、棒花、大银鱼、虾虎、中华多刺鱼、鲑鱼、餐条等小型经济鱼类。

三、池塘养殖

（一）鲤鱼繁殖：从1992年到1999年，共自繁自育黄河鲤鱼鱼种（秋片）100多万尾，全部投入库中，保证水库优良品种的延续。

（二）鱼种培育：从1996年开始从外地购入夏花培育鱼种，到2004年，共培育鲢、鳙、鲤、鲫、草鱼大规格鱼种近1000万尾投入库中，为水库渔业生产持续稳定发展打下坚实的基础。

四、大水面养殖

（一）鱼种投放：1964年水库建成后，在内蒙古自治区水产部门支持下，空运青、草、鲢、鳙鱼种1.5万尾投放成功，投入水库后平均每年增重1公斤左右，到1970年个体重达6公斤~10公斤。1970年水库正式开始捕捞生产,1971年时年总产量达2万公斤,以后产量逐年下降,1974—1985年产量徘徊在3千公斤左右。为提高自繁自育能力,1984年开挖鱼池15亩,对小规格鱼种进行繁育,收到良好效果。进入20世纪90年代后,锡林浩特市农林水利局及水库管理所认识到鱼种投入的重要性,开始投入资金和人力修建种鱼池,进行繁育鱼种工作。1992年起产量逐年增加,1999年自繁自育黄河鲤鱼鱼苗100多万尾。1995年和锡林郭勒盟水产站联合成立优良鱼种场,开始从外地购入夏花自己培育鱼种,到2004年共出塘鲢、鳙、鲤、草、武昌等各种鱼苗1000万尾。2005年起锡林河水库管理所由水面承包方每年按合同规定向库中投入各类鱼苗100万尾,到2011年共投入大规格鱼苗600万尾。

(二)特种水产品开发

1. 大银鱼:从1995年开始投放,到2008年共投放大银鱼卵约1亿粒,2008年形成规模产量,进行捕捞。至2011年共计捕捞大银鱼60多吨,经济效益300多万元。

2. 高白鲑投放:2003年6月投放5万尾冷水性高白鲑鱼种(2寸),此种鱼适合水库生长,经济价值极高,有水中白金之称,现有少量存活。

3. 西伯利亚鲟:投入高白鲑时放入,此鱼种适合水库这样水温不高的水体,经济价值极高。

(三)鱼产量:由于鱼种连续投入,产量逐年增加,2002年各种鱼产量6吨(包括小型杂鱼、以下同)2003年10吨、2004年13吨、2005年18吨、2006年20吨、2007年30吨、2008年50吨(大银鱼10吨)、2009年50吨(大银鱼20吨)、2010年60吨(大银鱼20吨)、2011年50吨(大银鱼10吨)。

(四)经济效益:从2002年起到2011年,共计出产商品鱼58.2万斤,扣除各种费用,纯收入约300万元,大银鱼产量约60吨,纯收入300万元,两项合计约收入600万元,经济效益较好。

锡林河水库工程特性

表 16－1

工程特性	流域面积（平方公里）	坝顶高程 设计（米）	坝顶高程 现有（米）	防浪墙顶高程（米）	主溢洪道堰顶高程（米）	下游河道安全泄量（$米^3$/秒）	高程（米）	兴利水位（米）	历史最高水位（米）
	3842	13.5	13.5	1016.50	1011.92	30	–	1013.40	1014.14

水文特性	防洪标准	频率（%）	洪峰流量（$米^3$/秒）	最高水位（米）	相应库容（万$米^3$）	最大泄量（$米^3$/秒） 溢洪道	最大泄量 输水洞	最大泄量 合计	洪量（万$米^3$） 24小时	雨量（毫米） 1小时	雨量 6小时	雨量 24小时
	设计	1	78.5	1013.95	1785	73.8	–	73.8	–	–	–	–
	校核	0.1	174	1014.44	2003	102	–	102	–	–	–	–

水库概况	主坝 最大坝高（米）	主坝 坝顶长度（米）	副坝 最大坝高（米）	副坝 坝顶长度（米）	副溢洪道 底部高程（米）	副溢洪道 堵坝高程（米）	泄洪洞 进口高程（米）	泄洪洞 最大泄量（$米^3$/秒）	输水洞 进口高程（米）	输水洞 最大泄量（$米^3$/秒）
	13.5	300	–	–	–	–	–	–	1006.14	6

运用方式					
汛期限制水位		6月15日—9月15日		–	
		水位（米）	库容（万$米^3$）	–	–
		1013.40	1539	–	–
主汛期泄流方式		库水位高于1013.40米，开启闸门泄洪			
防御超标准洪水措施		1. 全力防护大坝 2. 预先通知下游群众转移			

影响安全运用的主要问题	闸门启闭不灵活，高水位时加强观测与防守
下游威胁情况	锡市城区及工矿企业、公路、铁道路、油田等

第十七章　水土保持

第一节　成因及危害

锡林浩特市地处西风带中心地带,是全国最大的风区之一。土壤侵蚀以风蚀为主,水蚀趋向严重。表层土风蚀强烈,局部地区草场退化、沙化日益严重。境内草原地处风蚀气候带中心,存在沙漠化、荒漠化的潜在危险。造成水土流失的内因是干旱、少雨、多风、蒸发量大等气象条件。

锡林浩特市水土流失形成是土壤受风力和水力两种作用力的侵蚀而存在。本市总土地面积 14785 平方公里,水土流失面积为 9018. 8 平方公里,占总土地面积的 61%。境内浑善达克沙地和嘎亥额勒苏沙地总面积达 3200 平方公里,已成为京津周边地区主要的风沙源。以锡林河流域为界,向南水蚀逐渐减弱,风蚀逐渐增强,向北水蚀逐渐减弱,风蚀逐渐增强。侵蚀程度由南向北逐渐减弱,有强度侵蚀过渡到轻度侵蚀,其强度侵蚀区面积为 518690 公顷,土壤侵蚀模数为 4000 吨/平方公里・年,年侵蚀总量为 2074. 76 万吨。主要分布在锡林浩特市南部,浑善达克沙地在锡林浩特市境内延伸部分,其侵蚀方式以风蚀为主。中度侵蚀区面积 716620 公顷,土壤侵蚀模数为 3000 吨/平方公里・年,年侵蚀总量为 2049. 86 万吨,主要分布在锡林浩特市中部(包括锡林河流域),其侵蚀方式为风蚀和水蚀共同作用。锡林浩特市北部为轻度侵蚀区面积340490 公顷,土壤侵蚀模数为 2000 吨/平方公里・年,年侵蚀总量为 68098 万吨,其侵蚀方式以风蚀为主。特别是城区周边地区严重沙化,随着几大煤田的陆续开发,各露天矿总计开采面积已达到 8. 17 平方公里,排土场面积 9. 51 平方公里,排弃量为 24635 万立方米,如果不合理进行治理,必将造成大量的水土流失和严重的环境污染。

一、水土流失的外因

(一)盲目开荒:由于大量开荒撂荒,破坏地面植被,造成风化、沙化,形成水土流失。据调查,在干旱、半干旱草原,每开垦一亩土地,在风力的作用下,就要有三亩草地沙化,继而发生水土流失。20 世纪 60 年代时大办农业在牧区大量开垦草原种粮,严重破坏草场,造成水土流失。当年锡林浩特市境内的毛登牧场、白音锡勒牧场就是生产建设兵团 31 团、32 团的驻地,当年他们开垦大面积的草原种植小麦、油料作物,时至今日部分耕地仍在耕种。

（二）超载放牧：随着畜牧业生产的发展，牲畜头数的不断增加，草场载畜量逐年提高，每个绵羊单位占用的草地面积逐年减少，现草场载畜量已由建国初期的77.1亩一只羊单位，下降到15亩一只羊单位。过度放牧，引起草场退化土壤沙化。乱砍乱伐林木、挖药材、搂发菜、起草坯等各种不合理的现象也是水土流失的原因。

（三）交通破坏：改革开放以前，公路不发达，公路建设与车辆的增加不相适应，车辆碾压草场，遭到严重破坏。据调查锡林浩特市到各苏木、各嘎查有很多条自然路，直接破坏的草场面积多达近百万亩。进入21世纪后，村村通惠民工程的实施使这一现象得到有效遏制。

（四）人为活动的破坏：随着锡林浩特市工业化战略的全面实施，工矿业得到迅猛发展，地表扰动，植被破坏，产生新的水土流失源。据调查统计，截至2016年，锡林浩特市共有开发项目98个，其中公路7条，铁路2条，管线4条，建材项目43个，发电项目9个，井采矿9个，露天矿5个。这些项目的建设将会导致大量植被被破坏，在风力水力作用下，水土流失严重，而缓慢的治理根本赶不上破坏的速度。

二、水土流失的危害

锡林浩特地区水土流失形成的原因是多种多样的，其中人为活动是造成水土流失最主要的原因，再加上本流域段土壤严重风蚀与水蚀而造成的植被破坏，致使本地区生态环境急剧恶化。

（一）盲目利用草原，导致灾害发生

本地区盲目开发利用草原主要有几个阶段，一个阶段是20世纪60年代大办农业开垦草原种粮，导致大面积草原被开垦，草原植被遭到破坏。另一个时期是牧区实现畜草双承包责任制以后，盲目追求牲畜头数，草场载畜量急剧增加，超载过牧加剧草场的退化、沙化，形成新的水土流失，各种灾害频繁发生。

（二）工业化开发项目的实施，形成新的水土流失

锡林浩特地区的矿业开采年代久远，距市区15公里的南煤矿新中国成立前就在开采，由于缺乏科学规划和管理，到处是井口，到处是弃土弃渣，沟壑纵横、满目疮痍，遇到暴雨地表径流迅速形成洪水，顺势而下，直接威胁市区安全。随着锡林浩特市工业化开发项目的全面实施，大面积的草场被征用开发，尤其是城周边露天矿和发电项目的开发，是对锡林浩特市生态环境的巨大挑战。是开发项目就会扰动地表，破坏植被，产生新的水土流失，而露天矿的开发所产生危害更是多样性的，它不但破坏地表植被，形成新的水土流失源，而且还严重污染本地区宝贵的地下水和大气环境。因此，工业项目尤其是大型工业项目开发建设时，相关监督管理部门必须加大监管力度，严格约束开发企业履行规定职责，做到边开发、边治理，把项目开发建设时造成的危害降到最小。

(三)草场严重沙化、退化

由于水土流失的加剧,锡林浩特市境内的浑善达克、嘎亥额勒苏两大沙地,日积月累地扩大,浸吞着周围的草场,在西北风的推移作用下,向东南推进,沙化、退化草场面积均有所扩大,表土层严重风剥蚀区风蚀窝到处可见,产草量逐年下降,涵养水分功能减弱。遇到暴雨时地表径流迅速形成洪水,造成区域洪涝灾害。

第二节 治理措施

1993 年 9 月,锡林浩特市水利队对锡林浩特市额木和、额嫩陶勒盖小流域进行实地勘测,根据小流域的客观条件,编写《锡林浩特市额木和、额嫩陶勒盖小流域规划报告》。1994 年 4 月 11 日,由盟长道尔吉帕拉木主持召开盟长办公会议,确定治理的工作措施和所需经费,形成盟长办公会议纪要,锡林浩特市人民政府成立由相关部门组成的锡林浩特行洪区综合治理指挥部。1995 年根据额木和、额嫩陶勒盖水土流失现状,制作电视专题片《水土流失敲响的警钟》,面向全社会采取多种形式进行全方位的宣传,让广大人民群众了解水土流失对我们生产、生活造成的危害和影响,调动全社会各界力量参与水土流失防治工作。

水土流失造成的环境恶化,生态失调,引起中共锡林浩特市委、政府的高度重视。1995 年秋季,盟市二级水利部门的技术人员对威胁市区的洪水寻根查源,选定葛根山流域为水土流失治理示范区,同年秋季动员锡林浩特地区企事业单位及社会各界力量进行水土保持治理大会战。治理方式采取挖水平沟,造水保林,网围栏围封等措施。经过四年的治理,基本上达到"水不出沟,泥不下坡",葛根山流域威胁市区的洪水基本根除。这次区域治理总计开挖水平沟 96000 米,植树 3000 亩,封禁治理区面积达 15000 亩。示范区内植被覆盖度由原来的 50% 恢复到 70% 以上,示范区内平均草高比示范区外高 20 厘米,所有工程措施都通过 1998 年洪水的考验。

2000 年 2 月,由锡林郭勒盟水利局、水保站、锡林浩特市农林水利局共同编制完成《锡林浩特市东山小流域水土保持工程初步设计》。同年 4 月,由锡林郭勒盟团委、锡林浩特市团委、农林水利局联合发起在东山小流域建"青年世纪水保林"活动。分别于 5 月和 10 月在东山小流域开展春、秋两季生态建设大会战,参加人数 2 万余人。

2001 年 4 月,锡林郭勒军分区、锡林浩特市农林水利局在东山小流域建立锡林郭勒军分区生态基地。5 月份,开展水土保持治理大会战,参加人数达 1 万余人。

1995 年国家下达的生态建设项目中开始对沙化、退化草场进行封山育林。在白银库伦牧场九连实施 5000 亩封山育林工程,封育类型为乔灌型,树种组成为 7 柳 3 榆。

2001 年,面对草原生态急剧恶化的严峻形势,中共锡林郭勒盟委、行署提出"围封禁牧,收缩转移,集约经营"的战略决策。它是全盟广大干部、牧民群众大灾之后的大反思,是发展生态畜牧业,推动畜牧业生产经营方式向实质性、富有成效方向发展的历史抉择。采取的措施是,对草场进行围封、彻底禁牧、季节性休牧、划区轮牧、退耕还林还草,保护和恢复植被。通过加快畜牧业饲养方式由自然放牧向舍饲半舍饲转移,退耕还林还草转移,生产组织形式由分散经营向产业化经营转移,人口布局由农村牧区向城镇和二、三产业转移,大力推进农牧业生产经营方式的根本性转变和经济结构的战略性调整。根据这一战略措施锡林浩特市按照全盟规划实施"四区、四带、十二基点"。"四区"即围封禁牧区、沙地治理区、围栏轮牧区和退耕还林还草区。

围封禁牧区是对生态极度恶化的荒漠半荒漠草原地带进行大面积围封,有计划,分步骤地实行禁牧。具备水源和饲草料种植条件的实行就地舍饲,不具备条件的实行生态移民或从事二、三产业。

沙地治理区主要是浑善达克沙地和嘎亥额勒苏沙地,治理措施是扩大围栏面积,实行春季休牧。以户为单位建设灌溉饲草料地和棚圈设施,发展舍饲半舍饲养殖,采取封飞造等综合措施,对严重退化沙化草场和流动沙丘进行重点治理。

围栏轮牧区是在生态条件相对较好的草甸草原和典型草原地带推行草场围栏化,加强棚圈、水利等基础设施建设,实行划区轮牧或春季休牧。

退耕还林还草区主要是沙化退化的农耕区,治理措施是大力退耕还林还草,加快荒山荒地造林绿化,搞好小流域综合治理,扩大饲草料种植面积,加快产业结构调整。

"四带"是在浑善达克沙地南缘和交通主干线两侧建设"两横两纵"的绿色生态屏障。

"十二基点"是对全盟旗县市所在地周围有计划、分步骤地实行围封禁牧,建设草、灌、乔相结合的城市生态防护体系,锡林浩特市周边禁牧范围为334平方公里。

2000年京津风沙源工程启动,国家加大生态建设项目和资金的投入,封山育林工程任务逐年加大,从2001年到2012年共完成封山育林面积97.51万亩,封育类型为灌草型。

2002年锡林浩特市京津风沙源退耕还林工程开始启动,对一部分沙化严重的耕地实施退耕还林还草。2002—2005年完成退耕还林工程8.9万亩,其中:退耕还林2.7万亩,荒山荒地造林6.2万亩。地块分布于白音锡勒牧场、白银库伦牧场、毛登牧场、达布希勒特苏木,共涉及2183户牧民。

2000—2006年锡林浩特市京津风沙源飞播造林工程,对分布在浑善达克沙地的白音锡勒牧场、白银库伦牧场、贝力克牧场的流动和半流动沙丘实施了6万亩的飞播造林工程,飞播的植物种主要有柠条、沙蒿、沙打旺、杨柴。

锡林浩特市 2001—2016 年水土流失治理统计表

表 17 - 1　　单位：万亩

年　度	地　　区	治理面积
2001	锡林河水库东沟小流域	0.75
2002	锡林河水库库区小流域	0.75
2004	锡林河水库库区小流域	0.75
2005	锡林河水库库区小流域	0.4
2006	锡林河水库东岸小流域	0.45
2007	锡市东山葛根山小流域	0.71
2008	锡市东山葛根山小流域	0.9
2009	锡市珠勒布朗、额木和小流域	1.5
2010	锡市南部瓦窑沟小流域	3.75
2011	毛登牧场、白银库伦牧场	1.5
2012	锡市桃本陶勒盖小流域	0.56
2013	锡市桃本陶勒盖小流域	0.8
2014	巴彦宝力格苏木	0.6
2015	贝力克牧场	0.6
2016	白音锡勒牧场	0.6
合计	-	14.96

注：锡林浩特市林业水利局统计

第十八章　水利重点工程

第一节　牧区水利工程

一、节水灌溉工程

锡林浩特市1988年开始建设牧区家庭草库伦，1989年开始发展以牧户为单位的小型节水灌溉基地，以提高水资源和水利工程设施的利用率，1998年引进规模较大的卷盘式喷灌机和平移式大型喷灌机、时针式大型喷灌机。高产饲草料地的快速发展为锡林浩特市畜牧业发展奠定物质基础。建设总原则是以水为中心，以水定点，以水定规模，点面结合，加快高产饲草料基地建设步伐。截至2016年，共建设完成节水灌溉高产饲草料地15.43万亩，其中300亩~1200亩时针式喷灌机145台，卷盘式喷灌机26台。主要饲草料种植种类为青贮玉米和青谷子，青谷子平均亩产600公斤，青贮玉米平均亩产4000公斤，亩均节水量达120立方米，年可节水1464万立方米。

节水灌溉项目的实施，年可增加饲草30500万公斤，产值6100万元，可饲养18.5万只牲畜，按60%出栏，年出栏11.14万只牲畜，每只羊按800元/只计，产值增加8910万元，牧民可增加纯收入1782万元左右，平均可使本市牧区牧民平均增收810元。

灌溉工程实施后，首先是促进牧业产业结构的调整，增强牧业抵御自然灾害的能力，牧民收入显著提高，生产积极性充分发挥。其次是可以合理开发利用水资源，提高水的利用率，缓解水资源短缺的矛盾，在改善和扩大灌溉面积的同时，保证和提高牧民的收入，改善牧民的生活条件，并使牧业生产由粗放型经营向集约化经营转变。

节水灌溉饲草料地建设有效的保护项目区的天然草地，可使610万亩天然草场休养生息，为项目区休牧轮牧提供饲草料保障，缓解草场压力，使其向良性循环发展。

二、牧区饮水安全工程

锡林浩特市开展牧区水利工程建设以来，1995年国家开始实施“380”工程，2000年改为国家牧区人畜饮水解困工程，主要解决牧区缺水问题，2006年改为国家牧区饮水安全工程，主要解决水质超标问题。

截至2016年底，通过国家、地方和牧民自筹资金，锡林浩特市共建设牧区饮水安全工程基本供水井498眼，已建集中供水工程21处，分散式供水工程816处，安装家庭除氟设备1264套，解决本市苏木、镇、国营农牧场及移民区2.35万人、85万头（只）牲畜的饮水安全问题，改善牧民的生产生活条件。

下一步工程规划为现有水源井超标的牧户安装家庭型降氟设备改善水质，二是为拉水时间超过20分钟或周边30平方公里无水源的牧户建设基本供水井。

在"十二五"期间，全部解决锡林浩特市牧区饮水不安全问题，保证牧民的身体健康，彻底改善牧民的生产生活条件。按照《锡林郭勒盟农村牧区人畜饮水安全规划（2013—2015年）》和锡林郭勒盟农村牧区"十个全覆盖"工程要求，锡林浩特市在今后两年里投资11444万元（其中：国家投资2587万元，内蒙古自治区投资2201万元，锡林郭勒盟投资2954万元，锡林浩特市投资2669万元，牧民自筹1033万元）。新打水源井590眼，安装太阳能提水设备430套，配套改水设备827套，水窖460座。

三、沙源治理水利水土保持治理工程

2000年国家紧急启动京津风沙源治理工程以来，截至2016年，锡林浩特市京津风沙源治理水利水土保持治理工程共完成水源工程1371处、节水灌溉1256处、水土流失治理14.96万亩。总投资3576.05万元，全部为国家投资。

通过京津风沙源治理工程小流域治理工程的实施，锡林浩特市局部地区生态环境有所改善，重点项目区生态环境恶化的趋势得到初步遏制，通过工程措施与生物措施相结合的治理模式，使锡林浩特市水土流失面积减少14.96万亩。

在吸取高产饲草料基地以往小片建设，缺乏配套设施，易形成新风沙源分户种植的做法，确立集中连片建设大型高产饲草料基地的模式。结合大型饲草料基地和集中连片天然打草场的建设，配套购置大中型饲料机械，提高机械化水平，同时对大型高产饲草料基地全部配套节水灌溉管道及喷灌设备、机电井、防护林等基础设施，形成以水为中心、林草料相结合、井电渠路机械相配套的现代化畜牧业生态建设体系。已建成的奶牛场、毛登牧场、白音锡勒牧场等大型高产饲料基地4万亩。为锡林浩特市奶牛养殖、牲畜过冬和休牧禁牧饲草料供应奠定良好的基础。

四、胜利煤田疏干水综合利用工程

锡林浩特市胜利煤田疏干水综合利用工程于2007年6月开工建设，工程位于宝力根苏木伊利勒特嘎查境内，建设内容主要包括52万立方米的高位水池、30万立方米的低位水池、扬水泵站各一座、铺设输水管道13.7公里。总投资1.9亿元。

该工程主要将胜利煤田神华西一号露天矿的疏干排水通过输水管道自流送至低位水池，低位水池出水经沉淀后由泵站提升送至高位水池，高位水池出水沉淀后自流至北工业园区为工业项目供水。

该工程已完成投资约1.63亿元，其中：52万立方米的高位水池、16万立方米的低位水池（一期）、扬水泵站、高位水池至北工业园区4公里的输水管线、低位水池至高位水池3公里的输水管线、神华排水口至低位水池6.7公里的输水管线以及神华排水口取水头部工程已全部完工，具备向北工业园区内企业供水的能力。根据《内蒙古自治区水利厅关于锡林浩特市多水源工业供水工程水资源论证报告书的批复》，胜利煤田疏干水2015年可供水量为1100万立方米/年。

五、小孤山水库

锡林浩特市小孤山水库位于锡林浩特市毛登牧场境内，距锡林浩特市约42公里，工程建在锡林河流域—霍鲁吐布拉格河上。总库容217.50万立方米，工程于2008年4月开工兴建，2010年10月竣工，是一座以防洪、灌溉为主兼有旅游等综合利用效益的小(1)型水库。

1971年7月23日下午4时，东山呼日图沟一带突降罕见的大暴雨，从而导致山洪爆发，洪水直冲毛登牧场（当时为内蒙古自治区生产建设兵团32团驻地），水势迅猛，驻地房屋多半被洪水涌入，水深到半腰。此次洪水给毛登牧场造成巨大损失，数百间房屋被浸泡倒坍，上万只牲畜被冲走，经过洪痕确认，此次为历史最大洪水，降雨为100毫米。此后，一年一次的春汛与夏汛，产生数次洪水都给当地居民造成不同程度的生命和财产损失。如1998年7月，降雨152.5毫米，洪水主道从五连门前经过，致使草滩变沼泽，冲坏房屋数十间，公路受阻不能通行草场被淹，良田受损。毛登牧场虽进行城镇防洪建设，但防洪设施仅能达到10年一遇洪水标准，小孤山水库工程实施后可将其防洪标准由10年一遇提高到20年一遇。同时水库的兴建可使下游饲草料基地由井灌区变为井灌区与水库灌区相结合，充分利用水资源，保护地下水，缓解水量不足现象，可促进地方经济的可持续发展。

小孤山水库工程等级为四等，主要建筑物有大坝、溢洪道和输水道。

1. 大坝坝体采用砂砾石填筑，防渗形式为复合土工膜斜墙防渗，坝顶高程为1015.6米，最大坝高13.2米，坝顶宽5米，坝长240米。

2. 泄水建筑物为开敞式溢洪道，位于大坝右侧，钢筋混凝土结构，溢洪道堰顶高程1140.0米，堰顶宽21米，设两孔闸孔净宽10.0米，最大泄水量334.91立方米/秒。根据洪水调查，最大入库洪峰流量为108立方米/秒。

3. 输水洞：底高程1137米，控制的涵洞直径1.0米，上部为控制塔，控制塔为竖井式，竖井内布置工作闸门和检修闸门，洞口前设拦污栅，启闭机安装在排架上。

2013年小孤山水库由于融雪水发生春汛，水库从3月16日开始泄洪，于4月7日结束，总来水量达到220万立方米，最大入库流量约为11立方米/秒，而最大出库流量为5.48立方米/秒。小孤山水库通过拦蓄融雪水近60万立方米，充分发挥削峰、错峰的防护作用,对控制水库下泄融雪水流量起到重要作用,大大缓解下游的防洪压力,充分发挥水利工程设施的防洪效益。

2004—2010 年水利建设规划表

表 18 - 1　　　　单位:万亩、处、座、眼、万元

编号	项目名称	数量	投资		
			合计	国家	自筹
-	合计	-	30758.52	22360	8398.52
一	节水灌溉工程	4.8	1940	1600	340
二	小流域治理	12	1891	1601	290
三	水源工程	-	-	-	-
(一)	苏木、镇供水工程	12	1458.52	890	568.52
(二)	水源井工程	2380	4255	3416	839
(三)	防氟改水工程	115	1610	1081	529
四	重点工程	-	-	-	-
(一)	毛登小孤山水库	1	1951	1366	585
(二)	锡林河河道整治	1	17323	12126	5197
(三)	城市防洪工程	1	30	30	-
(四)	地下水动态监测网	1	300	250	50

2004—2010 年水利建设分年度实施计划表

表 18 - 2　　　　单位:万亩、处、座、眼

编号	项目名称	合计	2004 年	2005 年	2006 年	2007 年	2008 年	2009 年	2010 年
一	节水灌溉工程	4.8	0.9	0.9	0.6	0.6	0.6	0.6	0.6
二	小流域治理	1.2	0.75	1.5	2.25	2.25	2.25	1.5	1.5
三	水源工程	-	-	-	-	-	-	-	-
1	苏木、镇供水工程	12	1	2	2	2	2	2	1
2	水源井工程	2380	382	398	320	320	320	320	320
3	防氟改水工程	115	5	10	20	20	20	20	20
四	重点工程	-	-	-	-	-	-	-	-
1	毛登小孤山水库	1	1	-	-	-	-	-	-
2	锡林河河道整治	1	1	-	-	-	-	-	-
3	城市防洪工程	1	-	-	1	-	-	-	-
4	地下水动态监测网	1	-	1	-	-	-	-	-

第二节　城区水利工程

一、锡林河供水工程

锡林河供水工程于1998年开工建设,2003年建成运行,供水规模为2.4万立方米/日。已建成锡林河水库—锡林河供水公司—锡林热电厂(三电厂)输水管道,总长约22.4公里。其中:锡林河水库至锡林河供水公司输水管道9.8公里,采用DN800钢筋混凝土管,重力流输水方式,输水能力730万立方米/年。锡林河供水公司至锡林电厂输水管道12.6公里,采用DN400钢管,压力流输水方式,输水能力400万立方米/年。现状每年为锡林热电厂供水150万立方米/年左右。

2011年,锡林浩特市政府和锡林河供水公司考虑到电源点、煤制油等重大项目即将实施,而锡林河供水公司供水管线长、设备老化的实际,双方同意启动新水厂建设工程。厂址位于城区东南部,于2012年8月开工建设,总投资1.81亿元,处理水库地表水规模为3万立方米/日。建设内容主要有净水厂1座,水库至新水厂12公里的输水管道、加压泵站2座。工程建成后,将可为城区东部的工业项目区提供3万立方米/日的生产水源。

二、锡林河水库除险加固工程

锡林河水库位于锡林浩特市南9公里处,总库容为2003万立方米,最大水面7000亩,是一座以防洪为主,兼顾城市供水,灌溉、水产养殖、旅游等综合功能的中型水库。水库于1958年开工兴建,1964年竣工蓄水。以后又在1974年、1992年、2002年分别对水库进行了续建、改建和除险加固工程。

2002年4月—2004年10月,国家投资1498.98万元由内蒙古自治区黄河工程局实施锡林河水库除险加固工程,完成土石方5.15万立方米,固结灌浆96米,金结19.67吨,防渗灌浆1162.8米,输电线路10公里,2003—2004年地方投资新建17.34公里环库公路。

1. 加固项目:翻修上下游干砌石护坡、坝顶设混凝土防浪墙、左坝肩进行防渗灌浆、泄槽段混凝土压顶、改建溢洪道闸室、改建输水洞进口段、溢洪道及输水洞闸门全部更新、墙设浸润线观测井、新建上坝沥青路面及防汛路,管理用房等。

2. 指标:水库加固后,水库死水位1009.00米,相应库容379万立方米。兴利水位1013.40米,兴利库容1160万立方米。设计洪水位1013.95米,相应库容1785万立方米。校核洪水位1014.14米,相应库容2003万立方米。结合坝顶防汛道路建设,加固后的坝顶高程为1015.40米,防浪墙高1.1米,防浪墙设计顶高程为1016.50米。

锡林河水库实施除险加固工程后，总库容由1967万立方米增加到2003万立方米，兴利库容由820万立方米增加到1160万立方米，最大水域面积由4000亩增加到7000亩，防洪设计标准由50年一遇提高到100年一遇，极大地缓解锡林河水库的防洪压力。

三、锡林浩特市城市中水利用工程

锡林浩特市污水处理厂位于城市东北角城市规划区边缘的污水淖尔旁，占地面积约9公顷，设计处理污水能力为4万立方米/日。处理的污水主要是收集城市规划区内的生活污水及工业废水，已于2004年8月建成投入使用，处理后达到国家二级排放标准，但由于达不到工业用水标准，又排入锡林河道，浪费大量的水资源。为解决这一问题，锡林浩特市实施中水处理厂工程，将污水处理厂达标排放后的水再进行深度处理，作为工业用水提供给工业企业，不仅解决本市工业发展水资源瓶颈的制约，又可有效改善周边生态环境，具有良好的社会效益和经济效益。

该项目总占地面积为2.1万平方米，为日处理能力2万立方米的二级深度处理水厂一座。工艺采用混凝絮凝—重力过滤—活性炭过滤—加氯消毒的方法进行污水的深度处理。工程主要包括厂房建设、设备和管道购置安装、高低压配电室等。工程于2007年开工建设，2010年竣工，共完成投资6163万元。每日可向城区东部的工业企业提供2万立方米符合工业用水标准的中水，既达到污水处理重复利用的目的，又节省大量的水资源。

四、锡林湖

锡林湖重建工程由钱塘江规划设计院、杭州城市规划设计院设计，杭州方大和北京鑫源港两大投资公司垫资建设。工程于2004年4月开工，建设面积68万平方米，水域面积40万平方米，蓄水量46万立方米。主体工程由首部沉沙池、湖底防渗、边坡防渗、砌石防护以及挡水工程组成。景观工程由湖中音乐喷泉、湖岸绿化、亮化，湖面射灯组成，工程于2005年8月竣工。此工程建成锡林湖1号湖和2号湖。2007年9月，内蒙古自治区大业投资集团公司垫资建设锡林湖3号湖，建设面积170万平方米，水域面积23万平方米，工程于2009年8月竣工。2011年5月，锡林浩特市林业水利局开始承建锡林湖4号湖，工程2012年11月竣工。建设面积9.18万平方米，水域面积7.9万平方米。锡林湖建设既美化城市环境，又增强城市防洪功能。

五、锡林浩特市给水扩建一期工程

为缓解城市供水紧张局面，锡林浩特市利用以色列政府贷款采用反渗透技术实施给水扩建一期工程，引进以色列BCID公司先进的水处理设备，采用“集中监控、管理，分散控制”的集散型自控系统，提高自动控制管理水平。工程投产运行后将极大改善锡林浩特市人民的生活条件和地区的投资环境，具有良好的经济效益和社会效益。

给水扩建一期工程于2007年6月开工建设，工程位于新区西南，2009年7月建成投入运行。一期工程日供水能力3万立方米，完成投资约7300万元，其中：以色列政府贷款1149万元用于供水设备投资，处理工艺是原水加碱加氯—曝气氧化—过滤—加氯消毒进入清水池，经过加压后供给用户。

给水扩建一期工程建成运行后，日供水能力达到3万立方米，极大地缓解城市供水紧张的局面，过去经常停水和用水高峰期不能满足供应的现状得到解决。

六、锡林河下游河道整治工程

为使锡林河河道顺利下泄洪水，锡林浩特市于2011年5月实施锡林河下游河道整治工程，整治长度4公里，防洪标准为20年一遇，设计洪峰流量210立方米/秒，防洪工程级别为4级。建设范围由锡阿公路桥到运煤专线，治理河道长4.768公里，对全河段进行疏浚，两侧共新建堤防9.083公里，左岸设堤4.453公里，右岸设堤4.63公里。总投资2172万元，工程已于2012年10月竣工。工程建成后，可使锡林河上游的洪水顺利泄至城区北部，保护宝力根办事处伊利勒特社区和宝力根苏木敖包图居委会5300人，270亩林地，1.5万亩耕地不受洪水威胁。

七、城市外环防洪工程

锡林浩特市城区周边的葛根敖包流域、楚古兰流域、额木河流域防洪标准较低，曾多次发生暴雨洪水进入城区，给人民群众带来生命威胁和财产损失。该工程目标为提高城市防洪标准，解决城区东部、南部的防洪隐患，同时结合防洪工程打造环城景观水系，改善城周边生态环境和人居环境。锡林浩特地区水资源较为匮乏，一方面水源紧张；另一方面，因无蓄水工程，污水处理厂处理后的污水常年排向下游，不仅浪费，而且淹没草场，造成经济损失。防洪工程通过修建生态湿地和蓄水池，将雨污水进一步净化收集，实现雨污水重复利用。

工程按其内容及位置分为水源工程、东二环水系工程、南二环水系工程、绿化与蓄水池工程等四部分。

水源工程包括供水管道、高位水池，为环城水系提供水源。

东二环水系工程包括泄洪渠、沉砂池、沥水湖、生态湿地、蓄水池等工程，主要任务为解决葛根敖包流域洪水出路及城区雨、污水净化再利用，提高沿线下游城区防洪标准。

南二环水系工程包括泄洪渠、额木和沟整治、沉砂池、蓄水湖、输水管道等工程，主要任务为解决额木和、楚古兰流域洪水出路、疏挖额木和沟，提高沿线及下游城区防洪标准。

绿化与蓄水池工程主要包括前四部分的空地绿化与道路硬化、蓄水池修建，起到美化城市环境、方便居民生活与减少城区北部草场淹没的作用。

工程防洪标准为50年一遇,计划总投资3.97亿元,建设内容主要包括:

一、防洪及景观渠道全长28.3公里

1. 东二环渠道全长12.83公里,其中高位水池至生态湿地的景观渠道6.2公里,巨邦工贸至城北滩地的分洪渠道2.83公里,307南侧泄洪渠3.8公里。

2、南二环渠道全长15.47公里,其中高位水池至福华景观湖南侧的渠道2.35公里,加油站西南至植物园泄洪渠4.35公里,分洪口至G303西南侧的分洪渠道1.15公里,额木和泄洪渠7.62公里。

二、景观湖共4个,16.8万平方米。其中福华景观湖6万平方米,市门桥蓄水湖2.3万平方米,植物园跨河桥蓄水湖1.5万平方米,污水厂东侧沥水湖7万平方米。

三、沉砂池共两个,其中额木和沉砂池1万平方米,深4米,容积4万立方米。东二环沉砂池2万平方米,池深3米,容积6万立方米。

四、蓄水池三座,其中1号高位水池容积1000立方米,2号高位水池容积800立方米,城北雨污蓄水池100万立方米。

五、艺术堰26座,其中东二环15座,南二环11座。

六、输水管道22.18公里,其中福华景观湖进水管道0.19公里,出水管道长度1.57公里。中水供水管线6.3公里,地表水供水管道12.42公里,沥水湖至湿地的输水管道1.7公里。

七、涵洞四座,分别穿过锡林大街、二电厂进厂道路、运煤专线和奶牛场水泥路。

八、水系工程的其他建设内容还包括:人工湿地40公顷,桥梁一座,位于南二环,通往东山公墓。景观瀑布一处,中水供水泵站一座,市门桥西侧橡胶坝3处。

2015年水系工程共完成投资3亿元,已完成工程:

一、渠道工程

1. 东二环渠道:全长12.83公里,已完成9.63公里。307南侧3公里,泄洪渠道衬砌未完成,7处过路涵管未完成,大唐运煤铁路桥下0.2公里未完成。

2. 南二环渠道:全长15.47公里,已完成9.15公里,额木和泄洪渠因征地问题未完成6.32公里。

二、2016年其他后续工程建设:完成4个景观湖、2个沉砂池、3座蓄水池、26座艺术堰、4座涵洞、3座橡胶坝、人工湿地、输水管道20.48公里、中水供水泵站、桥梁等。

该工程建成后,锡林浩特市城区东、南、西三个方向的防洪标准将达到50年一遇,其中:葛根敖包流域的洪水沿东二环防洪渠道导入城北蓄水池和滩地,楚古兰和额木和流域的洪水沿南二环防洪渠道导入锡林河。工程在保障城区防洪安全的同时,通过城北蓄水池收集雨洪水用于工业和生态,提高锡林浩特市的水资源综合利用水平。

八、生态水系治理工程(湿地公园)

湿地公园是依托锡林河建设的一项生态景观工程,位于锡林河水库至南二环锡林河道两侧的湿地内,也是城市生活用水水源地。受自然因素影响,锡林河径流量减少,水库下泄水量较少,原河道及两岸杂草丛生,河道内挖沙取土、堆弃垃圾杂物现象屡禁不止,导致河道淤堵,水坑众多,严重影响城市卫生环境和水源地水质安全。为治理脏乱差的城郊环境,提升城市品位,改善人居环境,恢复锡林河湿地调节气候、净化水质、保护生物多样性、蓄滞洪水等生态功能,2014 年 5 月开工建设生态水系治理工程。工程位于锡林河水库至南二环锡林河道两侧的湿地内,治理面积 8190 亩,投资 3.8 亿元,分两期建设。工程建设目标以“寻找记忆中的锡林河”为主题,以“恢复优先,保护为主,有序开发,突出特色”为建设原则,以修复河道生态功能为切入点,再现锡林河景观肌理,充分展示大草原地景艺术风貌,营造功能布局合理的空间体验,延续人文记忆,凸显蒙元形象,力求打造一个清澈秀美、绿草如茵的生态水系湿地。

一期工程完成治理面积 3672 亩,投资 1.7 亿元。建设内容主要包括 5 万平方米的人工湖,1 万平方米的北广场,1.4 万平方米的西广场,0.7 万平方米的儿童乐园、0.3 万平方米的跑马场广场,5 公里木栈道及 LED 灯带,4 座拦水堰,1 座跨河桥,7 公里的输水管道,4.7 公里的混凝土道路及花草树木种植等。

2016 年实施二期工程,投资 2.1 亿元,治理面积 4500 亩,建设内容包括河道整治、汽车营地、儿童乐园、广场、木栈道、输水管道、道路及绿化、亮化等,建成面积 6 万平方米的人工湖和 3 万平方米的湿地广场,为吸引游人在湿地人工湖内投放锦鲤 2 万尾。

通过治理该区域的生态环境得到根本性改变,使自然景观与湿地草甸形成一个立体、多样的水陆生物生息空间,能较好地满足人们的亲水要求,环境效益突出,为老百姓休闲出游提供一个好场所。同时提高湿地的自净能力,改善城市水源地水质。每当夏秋季夜幕降临,游人如织,络绎不绝。弯弯曲曲的木栈道下水清、草绿、花开,木栈道上灯带宛如九曲,与天上的星光及对岸的激光射灯遥相呼应,昔日的烂河滩变成水上乐园。

九、锡林河生态景观带工程

为贯彻落实十八大“五位一体”的战略布局,加快构建生态文明,积极落实国家水资源保护的各项决策部署,大力发展全域旅游,促进第三产业提档升级,按照习总书记打造祖国北疆生态安全屏障的要求,锡林浩特市通过 PPP 模式、吸纳社会资本等多种融资渠道,提升城市品位和综合承载能力,打造宜居宜业的生态旅游城市。截至开工前通过 PPP 模式融资 11.5 亿元。

根据创建国家全域旅游示范区和国家 5A 级景区的标准,锡林河生态景观带规划南北长30余公里，东西宽0.5公里～5公里，占地总面积30平方公里，由北向南依次由额尔敦敖包公园、城市滨河公园、湿地公园、马都广场、南山森林公园和锡林湖公园六大工程组成。投资0.8亿元建设额尔敦敖包公园，恢复修缮升级红色旅游和爱国主义教育基地（乌兰夫办公旧址）、贝子庙、十三敖包、休闲广场等景点。投资2.3亿元建设城市滨河公园，打造鸟岛、观景桥、民族雕塑、儿童乐园、休闲健身广场、科研科普基地和草原生态博物馆。投资2亿元建设湿地公园，打造锡林九曲、游园栈道、环城水系、儿童娱乐沙滩、原生草原、湿地湖、郊野公园等景点。社会投资1亿元续建提升马都广场，投资1.5亿元建设南山森林公园，打造火山岩步道、环山骑行车道、观景台、鹰嘴峰等景点。投资1.4亿元建设锡林湖公园，打造垂钓园、观鸟园、观景摄影台、蒙古族风情餐饮区等功能区。

锡林河生态景观带的重要节点工程2016年8月全面开工建设，当年完成投资3.5亿元。其中，一节点已完成水库管理所院内火山岩铺设，烧烤区砼垫层；二节点已完成砼垫层施工，完成火山岩铺设40%；三节点已完成登山步道基础、观景平台基础、廊架五个基础20个、木栈道基础、停车场服务用房主体，火山岩铺装50%；四节点已完成服务区土方工程，景区美化工程土方填筑、服务区生活用房基础混凝土浇筑、服务区级配砂石铺设、栈桥基础开挖、栈桥垫层、栈桥独立基础浇筑，栈桥基础回填、混凝土垫层90%；五节点已完成土方开挖工程、级配砂石填筑、垫层施工、廊架基础垫层，基础钢筋绑扎、铺装工程完成50%；六节点已完成服务区土方工程，级配砂石填筑，停车场垫层施工及新增化粪池安装。在国家湿地公园核心区锡林河水库库区周边绿化5000余亩，完成库区围封、溢洪道修复、坝坡衬砌等工程。

预计2017年3月绿化工程将全面启动，5月份土建工程将复工，景观带沿线重要节点工程基本完成建设，投资约5亿元。2018年将续建和提档升级全盟旅游服务中心、防火瞭望塔、登山步道等工程，同时完成4A级景区创建工作，届时集生态保护、文化旅游、水源涵养、全民健康、休闲娱乐等功能于一体的锡林河30公里生态景观带，将成为草原明珠——锡林浩特又一道靓丽的风景线。

第十九章 水政管理

第一节 水政和水资源管理

水政是水事行政行为的简称,是管理社会水事方面公共事务的工作。主要目的是依法保护开发利用水资源的单位和个人的合法权益,鼓励支持开发利用水资源,兴建防治水害的各种水利设施。全面规划、统筹兼顾、综合利用、讲究效益,发挥水资源的多种功能,使其适应国民经济发展和人民生活需要。采取有效措施,保护自然植被、种树种草、涵养水源,防治水土流失,改善生态环境。加强水污染防治工作,保护改善水质,实行计划用水,厉行节约用水。国家对水资源实行统一管理与分级分部门管理相结合的制度。

1988 年 7 月 1 日,《中华人民共和国水法》颁布实施,水行政主管部门有了“依法治水、依法管水”的法律保障。

1990 年,锡林浩特市水政水资源管理办公室经锡林浩特市编委会批准成立,同年锡林浩特市人民政府发文规定,水政水资源管理办公室兼有渔政监督职能,设“锡林浩特市渔政监督管理站”。1991 年《中华人民共和国水土保持法》颁布,水政执法又增加水土保持监督执法职能,锡林浩特市编委会对水政水资源管理办公室职能作调整,增加水土保持监督管理职能,至此,锡林浩特市真正建立起一支水利执法队伍,水行政执法逐步走向正规化、规范化。

一、水资源管理保护

锡林浩特市水政水资源管理办公室自 1990 年成立以来,在水资源管理、保护方面依据水法,加强水资源的统一管理,实行取水许可制度和再建工程的审查制度。

2006 年制定《锡林浩特市水资源优化配置及工业供水规划》,并得到锡林郭勒盟水利局和锡林浩特市政府的批复,明确地下水应优先保证市政生活用水,坚持工业用水使用中水、疏干水、地表水的水资源优化配置原则。2003 年建成日供水规模 2.4 万立方米的锡林河供水工程,2012 年投资 1.81 亿元,新建日供水规模 3 万立方米的锡林河供水工程。2004 年建成日处理污水能力 4 万立方米的污水处理厂。2007 年开工建设日处理能力 2 万立方米的二级深度处理中水厂,2010 年竣工。2007 年 6 月,日供水能力 3 万立方米的给水扩建一期工程开工建设,2009 年 7 月建成投入运行。开展城市第二水源地供水工程前期工作,该工程供水规模为 3 万立方米/日,总投资 2.4 亿元。建设内容主要包括:净水厂1座,设在北工业园区。水源井22眼,设在巴彦宝力格盆地。扬水泵站2座,输水管道45.9公里。一系列生活、工业供水工程建成运行,实现水资源合理开发、节水利用、优化配置,有效地解决生产生活用水的供需矛盾。

凡是新建改建或扩建取水工程的必须报送规划设计书,经锡林浩特市水行政主管部门批准,水政水资源管理办公室审核办理手续,经审核合格完善手续后方可进行施工。竣工验收时需提交规划设计文件、水文地质报告、抽水试验报告、竣工验收报告、水质化验单和近期使用情况资料。便于水行政主管部门对工程水量、水质、节水措施、量水设备及水污染防治各项指标的掌握,对符合规定建设项目单位发给“取水许可证”,不符合责令其完善。

建立“取水许可登记表”,取水申请书收件簿,取水许可证签收簿等一套实施取水许可制度的程序,严格执行取水许可分级审批制度,共发放取水许可证57套,并对取水单位的取水量进行多次检查复核。

编制完成锡林浩特市水资源保护利用规划、锡林浩特市城市饮用水水源地安全保障规划、锡林河流域地下水水位与水量双控制方案、锡林浩特市再生水利用规划、锡林浩特市建设节水型社会实施意见、锡林浩特市地下水超采区评价报告,开展农田灌溉水有效利用系数测算工作,对取水许可证到期工业企业进行水平衡测试,严格执行2014年开始实行的年度全市取水总量控制指标。

二、水土保持监督管理

自1991年《中华人民共和国水土保持法》颁布以来,锡林浩特市水政水资源管理办公室累计对98个开发建设项目进行监督检查,检查过程中对在建的7条公路,3条铁路,4条管线,43个建材项目,9个发电项目,9个井采矿,5个露天矿按照水土保持方案进行严格的对照检查,针对检查中存在的问题下达整改通知书47份、行政处罚66起,按照下达的督查意见书对生产企业进行全程跟踪检查,确保生产企业建设项目水土保持治理工作严格按照已批复的水土保持方案执行,有效防止和减少开发建设过程中人为的水土流失。

第二节　水行政执法规范化

为提高锡林浩特市水行政执法工作水平,根据锡林浩特市水行政执法工作实际,2008年11月锡林浩特市编委会批准成立锡林浩特市水政监察大队,隶属于锡林浩特市林业水利局,机构规格为股级事业单位,编制10人。

锡林浩特市水政监察大队2010年3月正式开展工作,主要承担宣传贯彻《中华人民共和国水法》《中华人民共和国水土保持法》《中华人民共和国防洪法》等水法规。保护水资源、水域、水工程、水土保持生态环境、防汛抗旱和水文监测等有关设施。对水事、渔事活动进行监督检查,维护正常的水事秩序。对公民、法人或其他组织违反水法规的行为实施行政处罚或者采取其他行政措施。配合和协助公安和司法部门查处水事治安和刑事案件。受水行政执法机关委托,负责征收水资源费、水土保持补偿费、渔业增值保护费以及法律、法规规定的其他水利行政事业性规费等有关事宜。

按照行政规范应收尽征的工作要求,执法人员严格执法,截至到2016年底共征收水资源费2344.45万元,水土保持补偿费累计5601万元。对铁路、公路拖欠水土保持补偿费共计517.34万元,依法通过司法程序申请锡林浩特市人民法院强制执行,成为锡林郭勒盟水利系统依法征费的先例,在水利系统及社会上引起很大的反响。

为加强锡林浩特市地下水资源管理,充分合理开发利用水资源,实现水资源的永续利用,2014年开始执行最严格的水资源管理制度。锡林浩特市按要求编制各年度锡林浩特市实行最严格水资源管理制度实施方案,考核指标有用水总量控制、用水效率控制、水功能区限制纳污、其他制度建设及相应措施落实情况,锡林浩特市连续三年被上级水行政主管部门考核评定为优秀。累计监察各类用水户1000多户(次),2012年与锡林浩特市给排水公司联合封闭自备水源井134眼。同时,水政执法人员还对破坏水利工程设施、侵占河道和水域、私开乱挖、违法采砂、违法打井取水、偷鱼炸鱼等水事案件进行严厉的查处,遏制水事案件上升的苗头,维护法律的尊严。截止2016年共封闭自备水源井377眼。责令限期整改违法取水户200多户,梳理水利行政许可5项、行政征收4项、行政监督检查6项、行政强制执行8项、行政处罚40项、编制服务指南16项、行政权利流程图22项,有力地依法维护水利工作的正常秩序。

典型案例1

拒缴水土保持设施补偿费人民法院强制执行

省道307线锡林浩特至白音华公路于2010年开工建设。2009年锡林郭勒盟交通局委托有关单位编制“水土保持方案报告书”,同年内蒙古自治区水利厅以内水保〔2009〕171号批复此报告书,在锡林浩特市境内损坏水土保持设施面积335.59公顷,应缴纳水土保持设施补偿费167.79万元。锡林浩特市水政监察大队根据国家有关规定,多次向锡林郭勒盟交通局及省道307线锡林浩特至白音华公路建设项目管理办公室(以下称项目管理办公室)征缴,项目建设单位以项目预算没有此项费用为由拒缴。2011年3月24日,水政监察大队向项目管理办公室下达“征缴水土保持设施补偿费通知书”,项目管理办公室在规定期限内未缴纳,2011年5月4日,水政监察大队再次下发“责令限期缴纳水土保持设施补偿费通知书”,项目管理办公室在法定期限内拒不履行。为维护法律尊严,水政监察大队于2011年5月24日,向锡林浩特市人民法院申请强制执行。锡林浩特市人民法院于5月26日组成合议庭,向项目管理办公室下达"锡林浩特市人民法院行政裁定书"[(2011)锡行非诉字第21号],至此,省道307线锡林浩特至白音华公路建设项目成为锡林浩特市第一起因不履行法律义务拒缴水土保持设施补偿费而被人民法院强制执行的水土保持行政案件。

典型案例2

锡多铁路公司拒缴水土保持设施补偿费被强制执行

内蒙古自治区锡多铁路股份公司在建设白银库伦至浩来呼热铁路项目过程中,侵占水土保持设施2017000平方米,根据《内蒙古自治区水土流失防治费征收使用管理办法》第十三条规定及编制的《水土保持方案报告书》,应缴纳水土保持设施补偿费100.85万元,锡林浩特市水政监察大队曾多次催缴,锡多铁路股份公司以无钱为由拒缴。2012年8月3日,锡林浩特市水政监察大队履行完所有法定程序后,依法向锡林浩特市人民法院申请强制执行。8月13日经锡林浩特市法院审理,依法向该公司下达行政裁定书,在规定的期限内该公司仍置之不理。8月27日,锡林浩特市人民法院依法进行强制执行,100.85万元水土保持设施补偿费如数被征缴。这是继307省道,锡乌铁路又一次申请强制执行的案件,极大地维护法律的尊严。

典型案例3

非法打井取水被处罚

2013年5月,锡林郭勒电力水泥制品有限责任公司在南郊办事处辖区内未经许可擅自打井取水。针对该公司的严重违法行为,锡林浩特市水政监察大队于2013年8月27日向该公司下达责令停止水事违法行为通知书,并于2013年9月5日下达水行政处罚权利告知书和行政处罚听证告知书,对其罚款人民币90000.00元。该公司在规定的期限内未缴纳,锡林浩特市水政监察大队于2013年9月13日又下达水行政处罚决定书,该公司在法律规定的期限内也没有申请行政复议和行政诉讼。随后,锡林浩特市水政监察大队在2013年12月17日下达履行行政决定催告书,该公司在规定期限内对此一直置之不理。锡林浩特市水政监察大队征得主管局同意后,于2014年1月14日向锡林浩特市人民法院申请强制执行。1月20日,锡林浩特市法院将其银行账户90000.00元冻结,该公司于2014年1月27日自行履行,将全部罚款缴清。

第二十章　水利科技与宣传

第一节　科技与推广

水是生命之源。“逐水草而居”曾经是草原牧民千百年来的基本生产生活方式。在由传统畜牧业向现代畜牧业转变的过程中，随着牧区游牧生活的结束和草牧场“双权一制、双增双提”“科技兴牧、建设养畜”指导方针的落实，为实现增草增畜和保护生态环境，广大牧民群众和水利工作者以水为中心，以科技为先导，治水兴利，开展大规模的群众性农田草牧场水利、供水、防洪等工程建设，取得巨大的成就。

20 世纪 60 年代，本地区农牧区人畜饮水主要依靠大口井，为了能把大口井打的深一些，出水量大一些，借鉴其它地区，结合当地实际推广木板套盘打深筒井和打冻井的方法，使一些地方打成很多质量比较高的筒井。有了井如何提水就成了问题，人力提水费工费力，为此在牧区最早推广的提水方式是在大口井上安装辘轳提水，后改为人力或畜力拉转的水车井。现如今在牧区推广使用的是风力提水。

进入 20 世纪 70 年代，机电井(供水基本井)在牧区开始推广普及，但因其造价高，日常运行维修维护成本高难以得到普及。20 世纪 80 年代，特别是牧区推行草畜双承包责任制以后，原有牧区水利工程难以适应牧民一家一户分散养蓄的现状，必须开辟新的途径，才能适应小型、分散、多样的灌溉特点，而小型机电井、新型塑管井的推广普及，成为当时搞好畜群草库伦，发展饲草料灌溉的有效手段。塑管井以成井速度快，造价低、操作简单、便于维修而深受牧民群众欢迎。

锡林浩特市牧区大部分地区都没有常电，牧民饮水主要靠柴油发电机组提水，由于油料价格较高且逐年上涨，许多牧民用不起，只能靠人力提水。为解决牧民实际困难，锡林浩特市开始为牧民配套风力提水设备，该设备吸程为 8 米 ~ 15 米，扬程 30 米，解决以往风力提水设备冬季不能使用的缺点。该设备的使用不仅节省劳力，同时也节约能源，减轻牧民负担，深受牧民欢迎。

为解决牧民长期饮用氟超标水的问题，2009 年锡林浩特市林业水利局与北京新水天润公司共同成立锡林浩特市新水天润公司降氟服务中心，北京新水天润公司购置交通工具提供自己生产的家庭型降氟设备，锡林浩特市林业水利局提供办公场所、配备检测设备和工作人员并负责设备的运送、安装、管理。

设备安装前组织使用牧户进行现场培训，设备安装运行后，服务中心工作人员开始对牧户使用情况进行跟踪调查，逐户登记设备使用情况及使用过程中出现的问题，及时会同北京新水天润公司技术人员对设备进行检测和更新，现场提取水样送往检测部门，检测部门化验后符合国家饮用水标准。牧户使用设备后反应很好，认为降氟设备切实解决他们长期饮用高氟水的实际问题。该设备每台造价3000元，由锡林浩特市林业水利局争取国家项目补贴，2009年以来陆续为本市牧区高氟水区域牧民免费安装1264套降氟设备。该设备造价低，工作原理简单，操作方便，适合在全盟高氟水地区推广普及。

家庭型降氟设备工作原理：当井水流经降氟器内部核心滤层（改性降氟滤料）时，井水与降氟器中的滤料接触，通过吸附和交换作用，将水中氟离子去除，使水中氟含量下降到1.0毫克/升以下。每台设备的滤料可吸附3000毫克的氟，根据牧户饮用水氟含量，可以计算出设备可以净化井水的数量，用水表控制。当牧户饮水量超过这个数值时，即滤料吸附交换饱和，进行再生，再生后的滤料性能恢复如初，可长期反复使用。该设备净化水量40升/小时~60升/小时，完全可以满足牧户饮水需要。该设备在井水氟含量5.3毫克/升的地区使用，经过处理后的井水氟含量下降为0.85毫克/升，符合国家饮用水水质标准，使用情况良好。

为充分调动牧民保护和建设草原的积极性，彻底转变畜牧业生产经营方式，引导广大牧民建设灌溉饲草料地，尤其是节水灌溉饲草料地是持续发展畜牧业的必然选择。

牧户发展节水灌溉饲草料地首先要选择地下水位较浅，采用水利工程措施能达到灌溉目的。地势要平坦，土质疏松通气，防风、保水、保肥性能良好，不易风蚀水蚀的地块。土地要肥沃，土层厚度在30厘米以上，坡度低于7度。要靠近道路，畜群点、电源，便于管理和机械化作业，每户适宜建设面积20亩~50亩。建设地块需设置网围栏和营造防护林带加以保护，防护林带由4行~6行乔木和高大灌木组成。乔木的株行距为1.0米~1.5米，高大灌木采用条播，行距为0.5米~1.0米。副林带方向垂直于主林带方向，种植2行~4行的乔木和高大灌木，株行距和主林带相同。

水源条件必须选择地下水位浅、水量充足、易于开采、方便打井的地方，单井出水量每小时不小于10立方米。水质要不含对农作物有害的盐类，无害盐类不应超过许可的浓度，可溶性盐类的含量应在2克/升以下。水源工程可根据自己的经济条件和自己居住地水源条件选择机电井、管井、筒井等。机电井包括一般机电井和牧区基本供水井，此类井配套潜水电泵，出水量在20立方米/小时以上，适宜地下水位深、浅层水缺乏地区。管井是以水泥管或塑料管为井管的井，井深一般在50米以内，直径为20厘米~30厘米，取浅层水为主，造价较低，单井出水量10立方米/小时~20立方米/小时。适宜地下水位浅的地区，每眼井可灌溉30亩左右，基本可满足单户灌溉要求，配套设备为小型柴油机组或单相潜水电泵。筒井是指直径较大，以水泥管或石块砌筑井壁，井深较浅人工开挖的井。主要以开采上层水为主，单井出水量 5 立方米/小时 ~10 立方米/小时。适宜河滩地、沙地等浅层水丰富的地区，造价较低，便于人工开挖，每眼井可灌溉 20 亩左右，配套小型柴油机离心泵或单相潜水电泵。

提水机具的选择首先要考虑动力情况，有电的地区要采用潜水电泵，没有电的地区根据流量和扬程选择柴油发电机组，配套潜水电泵或小型柴油机配套离心泵。配套柴油机要根据水泵的功率来选择，安装分为短期流动使用和长期固定使用两种形式。如果是短期流动使用的，可采用 10 厘米 ~20 厘米厚的硬木作基垫，但必须在基垫周围打桩牵引固定，以免机座运行时晃动。如果是长期固定使用的，必须在安装地点用混凝土浇筑机座，安装机器应保持水平或前端略高。电动机选择上深井或流量较大的井需配套三相交流笼式异步电动机，浅井或流量小的井可配套单相潜水电泵。电动机功率必须与水泵配套，额定转速必须相同，考虑到超载和电压偏低等因素，电动机功率可比水泵的功率大 15% ~20%，但绝不能超过 30%，以免造成电能浪费。提水机具的选择非常重要，它直接关系到水资源的合理利用及灌溉费用，配套时要向专业技术人员请教。

锡林浩特市水资源短缺，水利工程建设造价较高，因此，在灌溉方式上一定要采取节水灌溉措施，使有限的水资源发挥最大效益，以此扩大灌溉面积，降低投资成本。

喷灌是一种很适合牧区饲草料基地的灌溉方式，具有节水、省劳力、占地少、单井控制面积大等优点，一般每亩地浇一次需 20 立方米的水。集中连片灌溉面积在 100 亩以上，以机电井为水源的地块，应考虑采用半固定式喷灌方式，主管道使用承压硬塑料管，管径根据井的出水量大小进行选择，一般为 7.5 厘米 ~11 厘米，埋入地下 0.8 米 ~1.0 米。支管道采用铝合金管或涂塑软管，置于地上，便于拆装组合移动，连接喷头后即可按地块依次进行喷灌。灌溉面积在 50 亩左右，以管井、筒井为水源的地块，应采用小型移动式。采用固定式喷灌或移动式喷灌，机具选型及安装时要请专业技术人员给予指导。

管灌是以管道代替渠道进行输水，减少渠道输水渗漏损失和维护费用的一种灌溉方式。具有节能，相对节水等优点，适宜地下水较丰富，耕作土层较厚，宜于平整土地、没电、风大、蒸发量大的地区。输水管道采用低压塑料管，主管道管径在 11 厘米以上，支管道管径 5.0 厘米 ~7.5 厘米，埋入地下 0.8 米 ~1.0 米，通过给水栓供水，地面采用涂塑软管向畦田输水。管灌的地块必须进行土地平整，每亩地建 5 畦 ~7 畦，每次灌溉每亩需灌水 30 立方米。这种灌溉方式适宜青贮玉米、人工高产饲草料、育苗等，各类牧草不适宜此灌溉方法。

滴灌是通过安装在支管上的滴灌带，将水准确、均匀地滴入作物根部土壤中，达到灌溉目的并十分节水的灌溉方式。适宜水资源严重缺乏的地区，每亩地灌溉一次只需

15 立方米的水。灌溉的输水系统与喷灌基本相同，采用低压塑料管为干、支管，埋入地下 0.8 米～1.0 米，地面输水采用滴灌带向农作物灌水。为防止滴水头部堵塞，在管道供水处加一套水过滤系统，滴灌时可注入肥料。滴灌投资较高，适宜青贮玉米和林带灌溉，不适宜牧草灌溉。

灌溉方式的选择要考虑地形、劳力、水源等因素，选择是否合理直接影响生产费用及效益，因此，牧户在建设饲草料地时一定要请专业技术人员进行合理设计、选择灌溉方式和购置机具时一定要结合自己的实际情况，以免造成不必要的浪费。

第二节　宣　传

水是生命之源，水是地球上最重要的自然资源。如果缺少或没有水，作物不能生长、人和动物不能生存繁衍。水是不可缺的，又是无法替代的。水可以用来为生物供水，也可以发电、航运、灌溉、养殖等，还可以维持良好的自然生态环境。水不仅是生命的源泉，也是发展经济的重要资源。水不仅有其有利的一面，也有其有害的一面，不治理或治理不好就会发生水旱灾害，给人民生命财产造成巨大损失。

水利就是兴利除害，使水资源按照人们的意志为工农业生产服务，为经济发展服务，造福于人民。从古至今，人类在与自然界的斗争中，治水就是一项非常重要的工作。中华人民共和国成立以后本地区水利行政部门组建以来，在大搞水利建设的同时，高度重视水利宣传工作。重点宣传水利在国民经济发展和工农业生产中的重要作用，以及水利工作开展不好可能带来的重大危害。

党的十一届三中全会以后，本地区水利工作得以迅速恢复，水利宣传工作逐步加强。1983 年，随着农村牧区“双承包”责任制的实行，水利工作的重点转移到管理上来，并从责、权、利三个方面进行改革。宣传工作的重点是水土保持、人畜饮水、防氟改水及一些政策性的规定。1988 年 7 月《中华人民共和国水法》颁布实施，水行政主管部门有了依法治水、依法管水的法制保障。盟市两级水利部门采取多种形式宣传《中华人民共和国水法》，提高广大人民群众对《中华人民共和国水法》的认知度。同时结合牧区水利设施产权改革，宣传推广塑料管井建设，重点推广利用原有大口井、机电井、水库、自流灌区等设施，开展家庭畜群草库伦建设，力争使大多数牧户都有一处以水为中心的草库伦饲草料地。

1991 年 6 月《中华人民共和国水土保持法》颁布实施，同年 7 月，国家将 7 月 1 日—7 月 7 日确定为“中国水周”（1994 年以后改为 3 月 22 日—28 日），还将每年 5 月的第二周作为城市节约用水宣传周。锡林浩特市水行政主管部门将几个宣传活动结合起来，针对水土流失的危害性、节约用水和中国水周主题，通过广播、电视、报纸、宣传单、流动宣传车等多种形式进行广泛深入的宣传。1995 年秋季，针对威胁市区安全的葛根山流域，锡林浩特地区企事业单位及社会各界力量进行水土保持治理大会战。根据额木和、额嫩陶勒盖水土流失现状，制作电视专题片《水土流失敲响的警钟》，面向全社会采取多种形式进行全方位的宣传，让广大人民群众了解水土流失对我们生产、生活造成的危害和影响，调动全社会各界力量参与水土流失防治工作。

“十五”期间，针对锡林浩特地区日趋恶化的生态环境，水利宣传工作紧紧围绕加快生态建设和“围封转移”战略，以国家紧急启动的京津风沙源治理工程为重点，开展丰富多彩、形式多样的宣传活动。宣传《中华人民共和国水法》《中华人民共和国水土保持法》《中华人民共和国防洪法》《中华人民共和国渔业法》等法律法规。在“世界水日”“中国水周”法制宣传日期间，与《锡林郭勒日报》协办水利专版 5 期，印发法制科普读本和宣传单 2 万余份，结合“世界水日”“中国水周”的宣传主题对水利法律、法规进行全方位多角度的宣传。

“十一五”期间，锡林浩特市紧紧把握实施京津风沙源治理工程的历史机遇，在城镇和牧区广泛宣传有关生态环境保护、水土保持防治、区域性山洪预防等常识和技能，举办各类水利实用技术培训班。利用“世界水日”、“中国水周”、科技“三下乡”和法制宣传日，加大水利法律法规和水利科技的宣传力度，充分利用广播、电视、报纸等媒体，数次做客行风热线，现场宣传水行政法律法规的新动向、新特点，解答民众关心的焦点问题。出动宣传车、张贴标语、出水利专版 5 期、印发各种宣传册和宣传单 1.5 万余份。

进入“十二五”以后，水行政执法宣传工作已经常态化、规范化、制度化，每年的水利宣传都会按照当年的宣传主题，利用高科技、多媒体，在各个时间节点上有序进行。

人　物

一、人物传

哈　斯
（1950 年 2 月—2016 年 6 月）

哈　斯　男，蒙古族，1950 年 2 月出生，1968 年 8 月毕业于锡林郭勒盟师范学校，同年 8 月参加工作，1973 年加入中国共产党，1969 年 9 月至 1986 年 2 月在朝克乌拉苏木工作，历任朝克乌拉苏木学校教师、教务主任，朝克乌拉苏木政府党委秘书、团委书记、党委副书记、管委会副主任、主任、副社长、社长、代苏木长。1986 年 2 月至 1988 年 3 月在锡林浩特市人民政府办公室任主任、政府党组成员。1988 年 3 月至 1999 年 5 月任锡林浩特市农林水利局局长、总支书记、副书记。上任之初，面对本地区林业工作被黄牌警告的现状，他充分调动全市林业技术干部的积极性，通过不同的形式，出主意想办法。亲自带领林业技术干部到处实地考察，进行调查研究，寻找突破口。他提出多种营林造林技术方案，经有关专家、技术人员充分论证后，确定适合本地区的开沟抗旱系列造林新技术。围绕“增资源、增活力、增效益”，“绿起来、活起来、富起来”的林业发展目标，本着“先易后难，循序渐进”的原则，采取全社会办林业，全民搞绿化，多方集资的方式，掀起林业建设高潮。上任 2 年后摘掉黄牌，3 年后城市防护林初具规模，全市共建义务植树基地 11 处，“牧区植被建设示范基地”2 处，围封造林总面积 24375 亩，绿化覆盖率由原来的 5% 提高到 25%。锡林浩特市连续五年获得全盟造林绿化先进奖，连续六年被内蒙古自治区林业厅评为全民义务植树先进市。他连续多届为全市人大代表和政府组成人员，于 1998 年 4 月获得全国绿化奖章。

二、人物简介

张炳青　男，汉族，1961 年 1 月出生于内蒙古自治区锡林浩特市。1983 年 7 月毕业于内蒙古自治区林学院治沙系专业本科，同年 8 月分配到锡林浩特市农林水利局工作。1991—2015 年任锡林浩特市林业水利局副局长，2002—2006 年取得内蒙古自治区农业大学林业专业农业推广硕士学位。

张炳青同志毕业后分配到锡林浩特市农林水利局从事林业工作，一干就是34年，他干一行、爱一行，立足本职岗位，兢兢业业，为改变本地区林业工作的落后现状，奉献出自己聪明的才智和辛勤的汗水。他主持编写的《锡林浩特市城防林的配置模式及其效益研究》刊登在内蒙古林业科技(2012年第3期)，主持编制完成多项林业总体规划、可研报告、作业方案。2013年4月获得全国绿化奖章，2013年6月获得全国防沙治沙先进个人。

三、先进集体

国家级

2005年12月，锡林浩特市林业工作站被国家林业局认证为“林业工作站建设合格县”。

2014年3月，锡林浩特市森林公安局被国家森林公安局授予“集体二等功”。

自治区级

1992年2月，锡林浩特市农林水利局被内蒙古自治区林业局授予“义务植树单项奖”。

1994年3月，锡林浩特市农林水利局被内蒙古自治区林业局授予“全民义务植树成绩优异奖”。

1995年2月，锡林浩特市农林水利局被内蒙古自治区林业局授予“全民义务植树奖”。

1996年3月，锡林浩特市农林水利局被内蒙古自治区林业局授予“全民义务植树奖”。

1997年1月，锡林浩特市农林水利局被内蒙古自治区林业局授予“全民义务植树奖”。

1997年2月，锡林浩特市农林水利局被内蒙古自治区人民政府授予“农田草牧场水利基本建设三等奖”。

1998年2月，锡林浩特市农林水利局被内蒙古自治区林业厅颁发“全民义务植树奖”。

2000年1月，锡林浩特市农林水利局被内蒙古自治区林业厅授予“1999年度全民义务植树奖”。

2000年1月，锡林浩特市农林水利局被内蒙古自治区人事厅、农业厅“渔业生产先进单位”。

2001 年 1 月,锡林浩特市农林水利局被内蒙古自治区林业厅授予“2000 年度林业生产建设全民义务植树奖”。

2001 年 1 月,锡林浩特市草原打井队被内蒙古自治区水利厅授予“京津风沙源治理工程质量三等奖”。

2002 年 1 月,锡林浩特市农林水利局被内蒙古自治区林业厅授予“2001 年度林业生产建设全民义务植树奖”。

2002 年 1 月,锡林浩特市草原打井队被内蒙古自治区水利厅授予“民族团结进步先进集体”。

2003 年 2 月,锡林浩特市林业水利局被内蒙古自治区林业厅授予“2002 年度林业生产建设全民义务植树奖”。

2003 年 2 月,锡林浩特市农林水利局被内蒙古自治区人民政府授予“农田草牧场水利基本建设三等奖”。

2004 年 2 月,锡林浩特市林业水务局被内蒙古自治区林业厅授予“2003 年度林业建设封山育林奖”。

2006 年 2 月,锡林浩特市林业水务局被内蒙古自治区林业厅授予“2005 年度林业建设人工造林奖”。

2006 年 3 月,锡林浩特市林业水务局被内蒙古自治区人民政府授予“农田草牧场水利基本建设三等奖”。

2008 年 3 月,锡林浩特市林业水务局被内蒙古自治区人民政府授予“农田草牧场水利基本建设二等奖”。

2011 年 4 月,锡林浩特市水政监察大队被内蒙古自治区水利厅授予“2010 年度水资源管理先进单位”。

2013 年 3 月,锡林浩特市森林公安局刑侦队被内蒙古自治区森林公安局授予“集体三等功”。

2013 年 9 月,锡林浩特市森林公安局阿尔善派出所被内蒙古自治区森林公安局授予“集体三等功”。

2013 年 9 月,锡林浩特市被内蒙古自治区人民政府评为“重点区域绿化先进单位”颁发奖金 1020 万元。

2014 年 1 月,锡林浩特市森林公安局政工室被内蒙古自治区森林公安局授予“集体三等功”。

盟级

1992 年 3 月,锡林浩特市农林水利局被锡林郭勒盟林业处授予“全盟义务植树先进单位”。

1993 年 4 月，锡林浩特市农林水利局被锡林郭勒盟行政公署授予“林业生产建设奖”。

1994 年 3 月，锡林浩特市农林水利局被锡林郭勒盟林业处授予“苗木生产奖”。

1994 年 3 月，锡林浩特市农林水利局被锡林郭勒盟林业处授予“全民义务植树奖”。

1995 年 3 月，锡林浩特市农林水利局被锡林郭勒盟林业处授予“全民义务植树奖”。

1995 年 3 月，锡林浩特市农林水利局被锡林郭勒盟水利局授予“水政水资源管理奖”。

1996 年 2 月，锡林浩特市农林水利局被锡林郭勒盟水利局授予“水政水资源管理奖”。

1996 年 5 月，锡林浩特市农林水利局获得全盟水利系统“水法规知识竞赛一等奖”。

1997 年 3 月，锡林浩特市农林水利局被锡林郭勒盟林业处授予“生物经济圈奖”。

1997 年 3 月，锡林浩特市农林水利局被锡林郭勒盟水利局授予“牧区人畜饮水工作先进单位”。

2000 年 2 月，锡林浩特市农林水利局被锡林郭勒盟水利局授予“水利工作目标考核三等奖”。

2000 年 7 月，锡林浩特市农林水利局被中共锡林郭勒盟委员会、行政公署授予“1999 年度抗灾保畜工作奖”。

2003 年 3 月，锡林浩特市农林水利局被锡林郭勒盟水利局授予“水利工作目标考核三等奖”。

2003 年 3 月，锡林浩特市林业水务局被锡林郭勒盟林业局授予“2002 年度林业生产建设封山育林奖”。

2003 年 3 月，锡林浩特市林业水务局被锡林郭勒盟林业局授予“2002 年度林业生产建设全民义务植树奖”。

2003 年 3 月，锡林浩特市林业水务局被锡林郭勒盟“双学双比”“巾帼建功”竞赛活动领导小组授予“全盟妇女‘巾帼建功’竞赛活动先进协调单位”。

2004 年 7 月，锡林浩特市林业工作站被中共锡林郭勒盟委、行政公署授予“林业建设先进集体”。

2006 年 2 月，锡林浩特市林业水务局被锡林郭勒盟林业局授予“2005 年度林业生产建设综合奖”。

2006 年 2 月，锡林浩特市林业水务局被锡林郭勒盟林业局授予“2005 年度林业生产建设灌木规模造林奖”。

2006 年 3 月，锡林浩特市林业水务局被锡林郭勒盟水利局授予“水利工作先进单位”。

2007 年 3 月，锡林浩特市林业水务局被锡林郭勒盟林业局授予“2006 年度全民义务植树先进单位”。

2009 年 3 月，锡林浩特市林业水利局被锡林郭勒盟水利局授予“农田草牧场水利基本建设二等奖”。

2009 年 5 月 4 日，锡林浩特市林业水务局团总支被共青团锡林郭勒盟委员会授予“锡林郭勒盟‘五·四’红旗团支部(总支)”。

2010 年 3 月，锡林浩特市林业水务局被锡林郭勒盟林业局授予“2009 年度林政资源管理先进单位”。

2010 年 3 月，锡林浩特市林业水务局被锡林郭勒盟林业局授予“2009 年度社会造林绿化先进单位”。

2010 年 3 月，锡林浩特市森林公安局被中共锡林郭勒盟委、行政公署授予“2009 年度全盟人民满意政法单位”。

2010 年 7 月，全盟首届林业系统“兴林富民”杯乒乓球赛在多伦县举行，锡林浩特市林业水利局代表队获得男子团体第一名、女子团体第二名、男子单打第一名、女子单打第一名，锡林郭勒盟林业局颁发。

2011 年 3 月，锡林浩特市林业水利局被锡林郭勒盟林业局授予“2010 年度林政资源管理先进单位”。

2011 年 3 月，锡林浩特市林业水利局被锡林郭勒盟林业局授予“2010 年度全民义务植树先进单位”。

2011 年 3 月，锡林浩特市林业水利局被锡林郭勒盟行政公署授予“全盟林业生态建设和保护先进单位”。

2011 年 3 月，锡林浩特市林业水利局被锡林郭勒盟水利局授予“水利工作先进单位”。

2011 年 7 月，全盟林业系统第二届“兴林富民”杯乒乓球赛在锡林浩特市举行，锡林浩特市林业水利局代表队获得男子团体第一名、女子团体第二名、男子单打第一名、男子单打第三名，锡林郭勒盟林业局颁发。

2011 年 9 月，锡林浩特市林业水利局被中共锡林郭勒盟委、行政公署授予“天堂草原锡林郭勒盟那达慕先进集体”。

2012 年 3 月，锡林浩特市林业水利局被锡林郭勒盟林业局授予“2010 年度全盟林业生态建设二等奖”。

2012 年 3 月,锡林浩特市林业水利局被锡林郭勒盟水利局授予“水利工作先进单位”。

2013 年 3 月,锡林浩特市林业水利局被锡林郭勒盟水利局授予“水利工作先进单位”。

2014 年 3 月,锡林浩特市林业水利局被锡林郭勒盟水利局授予“水利工作先进单位”。

四、先进个人

国家级

哈　斯　男,蒙古族,1988—1999 年任锡林浩特市农林水利局局长,1998 年 4 月获得全国绿化奖章。

张炳青　男,汉族,1991—2015 年任锡林浩特市林业水利局副局长,2013 年 4 月获得全国绿化奖章,2013 年 6 月获得全国防沙治沙先进个人。

1991 年 6 月,锡林浩特市草原打井队 39 名退休老职工和锡林浩特市锡林河水库管理所 2 名退休老职工荣获中华人民共和国水利部颁发的大禹治水荣誉奖章。

自治区级

李万国　男,汉族,2003—2013 年任锡林浩特市林业水利局局长兼锡林浩特市森林公安局政委,2005 年被内蒙古自治区森林公安局授予三等功。2006 年被内蒙古自治区森林公安局授予三等功。

张炳青　男,汉族,1991—2015 年任锡林浩特市林业水利局副局长,2001 年获得内蒙古自治区森林资源管理监督工作先进个人。

鄂云鹰　男,达斡尔族,1993—2008 年任锡林浩特市打井队队长,2003—2008 年任锡林浩特市林业水利局副局长兼锡市打井队队长,2002 年被内蒙古自治区评为全区民族团结进步先进个人。

康爱民　男,汉族,1990—2010 年任锡林浩特市水政水资源管理办公室主任。1996 年被内蒙古自治区水利厅评为全区取水许可管理工作先进个人,2001 年被内蒙古自治区水利厅评为全区水资源管理先进个人,2009 年被内蒙古自治区评选为“人民满意的公务员”。

黄　品　男,汉族,现任锡林浩特市水政监察大队队长,1992 年被内蒙古自治区农委评为全区渔政先进工作者。

齐晓英　女,汉族,1998—2002 年任锡林浩特市林业工作站站长,2002 年被内蒙古自治区林业厅评为“全区林业行业劳动模范”。

石金福 男，汉族，现任锡林浩特市森林公安局局长，2000 年被内蒙古自治区森林公安局评为“优秀人民警察”并授予三等功，2006 年被内蒙古自治区森林公安局授予三等功。

马淑芳 女，汉族，现任锡林浩特市森林公安局副局长，2008 年被内蒙古自治区森林公安局授予三等功。

铁 虎 男，蒙古族，现任锡林浩特市森林公安局副局长，2002 年被内蒙古自治区森林公安局授予个人嘉奖。2006 年被内蒙古自治区森林公安局授予三等功。2013 年被内蒙古自治区森林公安局评为全区森林公安系统优秀派出所所长。

司冬伟 男，汉族，现任锡林浩特市锡林河水库管理所所长，在锡林浩特市森林公安局任职期间，2005 年被内蒙古自治区森林公安局授予三等功。2009 年被内蒙古自治区森林公安局授予三等功。2011 年被内蒙古自治区森林公安局授予个人嘉奖。

高吉日木图 男，蒙古族，现任锡林浩特市森林公安局副政委，1999 年被内蒙古自治区森林公安处授予个人嘉奖。2002 年被内蒙古自治区森林公安局授予个人嘉奖。

李建新 男，蒙古族，现任锡林浩特市森林公安局警务督查室主任，2006 年被内蒙古自治区森林公安局授予三等功。2011 年被内蒙古自治区森林公安局授予个人嘉奖。

韩新丰 男，汉族，原任锡林浩特市森林公安局阿尔善宝力格镇派出所所长，2013 年被内蒙古自治区森林公安局授予三等功。

宝力道 男，蒙古族，现任锡林浩特市森林公安局白音锡勒牧场派出所所长，2010 年 3 月被内蒙古自治区森林公安局授予个人嘉奖。2013 年 1 月、3 月被内蒙古自治区森林公安局授予三等功两次。

魏丽娜 女，汉族，现任锡林郭勒盟森林公安局民警，在锡林浩特市森林公安局任职期间，2007 年被内蒙古自治区森林公安局授予个人嘉奖。2013 年被内蒙古自治区森林公安局授予三等功。

文 兰 女，蒙古族，现任锡林浩特市森林公安局办公室主任，2010 年被内蒙古自治区森林公安局授予三等功。

涛 丽 女，蒙古族，现任锡林浩特市森林公安局法制室主任，2008 年被内蒙古自治区森林公安局授予个人嘉奖。2013 年 3 月被内蒙古自治区森林公安局授予三等功。

奚晓红 女，蒙古族，现任锡林浩特市森林公安局政工室副主任，2009 年被内蒙古自治区森林公安局授予个人嘉奖。2013 年被内蒙古自治区森林公安局授予三等功。

金海明 男，蒙古族，锡林浩特市森林公安局干警，2011 年被内蒙古自治区森林公安局授予三等功。

齐萨茹拉 女，蒙古族，锡林浩特市森林公安局干警，2011 年被内蒙古自治区森林公安局授予个人嘉奖。

图　雅　女,蒙古族,锡林浩特市森林公安局干警,2011年被内蒙古自治区森林公安局授予个人嘉奖。

莫　军　男,汉族,锡林浩特市林业工作站技术员,2011年被内蒙古自治区林业厅评为全区林业技术推广先进工作者。

盟级

哈　斯　男,蒙古族,1988—1999年任锡林浩特市农林水利局局长,1993年被评为全盟造林绿化先进工作者。

张炳青　男,汉族,1991—2015年任锡林浩特市林业水利局副局长,1998年获得全盟林业工作先进工作者,2000年获得全盟实施围封转移战略先进工作者,2003年获得全盟实施围封转移战略优秀科技人员。

康爱民　男,汉族,1990—2010年任锡林浩特市水政水资源管理办公室主任。2009年被评选为“全盟优秀共产党员”。

吴建峰　男,蒙古族,现任锡林浩特市水政监察大队政委,2003—2013年担任锡林浩特市林业水利局机关党支部书记。2012年被评为全盟“创先争优”优秀党务工作者。

王宗海　男,汉族,现任锡林浩特市林业水利局宣传科科长,1995年获全盟青年绿化工程优秀组织指导支持者,2003年被评为全盟林业生态建设先进个人。

石金福　男,汉族,现任锡林浩特市森林公安局局长,2004年被评为全盟林业生态建设先进个人。

温广录　男,汉族,1984—1992年任锡林浩特市林业工作站站长。1983年获少数民族地区科技工作奖。

文　兰　女,蒙古族,现任锡林浩特市森林公安局办公室主任,2013年被锡盟森林公安局授予优秀民警。

五、林业水利系统中高级专业技术人员名录

(锡林浩特市林业水利系统高级及中级职称人员,按自然排序)

人物表-1

姓　名	性别	民　族	出生年	评定年	单　　位
杨文华	女	汉　族	1962	2008	锡市林业工作站
刘洪波	男	汉　族	1968	2006	锡市林业工作站
段建平	男	汉　族	1969	2006	锡市林业工作站
候树军	男	汉　族	1972	2005	锡市林业工作站

续表 1

姓　名	性别	民　族	出生年	评定年	单　　位
张丽琴	男	汉　族	1974	2007	锡市林业工作站
罗长山	男	汉　族	1974	2011	锡市林业工作站
许　极	男	汉　族	1948	1987	锡市公益林管理站
牛俊颖	男	汉　族	1967	2006	锡市公益林管理站
席　政	男	汉　族	1966	2014	锡市公益林管理站
徐　芳	男	满　族	1967	2008	锡市国有林场
满　达	男	汉　族	1976	2011	锡市国有林场
萨其日	女	蒙古族	1986	2015	锡市国有林场
齐萨如拉	女	蒙古族	1969	200	锡市森林公安局
胡达古拉	女	蒙古族	1980	2015	锡市林业水利局
康爱民	男	汉　族	1957	2004	锡市林业水利局
吴建峰	男	蒙古族	1963	2002	锡市林业水利局
胡洪岗	男	汉　族	1972	2006	锡市林业水利局
赵　敬	女	汉　族	1973	2005	锡市林业水利局
黄　品	男	汉　族	1964	1997	锡市水政监察大队
李　琳	女	汉　族	1970	1996	锡市水政监察大队
张春燕	女	汉　族	1983	2012	锡市水政监察大队
张金国	男	汉　族	1970	2000	锡市小孤山水库
白晓明	男	蒙古族	1972	2016	锡市水利工作队
郭继军	男	汉　族	1973	2014	锡市水利工作队
高　丽	女	汉　族	1962	2003	锡市水利工作队
范秀荣	女	汉　族	1967	2011	锡市水利工作队
李建军	男	汉　族	1959	2003	锡市水利工作队
贾国华	男	蒙古族	1960	2006	锡市水利工作队
王靖华	女	蒙古族	1953	2007	锡市水利工作队
尉恩风	女	汉　族	1956	2003	锡市水利工作队
邓秀桃	女	汉　族	1955	2006	锡市水利工作队
孙英杰	女	汉　族	1975	2007	锡市水利工作队
马晓芳	女	汉　族	1973	2010	锡市水利工作队

续表2

姓　名	性别	民　族	出生年	评定年	单　　位
李桂清	女	汉　族	1975	2010	锡市水利工作队
陈光世	男	汉　族	1965	2010	锡市水利工作队
温小青	女	汉　族	1974	2012	锡市水利工作队
李成东	男	汉　族	1986	2016	锡市水利工作队
董国平	男	蒙古族	1977	2016	锡市水利工作队
李秀兰	女	汉　族	1964	2007	锡市水利工作队
李桂金	女	汉　族	1939	1988	锡市水利工作队
吴艳玲	女	蒙古族	1966	2013	锡市草原打井队
郭飞龙	男	汉　族	1959	1997	锡市草原打井队
徐兆文	男	蒙古族	1949	1995	锡市草原打井队
宋志敏	女	汉　族	1957	2000	锡市草原打井队
额尔敦巴根	男	蒙古族	1971	2008	锡市锡林河水库
牧建鹏	男	汉　族	1978	2010	锡市锡林河水库
赵宝根	男	汉　族	1962	2012	锡市锡林河水库
师春林	女	汉　族	1966	2014	锡市锡林河水库
田秀云	女	汉　族	1972	2012	锡市锡林河水库
包格日勒	女	蒙古族	1973	2012	锡市锡林河水库
董金山	男	汉　族	1965	2012	锡市锡林河水库
赵　飞	男	汉　族	1971	2011	锡市锡林河水库
杨金玲	女	汉　族	1975	1993	锡市锡林河水库
胡连岐	男	汉　族	1945	1988	锡市锡林河水库
孙晏安	男	汉　族	1938	1983	锡市锡林河水库

附　录

一、盟级文件

关于“八五”期间发展林业的决定

中共锡盟委　锡盟行政公署

（1991 年 10 月）

林业是国民经济的重要组成部分。大力发展林业是治理山河、维护和改善生态环境的一项重大战略措施。为进一步改善生态环境和农牧业生产条件，使我盟林业在“八五”期间得到进一步发展，特作如下决定。

一、指导思想、发展方向和主要奋斗目标

（一）“八五”期间，发展林业的指导思想是：以科技为先导，以增加森林资源为目的，以农防林、牧防林和治沙为重点，灌、草、乔结合，造、管、护并重，改善生态环境，促进农牧业发展，振兴锡盟经济。

（二）发展方向：坚持统一规划、综合治理、因地制宜、适地适树、突出重点、讲求实效的原则，以速生丰产和适生优良树种为主、以灌木为主、以工程造林和规模造林为主，数质并重，不断提高造林的成活率、保存率和覆盖率，由生态型林业向生态经济型林业转变。

（三）主要奋斗目标：

1. 人工造林 52 万亩，其中营造防风固沙林 12 万亩；封山育林育草 185 万亩，其中治沙封育 150 万亩；飞播种树种草 20 万亩；人工种草及草场改良 80 万亩。

2. 增加林草植被。“八五”期末林木覆盖率由现在的 1% 提高到 2% 。

3. 减少风沙危害面积。“八五”期间控制风沙面积 1200 万亩。浑善达克沙地的流沙向半固定和固定沙地转化。

4. 保障农牧业增产。102 万亩基本农田得到防护林保护，使 150 万亩退化沙化草场得到恢复。增加农牧民收入。

二、执行林业政策，深化林业改革

（四）认真贯彻执行《森林法》及《森林法实施细则》、《内蒙古自治区森林管理条例》等林业法规，提高全体公民依法治林的自觉性。

（五）依法保护国家、集体、个人的山林权属不受侵犯。国家、集体所有的森林、林木和林地，个人所有的林木和使用的林地，都要进行登记造册，核发林权证，确定所有权和所有权。

（六）认真执行“谁造谁有，谁管护谁受益，允许继承和转让”的政策。联户和专业户承包林业，要签订合同，明确权利、义务和建设内容、建设标准。

原集体林木划分到户后，因管理不善和无力经营的，要收归集体统一管理或转包他人经营。新开发的荒山、荒滩和宜林沙地，要进行适度规模经营。对种树种草的土地，免交征购、提留和农业税。

（七）执行“国家、集体、个体一起上”的方针，深化林业改革。

国营林场、治沙站、苗圃改革的重点是：完善“六统一”（统一林地管理、统一计划管理、统一技术管理、统一质量管理、统一大型机具和水利设施管理）为主要内容的生产责任制，实行目标化管理，提高经营管理水平和经济效益，增强自我改造、自我发展的能力。

事业性质的场（站、圃），其林业生产和多种经营项目所得利润，暂不征所得税；在抚育期间的收入，不上缴财政，用于以林养林。

集体林业改革的重点是：完善双层经营林业生产责任制，壮大集体林业经济，办好乡（苏木）、村（嘎查）集体林场、苗圃。扶持和鼓励个体造林、育苗。

无论国营、集体和个人，都要在“以林为主”的前提下，积极开展多种经营，广开门路，实行林粮（料）间作、林草间作、林菜间作，以副养主，以短养长，增强林业后劲。

三、搞好规划、突出重点，有计划地发展林业生产

（八）林业规划是林业建设的基础。要做到林业区划、规划、计划、设计、施工、验收、建档一条龙。规划要以法律形式确定下来。造林和治沙任务要列入国民经济计划。

（九）全盟要把大力营造农田防护林、牧防林和沙地综合治理作为建设重点，搞好城镇和农村牧区的绿化，有计划地发展东部山区水源涵养林——用材林、经济林和新炭林。

（十）全民义务植树是法定公民职责。各地必须按全国人大《决议》和国务院的“实施办法”，以及自治区的“实施细则”，认真组织执行。

（十一）每年四月十二日定为“全盟植树日”，四月十二日至五月十二日为“全盟植树造林月”，各地要在每年春、秋两季利用两个月的时间，组织植树造林会战，对生态工程进行重点建设，强化全民绿化意识。

四、增加林业投入，加强林业基础建设

（十二）发扬自力更生、艰苦奋斗的精神，坚持实行群众投劳为主，国家扶持为辅的原则，依靠地方，依靠群众，多渠道，多层次、多形式筹措林业发展资金，增加林业投入。

（十三）农村牧区要建立劳动积累工制度，向林业投工、投劳。农区每个劳力每年用于林业的积累工不低于15个，牧区每个劳力每年用于林业的积累工不低于5个。因故不能完成的，可按当地工日价格折算，以资代劳。

（十四）对国家、自治区和盟安排的以工代赈、粮食基地建设、扶贫开发、水土保持和草原建设等资金，要结合项目建设，在项目区内安排一定的份额用于治沙和造林。

牧业税返还用于旗县草原建设的资金，各地要视情况安排一定份额用于治沙建设。

盟和各旗县要视地方财政情况，每年拿出一定份额的资金，用于发展林业生产。

煤炭、轻工、造纸等部门，按规定提取的育林资金，必须用于林业建设。本部门不造林的，由同级财政部门收缴，由同级林业部门用于林业建设。

各旗县市可自行制定征收育林费和绿化费的具体办法，用于发展林业生产。

（十五）国家投入的林业建设专项资金要加强管理，主要用于重点工程建设。面上的造林任务，主要靠群众集资和投工投劳完成。

（十六）抓好以种苗为重点的林业基础建设。“八五”期间，我盟争取三年确保四年实现苗木自给。各旗县市到一九九三年要做到造林治沙用苗品种对路、良种壮苗、苗木自给。发挥国营苗圃的主导作用，把国营苗圃建设成高产量、高质量、高效益、低消耗，有育苗生产区、有良种繁育区、有大苗培育区、有生产试验区、无杂草、无虫害、无病害苗圃。每个旗县市都要集中力量，抓好一个规范化、示范化苗圃。到“八五”期末，农区乡和重点村有苗圃，牧区苏木有苗圃。

（十七）抓好林木种子的采集、采购、检疫、调剂和调运工作，因地制宜各有侧重地建设种子林基地和采种基地。

（十八）切实加强旗、县、市和乡、苏木林业工作站建设。建立健全林业技术推广服务体系。

（十九）治沙造林所需的化肥、农药、汽油、柴油、农膜、木材、水泥、钢材等主要生产资料，视同重点工程项目所需物资，优先纳入国家物资供应计划。

（二十）在沙区从事采矿、石油开发、筑路以及其它工程建设的部门和单位，要把防沙治沙造林作为环境评估的重点内容，按照“谁开发，谁保护，谁治理”的原则，都要承担治沙造林任务，要把施工区域的防沙治沙经费列入工程预算，做到工程建设和防沙治沙同步进行。

五、依靠科技，提高林业生产水平

（二十一）严格执行国家颁布的造林、育苗、采伐等各项技术规程，使科学技术贯穿于林业生产全过程，提高造林营林的质量和效益。

（二十二）坚持科研与生产相结合的方针，充分发挥林业技术人员的作用。组织科技攻关，总结推广适合我盟自然特点的林种、树种和抗旱造林技术。

（二十三）分层次、有重点地举办各种形式的科技培训班，传授造林育苗基本知识和操作技术。对在职专业干部和工人进行知识更新，提高林业队伍的整体素质和业务技术水平。

（二十四）鼓励科技人员深入生产第一线，进行技术服务、技术咨询和技术承包。科技人员下基层的鼓励办法，按有关规定执行。

（二十五）治沙及开发利用沙区资源和林业科技研究项目，应纳入科技项目计划，经批准后拨给专项经费。

六、强化林业资源管理，切实抓好林业“三防”

（二十六）加强森林防火工作。认真贯彻“预防为主，积极消灭，消防并重”的方针。防火工作要做到组织落实、人员落实、器械落实。森林火灾面积“八五”期间控制在0.3‰以下。

（二十七）加强森林病虫害的防治工作，建立测报、检疫和防治工作体系。“八五”期间林木病虫害防治面积达到50%以上。做好产地检疫和调运检疫。

（二十八）建立健全林政、资源、林业公安管理机构，配备专职管理人员，加强对乱砍滥伐和人畜毁林案件的控制和打击能力。乡、苏木、村都要组织护林队伍。重点林业工程要设专职护林人员。

（二十九）公安、司法部门，对破坏森林资源和盗伐林木的案件，要从重从快进行处理。各旗县市要制定地方性林木管护办法、制度，切实加强对林木的管护。

（三十）各级林业部门要统一管理林产品经销，配合工商、税务部门整顿林木材市场，严格执行采伐、销售、运输和检疫“四证”制度。对未履行规定的单位和个人要依法给予经济、行政处罚直至追究刑事责任。

（三十一）坚决贯彻执行《国家野生动物保护法》。对非法捕猎、销售、运输国家一、二级重点保护野生动物的单位和个人要依法给予经济、行政处罚，情节严重的要依法追究刑事责任。

七、加强对林业的领导

（三十二）各级党委和政府要把林业工作纳入重要议事日程，定期研究和检查林业工作，切实抓出成效。

（三十三）各地要开展多方位、多层次、多形式的林业宣传，不仅要经常化，而且要超前安排，常抓不懈，提高宣传的深度和广度，动员和组织人民群众投入造林治沙绿化事业。

（三十四）实行目标化管理。逐级签订造林、治沙、绿化、管护责任状，对成绩突出的进行表彰，对完不成任务的旗县市给予黄牌警告。

（三十五）在评选精神文明建设单位、验收基本田建设和配套草库伦建设时，造林绿化必须达标。

（三十六）各级党政领导，都要办一处造林、绿化或育苗点，设立责任碑，接受监督，抓好典型，推动全局。

（三十七）抓好国营场、站、圃的领导班子建设，加强林业职工的政治思想教育和业务培训，增强事业心和责任感，提高业务水平，使国营场、站、圃真正起到示范、主导作用。

（三十八）各级林业部门要加强自身建设，坚持两个文明一起抓，纠正行业不正之风，提倡和培养“开拓创新、真抓实干、艰苦奋斗、无私奉献”的精神，增强“林兴我荣、林衰我耻”的意识，树立“勤、廉、严、实”的作风。

（三十九）各旗县市、各国营农牧场、各有关部门，要根据本决定制定具体方案和实施细则。

关于进一步加强林业建设的意见

锡盟行政公署

（2001 年 3 月）

为进一步加强林业生态建设，切实改善我盟生态环境，加快实现“两个提高”的步伐，促进全盟经济社会全面发展，特制定本意见。

一、指导思想、建设原则和建设目标

指导思想：以生态经济和可持续发展理论为指导，以西部大开发战略为契机，以改革为动力，以科技为先导，以综合效益为中心，以沙源治理为重点，紧紧围绕优化环境，加快实现全盟“两高一优”农牧业经济的可持续发展总体战略，完善比较完备的生态体系和产业体系。动员全社会力量，因地制宜，综合治理，推进林业建设由生态型向生态经济型转变，促进全盟生态、经济、社会协调发展。

建设原则：坚持改善生态环境与发展区域经济相结合；坚持科学治理与合理开发利用相结合；坚持国家、地方、集体、个人一起上，依靠群众和社会力量共同建设；坚持突出重点与整体推进相结合；坚持建设与保护并重同步发展；坚持造、封、飞结合，带、网、片结合，乔、灌、草结合的技术路线。

建设目标：“十五”期间全盟完成造林治沙 550 万亩，其中人工造林 100 万亩，飞播

250万亩，封育200万亩，使森林覆盖率由现在的1.21%提高到2%以上，重点是使严重退化沙化草牧场和流动沙丘基本得到治理，搞好京北西苏到多伦400公里浑善达克沙地“南缘”生态防护体系建设工程、207国道和旗县市城镇绿化工程。抓好农田防护林建设和灌草结合荒漠化草场改造。2001年在巩固去年80万亩沙源治理成果的同时，完成环北京防沙治沙工程83万亩，其中人工造林18万亩，飞播造林30万亩，封育30万亩，退耕还林还草5万亩。

二、建设内容及重点

（一）治理的重点是浑善达克沙地南缘生态防护体系建设工程和以207国道、303国道、呼锡公路和锡桑铁路四线为主的沙地综合治理。按国家和自治区环北京沙源治理工程要求，治理工程三年见效，五年完成，其中退化草场建设和风蚀沙化地区治理在5年内完成，浑善达克沙地和乌珠穆沁沙地治理5年完成，十年巩固提高。今年要重点抓好西苏到多伦400公里“南缘”生态防护体系建设工程的作业设计，确保完成30万亩的防护工程建设任务。207国道91公里~100公里段两侧各200米的综合治沙任务。

（二）农区要紧紧围绕农牧结合型生态结构调整和经济发展，结合退耕还林，突出抓好农防林建设，同时发展一定规模的水保林和经济林，按农防林建设规划，今年一次性把农防林建设用地退出来，并完成5.1万亩的农防林建设任务，其中多伦2万亩、太旗1万亩、白旗1万亩、蓝旗1万亩、西苏1000亩，到2002年农田防护林由现在的72.9万亩增加到90.3万亩，基本实现农田林网化，2003年继续巩固提高。

（三）牧区林业生态建设的重点是以水为中心的饲草料基地林网配套建设，每建设一处高产饲草料基地，都要相应地进行基地林网配套建设，并采取封、造结合的措施，进行灌草结合的荒漠草原灌丛化改造和建设，增加林草植被，改善生态环境，提高草场生物产量，促进林草畜的良性循环，逐步形成规模体系。从今年开始，西苏旗、东苏旗、白旗、阿旗、蓝旗和锡市每年各完成控制面积为1万亩的草场灌丛化改造任务。

（四）通道工程建设，要本着宜林则林、宜草则草的原则，从当地实际出发，做好统一规划，突出地区特点。在工程建设中，要注重新技术应用，增加科技含量，做到高起点、高质量，乔、灌、草、花相结合，绿化、美化、香化结合，生态、社会、经济效益相统一。牧区通道建设要以草带为主。今年重点抓好207国道两侧和城镇主要出口的通道绿化，已整地的通道工程，今年必须全部采用生物措施，未达标的通道工程要适时进行补植。

（五）村屯绿化工程。全盟要在“十五”期间全面完成村屯绿化，其中前3年完成建设任务，后2年巩固。旗县所在地的绿化每年完成4个~5个，3年内完成全部绿化任务；苏木乡所在地的绿化以旗县为单位，每年完成3个~5个；嘎查村绿化任务以苏木乡为单位每年完成5个~10个。各旗县要按具体情况，制定详细规划，将建设任务、阶段、目标层层分解落实到位。

（六）认真抓好种苗基地建设工作。种苗是林业生态建设的基础，要下大力气抓好种苗工作。今年每个旗县要建一处千亩育苗基地和1处～3处采种采条基地，同时抓好每个苏木乡百亩苗圃建设，力争3年内达到种苗自给，并具有一定的商品种苗生产能力。

（七）深化国营场、圃、站改革。立足资源优势，引进市场机制，刷新管理体制，以营林为主要方向，扩大生产领域，搞活经济。造林、营林等要全面进行项目承包，切实发挥国营场、站、圃在生态建设中的骨干、示范和带动作用。小片林、残次林、小苗圃可进行公开拍卖。

坚持“国营、集体、个人一起上”的造林方针，加大对宜林“四荒”的拍卖力度。鼓励个体承包宜林“四荒”进行治理，对开发治理后的“四荒”地允许继承、转让，对依托治理“四荒”发展起来的农林副产品加工业，按照自治区党委、政府《关于加快沙区山区生态建设步伐的决定》［内党发（1997）27号］的规定三年内减免税费。从今年开始，全盟每年拍卖“四荒”50万亩，发展个体造林大户30户。到“十五”期末，使全盟80%的“四荒”地绿起来、富起来。

三、切实加强林业生态建设管护工作

管护是林业生态建设工作中十分重要的内容，各地在生态建设过程中，一定要正确认识和处理好保护、建设与开发利用的关系。进一步健全法制，在全面贯彻执行国家和自治区有关法律、法规和政策的基础上，制定发布林业生态建设方面的地方性法规政策。各级政府要加强行政职能，在广泛开展全民生态保护意识和法制宣传教育的同时，制定乡规民约，建立健全各级管护组织及网络，各乡成立护林大队，行政村成立护林小组，自然村设专职护林员。各项目区成立专职护林队。各级林业执法部门要充分发挥职能，加大执法力度，坚持以法治林，坚决制止和严厉打击破坏林业生态建设的行为。同时各地在林业生态建设工作中，结合“四荒”拍卖承包和股份制治理与利用，通过明确责、权、利，用利益机制调动农牧民自主管护的积极性。

四、加大科技含量，加强技术指导，确保建设质量

各地要在林业生态建设工作中，制定科学合理、切实可行的规划，各级业务主管部门要严格工程设计的审批制度，规范作业设计，严格按设计进行施工和验收。各级相关业务部门，要加强林业建设的技术和应用工作，大力推广应用科研成果和适用技术，积极推广机械开沟抗旱造林技术、飞播系列技术、种子包衣系列技术、卫星地面导航技术及良种壮苗等适用技术，结合科研推广体制改革，鼓励科技人员进行技术承包。进一步加强和完善林业社会化科技服务体系，拓宽科技服务领域，加强各级专业培训和农牧民培训，通过多层次、多形式的技术培训，培养一批农牧民技术员和造林治沙育苗重点户。重点工程建设中，各地主管部门要选派工程监理员，对工程任务、质量、技术进行监管，保证工程建设的质量。

五、提高认识，加强领导

各地一定要从保护生态环境就是保护生产力，改善生态环境就是发展生产力的战略高度，充分认识林业生态建设的重要性、长期性和艰巨性，紧紧抓住国家西部大开发的契机，认真学习贯彻落实国务院朱镕基总理在我盟考察防沙治沙工作时的指示精神，本着对人民负责，对党的事业负责的高度责任感，切实把我盟的林业生态建设抓实抓好。进一步严格和完善目标管理责任制，各级党政一把手要亲自抓，分管领导要具体抓，几大班子共同抓，形成一届干给一届看，一级带着一级干，一张蓝图绘到底，换届不换目标的持续奋斗局面。林业建设的所有项目要全部进行责任目标管理。党政领导、职能部门的领导、技术人员和工作力量要分片包干、责任到人、死定死保，完成即定的任务。盟直、旗县各直属部门、机关团体、工业企业都要有自己的绿化基地，基地建设要限定时间完成任务，加强管护，充分发挥效益。要把生态建设与造林绿化、防沙治沙、水土保持、农业开发、扶贫攻坚等国家和自治区重点工程相衔接，加强各部门各行业的协调配合，按照“统一规划，分工负责，各司其职，各尽其责”的原则，从本地具体实际出发，立足眼前，着眼长远，加快林业生态建设步伐。林业部门要积极与新闻单位密切配合，深入开展宣传活动，特别利用好一些有意义的节日，如每年 4 月 10 日至 5 月 10 日的“植树节”(月)，5 月第一周的“爱鸟周”，6 月 17 日“防治荒漠化日”等，组织开展造林绿化和资源保护宣传活动。造成一个全民总动员、全社会大搞生态建设，共建绿色家园的良好气氛。

关于加快林业生态建设的决定

中共锡盟委　锡盟公署

(2004 年 7 月 8 日)

为深入贯彻《中共中央、国务院关于加快林业发展的决定》和《内蒙古党委、政府关于深化改革加快林业发展的决定》(以下简称《决定》)，进一步加快我盟林业生态建设步伐，促进生态、经济、社会可持续发展，结合我盟实际，特作如下决定。

一、林业在我盟经济社会发展中具有重要地位和作用

1. 我盟是京津地区重要的生态屏障。我盟地处祖国北部边疆，首都北京正北方，东西横跨 700 多公里，地域辽阔、海拔居高。占总土地面积近三分之一的浑善达克沙地横贯全盟，是京北的主要风沙源区，生态环境状况直接影响着经济社会的可持续发展和京津地区的生态安全。

2. 我盟林业生态建设稳步推进。改革开放以来，林地面积和林木蓄积持续增长，全盟林地面积达到990万亩，森林覆盖率由0.74%提高到2.37%，林业发展势头良好。随着京津风沙源治理工程和全盟围封转移战略的实施，我盟林业生态建设成效显著，已累计完成封飞造综合治沙860万亩，治理区林草植被盖度增加了30%～50%，生态恶化状况得到初步缓解。

3. 林业生态建设的任务十分艰巨

从全盟生态状况看，局部改善、整体恶化的趋势尚未根本扭转，形势依然严峻。生态的脆弱性、生态建设的长期性、经济社会可持续发展对林业生态建设的迫切性，决定了我盟林业生态建设任重道远。因此，在生态建设中，要赋予林业以重要地位。

二、加快林业发展的指导思想、奋斗目标

4. 指导思想。紧紧围绕全盟经济转型，用科学的发展观指导林业生态建设，坚持生态优先、保护优先；坚持全盟动员、全民动手、全社会办林业；大力保护和培育林草资源，发展林业产业，促进生态、经济、社会协调发展，使林业更好地为全面建设小康社会服务。

5. 奋斗目标。在"十五"计划森林覆盖率达到3.3%、林草盖度达到55%的基础上，到2007年森林覆盖率达到4%、林草盖度达到60%。到2010年，森林覆盖率达到5%，林草盖度达到65%，其中中部沙区森林覆盖率达到9.7%，林草盖度达到65%。南部丘陵区森林覆盖率达到16.1%，林草盖度达到70%。东南山地森林覆盖率达到7%，林草盖度达到90%。

到2020年，森林覆盖率达到8%，其中中部沙区森林覆盖率14%；南部丘陵区森林覆盖率23%；东南山地森林覆盖率11%。农区和沙区宜林荒山荒地和宜林荒沙逐步绿化，生态状况步入良性循环，建立比较完备的林业生态体系和比较发达的林业产业体系。

三、科学布局，全力加快林业生态建设步伐

6. 合理调整林业生态建设布局。围绕全盟经济转型、加快发展，合理布局林业重点工程，实行分类指导，分区治理，突出重点，整体推进。

沙区，以浑善达克沙地南缘和北缘生态经济带建设为重点，采取以灌为主、灌草结合，以封为主、封飞造综合治理措施，保护和增加林草植被；合理开发利用灌木资源，发展沙产业。低山丘陵农牧交错区，以退耕还林为重点，林草结合，发展农牧结合型后续产业；基本农田全部配套林网；适宜地区发展饲料林、薪炭林和工业原料林。

东南山地天然次生林分布区，以天然林和湿地资源保护为重点，严格采伐管理，发展水源涵养林，开发林副、特产品。

荒漠化草原区，以高产饲草料基地林网配套建设为重点，对灌丛化草场采取封育措施，提高林草植被的稳定性。

基点建设，将林业重点工程与城市绿化、通道绿化、退耕还林、围封禁牧、小流域治理相结合，进行配套建设，在公路主要干线和铁路两侧、特别是盟市旗县所在地出入口，高标准、上档次、成规模建设绿色防护体系。

7. 开展形式多样的全民义务植树活动。加大全民义务植树力度，不断完善和创新义务植树的形式，提高适龄公民义务植树的自觉性和尽责率。提倡各级领导办绿化点。绿化费收缴与管理按《自治区全民义务植树绿化费征收使用管理办法》执行。

8. 进一步强化部门造林绿化职责。部门造林绿化实行分工负责制和责任追究制，党政机关、企事业单位、社会团体、驻地单位，要加强领导，各负其责，明确责任区并制定规划，保质保量完成造林绿化任务。城镇绿化要把美化环境与增强生态功能结合起来，逐步增加绿地面积，新建工程项目的厂区、矿区、园区的绿化覆盖率不低于25%，改扩建工程项目的绿化覆盖率不低于15%，机关、学校、营区、住宅小区的绿化覆盖率不低于30%，湖泊水库周围的绿化覆盖率不低于50%。

四、合理利用资源，加快林业产业发展

9. 优化林业产业结构。在保证生态效益的前提下，发挥资源优势，增强林业发展活力。根据市场需求，着重开发灌木深加工、森林草原沙地生态旅游、林副特产品、野生动物驯养繁殖、药材培植和花卉等产业。发挥优良乡土树种优势，加快发展灌木饲料林和工业原料林，研发灌木利用的新途径，促进灌木资源的增值增效。积极选育、引进、推广抗逆性强、经济价值高的新树种，发展生态经济兼用林。加大退耕还林种草力度，发展后续产业，拉动地区经济发展。搞好沙柳平茬复壮及科学利用和优良乡土树种采种、采条基地建设，开展沙区生物经济圈建设，拓宽沙产业开发渠道。到2005年，林业产业总值达到2.3亿元，到2010年，林业产业总值达到4.3亿元。

10. 优化投资环境，扩大对外开放。积极发展林业行业协会和经纪人队伍，加强社会化服务功能，优化开发环境，开拓市场，搞活流通。坚持走出去、引进来，加大招商引资力度，大力引进资金、良种、技术和管理经验，吸引国内外投资者到我盟投资造林绿化和兴办各类林业产业。开发特色产品，扶持龙头企业，发挥辐射带动作用，实行“企业加基地带农户”的经营形式，搞好产加销一条龙的产业化运作。

五、完善林业产权制度，实行分类经营

11. 明晰产权，及时核发林权证。坚持“谁造谁有、谁经营谁受益”的政策，依法保护森林、林木、林地所有者和使用者的合法权益。权属明确的，要及时核发林权证；权属不清或有争议的，由旗县政府明晰和调处后，核发权属证明；退耕地还林后要依法及时办理林权手续；对已随草场承包到户、现纳入生态公益林范围的林木，要对林地面积重新核定换发林权证，林木经营权、使用权和收益权仍归牧民所有，享受国家有关生态公益林补偿政策，负有对林木的保护管理义务，由当地林业部门负责监管。要维护林权证的法律效力，已发林权证的地块，严禁重复发放其它权属证明。要把林权登记、发证作为日常工作，实行动态管理，所需经费由同级政府负责。

12. 推进森林、林木和林地使用权流转。各种社会主体可通过承包、租赁、转让、拍卖、划拨等形式参与森林、林木、林地使用权的流转，林地流转后不得改变用途。国有宜林荒山荒地荒沙使用权的流转，严格按自治区《决定》执行。集体所有的森林、林木和林地使用权的流转须经全体村民会议或村民代表会议讨论通过，由旗县市林业主管部门审批。

13. 实行林业分类经营。按国家森林区划界定标准，林业分为公益林业和商品林业，实行分类经营。公益林业按公益事业进行管理，公益林建设由各级人民政府统一规划，以政府投资为主，吸引社会力量进行保护和建设，充分发挥其生态效益。公益林分为国家级、自治区级、盟市级和旗县级，同级政府进行森林生态效益补偿。公益林禁止商业性采伐，其抚育和更新采伐限额实行年度控制，天然灌木林复壮更新采伐以旗县为单位建立限额制度，严禁超限采伐。按照市场需求发展的商品林，实行市场化管理，产业化运作，各级政府要给予必要的扶持，商品林采伐按自治区《决定》征收育林基金。

六、深化国有林业改革，增强林业发展活力

14. 加强国有林场、苗圃的经营管理。我盟国有林场（含治沙站）都属于生态公益型林场，以保护和培育森林资源为主要任务，按公益事业单位进行管理，所需管理资金按行政隶属关系由同级财政承担，林场生产生活基础设施建设纳入地方基本建设投资计划。国有苗圃推行企业化管理，按市场化运作，自主经营，自负盈亏，具体办法由旗县市人民政府制定。旗县市政府要妥善安置国有林场、苗圃的富余职工，充分发挥国有林场、苗圃职工专业队伍作用，多方面创造条件，帮助其组建生态建设施工队，承揽生态建设工程或从事林业产业开发。在职工自愿的前提下，经旗县市政府批准，国有林场可将人工林资源评估作价后，面向社会进行承包、租赁、经营，所得收入，可用于缴纳职工养老保险或用于职工一次性安置。

15. 改革国有林业经营方式。坚持以林为本、生态优先、分类指导、可持续发展的原则，国有林场的森林、林木和林地，按国家生态公益林管理办法，在明确经营管护责任制的基础上，可以承包给林场职工个人经营，创建家庭生态林场或护林站，合理开发利用林木和林下资源，发展自营经济，加快绿化步伐；国有林场的宜林“三荒”短期内无力绿化的，可承包给职工种植多年生牧草、药材，搞产业开发，或提供给附近的部队、单位、个人和其他团体进行植树造林，所造林木归造林者所有。对自我生存和发展能力差、不具备办场条件国有林场，要在保证国有资产不流失、资源不破坏、职工妥善安置的基础上，改建成护林站。各级人民政府要将国营林场、苗圃扶贫工作纳入当地扶贫计划，加强基础设施建设，改善生产生活条件。

七、加强政策扶持，保障林业生态建设投资

16. 加大对林业生态建设的投入。各级政府要把林业生态建设、管理和重大的林业基础设施建设投资纳入地方财政预算，予以优先安排。对林业生态建设的重点工程，地方政府要保证规划设计、技术指导、检查验收等管理费用。农业综合开发、以工代赈等财政支农资金，要适当增加对林业生态建设的投入。加强重点林区和林业工程项目区的防火、病虫害防治工作，所需资金由地方政府负责从生态建设投资中安排。中央和自治区安排的各项林业生态建设费用，要按资金管理有关规定，做到专款专用。

17. 加强对林业建设的金融支持。金融机构要加大对林业生态建设的信贷支持。认真落实国家对林业治沙贷款实行长期限、低利息的信贷扶持政策，具体贷款期限可根据林业生态建设项目周期由银行和企业协商确定，政府视情况给予一定的财政贴息。积极推行林业职工、农牧户小额信用贷款和农牧户联保贷款方式，适当简化贷款手续。建立造林育林金融担保体系和风险防范体系，允许林业生产经营者依法以林木抵押申请银行贷款。

18. 大力支持非公有制林业发展。允许跨所有制、跨行业、跨地区经营，鼓励各种社会主体来我盟投资发展林业。各种社会团体、企业和个人取得宜林“三荒”使用权后，当地旗县人民政府按有关规定及时核发林权证，所造林木达到林业重点工程验收标准的，享受国家林业重点工程的相关政策待遇。在重点生态区位营造的生态公益林，符合国家标准的，享受生态公益林补偿政策，核发林权证。对造林合格面积达到1000亩以上的个体造林大户，当地人民政府应给予奖励。林业部门要做好规划设计、技术指导、资源监管等工作。

19. 减轻林业税费负担。国有林场、苗圃和职工个人兴办实体从事种植业、养殖业和农林产品初加工业所得，暂免征收所得税。国有林场、苗圃生产经营所得和其他所得免征所得税。苏木乡镇林业工作站开展林业有偿服务所得收入免征所得税和营业税。其它林业税费减免办法按自治区《决定》执行。

八、依靠科技进步，推进林业发展

20. 进一步强化林业生态建设的科技支撑力度。深化林业科技体制改革，完善人才使用和激励竞争机制，鼓励和支持盟内外林业科技人员开展有偿科技承包和技术咨询服务活动，允许科技人员按一定比例提取收益。加强林业科技领域的对外合作及人才引进与交流，对成果转化、技术推广等方面做出突出贡献的单位和个人给予奖励，对林业生态建设急需引进的科技人员要及时解决编制和相应待遇。结合全民素质工程，加强对林业职工培训，提高从业人员素质，培养一批学科带头人。

21. 围绕科技创新，建设精品工程。林业重点工程要全部采用先进适用技术，明确责任人，实行技术责任制。依托重点工程，在造林技术、建设模式、项目配套、双赢目标等方面搞好技术创新，建一批精品示范工程，发挥辐射带动作用。通过典型引路，促进全盟林业生态建设上规模、上档次、上水平。

九、坚持依法治林，保护林草植被和生态建设成果

22. 加强森林资源保护管理，巩固林业生态建设成果。认真贯彻执行国家、自治区有关法律、法规和规章，充实执法力量，提高执法效力。要强化执法监督，建立和实行执法责任制、错案追究制，完善举报制度，把林业行政执法监督工作制度化。

森林公安等执法部门，要充分发挥职能作用，依法严厉打击乱砍滥伐林木、乱垦滥占林地、乱捕滥猎野生动物、乱挖滥采野生植物的违法行为。对因工业建设和交通、矿业开发等必需占用林地的项目，要按有关规定办理相关手续。强化森林防火，落实社会各部门、各系统、各单位防火责任和义务，切实抓好森林火灾预防和扑救工作，巩固林业生态建设成果。森林防火基础设施设备建设由当地政府纳入国民经济发展规划和年度计划，预防和扑救经费列入财政预算。森林病虫害防治工作要认真落实“预防为主，综合治理”的方针，强化预测预报、检疫、防治网络体系建设，推行无公害防治，加强检疫执法，杜绝外来森林有害生物入侵、蔓延和传播。加强自然保护区建设，保持生物多样性。

十、加强领导，实行任期目标责任制

23. 切实加强对林业工作的领导。各级党委、政府要把林业生态建设摆在突出位置来抓，做到认识到位、责任到位、政策到位、工作到位。坚持并完善林业生态建设任期目标责任制。各级人民政府对本地区林业工作负总责，政府主要领导是林业生态建设的第一责任人，分管领导是主要责任人。各级人民政府定期向同级人民代表大会报告林业生态建设情况，并接受监督和评议。同时，各级领导要根据实际，抓好典型，树立样板，以点带面，整体推进林业工作。各级党委要林业生态建设责任目标列入领导干部实绩考核内容之中，将考核结果作为领导干部评价、选拔、任用、奖惩的重要依据。

24. 加强林业管理和服务体系建设。强化林业行政管理体系和推广服务体系，抓好资源监督、动态监测等保护、建设和管理工作，发挥好各级林业行政主管部门的职能作用。建立健全公益性林业事业机构。要进一步加强苏木乡镇林业工作站建设，配备精干人员，充分发挥政策宣传、资源保护、生产组织、科技推广和社会化服务等职能作用。

林业生态建设事关我盟经济社会可持续发展和国家生态安全大局，各级党委、政府和各部门，要从贯彻“三个代表”重要思想、推进全盟经济转型和促进经济社会全面发展的高度，广泛动员和组织全盟各族人民，加快林业生态建设步伐，为建成京北绿色生态屏障，早日实现全面建设小康社会的宏伟目标而努力奋斗。

锡林郭勒盟行政公署关于批转锡盟水利局关于加强水利工作的意见的通知

各旗县市(区)人民政府(管委会),行署有关委、办、局:

现将锡盟水利局(关于加强水利工作的意见)批转给你们,请结合实际,认真贯彻落实。

二〇〇五年十二月二十九日

关于加强水利工作的意见

(锡盟水利局 2005年12月25日)

水资源是基础性的自然资源、战略性的经济资源,是经济社会发展的命脉。水利是经济社会发展的重要基础设施和基础产业。加快经济转型,需要从战略高度审视水资源问题,需要立足全盟大局谋划水利发展。为优化配置水资源,推进水利事业发展,促进水资源可持续发展利用,努力开创"十一五"时期水利事业新局面,现就进一步加强全盟水利工作提出如下意见。

一、高度认识进一步加强水利工作的重要性和紧迫性

(一)水资源已成为制约我盟经济社会发展发展的首要问题。受地理位置、气候条件的影响,我盟干旱少雨,地表水系不发育,地下水资源不丰富且分布不均。最新评价结果表明,全盟水资源量为34.93亿m^3/年,其中地表水资源量9.08亿m^3/年,地下水资源量30.23亿m^3/年,地表水与地下水之间的重复量为4.38亿m^3/年。水资源可利用量19.70亿m^3/年,其中地表水可利用量3.99亿m^3/年,地下水可开采量16.34亿m^3/年。虽然人均可利用水资源量2095.6m^3,接近于全区人均水平(2360m^3),但全盟土地亩均占有水资源量仅11.61m^3,远低于自治区的平均水平(28.8m^3)。随着我盟经济社会的快速发展,资源性缺水和工程性缺水并存,水资源供需矛盾将日益突出。进一步加强水利工作,加快水利基础设施建设,科学合理配置水资源,实现水资源的可持续利用,已成为当前和今后一个时期全盟经济工作的重点。

（二）全盟经济转型对水利工作提出新的要求。随着全盟经济转型步伐加快，对水利工作提出了新的要求。农牧民实现全面建设小康社会，要求进一步改善饮水条件和生活条件。草原生态保护和建设，农牧业产业结构调整，实现“一转双赢”目标要求进一步夯实水利基础设施。加快资源优势向经济优势转化步伐，推进全盟经济转型，要求提供持续可靠的水利支撑与保障。

（三）水利基础设施薄弱，水资源供求矛盾日益突出，迫切要求加强水利工作。建国以来，我盟兴建了一批水利、水保、水电工程设施，初步形成了防洪、灌溉、供水、防治水土流失、发电、水产养殖等多功能的水利体系。这些水利设施，对保障人民生命财产安全，促进经济社会发展，发挥了巨大的作用。但是，由于诸多方面的原因，我盟水利工程防洪标准偏低。灌溉工程数量少，覆盖面小，抵御自然灾害的能力差。水利工程老化失修，一些工程效益不能很好的发挥。水利建设投入不足，水利基础设施建设薄弱。控制性工程和骨干型工程少，污水处理回用率低，工业项目供水功能弱、体系尚未健全。人畜饮水工程建设步伐不快、档次不高，安全饮水问题仍十分突出。社会节水意识不强，资源性缺水、工程性缺水并存。随着工业化和城镇化的快速推进，城镇生活用水和工业用水日益紧张等等。各级政府一定要把水利放在与能源、交通同等重要的位置，转变机制，优先发展，提高效益，壮大水利基础产业，更好地为国民经济和社会发展服务。

二、“十一五”期间全盟水利发展的指导思想、总体思路、发展目标和任务

（四）指导思想。当前和今后一个时期，要以科学发展观统领水利工作，树立人与自然和谐相处的理念，围绕全盟经济转型，坚持以人为本，以满足全盟经济社会发展需求和提高人民生活质量为出发点，立足于全盟水资源条件和水利发展实际，全面规划、统筹兼顾、标本兼治、综合治理、讲求效益，统筹流域、区域和城乡的水利发展，领导安排好生产、生活和生态用水。

（五）总体思路。一要强化对涉水事务的统一管理，深化水利改革，大力发展循环经济，不断提高水资源利用效率和效益，全面建设节水型社会。二要妥善处理好水利发展、水资源开发与生态保护的关系。三要走出传统水利发展的思维模式，树立服务整个经济社会和城市水利、工业水利、农牧业水利共同发展的新意识。四要努力实现由传统水利向现代水利和可持续水利发展转变，由单纯农牧业水利向全社会水利转变，由重建设轻管理向建管并重、效益第一转变，由粗放经营向集约经营转变，由工程管理向资源管理转变，由“管水”向“经营水”转变，以市场经济为载体，进一步放开搞活水利市场，促进水利事业多元化发展。

（六）发展目标

1. 人畜饮水工程建设

——农村牧区人畜饮水工程。我盟在“九五”和“十五”期间借助国家实施人畜饮水“380”工程和人畜饮水解困工程，极大的改善了农村牧区和部分乡镇饮水条件。但目前仍有30万人、714.57万头(只)牲畜饮水困难，24.9万人饮用水不符合国家卫生标准。2005年起国家启动“饮水安全工程”，在“十一五”期间重点解决高氟水、高砷水、苦咸水、污染水等饮用水质不达标以及局部地区饮用水供应严重不足问题。各地必须抓住这一机遇，因地制宜、科学合理规划建设项目，按照“先急后缓、先重后轻、突出重点、分步实施”的原则，努力从根本上解决我盟农村牧区饮水安全问题。工程建设要高标准、高质量、高效益、一步到位。有条件的地区要考虑集中供水和引进试验饮水、节灌相结合的自来水工程，以改善农牧民饮水条件，提高农牧民生活水平。同时要结合移民扩镇、苏木乡镇撤并，通盘考虑，长远规划，实现所有苏木乡镇所在地和生态移民村通自来水。

——城市及城镇供水。受水资源分布条件所限，目前我盟一些城市、城镇尚存在着水资源短缺，供水不足等问题。特别是随着城镇化战略的推进，水资源供求矛盾将会更加突出。要按照开源节流并重的原则，超前规划城镇用水会后备水源工程。要把饮水安全作为心系群众的一件大事认真抓好，逐步形成与城镇化发展相适应的供水体系，满足城镇经济社会发展的需要。

2. 节水灌溉

——农田灌溉。全盟现有耕地面积280万亩，其中水浇地仅为30万亩，占耕地面积的10.7%。水利是农业的命脉，要从根本上改善农业生产条件，促进农业增产、农民增收，必须依赖于农田水利化程度的提高。要按照发展避灾型农牧业的总体要求，立足于我盟农业基础设施薄弱、生产力水平低、抵御自然灾害能力差、水资源不丰富的实际，大力发展农田节灌工程。动员广大农民加强农田节水灌溉工程建设，进一步夯实农业生产基础，力争“十一五”期末实现人均1.5亩水浇地，水浇地面积累计达到45万亩。

——牧区饲草料灌溉。畜牧业是我盟的基础产业，也是牧民赖以生存和生活水平提高的主要产业。为发展避灾型畜牧业，实现牧民增收、全面建设小康社会的目标，解决饲草料有效供给是首要的问题。针对我盟地处干旱、半干旱地区的气候特点，解决饲草料有效供给的最佳途径，就是大力发展以水为中心的饲草料节水灌溉。今后一个时期，要继续依托生态建设项目，动员广大群众加强牧区饲草料灌溉工程建设，夯实畜牧业生产基础。各地可根据本地实际制定鼓励政策，力争“十一五”期末灌溉高产饲草料地面积累计达到90万亩，实现过冬畜均0.1亩的目标。

——农田、饲草料灌溉工程建设。今后新建工程要全部采用节水灌溉技术，要高标准、高起点、高效益，同时对旧有工程要逐步进行节水改造，以促进节水农牧业的发展。

——抗旱工作。紧紧围绕避灾型农牧业发展目标，始终坚持长期防旱抗旱的思想，扎实推进各项抗旱措施的实施，充分加强水利抗旱服务组织建设，努力提高抗旱队伍服务能力和旱情预测预报工作水平，最大限度地减轻因旱造成的农牧业生产损失。

3. 工业供水

紧紧围绕“工业强盟”战略和新型工业化发展的要求，立足于我盟水资源短缺的实际，优化科学配置地表水资源，使有限的水资源为我盟工业集群发展发挥出最大的效益。围绕锡林浩特地区工业项目开发，做好地表水、疏干水、中水利用规划，优化配置三水资源。锡林浩特能源化工基地，以锡林河水库、胜利煤田疏干水、城市中水水资源为支撑，可提供供水量 4600 万 m^3。上都能源化工基地、多伦能源化工基地，以多伦县地表水为支撑，采取大河口水库、西山湾水库和拟建燕子窝水库联合调度供水，可为发展工业提供供水量 8760 万 m^3，盟水利部门配合多伦县，抓好燕子窝水库建设。白音华能源化工基地，以高勒罕水库、白音华煤田疏干水为支撑，可为发展工业提供供水量 3141 万 m^3，盟水利部门配合西乌旗和项目业主单位，抓好高勒罕水库建设，并为白音华工业基地进一步发展，筹划好后备水源。乌拉盖能源化工基地，以乌拉盖水库为支撑，可为发展工业提供供水量 4650 万 m^3。乌珠穆沁金属冶炼和能源化工基地，以疏干水、乌拉盖水库为支撑，近期可为发展工业提供疏干水 400 万 m^3，远期可考虑由乌拉盖水库调水，积极推进引哈济锡工程。德力格尔能源化工基地，以查干淖尔为支撑，可为发展工业提供供水量 920 万 m^3。在做好以上大型工业集群项目水资源支撑保障工作的同时，其他工业园区和工业项目供水，要根据当地水资源情况，因地制宜进行规划开发，以满足需求。

要结合建设节水型社会和节水型工业，认真抓好节流工作。“十一五”期间万元 GDP 用水量力争由现在 $224m^3$，降至 $164m^3$ 以下。万元工业增加值用水量力争由现在 $135m^3$，降至 $128m^3$ 以下。工业水重复利用率力争由现在 30%，提高到 50% 以上。污水处理回用率力争由现在 10%，提高到 50% 以上。

4. 节水型社会建设

建设节水型社会，是解决水资源短缺问题的根本出路和有效措施。为有效缓解我盟水资源供求矛盾，要按照“建设资源节约型、环境友好型社会的可持续发展战略方针”，把节水工作贯穿于国民经济发展和群众生产生活的全过程，经济发展节水型产业，建设节水型城市和节水型社会，利用五年时间建设一批节水型城镇、企业、服务业、公益事业行业和农牧业，实现企业和农牧业节水达到自治区内先进地区水平。再利用 10 年时间，创建一大批节水型的城镇、乡村、企业和农牧业，农牧业节水要达到我国北方地区先进水平，重点工业行业达到国内先进用水水平，形成较为完备的节水管理体系、运行机制和监督保障体系，节水型社会建设取得显著成效，初步建立起节水型社会。

5. 水资源开发利用保护

以建设节水型社会为根本，实现地表水、地下水、天上水合理利用与配置。加强水资源调蓄和配置工程建设，协调好生活、生产和生态用水，逐步构建水资源总体和区域配置格局，提高水资源利用效率和效益。水资源保护和水环境治理要以恢复和改善水体功能为目标，以水源地保护为重点，逐步建立排污总量控制、定额管理、排污缴费、水质监测、超标预警、过量惩罚等水资源保护制度。大力发展循环经济，加大污水处理和再生利用力度，实现严格的地下水保护政策，加强地下水超采地区的综合治理，对于使用地下水的工业项目，要逐步封闭其自备水源井，促其充分利用中水和地表水。以建立节水防污型社会，实现水资源的可持续利用，保证社会经济的可持续发展为目标，以提高用水效率为核心，把水资源的节约、保护、合理配置放在突出的位置，促进资源与社会经济生态环境协调发展。

6. 水保生态建设与防洪减灾

——水保生态建设。我盟轻度以上的水土流失面积为 17. 23 万平方公里，其中风蚀面积 16. 7 万平方公里，水蚀面积 0. 53 万平方公里。目前全盟累计治理水土流失面积 200 平方公里，仅占轻度以上水土流失面积的 0. 3%，治理的任务相当艰巨。今后一个时期继续以生态建设项目为依托，进一步加快治理步伐，充分发挥生态自我修复能力，以预防保护和有效监督为主，工程措施、行政措施、技术措施、管理措施等相结合，坚决控制人为的新的水土流失现象。经过 5 年 ~10 年的治理，使我盟水土流失较严重区域得到有效治理，水土流失现象得到有效遏制，山洪灾害得到有效控制。

——防洪减灾。坚持以人为本，确保人民生命财产安全是防汛工作的首要目标和任务。要全面贯彻落实行政首长制和业务部门的技术责任制，坚持工程防御措施与非工程防御措施并重。力争城镇防洪工程标准达到 20 年 ~50 年一遇。有防洪任务的水库、堤防都要制定完善的防洪预案，重点山洪多发区建立起预测、预警机制，增强防御能力，减少山洪灾害损失。加强防汛部门自身建设，实现防汛工作正规化、规范化建设的目标，基本形成与小康社会要求相适应的综合防洪体系。

7. 水产工作

全盟有可利用淡水淖 51 个，水库 25 座，可养鱼水面 100. 7 万亩，且拥有鲫鱼、雅罗鱼、卤虫等优势地方水产品资源，具有得天独厚的绿色渔业资源优势。但由于各地对水产工作重视不够，投入不足等原因，水产、渔业资源开发利用程度较低，水产业经济发展缓慢，尚未形成具有一定实力的水产产业发展体系。为进一步加强我盟水产业发展，要认真贯彻渔业可持续发展战略，积极推进水产业经济体制和增长方式的转变。以水资源为依托，以市场需求为导向，以提高渔业经济整体效益为中心，因地制宜的走“优化结构，高质、高效，确保可持续发展”的发展路子，推进渔业结构调整，加强大水面渔业资源保护力度，不断挖掘无公害、绿色水产品生产潜力，大力引进推广名、特、优、新品种。加大围网、拦网、网箱“三网”养殖等集约化养殖力度。加大渔业“种子工程”基础设施建设。加强水产品市场体系和信息体系建设。

(七)发展目标和任务

——人畜饮水。解决30万人、100万头(只)牲畜饮水困难,其中解决24.9万人饮水安全问题(每年解决5万人~6万人),使饮用氟、砷严重超标水问题得到解决。

——农区水浇地。新增建设面积15万亩,年均新增3万亩。

——牧区灌溉饲草料地。新增建设面积40万亩,年均新增8万亩。

——水土保持生态环境治理。新增治理面积100万亩,年均新增20万亩。

——城镇防洪工程。锡市、多伦县、太旗、白旗、西乌旗5个城镇防洪工程标准由10年一遇提高至20年一遇或50年一遇。

——重点项目。西乌旗高勒罕水库建成交付使用。西苏旗乌兰敖包水库、多伦县燕子窝水库开工建设,并力争完工。推进引哈济锡工程,力争早日开工。

——水产品产量。“十一五”期末水产品产量达到年产2000吨,年均增长3%,其中水产品养殖产量达到1200吨,占水产品总产量的60%。名、特、优、新水产品产量达到500吨,卤虫产量稳定在15吨左右,池沼公鱼产量稳定在300吨左右。

三、加强水利工作的保障措施

(八)进一步深化水利改革。一是推进城乡水务一体化管理。水资源统一管理是节水型社会建设的体制保证,必须深化水资源管理体制改革,建立符合自然规律和经济社会发展规律的水资源统一管理体制。盟旗两级水利部门统一更名为水务局,实现城乡涉水事务由水行政主管部门统一管理,以利于水利事业的健康发展。二是建立适应社会主义市场经济的水管理体制。按照管好资源权,放开建设权,搞活经营权,打破常规,放开水利市场,引进市场机制,加大水利招商引资力度,拓宽投融资渠道,形成全民建水利的高潮。三是推进水利国有资产管理体制改革,通过水利产权制度改革,盘活水利固定资产,增加水利建设投入,切实解决“国家想办无钱办,群众要办无力办”的难题。四是深化水利建设管理体制改革。完善“三项制度”(项目法人责任制、建设监理制、招投标管理制),强化质量安全管理,规范建设行为,确保工程质量和投资效益。五是加快水利投融资体制改革。形成以公共财政为主渠道的水利投资体制,同时积极探索市场经济条件下的水利国有资产运营管理、资本运作和投融资管理的新机制。六是积极推进水价改革。建立科学的水价形成机制,制定有利于促进节约用水和水资源持续利用的良性运行价格体系,用经济手段制约浪费水资源的现象。

(九)坚持依法治水、强化管理。要全面贯彻(水法)、(水土保持法)、(防洪法)、(渔业法)、(行政许可法),依法加强对水资源的统一管理和水土保持预防监督,实现依法治水、管水、管渔。增强全社会的水法制观念,抓好水法规学习宣传,按照加强宏观调控、依法行政、有效监督的要求,全面推进水法规的贯彻实施。强化水利执法力度,规范水事行为。加强水利执法规范化建设，提高执法人员素质，建立一支高效、公正、廉洁的水利执法队伍，依法保障水利事业健康有序的发展。

（十）进一步加大水利建设投入。各地应充分发动和依靠广大群众。按照“谁投资、谁建设、谁受益、谁管理”和“全社会办水利”的原则，多渠道筹措水利建设资金。要积极争取用好人畜饮水安全工程、节水灌溉示范项目、京津风沙源治理水利项目、水利建设基金和水利建设贷款等水利投资。各旗县市区的扶贫、以工代赈、生态项目建设、农业综合开发、草原示范等项目资金也应向水利建设方面予以一定的倾斜。同时，要积极开展招商引资，鼓励单位、个人按照水利规划要求独资、合资、合作兴办水利工程。

（十一）广泛宣传动员全社会力量。要通过开展缺水形势和节水意义的宣传，节水法律法规及有关政策的宣传，节水型社会建设重要意义和内容、措施的宣传，节水知识、节水经验和节水典型的宣传，提高全社会的节水意识和水资源忧患意识，增强加强水利建设的紧迫感、责任感，使广大群众积极投身于节水型城市、节水型工业、节水型农业、节水型服务业建设和加强水利基础设施建设。要继续广泛动员农牧民群众，进一步加强农田草牧场水利基础设施建设，提高农牧业生产力水平。

（十二）加强组织领导。各级政府和相关部门，要充分认识到加强水利建设对我盟经济社会发展的重要性，进一步加强对水利建设工作的组织领导，把水利工作作为各级政府的一项重要工作。农田草牧场水利、水保生态建设和防汛抗旱工作要实行领导干部和业务部门分片包干，指导到户，责任到人的组织体系，建立严格的目标责任制。工业供水项目和节水型社会建设，要实行主要领导亲自抓，分管领导具体抓，分级分部门负责和领导包项目，责任到人的措施，全力推进。

二、市级文件

锡林浩特市人民政府办公室
关于印发锡林浩特市集体林权制度
改革实施方案的通知

各苏木镇人民政府、市直有关单位：

现将市林水局制定的《锡林浩特市集体林权制度改革实施方案》印发给你们，请认真贯彻落实。

二〇〇九年七月六日

锡林浩特市集体林权制度改革实施方案

为认真贯彻落实《中共中央国务院关于全面推进集体林权制度改革的意见》（中发）[2008]10号）和《内蒙古自治区党委政府关于深化集体林权制度改革的意见》（内党发[2008]16号）精神，为扎实稳妥地推进我市集体林权制度改革工作，根据《锡林郭勒盟集体林权制度改革实施方案》结合我市实际，制定本实施意见。

一、指导思想、基本原则和总体目标

（一）指导思想

全面贯彻党的十七届三中全会精神，以科学发展观为指导，围绕改善生态环境、发挥林业生态防护功能，不断创新集体林业经营的体制机制，依法明晰产权、放活经营权、落实处置权、保障受益权，进一步解放和发展林业生产力，为建设生态文明和构建我国北方重要生态屏障作出贡献。

（二）基本原则

坚持农村牧区土地草牧场基本经营制度不变，确保农牧民平等享有集体林地和林木承包经营权；坚持统筹兼顾，确保农牧民得实惠、生态受保护；坚持尊重农牧民意愿，自主选择改革的形式和方法;保证群众的知情权、参与权、决策权和监督权,做到公开、公平、公正,办法、程序、内容、结果四公开;坚持因地制宜,分类指导,分区施策的原则,确保改革符合当地森林资源状况和经济发展水平实际情况;坚持依法规范,确保政策的稳定性和连续性;坚持积极稳妥,实事求是,扎实有序,逐步推进,务求实效的原则。

(三)总体目标

利用4年时间,基本完成明晰集体林产权和承包到户的改革任务。在此基础上,逐步建立起产权归属明晰、经营主体到位、责权划分明确、利益保障严格、流转顺畅规范、监管服务有效的集体林业经营新机制,实现资源增长、生态改善、农牧民增收、生态与经济社会和谐发展的目标。

二、工作时间及工作流程

(一)工作时间

从2009年3月开始至2012年6月结束。

(二)工作流程

成立工作机构——组织培训(开展市、苏木镇、嘎查三级培训)——宣传发动——摸底调查(了解牧户人口状况;第一榜公示)——制定方案(包括市、苏木镇、嘎查三级方案,其中嘎查方案必须经本嘎查三分之二以上村民或三分之二以上村民代表讨论同意)——组织实施(组织林权相关权利人、勾图技术员、填表员到实地确定四至界线,第二榜公示,签订合同;林权权利人申请发证;审核;输入微机;第三榜公示;颁证;建档)——检查督促——总结自查、迎接上级验收。

三、主要任务与程序

(一)明晰产权

在保持林地用途不变的前提下,进一步明确明晰集体林地的使用权和林木所有权,落实和完善以家庭承包为主体、多种形式并存的集体林业经营机制,确立农牧民的经营主体地位,依法维护农牧民承包的权利。林地的承包经营期限为70年。承包期内允许继承,承包期届满,可以由林地承包经营权人按照国家有关规定继续承包。林地承包经营涉及地上林木的,要结合林木状况和当地实际,把林木纳入林地承包程序同步操作。根据不同生态状况和林业资源条件,坚持分类指导,分区施策,因地制宜地确定林权制度改革范围、改革重点,探索符合当地实际情况的改革方式。无论采取何种形式,都要召开嘎查牧民会议,经2/3以上嘎查牧民同意,并依法签订或完善林地承包合同(合同式样由自治区统一制定)。

——尚未确权到户的集体林地、林木原则上应明确到户,可直接分包到户或自由组合联户承包经营。对于已经随草场划分到户的牧区集体林地、林木,要维持现有承包关系不变,完善林地、林木承包合同,按已划定的界限将林地使用权和林木所有权落实到户。

集体统一经营的宜林地，原则上都要划分到户，谁造谁有，自主经营。已随草场划分到户的宜林地，要维持现有承包关系不变。同时调整变更现有土地使用用途，换发林权证。变更后可暂维持现有土地使用方式不变，待实施国家和地方林业建设项目后，按林业项目要求进行管理。

——沙源工程林业生态项目区。集体统一经营的林业项目区，要根据本集体经济组织成员的意愿，确定适当的承包经营方式；生态脆弱地区的林业项目区，要以股份合作或集体统一经营的方式进行改革。在农牧民承包经营的草场内实施的林业工程项目，承包关系不变，完善林地、林木承包经营合同，换发林权证，由农牧户负责管理管护。无论采取何种经营方式，都要有利于项目区治理成果的巩固和生态效益的持续稳定发挥。

——已承包到户和流转的集体林地和林木，要进一步稳定和完善承包关系。对以家庭承包方式承包到户的，上一轮承包到期后，可直接续包，并完善承包手续。对以其它方式承包或通过公开招标、拍卖、公开协商等方式有偿流转的，凡符合法律规定，合同规范，要予以维护。对承包或流转合同不规范的，本集体经济组织成员多数没有意见且合同双方愿意继续履行合同的，要在协商的基础上予以完善合同。对程序不合法、合同权利义务不对等、明显不合理，严重侵害集体和村民利益，群众反映强烈，双方协商不成的，或承包方没有履行合同的，可依法调整或终止原合同或通过司法程序妥善处理。

（二）放活经营权

实行公益林、商品林分类经营管理。对公益林，在保障生态功能的前提下，允许依法合理开发利用林地资源，开发林下种养业，利用森林景观发展森林旅游业等。公益林只能进行抚育和更新性质的采伐，对长势衰退的灌木公益林可有计划地进行平茬复壮。商品林我市不涉及。

（三）落实处置权

产权明晰后，按照依法、自愿、有偿、规范的原则，林地承包经营权人在承包期内可通过转包、出租、互换、转让等多种方式流转林地使用权和林木所有权。流转期限不得超过承包期的剩余期限，流转后不得改变林地用途。流转双方当事人凭合法有效的林权证和其他相关材料，依法签订书面流转合同。未取得林权证已经合理流转的，只要权属清晰，可以凭林权登记申请和流转等相关材料，经依法审查合格后，按规定程序办理林权登记，核发林权证。以转包、出租、互换或者其他方式进行流转的，应当报发包方备案；以转让方式进行流转的，应当经发包方同意。所有的林木流转后必须到市林水局备案登记，进行权属变更，换发林权证，以保障所有者和使用者的合法权益。

集体统一经营管理的林地和林木需要流转的，其流转方式、流转基价、流转收益的使用和分配等应在本集体经济组织内提前公示，依法经本集体经济组织成员同意后，报苏木镇人民政府批准，其流转的有关合同应当报市林水局备案，并办理林权变更登记手续。

(四)保障收益权

农牧户承包经营林地的收益，一律归农牧户所有。集体林流转的收益应纳入集体财务管理，主要用于本集体经济组织内部成员分配和公益事业。征收集体所有的林地，用地单位要依照有关规定足额支付林地补偿费、林木补偿费、安置补助费和地上附着物补偿费，安排被征收林地农牧民的社会保障费用。经政府划定为公益林的集体林，已承包到农牧户，森林生态效益补偿费要落实到农牧户。集体宜林地落实经营主体后，可按照林业发展规划纳入国家重点林业工程和地方造林绿化工程项目。依法制止和查处乱收费、乱摊派行为，减轻农牧户负担，切实保障承包经营者的收益权。

四、工作步骤

(一)准备阶段(2009 年 3 月至 2009 年 9 月)

1. 组建机构：成立市林改领导小组，领导小组组长由市委书记担任，副组长由市长、分管副书记、分管副市长担任，成员由相关部门领导、各苏木镇领导组成。领导小组下设办公室，办公室设在市林水局，林水局局长任办公室主任。

2. 搞好宣传培训：集体林权制度改革政策性强，涉及千家万户农牧民的切身利益，要把宣传发动作为第一道工序，贯穿集体林权制度改革工作的始终。制定宣传、培训计划，通过集中培训、以会代训、现场培训等方式组织林改办工作人员及各苏木镇、嘎查党政主要领导参加市、苏木镇、嘎查的林改培训，自上而下、逐级开展培训。使领导干部、林改工作人员以及牧区基层干部、农牧民掌握有关的政策法规、改革方法和操作程序，为保质保量完成林改工作奠定扎实的基础。

充分利用广播电视、报纸杂志、网站、标语、广告、宣传栏、明白纸等多种方式，大力宣传国家、自治区有关法律法规，把改革的政策、方法和步骤交给群众，使广大群众了解改革，支持改革，参与改革。要逐级召开集体林权制度改革动员大会，对本地区集体林权制度改革工作进行动员部署。

3. 确定试点。根据全市不同自然社会经济类型，选择有代表性的宝力根苏木乌力吉德力格尔嘎查，先行试点，以点带面，整体推进。

4. 制定方案。首先收集有关资料，认真组织开展调查研究，全面摸清集体林的基本情况和经营管理状况，广泛了解农牧民群众对集体林权制度改革的想法和意愿。在调查摸底、资料收集、情况分析的基础上，针对不同地域、不同经济社会条件、不同森林资源状况，研究制定科学的集体林权制度改革工作方案。

在摸底调查中，弄清四个方面的状况，即收集相关林权状况第一手资料：一是资源状况；二是林权状况；三是经济收入现状；四是林业管理现状。组织群众上山踏界，准确掌握情况，摸清群众意愿，及时化解纠纷。

市林改工作组深入到各嘎查，根据各嘎查林权状况，拟定林改方案，召开嘎查牧民大会或牧民代表大会通过林改方案及工作流程，按照审批权限，报市人民政府审批，再报上级林改办备案。

在制定方案前，要完成集体宜林地的确认。由于历史原因，存在集体宜林地权属不清、地块大部分已随草牧场承包到户等问题。要依据区划、林业发展规划和二类调查、公益林区划界定结果，由苏木镇集体林权制度改革办公室协助嘎查委员会落实全部集体宜林地块后，报市政府批准，并及时核发林权证。

（二）主体改革阶段（2009 年 10 月至 2012 年 6 月）

2010 年 6 月底前，抓 1 个试点，规范已承包到户和流转的林地、林木承包关系。2010 年 7 月至 2012 年 6 月，进行主体改革，积极稳妥地推进公益林、公益林宜林地改革。主体改革内容包括：

1. 成立嘎查级集体林权制度改革工作小组。工作小组经本集体经济组织成员的嘎查委员会议选举产生。成员应由嘎查支部书记、嘎查委员会主任、嘎查牧民小组长和一定比例的嘎查牧民代表组成。

2. 评估集体林资源资产。成立由嘎查牧民代表、集体林权制度改革工作小组成员、林业专业技术人员参加的资产评估小组，对即将承包或拍卖的林地质量、林木蓄积量、经济价值等进行调查，做出合理的价值评估，为制定承包方案提供依据。

3. 制定嘎查集体林权制度改革承包方案。集体林权制度改革工作小组依据法律、法规的规定和资源资产评估小组建议，拟定既符合有关政策和当地实际，又符合村情民意的承包方案，经嘎查牧民充分讨论，嘎查牧民大会表决通过后，报苏木镇政府审核批准实施，并报市集体林权制度改革办公室备案。

4. 实地勘界。按林权登记内容，深入到改革第一线，指导、协助嘎查委员会和嘎查林改小组共同勘界确权，做到四至清楚，权属明确，确保质量，张榜公布，不留隐患。

5. 签订合同。产权落实后，所有经营承包都要由嘎查委员会与农牧户签订（换签、补签）林地承包合同书，明确承包期限。落实造林绿化、保护管理、森林防火、病虫害防治的责任，并将权属落实情况造册，连同合同书一并报苏木镇初审，经市集体林权制度改革领导小组审核后进行林权登记，由市政府换发、核发林权证。

6. 登记发证。登记的具体操作方法，包括申请、受理、公示、登记等，按照国家林业局《林木和林地权属登记管理办法》规定的程序办理。林权登记图、表、册按照国家规定的统一样式和要求填写，确保登记内容齐全规范，数据准确无误，图、表、册一致，人、地、证相符。对权属不清或纠纷尚未解决的，不得发放《林权证》。因流转或其它原因造成林权变化的,应当进行变更登记或换发《林权证》。核发《林权证》后,对原有的权属证书要依法变更或注销,确保一地一证。完成新(换)发《林权证》的地方,要求今后从事林业活动均凭新证办理。

7. 处理林权争议。按照属地管理、分级负责的要求,本着尊重历史、尊重事实、互让互谅、依法依规的原则,由各级政府调处。各级林权管理机构按照《森林法》和国家林业局《林木林地权属争议处理办法》的规定,具体承办林权争议仲裁、纠纷调处事宜。

8. 建立档案。按照国家林业局、国家档案局《关于加强集体林权改革档案管理工作的意见》要求,建立林权档案,规范档案管理工作。

五、认真组织检查验收

市政府在林改工作实施过程中开展阶段性检查验收,在主体改革结束时进行全面检查验收。

(一)检查验收方法

建立苏木镇自查、市复查的检查验收制度。

苏木镇自查。由各苏木镇组织,抽调工作人员组成检查验收组,对本苏木镇林改工作实施情况进行全面检查验收,并提出自查报告。

市级复查。由市政府组织,抽调有关部门工作人员组成检查验收组,对全市林改工作实施情况进行全面检查验收,并提出检查验收报告,上报盟林改办。

(二)检查验收内容

1. 组织实施情况。主要包括各苏木镇成立林改领导小组及办公室情况,开展培训和政策宣传的情况。

2. 方案制定情况。主要是各苏木镇、嘎查林改工作方案、集体经济组织林改承包方案的制定情况。

3. 实地勘界情况。主要包括实地勘测林地面积和四至界线是否准确,资料是否完整准确,林权公告资料是否齐全等。

4. 承包合同签订情况。主要包括承包到户情况;承包经营合同是否依法签订;合同内容是否依法规范完整等。

5. 林权证核发情况。主要包括林权证发放数量;林权登记程序是否合法;林权证相关内容填写是否准确并符合政策规定;人、地、证、图、表、册是否相符等。

6. 林权纠纷调处情况。主要包括建立纠纷调处机制情况;林权纠纷发生案件件数、面积和已调处纠纷发生案件件数、面积情况等。

7. 档案管理情况。主要是林权档案建立和管理是否按照国家要求执行的情况等。

8. 群众满意情况。主要是改革政策、程序、内容、方法、结果公开情况;牧民群众对改革政策的理解与参与情况;牧民满意度情况;牧民群众造林、育林、护林的积极性是否提高等。

(三)总结表彰

检查验收结束后,对林改工作进行全面总结,及时查漏补缺,完善各项工作。对在林改工作中表现突出的单位、个人给予表彰奖励。

六、保障措施

(一)强化目标责任。市、苏木、嘎查要逐级签订林改责任状,层层分解任务,实行目标管理。把林改确权到户率、林权纠纷调处率、林权发证率、群众满意率列入苏木镇党委、政府考核的主要指标。要落实工作人员责任制,建立责任跟踪和过错追究制度。

(二)加强工作力量。林改工作政策性、技术性、社会性很强,市林改办在林业系统内抽调政治思想过硬、业务能力强、工作认真扎实的同志组建工作队伍。各苏木镇也要组成4—5人的工作队伍。

(三)保障工作经费。林改工作涉及面广,任务繁重。外业勘界、图、表、卡、公示、登记、建档、会议、宣传、培训、印制材料、设备设施购置、交通、通讯等必要的经费,按中央和自治区《意见》要求,由财政列入预算,工作经费0.4元/亩。

(四)强化业务指导。为切实搞好林改工作,精心选择试点嘎查,先行试点,再全面推开。并层层开展业务政策培训,对市林改办工作人员、苏木镇林改工作人员以及嘎查领导进行逐级培训。编制下发系列指导手册,为林改提供政策法律、操作程序、林权管理等全方位的指导材料。

(五)做好统计调度。建立统计调度工作责任制。市林改办确定一名专职工作人员,各苏木镇确定一名兼(专)职工作人员,按时上报林改的基本情况、进展程度、改革成效等各项统计信息,保证统计上报数据的客观、真实、有效。

三、锡林浩特市林业水利局及所属单位职工花名册

锡林浩特市林业水利局2016年度在职人员花名册

附录表－1

序号	姓名	性别	民族	出生年月	参加工作时间	政治面貌	学历					职务	任职时间	备注
							基础学历	最高学历	毕业时间	毕业院校	专业			
1	杜赞炯	男	汉族	1964.10	1987.09	党员	中专	研究生	2012.01	中央党校函授学院	经济管理	党组书记局长	2013.03任局长 2016.07任书记	公务员
2	阿拉塔乌拉	男	蒙古族	1966.04	1986.08	党员	中专	大学	2003.09	内蒙古师范大学	行政管理	纪委书记	2015.04	公务员
3	洪立国	男	蒙古族	1972.10	1999.12	党员	大学	研究生	2009.07	内蒙古大学	环境工程	副局长(湿地办主任)	2016.04	公务员
4	刚宝力道	男	蒙古族	1971.01	1991.07	党员	中专	大学	2000.07	内蒙古大学	语言文学	机关党委书记副局长	2016.04	公务员
5	王小红	女	蒙古族	1975.04	1997.03	党员	大专	大学	2002.07	北京工业大学	水利水电工程	党委委员副局长	2014.09	公务员
6	张炳青	男	汉族	1961.01	1983.08	党员	大学	研究生	1983.07	内蒙古农业大学	林学	正科	2004.10	公务员
7	额尔登巴特	男	蒙古族	1963.05	1982.12	党员	大专	-	1982.07	内蒙古蒙文专科学校	编译	副处级职级	2015.01	公务员
8	张春玲	女	汉族	1968.03	1991.07	群众	中专	大学	2001.06	中央党校函授学院	经济管理	副主任科员财会科长	2011.07	公务员
9	刘志强	男	蒙古族	1967.01	1986.11	党员	高中	大学	2007.01	内蒙古农业大学	水土保持与荒漠化防治	副科级职级工会主席	2012.11	公务员
10	王宗海	男	汉族	1962.08	1982.05	党员	中技	大学	2007.01	内蒙古农业大学	水土保持与荒漠化防治	副科级职级宣传科长	2015.03	公务员

续表

序号	姓名	性别	民族	出生年月	参加工作时间	政治面貌	学历					职务	任职时间	备注
							基础学历	最高学历	毕业时间	毕业院校	专业			
11	袁玉梅	女	汉族	1965.11	1985.10	群众	中技	大专	2002.06	内蒙古师范大学	汉语言文学	副科级职级宣传科长	2015.01	公务员
12	邱文昊	女	蒙古族	1992.03	2016.10	团员	大学	本科	2015.07	内蒙古农业大学	水文与水资源工程	水建科科员	2016.10	公务员
13	薛志萍	女	汉族	1963.03	1981.08	群众	中专	大专	2002.07	内蒙古大学	行政管理	副主任科员财会出纳	2011.07	公务员
14	鄂云鹰	男	达斡尔族	1957.10	1974.08	党员	高中	大专	1990.07	北京联合大学经济管理学院	经济管理	主任科员	2008.03	公务员
15	康爱民	男	汉族	1957.08	1974.07	党员	中专	大学	1998.12	中央党校函授学院	党政管理	主任科员	2010.02	公务员
16	贺立夫	男	汉族	1991.02	2016.03	团员	大学	本科	2014.06	内蒙古大学	新闻学	办公室秘书	2016.03	工勤
17	侯英帅	男	汉族	1987.07	2010.06	党员	大学	研究生	2010.06	内蒙古党校	经济管理	水建科科员	2010.06	人才储备

锡林浩特市公益林管理站2016年度在职职工花名册

附录表－2

序号	姓　名	性别	民　族	出生年月	政治面貌	入党时间	职　务	职　级	身份类别	备　注
1	牛俊颖	男	汉　族	1963.09	群众	–	站　长	股　级	事业	–
2	席　政	男	汉　族	1966.09	群众	–	副站长	–	事业	–
3	刘振玉	男	汉　族	1970.01	党员	2010.6.10	副站长	–	事业	–
4	孙青玉	男	汉　族	1970.01	群众	–	–	–	事业	–
5	智　学	男	蒙古族	1970.08	群众	–	–	–	事业	–
6	宝日图布沁	男	蒙古族	1986.01	群众	–	–	–	人才储备	–
7	李景梅	女	汉　族	1968.12	群众	–	–	–	事业	–
8	白金锁	男	蒙古族	1969.01	群众	–	–	–	事业	–
9	王金铭	女	满　族	1973.02	群众	–	–	–	事业	–
10	许丽萍	女	汉　族	1975.04	群众	–	–	–	事业	–
11	田玉香	女	汉　族	1972.02	群众	–	–	–	事业	–
12	王丽娟	女	汉　族	1971.09	党员	2004.6.23	副站长	–	事业	借调局机关
13	张海涛	女	汉　族	1979.12	群众	–	–	–	公益岗	–
14	郭建刚	男	汉　族	1976.12	群众	–	–	–	公益岗	–
15	张　伟	男	汉　族	1975.04	群众	–	–	–	公益岗	–
16	董国臣	男	汉　族	1978.09	群众	–	–	–	公益岗	–
17	王海荣	女	汉　族	1980.06	群众	–	–	–	公益岗	–
18	王曙明	男	汉　族	1971.07	群众	–	–	–	公益岗	–

续表

序号	姓　名	性别	民　族	出生年月	政治面貌	入党时间	职　务	职　级	身份类别	备　注
19	艳　红	女	蒙古族	1977.01	党员	2017.6.22	–	–	公益岗	–
20	郭金龙	男	汉　族	1971.05	群众	–	–	–	公益岗	–
21	宫俊荣	女	汉　族	1978.1	群众	–	–	–	公益岗	–
22	赵世民	男	汉　族	1982.05	群众	–	–	–	公益岗	–
23	张文纲	男	汉　族	1976.1	群众	–	–	–	公益岗	–
24	高有珍	女	汉　族	1976.05	群众	–	–	–	公益岗	–
25	朱文龙	男	汉　族	1972.02	群众	–	–	–	公益岗	–
26	刘晓霞	女	汉　族	1978.05	群众	–	–	–	公益岗	–
27	苏海红	女	汉　族	1980.01	群众	–	–	–	公益岗	–
28	高尚荣	女	汉　族	1977.12	群众	–	–	–	公益岗	–
29	李小兵	男	汉　族	1979.02	群众	–	–	–	公益岗	–
30	赵桂琴	女	汉　族	1975.07	群众	–	–	–	公益岗	–
31	王丽萍	女	汉　族	1979.05	群众	–	–	–	公益岗	–
32	闫志利	男	汉　族	1980.01	群众	–	–	–	公益岗	–
33	张荣霞	女	汉　族	1973.07	群众	–	–	–	公益岗	借调湿地办公室
34	杨春霞	女	汉　族	1980.11	群众	–	–	–	公益岗	借调小狐山
35	赵智国	男	汉　族	1978.08	群众	–	–	–	公益岗	–

锡林浩特市林业工作站2016年度在职人员花名册

附录表－3

序号	姓　名	性别	民　族	政治面貌	入党时间	出生日期	参加工作时　间	学历	毕业院校及专业	毕业时间	职　称	到单位时　间	聘任时间
1	刘洪波	男	汉　族	党员	1995.06	1968.06	1985.08	本科	内蒙古农大水土保持与荒漠化防治	2005.07	副　高	1987.11	2007.9
2	杨文华	女	汉　族	党员	2000.04	1962.12	1985.08	本科	内蒙古农业大学　林学	2001.07	副　高	1985.08	2011.02
3	候树军	男	汉　族	党员	2002.10	1972.09	1991.10	本科	内蒙古农大水土保持与荒漠化防治	2005.07	工程师	1991.10	2007.01
4	张丽琴	女	汉　族	－	－	1974.12	2000.05	本科	内蒙古农大　森保	1999.07	工程师	2000.05	2009.01
5	段建平	男	汉　族	－	－	1969.05	1989.09	本科	东北农业大学　园林	2016.07	工程师	1989.09	2007.01
6	罗长山	男	蒙古族	－	－	1974.10	1996.05	本科	内蒙古农大水土保持与荒漠化防治	2007.01	工程师	1996.05	2012.07
7	哈斯夫	男	蒙古族	党员	2001.07	1975.10	1996.11	本科	东北农业大学　园林	2016.07	助　工	2002.3	2012.07
8	丁志强	男	汉　族	－	－	1958.08	1975.11	初中	－	－	高级技师	1984.06	2004.12
9	耿　成	男	汉　族	党员	2005.12	1966.12	1990.11	本科	中央民族大学　法学	2009.07	高级技师	1990.11	2007.12
10	乌恩其	男	蒙古族	－	－	1959.10	1981.09	初中	－	－	高级技师	1984.03	2004.12
11	薛建军	男	汉　族	－	－	1970.05	1986.12	大专	内蒙古农业大学　林学	2005.06	高级技师	1986.12	2011.01
12	潘　毕	男	汉　族	－	－	1961.07	1989.06	初中	－	－	高级技师	1989.06	2011.01

续表

序号	姓 名	性别	民 族	政治面貌	入党时间	出生日期	参加工作时 间	学历	毕业院校及专业	毕业时间	职 称	到单位时 间	聘任时间
13	许勇君	女	汉 族	-	-	1973.09	1995.03	本科	内蒙古农业大学 农学	2007.12	高级技师	1995.03	2011.01
14	额尔登高娃	女	蒙古族	-	-	1967.07	1986.03	初中	-	-	高级技师	1986.03	2016.01
15	耿晓萍	女	汉 族	-	-	1980.02	1998.05	本科	内蒙古农业大学 农林经济管理学	2010.07	技 师	1998.05	2011.01
16	高建江	男	汉 族	-	-	1960.02	1979.12	高中	-	-	高级工	1981.12	1994.12
17	赵国庆	男	回 族	-	-	1960.05	1979.12	高中	-	-	技 师	1984.03	2016.01
18	莫 军	男	汉 族	-	-	1972.01	1990.12	大专	东北农业大学园林	2016.07	高级工	1997.07	2011.01
19	乔 军	男	汉 族	党员	1999.05	1975.03	2000.09	本科	内蒙古农业大学 林学	2016.07	高级工	2000.09	2011.01
20	张 伟	男	汉 族	党员	1997.09	1976.09	1994.12	本科	中央民族大学 法学	2009.07	高级工	1999.12	2011.01
21	王保梅	女	汉 族	-	-	1977.09	1998.12	大专	内蒙古农业大学 林学	2012.07	中级工	2004.04	2007.11
22	苏布道	女	蒙古族	-	-	1970.08	1992.10	初中	-	-	中级工	1992.10	2001.12
23	宫金双	男	蒙古族	-	-	1973.04	1990.12	初中	-	-	-	2003.07	-
24	张秀荣	女	蒙古族	-	-	1983.04	2008.12	本科	沈阳农业大学 林学	2013.07	-	2008.12	人才招聘
25	冯宇琨	男	汉 族	-	-	1989.04	2013.01	大专	吉林大学 人力资源管理	2017.01	-	2013.01	人才招聘

锡林浩特市国有林场2016年度在职人员花名册

附录表－4

序号	姓　名	性别	民　族	职　务	岗　位	政治面貌	学历				进入本单位时　间	备　注
							基础学历	最高学历	毕业时间	毕业院校及专业		
1	徐　芳	女	汉　族	场长	高级工程师	党员	中专	函授本科	2005.7	内蒙古农大　水土保持与荒漠化防治	2011年2月	–
2	张　端	男	汉　族	副场长	高级技师	群众	初中	初中	–	–	2011年2月	–
3	张庆华	男	汉　族	高级技师	高级技师	党员	高中	高中	–	–	2011年2月	–
4	周东亮	男	汉　族	劳资	副主任科员	群众	高中	函授专科	2005.8	中央农业广播电视学校　农业经济与管理	2011年2月	–
5	满　达	男	蒙古族	工会主席	工程师	党员	高中	函授本科	2015.7	沈阳农业大学　林学	2011年2月	–
6	孙想迪	男	汉　族	办公室职员	公益性岗位	党员	高中	函授本科	2018.7	四川农业大学　林学	2014年3月	–
7	张　勇	男	蒙古族	党务	公益性岗位	党员	高中	函授专科	2018.1	锡林郭勒职业学院行政管理	2014年3月	–
8	朱　江	男	汉　族	项目部职员	公益性岗位	党员	高中	函授本科	2015.7	中央广播电视大学法学	2014年3月	从林场借调到局里
9	张方舟	男	蒙古族	办公室职员	公益性岗位	群众	高中	函授本科	2016.7	大连理工大学　工商管理	2014年8月	从林场借调到局里
10	李森杰	男	汉　族	档案员	公益性岗位	党员	高中	函授专科	2011.7	锡林郭勒职业学院热能动力设备与应用	2014年3月	–
11	乔　龙	男	汉　族	管护员	公益性岗位	群众	高中	函授专科	201107	锡林郭勒职业学院热能动力设备与应用	2014年3月	–

续表 1

序号	姓　名	性别	民　族	职　务	岗　位	政治面貌	学　历				进入本单位时　间	备　注
							基础学历	最高学历	毕业时间	毕业院校及专业		
12	高泽云	男	汉　族	管护员	公益性岗位	党员	高中	高中	-	-	2014 年 3 月	-
13	吴志刚	男	汉　族	管护员	公益性岗位	党员	高中	函授专科	1999.7	中央广播电视大学 法律	2014 年 3 月	-
14	张云景	男	汉　族	管护员	公益性岗位	党员	高中	高中	-	-	2014 年 3 月	-
15	姚志刚	男	汉　族	管护员	公益性岗位	党员	高中	函授专科	2018.7	四川农业大学　林业技术	2014 年 8 月	-
16	张书刚	男	汉　族	管护员	公益性岗位	党员	高中	函授本科	2009.7	中央民族大学　法学	2014 年 3 月	-
17	赵志戈	男	汉　族	管护员	公益性岗位	群众	高中	高中	-	-	2014 年 8 月	-
18	高冠群	男	蒙古族	管护员	公益性岗位	党员	高中	函授专科	2014.1	中央广播电视大学 行政管理	2014 年 3 月	-
19	宋智杰	男	汉　族	管护员	公益性岗位	群众	高中	函授本科	2016.7	长春工业大学　采矿工程	2014 年 3 月	-
20	付玉庆	男	汉　族	管护员	公益性岗位	群众	高中	函授专科	2018.7	四川农业大学　林业技术	2014 年 3 月	-
21	郭　鹏	男	汉　族	管护员	公益性岗位	群众	高中	函授专科	2016.7	内蒙古科技大学 行政管理	2014 年 3 月	-
22	赛日布库	男	达斡尔族	管护员	公益性岗位	党员	高中	函授专科	2015.7	吉林财经大学　会计电算化	2014 年 3 月	-
23	牟　坤	男	蒙古族	管护员	公益性岗位	群众	高中	高中	-	-	2014 年 3 月	从林场借调到湿地公园

续表 2

序号	姓名	性别	民族	职务	岗位	政治面貌	学历				进入本单位时间	备注
							基础学历	最高学历	毕业时间	毕业院校及专业		
24	郭志军	男	汉族	管护员	公益性岗位	群众	高中	函授专科	2017.1	锡林郭勒职业学院 林业技术	2014年3月	–
25	殷世杰	男	汉族	管护员	公益性岗位	党员	高中	高中	–	–	2014年3月	–
26	刘志斌	男	汉族	管护员	公益性岗位	党员	高中	函授专科	2009.7	中央广播电视大学 法学	2014年3月	–
27	马少泽	男	汉族	管护员	公益性岗位	党员	高中	函授本科	2015.7	中国人民大学 人力资源管理	2014年3月	–
28	徐海峰	男	蒙古族	管护员	公益性岗位	群众	高中	函授专科	2016.1	中央广播电视大学 法学	2014年3月	–
29	周涛	男	满族	管护员	公益性岗位	党员	高中	函授专科	2009.1	内蒙古民族大学 畜牧兽医	2014年3月	–
30	尔登达来	男	蒙古族	管护员	公益性岗位	群众	高中	高中	–	–	2014年3月	–
31	王艳明	男	汉族	管护员	公益性岗位	党员	高中	函授专科	2016.7	内蒙古工业大学 电气自动化技术	2014年3月	–
32	樊超彧	男	汉族	管护员	公益性岗位	党员	高中	高中	–	–	2014年3月	–
33	庞晓旭	男	汉族	管护员	公益性岗位	群众	高中	函授专科	2018.7	四川农业大学 林业技术	2014年3月	–
34	何伟	男	汉族	管护员	公益性岗位	群众	高中	函授专科	2018.7	四川农业大学 林业技术	2014年3月	–
35	王治国	男	汉族	管护员	公益性岗位	群众	高中	高中	–	–	2015年8月	–

续表3

序号	姓　名	性别	民　族	职　务	岗　位	政治面貌	学历				进入本单位时　间	备　　注
							基础学历	最高学历	毕业时间	毕业院校及专业		
36	吴艳楠	男	回　族	林业公安辅警	公益性岗位	党员	高中	函授专科	2014.7	锡林郭勒职业学院行政管理	2014年3月	从林场借调到林业公安
37	王立群	男	汉　族	林业公安辅警	公益性岗位	党员	高中	函授专科	2018.7	四川农业大学　林业技术	2014年3月	从林场借调到林业公安
38	李伟伟	男	回　族	林业公安辅警	公益性岗位	党员	高中	高中	-	-	2014年3月	从林场借调到林业公安
39	李志刚	男	汉　族	林业公安辅警	公益性岗位	群众	高中	函授专科	2015.1	中央广播电视大学行政管理	2014年3月	从林场借调到林业公安
40	周佳佳	男	满　族	林业公安辅警	公益性岗位	党员	高中	函授专科	2013.7	内蒙古农业大学行政管理	2014年3月	从林场借调到林业公安

内蒙古锡林河国家湿地公园管理处2016年度在职人员花名册

附录表－5

序号	姓　名	性别	民　族	出生年月	参加工作时　间	学历	身份类别	占编情况	职务级别	进入本单位时间
1	陈建民	男	汉　族	1974.07	1991.12	大专	事业编	占编	科员	2016.09
2	萨其日	女	蒙古族	1986.1	2008.08	大学	事业编	占编	林场副场长	2016.03

锡林浩特市水利工作队2016年度在职人员花名册

附录表－6

序号	姓　名	政治面貌	性别	民　族	出生年月	参加工作	文化程度	职　称	毕业院校及时间	所学专业	进入本单位时　间	现从事专　业	备　注
1	白晓明	党员	男	蒙古族	1972.09	1991.09	大学	工程师	内蒙古农业大学 2007.01	荒漠化治理	2015.03	书记、队长	－
2	孙英杰	党员	女	汉　族	1975.07	1995.07	大学	工程师	北京工业大学 2004.07	水利水电工程	1995.07	副书记	－
3	高　丽	党员	女	汉　族	1962.12	1982.05	大学	副高工	内蒙古农业大学 1999.12	水工建筑	1982.05	副队长	－
4	巩建平	－	男	汉　族	1968.11	1983.03	大专	高级技师	内蒙古水利职工大学	水工建筑	1983.03	副队长	－
5	郭继军	党员	男	汉　族	1973.03	1989.08	大学	副高工	内蒙古农业大学 2007.01	荒漠化治理	1989.08	－	－
6	贾国华	党员	男	蒙古族	1960.11	1974.07	大学	副高工	内蒙古农业大学 2007.01	荒漠化治理	1980.02	－	－
7	李建军	党员	男	汉　族	1959.1	1982.08	大学	副高工	内蒙古农业大学 2007.01	荒漠化治理	1982.08	－	－
8	冯　燕	－	女	汉　族	1967.08	1985.12	中专	助工	内蒙古财政学校 1993.07	会计电算化	1985.12	会计	－
9	吕慧萍	－	女	蒙古族	1969.02	1985.05	大专	助工	内蒙古水利职工大学 1996.07	水工建筑	1992.05	出纳	－
10	陈光世	党员	男	汉　族	1965.08	1983.12	大学	工程师	锡盟党校 1996.12	经济管理	1993.03	－	－
11	吉　胜	－	男	汉　族	1958.09	1978.09	初中	高级技师	－	汽驾	1978.09	－	－
12	董国平	－	男	蒙古族	1977.04	1994.04	大专	技师	内蒙古水利职工大学	水工建筑	1994.04	－	－
13	革　命	党员	男	蒙古族	1964.02	1983.03	大专	高级技师	内蒙古水利职工大学	水工建筑	1983.03	－	－
14	范秀荣	－	女	汉　族	1967.12	1987.09	大学	副高工	内蒙古农业大学 2007.01	荒漠化治理	1987.09	－	－
15	张广英	－	女	汉　族	1967.11	1983.03	大学	高级技师	内蒙古农业大学 2007.01	荒漠化治理	1983.03	－	－

续表

序号	姓　名	政治面貌	性别	民　族	出生年月	参加工作	文化程度	职　称	毕业院校及时间	所学专业	进入本单位时　　间	现从事专　业	备　　注
16	高　娃	-	女	蒙古族	1982. 02	2008. 08	研究生	-	内蒙古农大	林学专业	2016. 02	-	-
17	张锡林	-	男	蒙古族	1966. 04	1983. 07	中专	高级技师	-	泵站运行	1983. 07	-	-
18	顾红亮	-	男	汉　族	1969. 09	1986. 05	大专	高级技师	内蒙古水利职工大学	水工建筑	1986. 05	-	-
19	佟秀华	-	男	蒙古族	1965. 09	1987. 05	大专	高级技师	内蒙古水利职工大学	水工建筑	1990. 08	-	-
20	贾连江	党员	男	汉　族	1970. 09	1986. 12	大专	高级技师	内蒙古水利职工大学	水工建筑	1986. 12	-	-
21	包长岁	-	男	蒙古族	1963. 07	1979. 5	大专	高级技师	锡盟电视大学 1997. 07	财务会计	1979. 05	-	-
22	马晓芳	-	女	汉　族	1973. 04	1992. 11	大学	工程师	内蒙古农大 2007. 01	荒漠化治理	1992. 11	-	-
23	李桂清	-	女	汉　族	1975. 07	1994. 11	大学	工程师	内蒙古农大 2007. 01	荒漠化治理	1994. 11	-	-
24	张铁桩	-	男	汉　族	1959. 11	1976. 05	初中	高级技师	-	泵站运行	1976. 05	-	-
25	双　全	-	男	蒙古族	1971. 09	1990. 04	初中	高级技师	-	泵站运行	1990. 04	-	-
26	温小青	-	女	汉　族	1974. 07	2000. 03	大专	工程师	中央农广校 2002. 09	农业推广	2007. 01	-	-
27	刘　洋	党员	男	汉　族	1988. 01	2007. 09	大专	助工	内蒙古水利学校 2007. 07	水利水电工程	2007. 09	-	-
28	黎　明	-	男	蒙古族	1988. 05	2009. 1	中专	助工	内蒙古电力培训学院 2008. 6	电气工程及自动化	2009. 1	-	-
29	李成东	党员	男	汉　族	1986. 02	2010. 04	大学	助工	内蒙古农大	农业水利工程	2010. 04	-	-
30	胡达古拉	党员	女	蒙古族	1980. 08	2008. 08	研究生	-	内蒙古农大	森林保护学专业	2016. 02	-	-

锡林浩特市锡林河水库管理所2016年度在职人员花名册

附录表－7

序号	姓　名	性别	民　族	政治面貌	入党时间	出生日期	参加工作时间	学历	职务或职称	备　注
1	司东伟	男	汉　族	党员	2008.5	1976.12	1996.04	本科	所长(副科)	–
2	巴格那	男	蒙古族	党员	1992.7	1971.08	1993.3	专科	书记(工程师)	–
3	田茂旺	男	汉　族	党员	2002.12	1963.04	1980.04	专科	副所长(高级技师)	–
4	牧建鹏	男	汉　族	党员	2011.4	1978.01	2003.09	本科	副所长(工程师)	–
5	王宗江	男	汉　族	群众	–	1968.11	1984.07	–	副所长(高级技师)	–
6	赵宝根	男	汉　族	党员	2003.6	1962.12	1984.01	专科	高级技师	–
7	师春林	女	汉　族	党员	2000.4	1966.03	1987.09	本科	副高	–
8	包格日勒	女	蒙古族	党员	2002.12	1973.7	1995.01	本科	办公室主任(工程师)	–
9	杨金玲	女	汉　族	群众	–	1975.01	1993.12	专科	会计(高级技师)	–
10	李晓红	女	汉　族	党员	2005.11	1969.08	1986.12	本科	出纳(高级技师)	–
11	董金山	男	汉　族	党员	1997.8	1965.09	1989.09	中专	工程师	–
12	田秀云	女	汉　族	群众	–	1972.12	1996.03	本科	后勤(高级技师)	–
13	李晓琴	女	汉　族	群众	–	1970.08	1991.12	专科	政工(高级技师)	–
14	李建明	男	汉　族	群众	–	1968.02	1986.12	–	队长(高级技师)	–
15	乔彩军	男	汉　族	群众	–	1970.02	1986.06	–	队长(高级技师)	–
16	霍登龙	男	汉　族	群众	–	1969.02	1986.06	–	队长(高级技师)	–
17	陈玉明	男	汉　族	群众	–	1966.02	1986.12	–	队长(技师)	–
18	田玉英	女	汉　族	群众	–	1969.11	1988.01	专科	高级技师	–
19	孙应保	男	汉　族	群众	–	1959.02	1982.09	–	高级技师	–

续表

序号	姓　名	性别	民　族	政治面貌	入党时间	出生日期	参加工作时间	学历	职务或职称	备　注
20	斯日古愣	男	蒙古族	群众	–	1961. 11	1979. 12	–	高级工	–
21	孙立新	女	汉　族	群众	–	1968. 09	1985. 03	专科	高级技师	–
22	路建华	男	汉　族	群众	–	1963. 06	1980. 04	–	高级技师	–
23	郭　武	男	汉　族	群众	–	1970. 09	1995. 07	专科	高级工	–
24	闫志军	男	汉　族	群众	–	1968. 03	1986. 12	–	高级技师	–
25	张　展	男	汉　族	群众	–	1961. 12	1978. 09	–	高级技师	–
26	王玉芝	女	汉　族	群众	–	1968. 05	1986. 03	专科	高级技师	–
27	薛　宝	男	汉　族	群众	–	1969. 09	1986. 03	专科	高级技师	–
28	张海燕	女	汉　族	群众	–	1973. 01	1989. 08	专科	高级技师	–
29	王志全	男	汉　族	群众	–	1964. 09	1981. 02	–	高级技师	–
30	张　东	男	汉　族	党员	1991. 11	1969. 09	1987. 11	–	高级技师	–
31	耿　军	男	汉　族	群众	–	1964. 03	1982. 09	–	高级技师	–
32	宋　城	男	汉　族	党员	2003. 6	1978. 01	1995. 12	专科	高级工	–
33	吴国勇	男	汉　族	群众	–	1970. 05	1989. 08	–	技师	–
34	赵　飞	男	汉　族	党员	2005. 11	1971. 1	1987. 12	本科	技师	–
35	孟克巴达拉呼	男	蒙古族	群众	–	1974. 03	1992. 12	–	高级工	–
36	马洪泽	男	回　族	党员	1996. 9	1975. 03	1994. 12	专科	高级工	–
37	韩志清	男	汉　族	群众	–	1965. 05	1984. 11	–	高级技师	–
38	孙文学	男	汉　族	群众	–	1968. 07	1986. 12	–	技师	–
39	刘志兰	女	汉　族	群众	–	1967. 03	1984. 07	专科	高级技师	–
40	张进全	男	汉　族	群众	–	1956. 02	1978. 10	–	技师	–

锡林浩特市草原打井队2016年度在职人员花名册

附录表－8

序号	姓　名	性别	民　族	参加工作时间	学历	政治面貌	身份类别	职务级别	进入本单位时间
1	王永青	男	汉　族	1986.11	大学	党员	干部	副科	1986.11
2	吴艳玲	女	蒙古族	1983.05	大学	－	干部	副高级工程师	1983.05
3	郭飞龙	男	汉　族	1979.06	大专	党员	工人	工程师	1979.06
4	杨晓东	男	汉　族	1986.12	初中	－	工人	高级技师	1986.12
5	王春兰	女	汉　族	1998.02	大专	－	工人	高级工	1998.02
6	李艳涛	女	汉　族	1996.03	大专	－	工人	高级技师	1996.03
7	胡洪知	女	汉　族	1992.09	初中	－	工人	高级技师	1992.09
8	张慧彬	男	回　族	1989.04	初中	－	工人	技师	1989.04
9	康金贵	男	汉　族	1997.04	中技	－	工人	高级技师	1997.04
10	王静龙	男	汉　族	1995.11	中专	党员	工人	高级技师	1995.11
11	徐志军	男	汉　族	1983.05	初中	－	工人	高级技师	1983.05
12	白智勇	男	回　族	1992.01	大专	－	工人	普工	1992.01
13	冯　英	男	汉　族	1980.07	初中	－	工人	高级技师	1980.07
14	孙文军	男	汉　族	1979.12	初中	－	工人	高级技师	1984.12

续表

序号	姓　名	性别	民　族	参加工作时间	学历	政治面貌	身份类别	职务级别	进入本单位时间
15	佟剑锋	男	蒙古族	1981. 09	初中	–	工人	高级技师	1981. 09
16	张海军	男	汉　族	1997. 03	初中	–	工人	高级技师	1997. 03
17	杨凤祥	男	回　族	1981. 09	初中	–	工人	技师	1981. 09
18	刘志斌	男	汉　族	1994. 12	中技	–	工人	高级工	1994. 12
19	孙文胜	男	汉　族	1986. 12	初中	–	工人	高级工	1986. 12
20	王景宝	男	汉　族	1992. 12	初中	–	工人	高级技师	1992. 12
21	薛春林	男	汉　族	1989. 05	初中	–	工人	高级技师	1989. 05
22	李文喜	男	汉　族	1986. 12	初中	–	工人	高级技师	1986. 12
23	刘仲谦	男	汉　族	1985. 04	初中	–	工人	高级技师	1985. 04
24	彭云波	男	蒙古族	1981. 07	初中	–	工人	技师	1981. 07
25	王景柱	男	汉　族	1985. 04	初中	–	工人	高级技师	1985. 04
26	吴英顺	男	汉　族	1982. 03	初中	–	工人	高级技师	1982. 03
27	刘　军	男	汉　族	1986. 09	初中	–	工人	技师	1989. 07
28	布仁巴雅尔	男	蒙古族	1988. 04	初中	–	工人	初级工	1996. 06

锡林浩特市水政水资源管理办公室2016年度在职人员花名册

附录表－9

序号	姓 名	政治面貌	性别	民 族	出生年月	参加工作	文化程度	毕业院校及时间	所 学 专 业	职务职级	任职时间	工作岗位
1	吴建峰	党员	男	蒙古族	1963.06	1980.10	大学	内蒙古农业大学2007.01	水土保持与荒漠化防治	副科级职级	2015.01	大队政委
2	常玉强	党员	男	汉 族	1968.08	1987.10	大学	内蒙古农业大学2007.01	水土保持与荒漠化防治	副科级职级	2015.01	副主任
3	赵 敬	党员	女	满 族	1973.09	1997.03	大学	北京工业大学2003.07	水利水电工程建筑	副科级职级	2015.01	局办公室主任
4	胡洪岗	党员	男	汉 族	1972.12	1997.03	大学	北京工业大学2003.07	水利水电工程建筑	科员	-	水政办主任
5	张玮璐	党员	男	汉 族	1985.01	2005.08	大学	东北林业大学2007.01	法学	科员	-	-
6	张文延	群众	男	蒙古族	1973.05	1991.03	大学	内蒙古水利职工大学2008.06	水利水电工程建筑	高级技师	-	-
7	康艳军	党员	男	汉 族	1972.08	1990.03	大学	中央民族大学2007.01	法学	高级工	-	大队副队长

锡林浩特市水政监察大队2016年度在职人员花名册

附录表－10

序号	姓　名	政治面貌	性别	民族	出生年月	参加工作时间	文化程度	职称	毕业院校及专业	所学专业	进入本单位时间	现从事岗　位	备　　注
1	黄　品	党员	男	汉　族	1964.02	1985.09	大学	副高	大连水产学院	水产养殖	2016.01	大队长	－
2	付玉敏	党员	女	汉　族	1976.10	1995.07	大学	助工	内蒙古农业大学	水土保持与荒漠化防治	2010.03	－	借调局机关
3	李　琳	党员	女	汉　族	1970.03	1986.09	大学	副高	内蒙古农业大学	水土保持与荒漠化防治	2010.03	－	借调局机关
4	陈晓志	党员	男	汉　族	1968.04	1987.10	大专	工程师	内蒙古大学	行政管理	2010.03	副队长	－
5	郎海龙	群众	男	蒙古族	1977.10	1994.12	大专	技师	内蒙古农业大学	水土保持与荒漠化防治	2010.03	－	借调局机关
6	乔建勇	群众	男	汉　族	1962.12	1981.10	高中	高级技师	锡林浩特市第四中学	－	2010.03	－	借调局机关
7	李志英	群众	女	汉　族	1976.12	2003.08	大学	助工	石家庄机械步兵学院	法律	2011.10	水政监察员	－
8	张春燕	群众	女	汉　族	1983.01	2007.01	大学	工程师	内蒙古农业大学	水土保持与荒漠化防治	2010.03	－	借调局机关
9	徐　超	群众	男	蒙古族	1992.03	2011.10	大学	普工	大连理工大学	水利水电工程	2011.10	水政监察员	－
10	郭志超	党员	男	汉　族	1988.02	2012.08	大学	助工	大连理工大学	水利水电工程	2012.12	水政监察员	－

锡林浩特市小孤山水库管理所2016年度在职人员花名册

附录表－11

序号	姓　名	政治面貌	性别	民　族	出生年月	参加工作	文化程度	职　称	毕业院校及时间	所　学　专　业	进入本单位时间	现从事专　业	备　　注
1	张金国	党员	男	汉　族	1970.02	1993.09	大学	副高工	内蒙古农牧学院 2007.01	水资源利用与管理	2011.02	所长	－
2	靳来柱	群众	男	汉　族	1966.08	1983.01	高中	高级技师	－	－	2011.02	主任	－

修志始末

盛世修志，历来是中华民族的优良传统，也是经济社会兴旺发达的重要标志。锡林浩特市林业水利史无旧志，迫切需要一部记述锡林浩特市林业水利自然和社会的历史、发展、现状的志书。《锡林浩特市志·林业水利志》（以下简称林业水利志）是锡林浩特市地方志的重要组成部分，编好这部志书，可以起到存史、资治、教化、补地方志的作用。2013 年 8 月，调任锡林浩特市林业水利局局长刚半年的杜赞炯，将他萌生已久的想法付诸实施。他召集相关人员召开全系统专题会议，成立锡林浩特市林业水利志编纂委员会，就编纂锡林浩特市林业水利志的具体事宜进行安排部署，至此，锡林浩特市林业水利志编纂工作开始。

2013 年 9 月，按照《林业水利志》编纂具体要求和安排部署，明确志书编纂人员，林业部分由王宗海负责，水利部分由吴建峰负责，编纂工作正式开始。林业水利志的初稿资料主要由锡林浩特市林业水利局所属二级单位和局档案室整理汇集而成，初稿形成后编纂委员会召集所属二级单位领导和相关人员进行讨论，大家认为初稿过于简单，如同工作总结，记述文体也不对，建议重新编纂。2014 年 3 月，《林业水利志》第二稿提交编纂委员会讨论，讨论结果认为内容不饱满，资料不详实，记述文体仍然不对，决定继续修改。

此后，编纂人员在原稿的基础上进行修改，加大资料的搜集力度，对于一些不准确的资料进行核实，历时半年完成志书第三稿的编纂，志书第三稿字数达到 10 万多字，一些内容得到充实。志书经编纂委员会审查后认为，志书第三稿较前稿有所提高和进步。为此，局长杜赞炯将书稿送到史志办和一些专业人士手中，请他们给予审阅指导。史志办和专业人士审阅后提出具体的修改意见。特别是史志办的领导和志书编纂专业人员非常重视，对志书进行认真审阅，提出《锡林浩特市林业水利志》校审意见，校审意见从专业的角度对林业水利志提出详细的修改建议，认为志书体例上存在问题，章节设置不合理，内容过于简单，叙述文体不对，多为报告文体，且议论过多，主题不突出，缺少事件发生的主要要素，应改为语体文，充实专业内容，规范标注等。建议《林业水利志》在拟定编写大纲的前提下，按照志书的编纂要求重新编纂。编纂委员会对《林业水利志》校审意见讨论研究后认为，《林业水利志》确实存在上述问题，决定按照史志办《锡林浩特市林业水利志》校审意见，对志书进行重新编纂，由吴建峰负责整个志书的统稿和其他工作。

2015 年 1 月，中共锡林浩特市委员会办公室制定下发《中共锡市委办公室关于认真组织编纂部门专业志的通知》，通知明确部门专业志编纂工作的指导思想、工作重点、编纂具体要求。吴建峰同志在认真总结《林业水利志》前几稿编写经验的基础上，进行深刻的反思，对志书编纂要求进行反复研究，多次前往史志办向专业人士请教，拟定《林业水利志》编写大纲，加大对资料的搜集力度，并对现有资料进行认真的筛选和整理，负责审稿的局长杜赞炯、主任康爱民，对志书进行认真细致的审查，对志书总体布局、具体章节的安排、专业内容的表述提出建设性的意见。经过编纂者半年多的辛勤耕耘，一部较为规范的《林业水利志(评审稿)》编纂完成。《林业水利志(评审稿)》编纂坚持辩证唯物主义和历史唯物主义的观点，按照求实存真的原则，全面真实地反映锡林浩特市林业水利事业建设的发展历程，突出地区、民族和行业特点，以事系人、科学著述，努力做到思想性、科学性和资料性的统一。正文包括概述、大事记、门类志等内容，体例以志为主，辅以记、述、图、表、录等，门类志以章、节、目、子目结构排列。记述年限上溯至中华人民共和国成立前，下限至 2016 年底。门类志以类系事，横排竖写，横陈门类，纵述始末，述而不论，不加褒贬。大事记采用编年体和记事本末体相结合，以编年体为主，按年月日顺序排列。附录收录几篇不宜列入正文而又具有重要价值的文件。

《林业水利志(评审稿)》设 21 章 63 节，加上概述、大事记和附录共四大部分，全志共计 40 多万字。其中第一章为机构沿革，第二章至第九章为林业专业部分，第十章至第二十章为水利专业部分，第二十一章为荣誉和人物。志书采用述、记、志、传、图、表、录等体裁，文体采用现代汉语语体文，志文力求准确、严谨、简洁、流畅。

2018 年 3 月 14 日下午，由锡林浩特市党史地方志编纂委员会办公室主持召开《锡林浩特市志・林业水利志》(稿)评审会议，对志稿进行认真细致的审查，认为志(稿)政治观点正确,资料丰富翔实,行文严谨朴实,文字简洁流畅,是一部比较成功的志稿,通过了评审。同时提出进一步修改完善的意见。编纂人员按照评审委员会提出的意见,经过三个月的时间,对志(稿)进行全面细致的修改完善。

修改完善后的《锡林浩特市志·林业水利志》20 章 61 节,加上概述、大事记、人物和附录 5 个部分,全志共 47.5 万多字。

在编纂《林业水利志》的过程中,参考《锡林郭勒盟志》《锡林浩特市志》《锡林郭勒盟林业志》《锡林郭勒盟水利志》等相关内容,先后查阅各类档案 120 多卷,查阅参考资料 200 多册,走访有关单位 16 个、走访相关人员 30 多人,特别是一些曾经在林业水利战线上工作过的老领导、老同志,不仅受到大家的热情接待,还毫无保留地予以提供情况和资料,为志书的真实性、准确性起到积极的作用。

回顾《林业水利志》的编纂历程,编者深深地感到,在领导重视和支持下,将修志视为锡林浩特市林业水利建设的一件大事来抓,是启动《林业水利志》的编纂工作和顺利实施的关键所在。《林业水利志》的编纂过程,主要领导自始至终对编纂工作十分重视,亲自审定篇目大纲,经常过问开展情况,及时协调解决工作中遇到的问题。同时编纂人员的辛勤工作,是志书得以顺利完成的保证。所有参加《林业水利志》的编审人员,本着对党的修志事业、对历史高度负责的精神,辛勤笔耕、秉笔直书,兢兢业业、一丝不苟,为完成《林业水利志》付出辛勤的汗水,作出应有的贡献。

2018 年 6 月

图书在版编目（CIP）数据

锡林浩特市志·林业水利志/锡林浩特市林业水利局编.—北京：方志出版社，2019.1

ISBN 978-7-5144-3621-1

Ⅰ.①锡… Ⅱ.①锡… Ⅲ.①锡林浩特-地方志 ②林业史-锡林浩特 ③水利史-锡林浩特Ⅳ.①K292.63

中国版本图书馆CIP数据核字（2019）第030315号

锡林浩特市志·林业水利志

编　　者：锡林浩特市林业水利局
责任编辑：冯　松
出 版 人：冀祥德
出 版 者：方志出版社
地址　北京市朝阳区潘家园东里9号（国家方志馆4层）
邮编　100021
网址　http://www.fzph.org
发　　行：方志出版社图书经销中心
电话（010）67110500
经　　销：各地新华书店
印　　刷：赤峰彩世印刷有限公司

开　本　889mm×1194mm　1/16
印　张　24.25
字　数　475千
版　次　2019年1月第1版　2019年1月第1次印刷
印　数　0001～1000册

ISBN 978-7-5144-3621-1　　定价：280.00元